Ute Scheub

HELDENDÄMMERUNG

*Die Krise der Männer und warum sie
auch für Frauen gefährlich ist*

Pantheon

Mix
Produktgruppe aus vorbildlich bewirtschafteten
Wäldern und anderen kontrollierten Herkünften
www.fsc.org Zert.-Nr. SGS-COC-001940
© 1996 Forest Stewardship Council

Verlagsgruppe Random House FSC-DEU-0100
Das für dieses Buch verwendete FSC-zertifizierte Papier
Munken Pocket liefert Arctic Paper Munkedals AB, Schweden

Der Pantheon Verlag ist ein Unternehmen der
Verlagsgruppe Random House GmbH.

Zweite Auflage
D188
Pantheon-Ausgabe März 2010

Umschlaggestaltung: Jorge Schmidt, München
Satz: Ditta Ahmadi, Berlin
Druck und Bindung: GGP Media GmbH, Pößneck
Printed in Germany 2010
ISBN: 978-3-570-55110-3

www.pantheon-verlag.de

Inhalt

Ich bin auf alles eingerichtet
Ich bin gegen alles gewappnet
Mich wird nichts mehr verletzen.
Ich bin unverletzlich geworden
Ich habe in Drachenblut gebadet
Und kein Lindenblatt ließ mich irgendwo schutzlos
Aus dieser Haut komme ich nicht mehr heraus.
In meiner unverletzbaren Hülle
werde ich krepieren …

CHRISTOPH HEIN, Drachenblut

Einleitung

Die Osterinsel, im Südpazifik gelegen und heute politisch zu Chile gehörend, muss einst ein paradiesischer Ort gewesen sein: bedeckt von Palmwäldern, beschenkt mit einem milden, subtropischen Klima und einer fruchtbaren Natur. Doch zwischen Anfang des 15. und Ende des 17. Jahrhunderts wurde sie zum Schauplatz einer ökologischen Katastrophe, zu einem Ort des Schreckens und des Sterbens. Die Ursache lag in der bizarr anmutenden Angewohnheit der aus Polynesien eingewanderten Insulaner, riesige Steinstatuen ausschließlich männlichen Geschlechts aufzustellen. Mit ihnen wollten verschiedene Klanhäuptlinge wahrscheinlich ihre Ahnen ehren und die Statuen ihrer Konkurrenten in Größe und Gewicht übertrumpfen. Um die Steinkolosse zu transportieren, benutzten die Menschen Baumstämme als Räder, und so holzten sie mehr und mehr Bäume ab, bis schließlich der gesamte Wald verschwunden war. Nach Darstellung des US-Evolutionsbiologen Jared Diamond wurden auf diese Weise der fruchtbare Boden und mit ihm alle pflanzlichen und tierischen Nahrungsquellen zerstört, und eine Hungersnot brach aus. Sie endete in furchtbarem Kannibalismus: Die Inselbewohner fraßen sich gegenseitig auf, kaum jemand überlebte. »Das Fleisch deiner Mutter hängt zwischen meinen Zähnen«, wurde zum entsetzlichsten Fluch der Bewohner und zum Fluch der Insel.

Entscheidend für den Untergang der Insulaner war wahrscheinlich ihre Unfähigkeit, einzusehen, dass die starre Anbetung starrer Männlichkeitsstelen eine nicht mehr beherrschbare Umweltkrise mit eingebauter Selbstzerstörung ausgelöst hatte. Heute, im Schatten der Klimakatastrophe, erscheint die Geschichte der Osterinsel wie ein Menetekel dessen, was der Menschheit in den kommenden Jahrzehnten drohen könnte.

Kriegerische Konflikte werden gerne als Kampf um Ressourcen erklärt. Das ist berechtigt, erklärt aber, wie das Beispiel der Osterinsel zeigt, nicht alles. Menschliche Gesellschaften haben sich immer wieder durch irrationale Gebräuche geschwächt oder gar komplett ausgerottet. Ein anderes Beispiel sind die beiden Weltkriege. Durch die nationale Raserei des Ersten Weltkriegs brach der Welthandel völlig ein und erreichte erst 1973 wieder den Anteil an der weltweiten Wertschöpfung, den er bereits 1913 innegehabt hatte.

Der britische Publizist und spätere Friedensnobelpreisträger Norman Angell hat schon vor dem Ersten Weltkrieg darauf hingewiesen, dass Kriege ökonomisch sinnlos seien und Sieger wie Besiegte gleichermaßen ärmer machten. Auch der Zweite Weltkrieg und die Vernichtung der europäischen Juden sind nicht allein mit ökonomischen Kategorien erklärbar. Obwohl es unzählige »Kriegsgewinnler« gab – Nazis oder Mitläufer, die sich an der Ausplünderung der Juden und der besetzten Länder beteiligten –, waren die Verluste und Zerstörungen am Ende wesentlich höher als die Gewinne.

»Friedensökonomen« wie Paul Collier und Anne Hoeffler haben Ähnliches für die bewaffneten Konflikte in El Salvador, Guatemala, Peru, Mosambik, Sierra Leone und Uganda aufgezeigt und extreme Verluste beim Bruttosozialprodukt dieser Nationen errechnet. Zwar kann sich in aktuellen innerstaatlichen Kriegen scheiternder Staaten der Einsatz von Waffen für »Gewaltunternehmer« lohnen, aber das gilt nur für kleine, elitäre und besonders skrupellose Gruppen. Unterm Strich rechnen sich kriegerische Konflikte meistens weder für die gesamte Unternehmerschaft noch für die Gesellschaften.

Es gibt also in menschlichen Gesellschaften einen »irrationalen Überschuss«, der zu erklären wäre. Männlichkeit oder die vermeintliche Gefährdung derselben, schrieb die US-Politikwissenschaftlerin Cynthia Enloe schon vor Jahren, seien in der Politik ein ebenso handlungsleitender Faktor wie Erdöl, Waffenhandel und Diplomatie. Sind die Götzenbilder des Männlichkeitswahns in unserer Kultur das, was für die Osterinselbewohner die Steinskulpturen waren? Bedroht der irrationale Kult um starke, bewaffnete Männlichkeit den Weltfrieden oder zumindest die friedliche Regelung kommender Ressourcenkonflikte und möglicher Klimakriege?

Dieses Buch will zeigen, dass das der Fall ist. Dennoch ist es keine Abrechnung mit den Männern – oder mit den Frauen. Das wäre ein albernes Ansinnen, vergleichbar mit dem Versuch, mit den Farben Blau oder Rot abzurechnen. Dass es Männer und Frauen gibt, ist eine Tatsache und gewiss nicht die schlechteste, denn bekanntlich können sie sich gegenseitig ziemlich glücklich machen.

Vielerorts sind sie aber auch sehr unglücklich – aufgrund von Herrschaft und Gewalt. Dabei sind Männer jedoch keineswegs nur Täter und Frauen keineswegs nur Opfer. Die Realität ist viel komplexer. An der Spitze der Gesellschaftspyramide stehen zumeist Männer, die – nicht selten flankiert von Frauen –, Männer, Frauen und Kinder aus anderen Schichten, Ethnien oder Kulturen beherrschen. In den von Absturz bedrohten Mittel- und Unterschichten wiederum versuchen Männer nicht selten ihre Dominanz dadurch zu demonstrieren, dass sie ihre Frauen und Kinder unterdrücken. Aber das Imperium dieser Männer bröckelt. Die Globalisierung, der Zerfall traditioneller Strukturen, der weltweite Bildungsaufstieg der Frauen: All das bedroht ihre Herrschaft. Das ist nicht nur eine gute Nachricht, denn solche Männer wehren sich mit allen Mitteln gegen ihren Sturz – zur Not auch mit Waffengewalt und Kriegen.

Diese Dynamik möchte das vorliegende Buch aufzeigen. Nicht nur Frauen, sondern auch Männer leiden unter männerdominierten Gewaltregimen – bloß ist den meisten Männern nicht bewusst, wie hoch der Preis ist, den sie zu zahlen haben. Viele haben sich den gängigen Rollenvorstellungen angepasst, dass man(n) jederzeit stark, souverän, aggressions- und verteidigungsbereit sein muss, ohne zu merken, wie viele Freiheiten und Entwicklungsmöglichkeiten sie damit aufgeben müssen, ohne zu realisieren, wie vielen Aggressionen und Verformungen sie selbst ausgesetzt sind. Entgegen gängigen Annahmen sind die meisten Opfer der zahlreichen Formen männlicher Gewalt ebenfalls männlich.

Im Zentrum des Buches steht die These, dass kriegerische Konflikte wahrscheinlicher werden, wenn sich eine große Anzahl von

Männern in ihrer bisher gelebten männlichen Identität bedroht fühlt – umso mehr, wenn sie absturzgefährdeten Schichten angehört.

Wenn Frauen ihre angestammten Plätze verlassen, Heim und Herd den Rücken kehren, einer Erwerbsarbeit nachgehen, gar die Familie ernähren oder politische Machtpositionen erobern, dann drohen ihre Männer zu »Hohlfiguren« zu werden, zu tönernen Stelen, ähnlich wie die Figuren auf den Osterinseln. Die männliche Vorherrschaft wird zunehmend ausgehöhlt und virtuell: Meinungsmacher in Politik, Religion und Kultur predigen sie zwar weiterhin, aber viele Männer können sie nicht mehr leben, sie fühlen sich gekränkt und gedemütigt. Die Stelen der Männlichkeit werden weiterhin angebetet, aber sie bröckeln, stürzen ein und begraben ihre Anhänger schließlich unter sich.

Wenn gekränkte Männer unter den Einfluss radikaler Führer geraten, können sie zu »rasenden Patriarchen« werden, zu tötenden Männerhorden wie unter den Nazis, beim Völkermord in Ruanda, beim Massaker von Srebrenica oder derzeit in Darfur. Aufgehetzt von skrupellosen Anführern, sehen solche Männer im Töten den Ausweg aus ihrer Identitätskrise. Sie werden zu Tätern, aber sie sind gleichzeitig auch Opfer eines normenterroristischen Systems und einer verselbstständigten Pathosmaschinerie, in deren Zirkelschlüssen sie sich verfangen: Sie glauben, Krieg führen zu müssen, weil erst der Krieg sie wieder zu »richtigen Männern« macht.

Männer sind also nicht »böse«, sondern gefährdet. Selbstverständlich gilt das nicht für alle, sondern nur für diejenigen, die in ihrer Rolle und Identität nicht gefestigt sind. Da es zum Bild dominanter oder hegemonialer Männlichkeit gehört, auf keinen Fall schwach zu sein und Angst zu zeigen, gibt es in krisenhaften Gesellschaften kaum Möglichkeiten für sie, sich über ihre Ängste und ihre Statuspanik zu verständigen. Angst aber ist eine zentrale »Warnkategorie« des Denkens. Wird sie ausgeschaltet und ins Unbewusste verdrängt, führt das nicht nur zur Unfähigkeit, den eigenen Zustand zu reflektieren, sondern auch zu paranoiden Wahnvorstellungen über »Feinde« und »Bedrohungen«. Dieses Buch wird verschiedene Beispiele dafür vorstellen, zwei davon besonders ausführlich: die deutsche Geschichte und den islamischen Terrorismus.

Wie sieht das konkret aus? Scheinwerfer an: Im *ersten Kapitel* wird das Stück »Wer regiert die Welt?« beleuchtet, das derzeit auf der internationalen Bühne gespielt wird. In symbolischer und realer Hinsicht befinden wir uns gerade an einem Wendepunkt der Geschichte. Seit Januar 2009 ist mit US-Präsident Obama ein Schwarzer der »mächtigste Mann der Welt«. Die Folgen für die symbolische Ordnung der Welt sind enorm: Die 500-jährige weltweite Herrschaft des weißen Mannes geht definitiv zu Ende, und ausgerechnet ein Schwarzer leitet den Übergang zur gemeinsamen Herrschaft von weißen und gelben Männern und Frauen ein.

Die zentrale Frage ist aber, ob die Personen im Scheinwerferlicht auf der Weltbühne wirklich diejenigen sind, die regieren, oder ob sie vielleicht nur reagieren. Die Reichsten der Welt sind nach wie vor männlich, und der globalen Maskulinisierung des Reichtums steht die Feminisierung der Armut gegenüber. Dennoch – und auch deshalb ist dieser Augenblick der Zeitgeschichte spannend und bedrohlich zugleich – gibt es ein unübersichtliches Gerangel hinter der Bühne der Weltpolitik. Schließlich ist in den letzten Jahrzehnten die Beschäftigungsrate des weiblichen Geschlechts schneller gewachsen als die des männlichen. In Industrieländern bekommen Männer zu spüren, dass das traditionelle »Normalarbeitsverhältnis« – Mann ernährt Frau und Kinder – zum Auslaufmodell geworden ist. In den südlichen und östlichen Ländern fühlen sich die Männer in ihrer traditionellen Stellung als Familienoberhaupt gefährdet, gekränkt und »vom Westen« bedroht. Der Ausgang dieses weltweiten Machtkampfes ist offen.

Im *zweiten Kapitel* wird es ein wenig grundsätzlicher. Es zeigt, dass Frauen nicht weniger, sondern nur *anders* aggressiv sind als Männer. Unter anderem, weil sie als körperlich Unterlegene physischen Auseinandersetzungen aus dem Weg gehen und weil die Gesellschaft weibliche Gewalt härter sanktioniert als männliche – wie der Fall von Lynndie England, der »Foltersoldatin« aus Abu Ghraib, beweist. Die Rollen der »kriegerischen Männer« und der »friedlichen

Frauen« sind nicht biologisch vorgegeben, sondern haben sich im Laufe der Jahrhunderte herausgebildet. Die männlichen Heldenrollen wurden durch Geschichten wie die *Odyssee* verfestigt und tradiert. Das Kapitel beschreibt, wie der Kult um den Heldenkrieger entstanden ist, und es analysiert den fatalen Kreislauf zwischen Helden, Tätern und Opfern: Kriegerhelden sind Täter, die andere zu Opfern machen, und heilige Opfermärtyrer werden wiederum zu neuen gewalttätigen Helden. Außerdem geht es um die Verknüpfung zwischen dem Tragen von Waffen und dem Tragen der Bürgerrechte. Und schließlich fragt das Kapitel danach, wie männliche Sexualität und Kriegsgewalt zusammenhängen und welche Folgen es hat, wenn sich heutzutage das so entstandene männliche Gewaltmonopol der Nationen durch die Präsenz von weiblichen Soldaten und Polizisten langsam auflöst.

Das *dritte Kapitel* widmet sich der deutschen Geschichte und Gegenwart. Die durchmilitarisierte Männlichkeit, die sich hierzulande in zugespitzter Form entwickelte, war nicht zuletzt das Ergebnis einer besonders extremen Polarisierung zwischen den Geschlechtern. Diese spezifisch deutsche Männlichkeit entstand in scharfer Abgrenzung vom Feindbild des Schwachen, Weibischen und Jüdischen und kulminierte im Nationalsozialismus. Nach 1945 führte die deutsche Schuld am Holocaust zu einem historischen Bruch mit dem Kriegsheldentum, der tiefer war als in anderen Nationen – eine riesige Chance. Doch bei der Entwicklung neuer ziviler Formen von Männlichkeit stehen sich deutsche Männer immer noch selbst im Wege. In verschiedenen Porträts und Interviews zeigt sich: Männer in Deutschland scheinen konsequenter als in anderen Ländern das Nachdenken über die eigene Männlichkeit zu verweigern – offenbar aus Angst, Spuren der Gewalt ihrer Nazivorfahren in sich selbst zu entdecken. Entsprechend widersprüchlich ist das Leitbild des »zivilen« Soldaten, das die Akzeptanz der Bundeswehr und ihrer Auslandseinsätze erhöhen und neue Aufgabenfelder für das bedrohte Militär schaffen soll. Die Bundeswehr maskiert sich am liebsten als Technisches Hilfswerk mit Knarre, doch muss ein solches Militär an seinen eigenen Lebenslügen scheitern.

Im *vierten Kapitel* geht es um die Motivation der islamischen Gotteskrieger, aber auch um die ihrer christlichen Gegner nach dem 11. September 2001. Jahrelang haben die USA und ihre westlichen Verbündeten einen »Krieg gegen den Terror« geführt, der faktisch ein Zuchtprogramm für Terroristen war. Der kulturelle Hintergrund dieser Auseinandersetzung ist uralt: Abendland gegen Morgenland, Christentum gegen Islam, »Aufklärung« und »Demokratie« versus »Mittelalter« – all das wurde bevorzugt auf dem zu verschleiernden oder zu entschleiernden Körper der Frauen ausgetragen. Ein zentraler Schauplatz dieses Kampfes ist Afghanistan, ein Land, in dem – überspitzt gesagt – die eine Hälfte der Bevölkerung damit beschäftigt ist, die andere zu kontrollieren. Auch die deutsche Regierung rechtfertigte ihre Beteiligung an der militärischen Intervention am Hindukusch mit der »Befreiung der Frauen«, doch interessiert sie sich ebenso wenig wie die gesamte internationale Gemeinschaft dafür, wie denn die propagierte Befreiung konkret aussehen soll. Das Kapitel schildert, warum die Intervention von Anfang an falsch angelegt war, und es porträtiert afghanische Männer und Frauen, die einen zunehmend verzweifelten Kampf um Menschenrechte führen.

Das *letzte Kapitel* beschäftigt sich mit der scheinbar paradoxen Erkenntnis vieler Forscherinnen und Wissenschaftler: Werden Frauen gefördert, profitiert die ganze Gesellschaft; werden hingegen Männer gefördert, geht es allen schlechter. Aktivisten aus vielen unterschiedlichen Ländern kommen zu dem Schluss, dass die herrschenden Männlichkeitsbilder den Männern selbst am meisten schaden. Das gilt weltweit, beispielsweise in Afrika, wo Aids, Armut und Elend nicht überwunden werden können, solange sexuelle Gewalt und Frauendiskriminierung nicht beendet werden. In den Vereinten Nationen sind diese Erkenntnisse fast schon Allgemeingut – und werden dennoch nicht umgesetzt, obwohl der weitaus größte Teil der Menschheit, einschließlich der großen Mehrheit der Männer, von der Abschaffung des patriarchalischen Gewaltsystems profitieren würde. Das Kapitel nennt konkrete Maßnahmen, mit denen die Folgen von Weltwirtschaftskrise, Massenelend und Klimakatastrophe bekämpft und Kriege verhindert werden können.

Hegemoniale Männlichkeit ist ein komplexes weltumspannendes Herrschaftssystem, das sich einfachen Beschreibungen entzieht. Und es wird noch komplizierter, wenn man soziale Schichten, Ethnien und religiöse Gruppen einbezieht. All diese Kategorien in der Analyse zu berücksichtigen, von der Steinzeit bis heute, in Deutschland und weltweit, im Krieg wie im Frieden – das ist ein unmögliches Unterfangen. Daher kann dieses Buch nur einzelne Aspekte aufzeigen. Alle Lücken, die notwendigerweise entstanden sind, liegen ebenso wie mögliche Fehler oder Ungenauigkeiten in der Verantwortung der Autorin.

Abschließend sei auf einige sprachliche Tücken hingewiesen. Wenn im Buch von »Frauen« und »Männern« die Rede ist, geht es erstens nie um *alle* Frauen oder Männer, sondern um Mehrheiten und Tendenzen. Zweitens hat die Autorin in ihrem Bemühen um geschlechtergerechte Sprache feststellen müssen, oft nicht zu wissen, welchem Geschlecht die Handelnden angehören. Viele Sprachen verstecken das geradezu schamhaft, das Englische durch geschlechtsneutrale Formulierungen, die romanischen Sprachen und auch die deutsche durch das »männliche Allgemeine«, das aus 198 Forscherinnen plus 2 Forschern eine »Gruppe von 200 Forschern« macht. Wenn man einen englischsprachigen Zeitungsartikel über folternde *soldiers* in Abu Ghraib übersetzt, woher soll man dann wissen, ob an der konkreten Situation auch Soldatinnen beteiligt waren? Hier Hilfskonstruktionen wie »Soldat/innen«, »SoldatInnen«, »Soldat_innen« oder »Soldatinnen und Soldaten« zu benutzen, ist sperrig und löst das Dilemma nicht. Deshalb hat die Autorin manchmal notgedrungen männliche Formen benutzt, manchmal auch ganz bewusst: Bei den »alten Griechen« beispielsweise hatten die Griechinnen absolut nichts zu sagen.

Drittens sind mit »Frauen« und »Männern« Menschen gemeint, die als männlich oder weiblich angesehen werden. Das ist nicht in jedem Fall gleichbedeutend mit dem biologischen Geschlecht oder mit der von jenen Personen selbst gewünschten Identität. Nach heutigen Schätzungen werden zwei bis drei Promille aller Babys als Intersexuelle, Hermaphroditen oder Pseudo-Hermaphroditen geboren. In Deutschland sind das pro Jahr 1400 bis 2800 Säuglinge. Manchmal zeigt sich das erst in der Pubertät, wenn »Mädchen« Bartwuchs bekommen oder »Jungen« durch den Penis menstruieren. Auf eine Weltbevölkerung von derzeit etwa 6,75 Milliarden Menschen hochgerechnet, leben also zwischen 13 und 20 Millionen Intersexuelle auf diesem Planeten. Das entspricht ungefähr der Zahl aller Schweizer, Neuseeländer und Israelis zusammengerechnet. Addiert man dazu die »Transgender«, die zwar ein eindeutiges biologisches Geschlecht, aber trotzdem das Gefühl haben, im falschen Körper aufzuwachsen, kommen etliche Millionen hinzu. Ähnliches gilt für Transvestiten, die – mehr oder weniger bewusst – gegen die Zumutungen ihrer Geschlechterrolle protestieren. Viele Männer wollen spielerisch ihren Körper zur Schau stellen oder ihren viel zu engen Körperpanzer sprengen. Anders als Christoph Hein in seinem Gedicht möchten sie eben nicht in ihrer »unverletzbaren Hülle« krepieren. Die Verkleidungen bei Karnevalsumzügen machen deutlich, wie groß die Sehnsucht nach Androgynität ist. Ob Intersexuelle, Transgender oder Transvestiten: All diese Menschen sollten das Recht haben, ihre Identität selbst zu wählen und eine von ihrer Umwelt aufgezwungene zurückzuweisen.

Für Unterstützung, Kritik und Anregungen danke ich Freundinnen und Freunden, vor allem Rita Schäfer, für viele wertvolle Anregungen und ganz besonders Mariam Notten, die in Afghanistan und Deutschland Gespräche, Interviews und Dokumente übersetzt und meine Texte durchgesehen hat.

*Kapitalismus ist der außergewöhnliche Glaube, dass die
widerwärtigsten Männer aufgrund der widerwärtigsten Motive
irgendwie für den Nutzen aller arbeiten.*

JOHN MAYNARD KEYNES

*Es ist die Zeit der Angst. Angst der Frau vor der Gewalt
des Mannes und Angst des Mannes vor der Frau ohne Angst.*

EDUARDO GALEANO

Kapitel 1
»Wer regiert die Welt?« –
Eine Theateraufführung
auf der internationalen Bühne

Obama und Obamerika

Seit Januar 2009 ist US-Präsident Barack Obama der mächtigste Mann der Welt. Schon viel ist über seinen neuen eleganten Stil geschrieben worden, seinen federnden Gang, seine Bemühungen, die Krisen auf dieser Welt diplomatisch statt militärisch zu lösen. Sein Charisma ist bemerkenswert, aber noch bemerkenswerter ist, dass ein Schwarzer das Ende der 500-jährigen Herrschaft des weißen Mannes einzuleiten scheint. Nicht erst seit der Weltwirtschaftskrise ist die einzige verbliebene Supermacht USA im Niedergang begriffen und ist es nur eine Frage der Zeit, wann China und womöglich auch Indien aufrücken. Ein Schwarzer markiert also den Übergang zur gemeinsamen Herrschaft von weißen und gelben Männern – und Frauen. Die Folgen für die symbolische Ordnung der Welt sind enorm. Wir befinden uns an einem Wendepunkt der Geschichte.

Schaut man sich US-Wahlanalysen an, haben vor allem die »Abweichenden« Obama gewählt, also Frauen, Junge, Schwarze, Hispanics, Asiaten, Juden, Katholiken und Homosexuelle. Weiße, christliche, heterosexuelle Männer hingegen, die Norm des »typischen Amerikaners«, bevorzugten tendenziell Obamas Konkurrenten John McCain. Doch sie kamen damit nicht mehr durch. Bedingt durch ein Bündel an ökonomischen, politischen und demografischen Ursachen, hat sich die kulturelle Hegemonie auch innerhalb der USA radikal verändert. Die jahrhundertelange Vorherrschaft des weißen Mannes ist auch hier gebrochen, oder sagen wir vorsichtiger: angeschlagen.

Der Mythos des »freien Amerika« ist geprägt von Siedlern und Cowboys, die breitbeinig die Prärie durchschritten, später von Unternehmern und Investmentbankern, die als *masters of the universe* die Welt zu ihrer Prärie machten – stets auf der Suche nach symbolischen und realen Büffelherden, Abenteuern und Profitquellen. Obama indes hat lange vor seinem Wahlkampf begriffen, dass er als Schwarzer keine Chance auf den Präsidentensessel haben würde, falls er *bullying* betriebe, eine Politik der männlichen Aggression, die politische Gegner wie ein Büffel oder Stier »aufs Horn nimmt«. Ein zorniger schwarzer Mann hätte alle gängigen rassistischen Klischees bedient und wäre für die große Mehrheit unwählbar gewesen. Der ehemalige Sozialarbeiter Obama aber hat beim *community organizing* in Chicago gelernt, wie man auf sanfte Weise Bevölkerungsmassen gewinnen kann. Und der ehrgeizige Politiker Obama hat daraus einen neuen Stil geformt: Er geht auf Menschen zu, schließt ein statt aus, hat fast immer ein »Wir« auf den Lippen. Mit seiner Diplomatie ist er um Respekt und gleiche Augenhöhe bemüht. Ob in Russland, Ägypten, Ghana oder vor Republikanern in seiner Heimat: Er betont, dass man mehr Gemeinsamkeiten als Unterschiede habe, versucht Mehrheiten mit inspirierenden Reden und symbolischen Gesten zu gewinnen. Was gestern noch als verweiblichter, europäisierter Stil galt, als *sissy stuff* und *wimp factor*, als Mädchenkram und Weichei-Zeugs, ist heute zu einer neuen *soft power* geworden, die Obama wie kein Zweiter verkörpert. Zwar sollte man sich nicht verschätzen, denn der Präsident kann verdammt kaltblütig sein. »In seinen Adern fließt Eis«, glaubt Gideon Rose, Chef des einflussreichen US-Magazins *Foreign Affaires*.[1] Doch völlig unabhängig von Obamas politischen Absichten ist dies alles eine radikale Absage an die Vorherrschaft des weißen Mannes.

Schon im Wahlkampf war nicht mehr der zu Bushs Zeiten so beliebte »starke Mann« gefragt, sehr wohl aber *change*. Das war erstaunlich, denn die Bevölkerung war durch *war on terror*, Irakkrieg, Immobilienverlust und Wall-Street-Crash völlig verängstigt. Obama versprach ihr einen New Deal in der Wirtschaftskrise, eine neue Gesundheits-, Bildungs- und Sozialpolitik, eine Wende in der Klimapolitik, eine neue Ära internationaler Kooperation, den Abzug der

Truppen aus dem Irak, die Schließung von Guantánamo und die langfristige Abschaffung aller Atomwaffen. Es müsse Schluss sein mit »von Angst getriebener Politik«, verkündete er.[2] Den von der Bush-Regierung geprägten Begriff *war on terror* strich er aus seinem Vokabular. »Barack Hussein Obama war der unwahrscheinlichste Kandidat des Landes für sein höchstes Amt«, begeisterte sich US-Journalist Ezra Klein nach dessen Wahlsieg am 5. November 2008. Obama verkörpere genau das, »was Amerika fürchtete«. Seine Hautfarbe erinnere an die rassistische Vergangenheit der USA, sein zweiter Name Hussein und die Tatsache, dass er einen Teil seiner Jugend im islamischen Indonesien verbracht hatte, »an unsere verängstigte Gegenwart«. Der neue Präsident habe alle im US-Unterbewusstsein schlummernden bösen Geister und Ängste geweckt – und dennoch gesiegt. »Das war die 11.-September-Ära. Letzte Nacht endete sie.«[3]

Ob Barack Obama seine Versprechen durchsetzt oder verrät, das ist nicht das Thema dieses Buches. Für eine Gesamtbilanz ist es noch zu früh, und niemand weiß, ob er, der am meisten gefährdete Politiker der Welt, seine erste Amtszeit überleben wird. Denn für viele weiße Männer ist der schwarze Präsident eine fleischgewordene Attacke auf ihr angeschlagenes Selbstbewusstsein, das schwarze Zeichen ihres ökonomischen Niedergangs und ihrer politischen Entmachtung. Entsprechend heftig sind ihre Aggressionen.

So wurden immer wieder Attentatspläne von Fanatikern bekannt, die Obama ermorden wollten. Andere behaupteten, Obamas Geburtsurkunde sei gefälscht, er sei in Wirklichkeit Afrikaner und somit »unamerikanisch«. Wieder andere hängten in Anspielung an die frühere Lynchjustiz des Südens Obama-Puppen am Strick auf oder bemalten Obama-Plakate mit Hitlerbart. »Die Leute haben Bedenken, dass eine Regierung mit einem schwarzen Präsidenten, einer Frau als Außenministerin und einer Latina als oberster Bundesrichterin tatsächlich noch eine ›amerikanische‹ Regierung darstellt«, kommentierte die schwarze Politikwissenschaftlerin Melissa Harris-Lacewell.[4] Religiöse Fundamentalisten zeigen den Präsidenten auf Websites in islamischer Tracht und behaupten, »Hussein Obama« sei der neue »Antichrist«. Dies ist keine kleine Minderheit: Gibt man die

Begriffe »Obama« und »Antichrist« in die Internet-Suchmaschine
Google ein, erhält man fast 1,4 Millionen Treffer. Eine durch das vir-
tuelle Netz geisternde Kettenmail behauptete zudem, laut der Johan-
nes-Offenbarung in der Bibel werde der »Antichrist« ein »Mann in
den Vierzigern sein, muslimischer Abstammung, der die Nationen
mit seinen anspornenden Reden betrügen wird (...) Er wird falsche
Hoffnung und Weltfrieden predigen, und wenn er an der Macht ist,
wird er alles zerstören.« Weiter heißt es in der Mail: »Ich bitte euch
dringlich, das überall zu veröffentlichen oder Freunden oder Medien
zu senden – tut es!«[5] Viele folgten dieser Aufforderung und übersahen
in ihrem eifernden Hass, dass in der lange vor dem Islam entstandenen Bibel unmöglich etwas über »muslimische Abstammung« stehen kann.

Andere sehnten sich gar nach einer neuen Attacke von *Al-Kaida*,
um Obama loszuwerden. »Die einzige Chance für unser Land ist, dass
Osama Bin Laden einen großen Anschlag in den USA verübt«, bekannte der frühere CIA-Mitarbeiter Michael Scheuer im Sommer
2009 in einer Talkshow des rechtslastigen Senders *Fox:* »Nur Osama
kann einen Angriff verüben, der die Amerikaner dazu zwingt, von
ihrer Regierung zu fordern, dass sie sie effektiv und andauernd und
mit so viel Gewalt wie nötig schützt.«[6] Was für eine Hirnverrenkung:
ein terroristischer Anschlag als Schutz.

Websites wie o.bamapost.com fungieren wie ein Panoptikum der
Ängste weißer Fundamentalisten. Sie stellen Obama als verkappten
Moslem und sogar Islamisten dar. So zeige dessen Rede an die islamische Welt in Kairo, dass er Amerika »islamisieren« und im Bund
mit *Al-Kaida* womöglich sogar vernichten wolle – und Israel gleich
mit dazu. »Kein politischer Führer seit Hitler«, so heißt es auf der
Seite weiter, habe die Welt so hypnotisiert. Seine Regierung habe den
evangelikalen Christen »den Krieg erklärt«, sie fördere Homosexuelle,
Perverse, abtreibende Frauen, Vater- und Mutterlosigkeit. Auf der
Homepage sind Videos zu sehen, die angeblich zeigen, wie Obama
von Hexen gefeiert wird, wie er mit Terroristen verkehrt oder mit
einem Unbekannten, der laut eigenem Bekenntnis »Homosex mit
Obama gemacht« haben will. »Die Präsidentschaft von Barack

Obama ist eine biblische Plage, die über ein sündiges Volk verhängt wurde«, das ist das Fazit von o.bamapost.com.

Die Angst dieser Paranoiker ist mit Händen zu greifen. Die neue Weltordnung verkörpert für sie Chaos und tödliche Unterwerfung. Die Welt habe die USA mit der Verleihung des Friedensnobelpreises an Obama »entmannen« wollen, so der republikanische Radiomoderator Rush Limbaugh, sie »liebt geschwächte, kastrierte Vereinigte Staaten«.[7] Frauen-Schwule-Schwarze, also alle vermeintlich Schwächeren, verschmelzen zu einer einzigen Bedrohung für jene Vorkämpfer der männlich-christlich-weißen Supermacht. Dass die Gewinnernation USA das Absteigen lernen muss, ist für diese Leute weder tolerabel noch akzeptabel. »Obama will, dass wir den Euro übernehmen und unser schönes Land in die Europäische Union eingliedern«, heißt es auf o.bamapost.com allen Ernstes. Und: »Obama wirft Amerika beim G-20-Gipfel unter den Bus.«

Gruppenbild mit Damen

G-20, die neue Gruppe von 20 Ländern, die 62 Prozent der Weltbevölkerung und 77 Prozent des Weltbruttosozialprodukts repräsentiert, ist dabei, die alte G-8 abzulösen. Und tatsächlich reduziert sich mit der G-20 das ungerechte globale Übergewicht der USA und Europas ein wenig. Wenn sich die Oberhäupter der G-20 versammeln, wird deutlich mehr Vielfalt als bisher bei Geschlecht, Hautfarbe und Kleidung sichtbar. Deutschland und Argentinien haben eine weibliche Regierungschefin, Indien hat eine Staatspräsidentin. Von Männern mit nicht weißer Hautfarbe regiert werden (in der Rangfolge ihrer Wirtschaftskraft) die USA, Japan, China, Südkorea, Mexiko, die Türkei, Indonesien, Saudi-Arabien und Südafrika. Weiße Männer als Staatsoberhäupter gibt es noch in folgenden G-20-Ländern: Großbritannien, Frankreich, Italien, Kanada, Brasilien, Russland und Australien, also in 7 von 20 Staaten. Zwar sind Geschlecht und Hautfarbe der G-20-Staatschefs ein unzureichender Maßstab, aber doch ein Indiz für Machtverschiebungen: Die bei der G-8 noch überdeutliche Vor-

Weltfinanzgipfel der G-20 im April 2009 in London
(Foto: afp/Dominique Faget/Getty Images)

herrschaft des weißen Mannes hat sich bei den G-20-Repräsentanten
auf knapp ein Drittel reduziert.

Diese Machtverschiebungen werden in den nächsten Jahren weitergehen. Voraussichtlich um das Jahr 2030 herum wird China die
weltgrößte Wirtschaftsmacht sein. »2050 werden die größten Volkswirtschaften China, Indien, die USA und Japan sein, in dieser Reihenfolge«, glaubt Kishore Mahbubani, Politikwissenschaftler aus Sin-
gapur und Autor des Buches *Die Rückkehr Asiens: Das Ende der
westlichen Dominanz*.[8] Schon jetzt hat China über seine Dollarkäufe
und seine Finanzierung des US-Haushaltsdefizits die Kriege der
Bush-Regierung in Irak und Afghanistan unfreiwillig mitbezahlt. Das
asiatische Land ist zwar der strategische Rivale der USA, aber, so
schreiben die Journalisten Harald Schumann und Christiane Grefe,
»es stellt eben auch Amerikas Bank dar und die verlängerte Werkbank
für seine Industrie«. Der US-Wirtschaftshistoriker Niall Ferguson
spricht deshalb von einem entstehenden »Chimerica«, das »mit
einem Viertel der Weltbevölkerung 60 Prozent des weltweiten Wirt-
schaftswachstums« bestreite. Nicht weniger dynamisch könnte sich

»Chinindia« entwickeln, die Zusammenarbeit zwischen dem »Drachen« China und dem »Elefanten« Indien. Gemeinsam könne man »die Weltordnung neu gestalten«, verkündete deshalb Indiens Premier Manmohan Singh bei einem Staatsbesuch des chinesischen Ministerpräsidenten Wen Jiabao im April 2005 in Delhi.[9]

Fareed Zakaria, indischstämmiger Chefredakteur von *Newsweek International* und Autor des Buches *Der Aufstieg der Anderen*, ist deshalb überzeugt, dass die gegenwärtige Wirtschaftskrise den Übergang in eine postamerikanische Weltordnung beschleunigt. Wenn die Weltordnung auch im UN-Sicherheitsrat, in Weltbank und Weltwährungsfonds demokratisiert werde, dann werde Asiens Aufstieg dem Globus guttun und Hunderte Millionen von Menschen aus der Armut befreien, glaubt er. Gegenwärtig aber seien die USA ein Land, »das sich vor Angst verzehrt – Angst vor Terroristen und Schurkenstaaten, Muslimen und Mexikanern, ausländischen Firmen und Freihandel, Einwanderern und internationalen Organisationen«. Deshalb müssten die US-Amerikaner die Supermachtrolle neu definieren und mit »Konsultation, Kooperation und sogar Kompromissen« unterfüttern.[10] Eine Aufgabe, die Zakaria wohl auch Obama zuweist.

Wie aber reagiert die mehrheitlich weiße männliche Elite der Welt auf die drohende Entthronung? Kann man überhaupt Reaktionen feststellen? Oder sind die Interessen des Herrenklubs an der Weltspitze viel zu heterogen? Und vielleicht auch gar nicht gefährdet? Schauen wir uns einige Hauptakteure und die in ihrem Regierungsstil demonstrierte Männlichkeit etwas genauer an.

Putin und sein Jungpionier

Wie nervös der russische Staatsapparat immer noch auf den einstigen Erzfeind USA reagiert, war einmal mehr an jenem 5. November 2008 zu spüren, als Barack Obama zum neuen US-Präsidenten gewählt wurde. Noch in der Wahlnacht drohte der russische Präsident Dmitri Medwedew mit der Aufstellung neuer Atomraketen in Kaliningrad. Nach Obamas Inaugurationsrede Anfang 2009 nahm er die Drohung

Königskörper 1: Russlands Ministerpräsident Putin
(Foto: RIA – Novosti/Dimitry Astakhov/AP)

allerdings wieder zurück. Als der US-Präsident im Juli 2009 Moskau besuchte, gab sich sein russischer Amtskollege als braver Gastgeber und schloss mit Obama ein Rahmenabkommen über nukleare Abrüstung. Doch wenige Tage später, auf dem G-8-Gipfel im italienischen L'Aquila, wiederholte Medwedew das Spielchen und kündigte an, Atomraketen in der Nähe zu Polen stationieren zu lassen, wenn die US-Regierung an ihren Plänen für ein Raketenabwehrsystem in Polen und Tschechien festhalte.

Seltsam nur, dass die Drohungen des russischen Präsidenten zumindest körpersprachlich so wenig beeindrucken. Medwedew, Putins braver Jungpionier, wirkt in seinen zu großen Anzügen stets, als hätte er besser kurze Hosen angezogen. Stocksteif stakst er durchs Bild, ein nicht richtig erwachsen gewordener, gehorsamer Junge, der auf Väterchen Putin hört. Sein Chef, Ministerpräsident Wladimir Putin, der ihm laut Verfassung eigentlich untergeben ist, zeigt sich hingegen gern in kraftstrotzender Pose, mit breitem Oberkörper, breitem Gang, breitem Grinsen.

Schon als er noch Präsident war, ließ Putin die durchtrainierten Muskeln spielen. Im Sommer 2007 präsentierte er sich seinem Volk oben ohne und posierte mit angespanntem Bizeps beim Angeln am sibirischen Strom Jenissej. »Der Präsident zeigt, dass er in beachtlicher physischer Form ist«, kommentierte das Boulevardblatt *Komsomolskaja Prawda*.[11] Und weil der zur Schau gestellte Muskulinismus so gut ankam, ließ sich Putin ein Jahr später als stolzer Reiter und Jäger ablichten, mit Pferd, Sonnenbrille, Fahrtenmesser und Gewehr.

Eine besondere Heldentat vollbrachte er am 1. September 2008, als er in den sibirischen Wäldern einen riesigen Tiger mit einem Betäubungsgewehr niederstreckte – und damit einer in der Nähe stehenden Filmcrew angeblich das Leben rettete. Das von Reuters verbreitete Blattschuss-Video wirkte allerdings ziemlich gestellt. Wollte Putin seinem Publikum einen Tiger aufbinden? Die Story wurde dennoch weltweit verbreitet und in zahllosen Boulevardzeitungen gedruckt. Niemand von der hiesigen Journaille fiel der Zusammenhang mit dem gerade beendeten Kaukasuskrieg auf, doch im kollektiven russischen Halbbewusstsein trug der von Putin erlegte Tiger den Namen des georgischen Präsidenten Michail Saakaschwili.

Und in Putins Bewusstsein ebenfalls. Er werde »Michail Saakaschwili an den Eiern aufhängen«, drohte er Mitte August gegenüber dem französischen Präsidenten, als russische Panzer kurz vor der georgischen Hauptstadt Tiflis standen. Auf die verblüffte Nachfrage des diplomatischen Vermittlers Sarkozy soll Putin geantwortet haben: »Die Amerikaner haben Saddam Hussein doch auch aufgehängt.« Der Ministerpräsident hat offenbar eine Neigung zum Denken mit dem Unterleib. Einem französischen Journalisten, der 2002 in Brüssel nachfragte, ob der Kampf gegen den Terror nicht in Wahrheit ein Kampf gegen das tschetschenische Volk sei, empfahl er: Wenn er ein moslemischer Radikaler werden möchte, dann möge er sich doch bitte so beschneiden lassen, »dass bei Ihnen nichts mehr nachwächst«.[12]

Wladimir Putin würde sich nicht so flegelhaft benehmen, wüsste er nicht, dass er damit zu Hause punkten kann. Der Macho, auf Russisch *Muschik*, kommt an. Viele russische Männer und in geringerem Ausmaß auch Frauen hatten es als nationale Demütigung erlebt, dass die einstige Supermacht nach dem Zusammenbruch des Realsozialismus ihre dominante Rolle auf der Bühne der Weltpolitik verloren hatte. Nun soll ihr neuer Führer Wladimir Putin das wieder wettmachen. Die Fahnen seiner Partei, der Partei Einheitliches Russland, zeigen einen Bären – das russische Wahrzeichen des *Muschik*: massig, stark und unberechenbar. Auf einem Kongress der Partei im Jahr 2007 erhielt Putin den neu gestifteten Titel »Führer der Nation«. Und im Sommerlager der putintreuen, militanten Naschi-Jugend, auch »Naschisten« genannt, bereiteten sich im selben Jahr Zehntausende von Jungen mit Militärübungen auf eine angeblich bevorstehende westliche Invasion vor, während sich die Mädchen mit dem Slogan »Ich will Putin« schmückten. Nicht ganz zu Unrecht nennt der Schriftsteller Wladimir Sorokin die Naschisten eine »SA mit Puderzucker«.[13]

Putin weiß das Gefühl der kollektiven Kränkung intuitiv für seinen Machterhalt zu nutzen – auch mit Säbelrasseln in den Krisenregionen Tschetschenien und Kaukasus. Am 9. Mai 2009 ließ er den Jahrestag des Sieges über Hitler-Deutschland mit einer prächtigen Militärparade feiern, mit Panzern, Raketenwerfern und Atomwaffenträgern, deren Rattern die umliegenden Häuser erzittern ließ. »Was treibt Moskau dazu, derart die Muskeln spielen zu lassen?«, fragte der *Spiegel*-Korrespondent und merkte nicht, dass er auf Putins Spiel bereits hereingefallen war, Militär mit Muskeln und die unschuldige russische Hauptstadt mit ihren ganz und gar nicht unschuldigen Herrschern zu verwechseln.[14]

Putins Peepshows, die Zurschaustellungen seines wehrhaften Körpers, sind für seine Anhänger die sprichwörtliche Verkörperung des wieder erstarkten russischen Reiches. Großmannssucht, das ist die Sehnsucht des kleinen Mannes nach übernatürlicher Größe – und dabei spielt die Armee eine zentrale Rolle. Der typische *Muschik* ist kein Macho oder Cowboy, der für Freiheit, Marlboro und Autonomie kämpft, sondern eher unselbstständig und mutterfixiert, ein vielfach gebrochenes Produkt des autoritären Zentralstaates. Unter dem Motto »Gott, Zar und Vaterland« und später unter roten Fahnen forderten die Staatsapparatschiks absoluten Gehorsam von ihren Unterlingen. Bis heute durchlaufen nicht wenige Rekruten in der Armee eine Schule der Gewalt, die ihren Körper und ihre Psyche bricht – und die die Sehnsucht nach einem anderen mächtigen, unbesiegbaren Körper zumindest teilweise erklärt. *Dedowtschina* heißt dieses inoffizielle sadistische System von Drill und Folter, das viele junge Soldaten zu bösartigen Krüppeln macht. Wenn sie sich *Ded* – dem Großvater, also den älteren und ranghöheren Soldaten – nicht bedingungslos unterwerfen, werden sie bestraft und gefoltert, oft auch vergewaltigt und sexuell misshandelt. Sind sie aber in der Militärhierarchie aufgestiegen, dürfen sie ihrerseits die Jüngeren grausam behandeln. Nach Schätzung des Komitees der Soldatenmütter Russlands fordert die *Dedowtschina* jährlich die unvorstellbare Zahl von rund 3000 Todesopfern; allein von 1989 bis 1993 seien es etwa 15 000 gewesen.[15]

Wer das überlebt, lässt in vielen Fällen den erlebten Hass an vermeintlich Schwächeren aus: an Schwulen oder Minderheiten. Die Homophobie in Russland ist vielleicht deshalb so ausgeprägt, weil sie den gescheiterten *Muschiks* erlaubt, sich durch die Erniedrigung anderer als »wahrer« Mann zu fühlen. In den russischen Großstädten nehmen Hassverbrechen russischer Jugendlicher gegen Migranten zu. »Russland den Russen!«, brüllten Demonstranten im November 2007 am Tag der nationalen Einheit, »slawisch, russisch, mächtig!«[16]

Slawisch, russisch, mächtig – so fühlt sich womöglich auch Putin. Bei einem Kreml-Besuch des damaligen israelischen Ministerpräsidenten Ehud Olmert im Oktober 2006 äußerte er sich bewundernd über dessen Präsidenten Mosche Katzav, dem zu jener Zeit vorgeworfen wurde, zehn Mitarbeiterinnen sexuell genötigt oder vergewaltigt zu haben. »Grüßen Sie Ihren Präsidenten. Was für ein starker Kerl! Zehn Frauen hat er vergewaltigt«, soll Putin nach Angaben des *Kommersant*-Reporters Andrej Kolesnikow zu Olmert gesagt haben. Und weiter: »Das hätte ich ihm nicht zugetraut. Er hat uns alle überrascht. Wir alle beneiden ihn.«[17] Offensichtlich hatte Putin nicht bemerkt, so vermutete der Reporter, dass die Mikrofone noch eingeschaltet waren.

Der von *Muschik* Putin bewunderte Katzav nahm Anfang 2007 auf einer Pressekonferenz Stellung zu den Beschuldigungen, und auch er fiel völlig aus der Rolle. Der sichtlich geschockte Korrespondent des *Tagesspiegel* berichtete: »Er lässt an diesem Mittwochabend keine Fragen zu, brüllt einen Fragesteller nieder und sprich von ›feindlichen Massenmedien‹, ›rachsüchtigen‹ Opfern, die keine seien, und von der Justiz, die seine Verurteilung um jeden Preis anstrebe. Er sei bereit, selbst ›mittels eines Weltkrieges‹ für seine niedergetrampelte Ehre und seine in den Dreck gezogene Würde zu kämpfen.« Einen Weltkrieg anzetteln, um die verloren gegangene Ehre zurückzuerlangen – nicht einmal dieses Ansinnen hat Katzav ernsthaft geschadet. Nach einer Absprache mit der Staatsanwaltschaft gestand er im Februar 2008 geringere Vergehen wie sexuelle Belästigung und entging so einer Gefängnisstrafe wegen Vergewaltigung.[18]

Le Président Bling-Bling

Putin ist nicht der Einzige, der sich als Zar inszeniert, oder besser: als Zar-Kosy. Nicolas Sarkozy, französischer Präsident, Ko-Fürst von Andorra, Träger des Großkreuzes der Ehrenlegion, Träger der Ehrenmedaille der Spezialeinheit Terrorbekämpfung der französischen Polizei, Träger des Großkreuzes des belgischen Leopoldsordens, ließ extra die Verfassung ändern, um im Juni 2009 vor beiden Parlamentskammern eine Rede zu halten. Die Sitzung im prunkvollen Schloss des Sonnenkönigs Ludwig XIV. zu Versailles kostete die Steuerzahlenden laut *Le Parisien* rund 400 000 Euro. »Le Président Bling-Bling« wird Sarkozy angesichts seiner notorischen Vorliebe für Prunk und Protz gerne genannt. Er sei ein lächerlicher Repräsentant von »Bling-Bling« und »Ramsch«, schimpfte Danielle Mitterand, die Gattin seines Vor-Vorgängers, in einem Internet-Kommentar. [19]

Seine Wahlsiegparty im Mai 2007 feierte Sarkozy mit den Schönen, Reichen und Erfolgreichen, mit Großinvestoren, Medienbossen,

Königskörper 2: Frankreichs Präsident Sarkozy (Foto: Jim Cole/AP)

Konzernchefs, Schauspielerinnen und Schlagersternchen in einem Pariser Edel-Restaurant. Seinen Kurzurlaub vor Amtsantritt verbrachte er auf einer Luxusjacht des Milliardärs Vincent Bolloré – und auf dessen Kosten. Seine bevorzugten Accessoires sind Rolex und Ray Ban, gern zeigt er sich mit nacktem Oberkörper und Goldkettchen. Die Liebesaffaire mit der damals 40-jährigen Sängerin Carla Bruni ließ der 53-Jährige wie eine Seifenoper inszenieren und von Fernsehscheinwerfern ausleuchten: Seht her, was ich gefangen habe. Die Boulevardmedien überschlugen sich: Carla und Sarko auf Weihnachtsurlaub in Bollorés Privatjet, Carla und Sarko turtelnd, Carla und Sarko vor den ägyptischen Pyramiden. Der schlechte Geschmack war dabei nicht allein Sarkozys Privileg. »Ich will einen Mann, der über die Atombombe entscheidet«, ließ Bruni verlauten.[20] Das Zitat war zwar alt und bezog sich auf ihren Ex-Lover, den Milliardär Donald Trump, aber den Befehlshaber der nuklearen *force de frappe* fand Bruni offensichtlich noch erotischer, sonst hätte sie ihn wohl kaum geheiratet.

Für Super-Sarko scheint die ganze Welt eine Bühne zu sein. Der hyperaktive Emporkömmling aus einer ungarisch-griechischen Migrantenfamilie ist ein manischer Meister der Darstellung von Omnipotenz und Omnipräsenz: morgens in Paris, mittags bei streikenden Arbeitern in Südfrankreich, abends bei einem internationalen Gipfel. Dabei achtet er stets darauf, nicht neben Personen zu stehen, die ihn körperlich überragen. Das Ego des kleinwüchsigen Mannes scheint dafür umso größer: »Ohne mich läge Europa am Boden«, verkündete er nach einem EU-Krisentreffen inmitten der Finanzkrise. Und: »Wir haben zweifelsohne die Welt gerettet.« Dem NATO-Gipfeltreffen im Februar 2009 in Straßburg drohte Sarkozy gar mit Boykott, wenn er entgegen der üblichen Sitzordnung nicht neben dem NATO-Generalsekretär Platz nehmen dürfe.[21]

Interessant ist das militärische Vokabular, mit dem Monsieur le Président und seine Crew die Herzen der Bevölkerung zu erobern trachten. »Unser erstes Ziel ist es, die Schlacht der Kommunikation zu gewinnen«, so sein langjähriger Mitarbeiter Franck Louvrier über die Taktik der spektakulären Auftritte. Auch der Kommunikationswissenschaftler Jacques Pilhan verglich Sarkozys Omnipräsenz mit »einer Art Flächenbombardement«. Zwei Drittel der befragten Franzosen fanden es bei einer Umfrage umgekehrt gut, dass sich Sarkozy »in vorderste Front« begebe.[22] Seine zupackende Art scheint zu gefallen, nicht aber der Rest. Denn die Popularitätswerte von »le Omniprésident«, wie ihn die Franzosen auch nennen, sanken nach Amtsantritt und blieben seitdem im Keller. Nicolas Sarkozy gilt als der Herr der leeren Versprechen, der in monotoner Raserei um sich selbst kreist. Er sei getrieben von einem unbändigen Willen nach Anerkennung, garniert mit kindlich-pubertären Zügen, berichtet seine Biografin Yasmina Reza.[23] Und auch die hochnotwichtige Rede in Versailles stieß in Frankreich auf wenig Anklang. Schließlich enthielt die Ansprache nur eine einzige Neuigkeit: Burkas seien, so Sarkozy, »nicht willkommen auf dem Territorium der französischen Republik«. Viel Lärm um nichts, urteilten die meisten Medien, denn Burkaträgerinnen gibt es kaum in Frankreich.

Der VerFührer

Hat die russische Hauptstadt ein Reizklima? Auch Silvio Berlusconi, italienischer Ministerpräsident, Milliardär und Medienmonopolist, ließ sich in Moskau zu einem rassistischen Spruch hinreißen. »Barack Obama ist schön, jung und braun gebrannt«, bemerkte er zu seinem Gastgeber Medwedew kurz nach Obamas Wahlsieg.[24]

In Berlusconis Kreisen scheinen auch andere Maßstäbe verrutscht zu sein. Sein Anhänger Emanuele Verghini gründete im Mai 2009 ein Komitee von Nachwuchspolitikern, um seinen Herrn und Meister für den Friedensnobelpreis 2010 vorzuschlagen. Begründung: Berlusconi habe die Welt vor dem nuklearen Holocaust gerettet und »Millionen Menschen vor dem sicheren Tod bewahrt«. Nicht der Vermittler Sarkozy, sondern Berlusconi habe während des Kaukasuskriegs hinter den Kulissen die Fäden gezogen und so Waffenstillstand und Frieden ausgehandelt. Der »Cavaliere« repräsentiere »die bes-ten Gaben Italiens«. Davon ist der Angesprochene selbstverständlich auch überzeugt, wenn er nicht sogar selbst, womöglich aus purer Eifersucht auf den EU-Vermittler Sarkozy, den Anstoß zur Komiteegründung gab. »Der beliebteste Regierungschef der Welt bin ich«, trompetete er fröhlich im Mai 2009. Mit über 70 Prozent Zustimmung sei er noch beliebter als eben jener braun gebrannte Wahlsieger aus den USA.[25]

Berlusconi, das ist der Operetten-Clown mit dem Spitzbubengrinsen, der Showmaster, der Politik als Entertainment aufführt und Entertainment als Politik. Bei einem EU-Gipfel versteckte er sich hinter einer Säule, und als sich die deutsche Kanzlerin näherte, hüpfte er hervor und rief: »Kuckuck!« Beim NATO-Gipfel in Straßburg erschien er demonstrativ nicht zum Gruppenfoto, sondern telefonierte stattdessen laut mit seinem Handy. Eine kleine Auswahl seiner Sprüche: »Ich werde in die Geschichte eingehen, bereitet das Denkmal vor.« »Ich bin der Jesus Christus der Politik.« »Keiner meiner Minister ist so gut bestückt wie ich.« Berlusconi nimmt nichts ernst – außer sich selbst. Er ist der Antipolitiker, der seinen Anhängern vermittelt: Ich hasse Politiker und ihre langweiligen Reden genauso wie ihr. Der 73-Jährige trägt hohe Absätze und Make-up, hält Diät, besucht Schönheitsfarmen, lässt sich liften und Haare in die Glatze transplantieren. Alles an ihm ist Glanz, Glitter und Flitter, alles an ihm ist barocker Unernst. »Man darf nie, bei keiner Gelegenheit, den Sinn für die Leichtigkeit und den Humor verlieren«, verkündete er.[26]

Ist das der Fluch eines Landes, dessen Bevölkerung so viel Sinn für Schönheit und Design, gutes Essen und oberflächlichen Glanz zeigt? Es ist noch mehr: Der »Cavaliere« scheint ein Symptom für den Sieg des totalen Konsumismus zu sein, für jene von Shows und Shopping geprägte Oberflächenkultur des 21. Jahrhunderts, die dank der Telekratie des Fernsehsenderbesitzers Berlusconi in Italien besonders ausgeprägt ist. Aber Gier und Repräsentationssucht haben nicht nur ihn, sondern die gesamte politische Klasse erfasst: Die Ausgaben für politische Repräsentation wie Dienstwagen, Diener und Mobiliar in Italien entsprächen »denen von Frankreich, Deutschland, Großbritannien und Spanien zusammen«, so der britische Historiker Perry Anderson. »Unter dieser Kruste von Privilegien lebt jeder vierte Italiener in Armut.«[27]

Aber warum wird so einer gleich dreimal zum Ministerpräsidenten gewählt, in einem Land mit einer ehemals so starken Linken? Einer, der 1993 offen bekannte, er gehe nur deshalb in die Politik, um nicht wegen Korruption und Steuerhinterziehung verurteilt zu werden und das ganze ihn verfolgende Justizsystem möglichst gründlich zu vernichten? »Berlusconi«, kommentiert der Journalist Hans-Jürgen Linke, »verkörpert auf atemberaubend unverfrorene Weise, wovon ein Mann mit intakten niederen Instinkten träumt: reich und mächtig zu sein, juvenil bis ins hohe Alter, unberührt von Charaktergebrechen wie Selbstzweifeln und Moral.«[28] Mit dem großen steuerhinterziehenden Schlitzohr Berlusconi können sich all die kleinen steuerhinterziehenden Schlitzohren identifizieren. Diese ornamentale Hohlfigur, die staatsfeindlichen Anarchismus und Autoritarismus in sich vereint, ist wohl nur in Italien möglich.

Das erklärt jedoch nicht, warum auch Frauen auf den kleinen Latin Lover mit dem Riesenego und dem Hang zu sexistischen Sprüchen fliegen. Kostprobe: »Ich glaube, wir könnten es nicht schaffen, Vergewaltigungen völlig zu verhindern, unsere Frauen sind zu schön

*Königskörper 3: Italiens Premier Berlusconi mit
Alessandra Mussolini (Foto: © Gregorio Borgia/AP Photo)*

dafür.«[29] Noch vor *Tutti frutti* im deutschen RTL hatte Berlusconi die
Figur der Velina für seinen Kanal Italia 1 erfunden: vorzugsweise
blonde Schönheiten mit langen Beinen, die lächeln, tanzen – und die
Klappe halten. Heute scheinen das junge Frauen für ein erstrebens-
wertes Lebensziel zu halten. Eine beträchtliche Anzahl italienischer
Mädchen will laut Umfragen Velina werden, Showgirl in Berlusconis
Tanz- und Glitzershows.

Glauben die potenziellen Velinen, dass in dem EU-Land mit der
niedrigsten weiblichen Erwerbsquote Europas keine anderen Aus-
sichten auf beruflichen Erfolg mehr existieren? Tatsächlich gibt es
woanders kaum so steile Karrieren wie die von Mara Carfagna. Auch
sie war Pin-up-Girl und Velina in einem Berlusconi-Sender, bis der
reichste Mann Italiens sie erst zur Frauen-Koordinatorin seiner Partei
Forza Italia und später ausgerechnet zur Ministerin für Gleichberechtigung machte. »Wenn ich nicht schon verheiratet wäre, würde ich Sie
vom Fleck weg heiraten«, säuselte ihr der Videokrat ins Ohr.

Berlusconis Ehefrau fand das nicht lustig. Und noch weniger wit-
zig fand sie, dass ihr Gatte ein paar Jahre später gleich drei Velinen
einlud, Europa-Kandidatinnen seiner Partei zu werden. Sie seien
nichts als »schamlose Luder im Dienst der Macht«, nominiert »einzig
ihrer Kurven wegen« und »zum Vergnügen des Imperators«, empörte

sich Veronica Lario. Eine weitere Velina, zu deren 18. Geburtstag Berlusconi extra nach Neapel rauschte, war schließlich der Anlass für sie, die Scheidung einzureichen: »Ich kann nicht mit einem Mann zusammen sein, der mit Minderjährigen verkehrt.« Im folgenden Blätterrauschen stellte sich heraus: Der Ministerpräsident hatte die damals 17-jährige Noemi Letizia schon Ende 2008 zu einer Silvesterparty in seiner Villa »La Certosa« eingeladen. Zudem bekannte eine weitere Velina namens Patrizia D'Addario freimütig, für ihre sexuellen Dienste am Staatsoberhaupt bezahlt worden zu sein, was Berlusconi jedoch wütend zurückwies.[30]

Das alles ist symptomatisch für Berlusconis Regierungsstil. Lächelnd stellt er sich über Moral und Gesetz, und sein Volk lässt es sich gefallen. »Er ist größenwahnsinnig. Er hat eine extreme Form des Narzissmus«, sagt der Journalist Alexander Stille, Autor der Biografie *Citizen Berlusconi.* »Berlusconi glaubt, dass die Welt sich um ihn dreht, und das Bizarre ist: Sie tut es auch! Er hat das italienische Universum so lange zurechtgebogen, bis es ihn jeden Tag bestätigt.«[31]

Der britische Politiker David Owen nennt so etwas »Hybris-Syndrom«. Der studierte Mediziner hat darüber einen Aufsatz und ein Buch geschrieben, in dem er »Hybris-Kranke« in Regierungen der letzten 100 Jahre untersucht. Größenwahn, sagt er, baue sich »im Laufe langer Amtszeiten auf« und zeige sich darin, dass der Kranke den Bezug zur Realität verliere, keiner Kritik mehr zugänglich sei, sein eigenes Urteil für unhinterfragbar halte und dabei immer inkompetenter werde. Diese Form von »Geisteskrankheit« habe bisher vor allem Männer befallen, allerdings auch Margaret Thatcher.[32]

Das einzige Glück für Italien ist, dass sich sein Chef weniger für Panzer und Kampfjets als für Blondinen interessiert. Ansonsten aber ist seine Videokratur alles andere als harmlos: Berlusconi hat die Gewaltenteilung faktisch abgeschafft, die Medien okkupiert und die Justiz fast völlig ausgeschaltet. Er lässt die Mafia weitgehend ungeschoren, verharmlost den italienischen Faschismus und trägt bei öffentlichen Auftritten bisweilen das faschistische Schwarzhemd. »Mussolinis Diktatur war, wie soll ich sagen, sanftmütig«, verkündete er 2003. »Mussolini hat nie jemanden umgebracht. Er schickte die Leute in die Verbannung, damit sie Ferien machen konnten.«[33] Im Zuge dieser »Ferien« hatte die italienische Armee 1930 fast die gesamte Zivilbevölkerung aus der libyschen Kyrenaika in 15 Konzentrationslager ins Wüstengebiet verschleppt; 1933 lebte von den rund 100 000 Deportierten nur noch die Hälfte.

Heute macht Berlusconi auf gut Freund mit Libyens Diktator Muammar Gaddafi – und fand in ihm unfreiwillig sogar seinen Meister. Im Juni 2009 zog Gaddafi auf Staatsbesuch in Rom ein, in einer pompösen Fantasieuniform, übersät mit Orden und Klunkern und Bommeln, schlug in einer Parkanlage sein luxuriöses Beduinenzelt auf und ließ demonstrativ seine weibliche Leibgarde aufmarschieren. Und damit nicht genug: Er lud 1000 Italienerinnen – Unternehmerinnen, Ministerinnen, Professorinnen – zu einem Empfang. Berlusconi muss sich geärgert haben: Eine so große Frauenschar hat nicht einmal er jemals um sich versammeln können. In puncto Rassismus aber verstehen sich die beiden Staatsführer blendend. Der Italiener will die Schwarzafrikaner aus seinem Land heraushalten, und der Libyer baut in der Wüste die Lager dafür. »Wenn ihr so viele tausend Ausländer ins Land lasst, braucht ihr zu eurem Schutz irgendwann einen Diktator«, verkündete Gaddafi vor dem italienischen Parlament. Ein »blutrünstiger libyscher Clown« und ein »feierlustiger italienischer Clown« hätten sich hier zu einer »traurigen Posse« zusammengetan, empörte sich der Publizist Furio Colombo. Während sich der eine »wie ein gealterter James Bond mit hundert Frauen seines speziellen Geheimdienstes« umgebe, feiere der andere seine »römischen Gelage« lustig weiter.[34]

Frauen als Garnitur und Gebrauchsgegenstand zu betrachten, das haben die Regenten Putin, Katzav, Sarkozy, Berlusconi und Gaddafi offenbar gemeinsam. Frauen an der Macht scheinen dem »Cavaliere« hingegen Angst zu machen. Das Kabinett seines spanischen Amtskollegen José Luis Rodríguez Zapatero sei ihm »zu rosa«, lästerte er nach dessen Sieg bei den Parlamentswahlen im Frühling 2008.[35] Zapatero berief neun Frauen als Ministerinnen und organisierte damit zum ersten Mal in der Geschichte Spaniens eine weibliche Regierungsmehrheit. »Er wird Probleme haben, sie zu leiten«, befand Berlusconi.

Schwangere spanische Verteidigungs-
ministerin vor »ihren« Soldaten in Afgha-
nistan (Foto: Fraidoon Pooyaal/AP)

Der spanische Premier Zapatero hatte bewusst mit dem *machismo*
des katholisch geprägten Spanien gebrochen. Er holte nicht nur viele
Frauen in die Regierung, sondern ernannte auch eine Schwangere
zur Verteidigungsministerin. Im April 2008 flog die 37-jährige So-
zialistin Carme Chacón nach Afghanistan, um den dort stationierten
780 spanischen Soldaten den Rücken zu stärken.[36] Die Bilder, wie sie,
im siebten Monat schwanger, lächelnd die Parade abschritt, machten
international Furore.

Mit dem traditionellen Code der Militärs konnte man kaum
deutlicher brechen. Entsprechend heftig reagierten konservative spanische Medien, die das Militär neben der Kirche als Hauptpfeiler des
Staates sehen. »Carme, die mit der Riesenpauke«, schrieben sie ab-

schätzig oder: »Ob sie ihrer Brut wohl Bleisoldaten schenken wird?«[37] Andere, wie die *Zeit*-Journalistin Barbara Baumgartner, reagierten begeistert: »Mit einem Blitzbesuch bei den Truppen in Afghanistan entwaffnete (sic!) sie jene Kritiker, die ihre Schwangerschaft zur Behinderung erklärten.« Und: »Wie diese zierliche Frau mit großem Bauch die Truppen abschritt: Das bot ein starkes Bild und den Anlass zu bedeutungsschwangeren (sic!) Sätzen.«

EUnuchen und Cowboys

Womöglich war die schwangere Ministerin für manch harten Mann in den USA eine Bestätigung, sieht man doch dort in den Europäern schon lange »Eunuchen«, genauer gesagt: »EUnuchen«. »Der Amerikaner ist ein viriles, heterosexuelles Mannsbild, der Europäer ist weiblich, impotent oder kastriert. Vor allem militärisch kriegen die Europäer keinen hoch«, schreibt der Historiker Timothy Garton Ash ironisch über diese Stereotypen. »Sehen antiamerikanische Europäer ›die Amerikaner‹ als tyrannische Cowboys, so sehen antieuropäische Amerikaner ›die Europäer‹ als warme Brüder.«[38] Das gegenseitige Ressentiment brachte der US-Publizist Robert Kagan in Zeiten der Regierung Bush so auf den Punkt: »Amerikaner sind vom Mars, Europäer von der Venus.«

Die Obama-Regierung hat mit dieser Tradition gebrochen, weil sich ihr schwarzer Chef keine aggressive Körpersprache leisten kann. Umso stärker hatte sich sein Amtsvorgänger bemüht, seine Virilität zu beweisen. Unvergessen sein von PR-Strategen bis ins Detail geplanter Auftritt im Mai 2003: »Mission accomplished!«, verkündete George W. Bush damals ebenso großmäulig wie voreilig den Sieg im Irakkrieg. Seine Jagdflieger-Uniform fiel vor allem deshalb auf, weil sich unterhalb der strammen Fallschirmgurte ein beachtlich gewölbter präsidialer Unterleib abzeichnete. Der oberste Kriegsherr der USA *showed some balls,* er demonstrierte überdeutlich, dass er kein Weichei ist und vor allem da unten keine Weicheier hat. Zu allem Überfluss tat er dies auf dem Flugzeugträger USS Abraham Lincoln,

auf einem nach dem Übervater der Nation benannten Schiff, also
quasi auf dem Boden der Männlichkeit von *pater patrias*.

Alle sahen es, doch fast alle waren und blieben sprachlos. Einer
der wenigen, die diese Symbolik zu kommentieren wagten, war Richard Goldstein, Kolumnist der New Yorker Zeitschrift *Village Voice*.
»Wer so deutlich auf seine Eier zeigen muss«, schrieb er, »hat womöglich Angst, sie könnten verschwinden.« Und das gelte nicht nur für
Bush: »Wenn Machismo dieser Tage so tragikomisch extrem erscheint, dann, weil viele Männer glauben, dass ihre Maskulinität sich
auflösen könnte.«[39]

Goldstein charakterisierte damit treffsicher alle Männer, die solches Gebaren nötig haben – ob in der Politik oder anderswo. Männer,
die sich ihrer selbst sicher sind, müssen nicht durch beständiges Kike-
riki herausstellen, was für Prachthähne sie sind. Bei Bush, Putin, Sarkozy, Berlusconi, Gaddafi und anderen darf neben Narzissmus und
Größenwahn ein Problem mit der eigenen Männlichkeit unterstellt
werden – wobei das eine womöglich eng mit dem anderen zusam-
menhängt.

Das tödliche Dreieck?

Der rechtslastige israelische Premier Benjamin Netanyahu und sein
Außenminister Avigdor Lieberman demonstrieren eine andere unangenehme Form von Männlichkeit: militante Drohgebärden. Nicht
wenige Israelis halten den aus Russland stammenden Lieberman,
einen ehemaligen Nachtklub-Türsteher und Saalordner, für einen
»Faschisten« und »Rassisten«, auf jeden Fall aber für den »gefährlichsten Politiker Israels«.[40] Der bullige Bartträger, Chef der ultrana-
tionalen Partei Unser Haus Israel, tritt gern als starker Mann auf und
propagiert die Einführung eines Präsidialsystems statt der bestehenden parlamentarischen Demokratie. Der Antrittsbesuch des neu ernannten Außenministers im Mai 2009 in Berlin sei »ein Abgesang
auf jede Art von *soft power*« gewesen, so der FDP-Bundestagsab-
geordnete Werner Hoyer, »Lieberman sieht uns Europäer als einen

Königskörper 4: Der frühere US-Präsident Bush
(Foto: Stephen Jaffe/afp)

Haufen Weicheier an.«[41] Da war es wieder, dieses Spiel: Wer nicht
droht und aufrüstet, ist unmännlich.

Nach seiner Einwanderung aus dem heutigen Moldawien soll
sich Lieberman einer rechtsradikalen Studentengruppe angeschlossen und mit Fahrradketten und Stacheldraht auf »Araberjagd« gegangen sein. 2001 wurde er zu einer Geldstrafe verurteilt, weil er ein
zwölfjähriges Kind verprügelt hatte. Die Staatsanwaltschaft ermittelt
gegen ihn wegen Korruption und Geldwäsche: Seine Tochter soll Gelder aus dem Ausland über eine Firma in seine Tasche geleitet haben.
Als Verkehrsminister schlug er 2003 in der Knesset vor, freigelassene
palästinensische Gefangene im Toten Meer zu ertränken. 2006 verlangte er im israelischen Parlament, die arabischen Knesset-Abgeord-

neten als »Landesverräter« vor Gericht zu stellen und hinzurichten. Und während des Gazakriegs forderte er indirekt, die Hamas mit einer Atombombe zu vernichten – sie solle so behandelt werden, wie die USA im Zweiten Weltkrieg Japan behandelt hatten.[42]

Der seit März 2009 regierende Ministerpräsident Netanyahu hat Lieberman wohl auch deshalb zum Außenminister ernannt, weil dieser garantieren soll, dass es kein Friedensabkommen mit den Palästinensern geben wird. Netanyahu kennt nur eine Priorität: Iran. Das iranische Atomprogramm sei, findet er, »die größte Bedrohung, mit der sich Israel seit der Staatsgründung 1948 konfrontiert gesehen hat«. Das, was Beobachter über Netanyahus Regierungsstil berichten, klingt wie aus David Owens Hybris-Buch, gepaart mit Symptomen des Verfolgungswahns: Netanyahu leide »unter Konfusion und Paranoia«; rund um sein Büro herrsche eine Atmosphäre der »permanenten Krise«; der Premier sei überzeugt, dass die Medien ihn verfolgten, seine Mitarbeiter Informationen gegen ihn lancierten und die Obama-Regierung ihn aus seinem Büro herauswerfen wolle.[43]

Benjamin Netanyahu und Mahmud Ahmadinedschad seien zwar moralisch nicht gleichzusetzen, befand *Spiegel*-Reporter Erich Follath in einem Essay, aber dennoch »Zwillinge im Geiste«: »beide gefangen in der Absolutheit ihres Anspruchs; beide besessen von ihrer höheren Berufung; beide überzeugt von einer messianischen Mission – zu ›Ehren‹ einer Religion, zur ›Rettung‹ eines Volkes.« Weil die zwei wie Expresszüge »Kurs auf einen Crash genommen« hätten, hält der Journalist es für möglich, dass die Israelis im Jahr 2010 auch ohne Einwilligung der US-Regierung iranische Atomanlagen angreifen könnten: »Der gesamte Nahe Osten könnte Tausende Tote zu beklagen haben, die Folgen für die Weltwirtschaft wären verheerend.«[44]

Netanyahu lernte laut Follath von seinem Vater, dass es auf die jahrhundertelange Judenverfolgung nur eine Antwort geben könne: »militante, zur Not auch vorbeugende jüdische Selbstverteidigung«. Sein Großvater, ein Warschauer Rabbiner, war schon 1920 ins biblische Land ausgewandert; er lehrte seine Söhne, man müsse sich unter allen Umständen gegen Amalek wehren – eine biblische Gestalt,

die die Hebräer auf ihrem Weg in Heilige Land heimtückisch ab-
schlachtete, ein Sinnbild für das Schlechte an sich. Für Netanyahu,
glaubt Follath, sei der Holocaust-Leugner Ahmadinedschad die
moderne Verkörperung des Amalek. Der iranische Präsident gehört
der fundamentalistischen Hakkani-Sekte an, die in der heiligen
Stadt Ghom von Mohammed Mesbah Jasdi geleitet wird. Ahmadinedschads Mentor Jasdi ist ein oftmals kindisch grinsender, gnaden-
loser Ultra, der Selbstmordattentate propagiert, nach dem Blut eines
jeden verlangt, »der den Islam beleidigt«, und »die Zionisten« für
Schandtaten aller Art verantwortlich macht. Jasdi und seine Anhänger glauben, dass die Wiederkehr des im 9. Jahrhundert verschwundenen zwölften Imam bevorstehe. Dieser werde das Paradies für die
Gläubigen öffnen, allerdings erst, nachdem die Welt durch eine bluttriefende Katharsis gegangen sei. Ob Ahmadinedschad und Jasdi tatsächlich, wie vom israelischen Premier unterstellt, die Rückkehr des
»verborgenen Mahdi« durch einen Atomkrieg beschleunigen wollen,
weiß niemand.

Netanyahu und Ahmadinedschad traten nicht mit entblößter
Brust oder weiblichen Groupies auf, sie zeigten sich höchstens im
Sportdress und pflegten eine andere Art gekränkter Männlichkeit.
Körperposen der »enthüllenden Wahrheit« sind vor allem eine Spe-
zialität des christlichen Abendlandes; im Judentum und Islam fällt die
Ikonografie »heldenhafter« Männer etwas anders aus. Im schiitischen
Islam ist sie untrennbar verbunden mit Blut und Märtyrertum, und
bis zu den dreist gefälschten Präsidentschaftswahlen im Juni 2009
verstand es Ahmadinedschad höchst geschickt, diese Tradition mit
einem aggressiven nationalen Opfermythos zu bedienen. Die Feinde
hätten sich verschworen, die stolze persische Nation zu demütigen
und ihr Großmachtstatus sowie Atomprogramm zu verweigern, de-
klamierte er immer wieder. Vor der UN-Vollversammlung im September 2005 in New York betonte Ahmadinedschad, der Iran habe
das »unveräußerliche Recht auf Zugang zu einem nuklearen Energie-
kreislauf«. Später berichtete er iranischen Abgeordneten, während der
Rede habe ihn »ein grünes Licht« umgeben, das viele im Saal zum
Verstummen gebracht habe.

Merkeleien

Betrachtet man all diese selbst ernannten Alphatiere, ist man – jenseits politischer Sympathie oder Antipathie – dankbar für Angela Merkels preußische Nüchternheit. Machtkämpfe um den Platz in der ersten Reihe bei Fototerminen oder Pressekonferenzen macht sie nicht mit. Imponiergehabe liegt ihr nicht. Mit Jünglingen posieren und ihre neuesten Lover ausstellen – für sie undenkbar. Und dass ihre Körpersprache nicht immer vorteilhaft ist – hängende Mundwinkel, eingezogene Schultern, hilflos erhobene Arme –, macht sie im Kreis der männlichen Superstars eher sympathisch. Ihre Körperbotschaft lautet: Ich bin zwar ein Fremd-Körper unter euch, aber ich bestehe darauf, nicht als solcher wahrgenommen zu werden.

Letztlich kann sie sich dem jedoch nicht entziehen, denn Merkel steht unter besonderer Beobachtung. Ex-Verteidigungsminister Franz Josef Jung beispielsweise galt in diesem Amt als schwach und unfähig, doch niemand käme auf die Idee, von ihm auf alle Männer zu schließen. Doch bei allem, was die Kanzlerin tut, werden Rückschlüsse auf die Gattung Frau gezogen. Ob sie es schlecht oder gut macht, beides wird übertrieben wahrgenommen; man misst sie – meist unbewusst – mit zweierlei Maß. Vor ihrer Wahl zur Kanzlerin fragten männliche Kommentatoren besorgt, ob sie wohl jemals eine militärische Ehrenformation abschreiten könne. Medienmacher und Konkurrenten warfen ihr in regelmäßigen Abständen »Führungsschwäche« vor, sie leite zu wenig, spreche zu selten ein Machtwort, sage nicht »Basta« wie ihr Vorgänger Schröder. Als sie es doch tat und im Februar 2009 den Papst kritisierte, weil dieser den Holocaust-Leugner Richard Williamson wieder in den Schoß der Kirche aufgenommen hatte, schäumte der frühere Ministerpräsident von Sachsen-Anhalt Werner Münch, sie habe den Papst »öffentlich diskreditiert und gedemütigt«.[45]

Interessant ist jedoch, mit welch rasender Geschwindigkeit – oder mit welchem Opportunismus – sich die deutschen Medien an die neue weibliche Leitfigur anpassten, als Merkel im November 2005 Kanzlerin wurde. Eben noch galt sie als Aschenputtel und Krampfhenne, nun als Königin. Früher nannte man sie »Kohls Mädchen«, heute »Merkel Superstar«, die auf Weltgipfeln mit ihrem mädchenhaften Charme Staatsmänner um den Finger wickele. Einstmals buchstabierte man die Kanzlerkandidatin »Kan-die-dat?« oder nannte sie »zweite Liga«, nach dem Wahlsieg galt sie als »mächtigste Frau der Welt«. Die medialen Erzählungen über Angela Merkel haben sich so dramatisch geändert wie bei keinem männlichen Politiker. Auch die Bilder von Angela Merkel veränderten sich mit ihrer Wahl zur Kanzlerin schlagartig. Vor der Wahl veröffentlichte selbst die *Bild*-Zeitung Fotos, auf denen die CDU-Chefin als lächerliche Figur mit verkrampften Schultern bekennt: »Ich will Deutschland dienen!« Doch nachdem sie Kanzlerin geworden war, wurden plötzlich ganz andere Merkel-Fotos veröffentlicht – offenbar, weil die Medienmacher ihren eigenen Zugang zur Macht positiv darstellen wollten. *Bild,* sagte Eva Kohlrusch, boulevarderfahrene Vorsitzende des Journalistinnenbundes, auf einer Medientagung, sei immer noch »eine Zeitung von Männern für Männer«. Und wenn Männer Fotos von Staatsmännern aussuchten, »kriechen sie quasi in sie hinein und identifizieren sich damit«. So habe auch der mit nacktem Oberkörper angelnde Putin den Männern in den Redaktionen gefallen. »Der Blick auf Frauen aber ist immer von draußen, es ist ein nackter, zudringlicher Blick. Die Frau ist Fleisch und Ganzkörpernachricht.«[46]

Politikerinnen als Ganzkörpernachrichten – das ist ein neues Thema für die Medienwissenschaften. »Merkels Dekolleté als Mediendiskurs« heißt eine witzige kleine Studie der Medienwissenschaftlerin Margarethe Lünenborg, die die Berichterstattung über das offenherzige Auftreten der Kanzlerin im April 2008 in Norwegens Nationaloper untersucht. Die Fotos von Angela Merkel in ihrem tief ausgeschnittenen Abendkleid erschienen in unzähligen Printmedien im In- und Ausland. Die Kanzlerin, in ihren neutralen Hosenanzügen früher eher als körperlos wahrgenommen, hatte nun endgültig einen Königinnenkörper. Unter dem Titel »Merkel glänzt in Oslo« berichtete *Bild am Sonntag* begeistert von ihrem »strahlend schönen Auftritt«, *Bild* fragte: »Darf sich Deutschland damit brüsten?« und der *Stern* nannte Merkel eine »Königin der Macht«. Der *Focus* sah sie gar als »Königinmutter«, als »eine Alma Mater, die nicht nur zankende Politiker zähmt und Tibet rettet, sondern auch die ganze Nation an ihre Brust drücken will«. Offene Kritik oder gar sexistische Sprüche fanden sich nirgendwo – vor einer mächtigen Frau kuschen Männer wie Frauen. Nur eine *Zeit*-Journalistin offenbarte Fantasien der eigenen Art: »Hier handelt es sich offenbar um ein subtiles inner-europäisches Wettbrüsten. Endlich ist es raus: Merkel will Großmacht werden!«[47]

Seit diesen Bildern spricht niemand mehr von ihr als Neutrum, schreibt niemand mehr, wie früher *Neon* oder *Titanic*, über »das Merkel«. Stattdessen ist die kinderlose Kanzlerin zumindest CDU-intern zur »Mutti« mutiert. Und: Angela Merkel führt seit mehreren Jahren die »Liste der mächtigsten Frauen der Welt« der Zeitschrift *Forbes* an, 2009 gefolgt von der US-Versicherungsunternehmerin Sheila C. Bair, der indischen Pepsi-Chefin Indra K. Nooyi, der Chefin des britischen Bergbaukonzerns Anglo American, Cynthia Carroll, und der Chefin von Singapurs Staatsfonds Temasek, Ho Ching. 69 Managerinnen, 20 Politikerinnen, zwei Oberste Richterinnen, zwei UN-Chefinnen, zwei Königinnen und einige weitere Damen tummeln sich auf der Liste, die meisten aus den USA.[48]

Die offiziellen Kriterien für das Ranking sind Medienpräsenz, Macht des Amtes, Größe und Wichtigkeit der von den Frauen gelenkten Staaten oder Organisationen. Dass bei solchen Bewertungen aber auch Männerfantasien hineinspielen, zeigt indirekt ein Kommentar des Deutschlandkorrespondenten der britischen *Times*, Roger Boyes. »Der Weltmeistertitel für Merkel ist wohl hauptsächlich eine Würdigung ihrer Erfolge bei der Kastration männlicher Rivalen«, glaubt er. Doch dem Angst machenden Bild von der Kastratenkanzlerin folgt sofort eine verniedlichende Abwertung: »Angies Moment ist vorbei. Sie ist immer noch beliebt. Das hat die Kollegen bei ›Forbes‹ vielleicht getäuscht. Aber Queen Elizabeth ist ebenfalls beliebt. Und Angela Merkel hat ja auch ähnliche Aufgaben wie sie – Kindergärten besuchen, Tischreden halten und sich schön aus dem dreckigen Politalltag raushalten.«[49]

Weltweit gibt es immer mehr Spitzenpolitikerinnen und Mana-

Königinnenkörper: Deutschlands Kanzlerin
Merkel (Foto: afp/Bjorn Sigurdson)

gerinnen, doch kann man daraus auf einen weltweiten Trend zur
weiblichen Machtübernahme schließen? Die Zahlen sprechen eher
dagegen. In den 193 UN-Mitgliedsländern regieren gerade mal ein
Dutzend weibliche Staats- oder Ministerpräsidenten, und die meisten
besitzen kaum größeren internationalen Einfluss. Fast nur repräsentative Aufgaben haben die Staatspräsidentinnen von Irland, Finnland
und Indien, Mary McAleese, Tarja Halonen und Pratibha Devisingh
Patil. Etwas mehr politischen Spielraum besitzen Cristina Fernández
de Kirchner, Präsidentin von Argentinien, die liberianische Präsidentin Ellen Johnson Sirleaf, Dalia Grybauskaitė aus Litauen und Gloria
Macapagal-Arroyo auf den Philippinen. Ministerpräsidentinnen gibt
es derzeit neben der deutschen Kanzlerin weltweit nur fünf: die Mo-
sambikanerin Luisa Diogo, Sheikh Hasina in Bangladesch, Zinaida
Greceanii in der Republik Moldau, Jadranka Kosor in Kroatien sowie
Jóhanna Sigurðardóttir in Island.

Die zentrale Frage ist aber, ob die Personen im Scheinwerferlicht
auf der Weltbühne wirklich diejenigen sind, die regieren, oder ob sie

vielleicht doch eher nur reagieren. Jeder Bereich, in den Frauen eindringen, werde über kurz oder lang entwertet, behauptet der Publizist Reinhard Kreissl in seinem Buch *Die ewige Zweite:* »Wo immer
Frauen in nennenswertem Maße Einfluss und Gewicht gewinnen,
dort zieht sich die Macht zurück. Ein steigender Frauenanteil ist der
beste Beleg für sinkende Bedeutung. Das gilt für die Bereiche der Politik, der Bildung, aber auch für so manche Berufe. Als wirke im Hintergrund die List einer – männlichen? – Vernunft, löst sich die Macht
auf, wenn Frauen sie übernehmen.«[50]

Die Macher hinter der Bühne

Einiges spricht dafür, dass Kreissl mit seiner These recht hat. »50 000
leitende Bankmanager, Broker, Händler und Vermögensverwalter sagen dem Rest der Welt, wo es lang geht«, schreiben die Journalisten
Harald Schumann und Christiane Grefe.[51] Diese herrschende Klasse
der Finanzindustrie, zu etwa 95 Prozent männlich, hat mit der Wirtschaftskrise den größten Bankraub der Geschichte organisiert: Zuerst vernichtete die Krise weltweit Vermögenswerte von mindestens
15 Billionen Dollar, in Asien wurde das Bruttosozialprodukt eines
ganzen Jahres zu Staub zermahlen. Dann wurden die Banken mit
gigantischen Geldmengen gerettet – und zahlten ihren Topmana-
gern dennoch weiter Millionen-Boni, nun größtenteils finanziert
durch staatliche Zuwendungen. Die größten US-Banken gaben fast
ein Fünftel dieser Steuergelder als Boni an ihre Manager weiter.[52]
Gleichzeitig leben 1,2 Milliarden Menschen – ein Fünftel der Weltbevölkerung – in absoluter Armut, und ihre Zahl wird wohl noch zu-
nehmen.

Zwar haben auch einige Dollarmilliardäre einen Teil ihres Ver-
mögens verloren, doch besitzen sie immer noch obszön viel. Die
meisten Milliardäre sind männlich und stammen aus den USA. Unter
den Top 100 der reichsten Menschen listet das *Forbes*-Magazin nur
neun Frauen auf – wobei man durchaus den Standpunkt vertreten
kann, dass auch neun Milliardärinnen neun zu viel sind. Der reichste

Mann der Welt war 2009 der US-Amerikaner Bill Gates (Microsoft), gefolgt von seinem Landsmann Warren Buffett (Berkshire Hathaway), dem Mexikaner Carlos Slim Helú (Telmex), dem US-Amerikaner Lawrence Ellison (Oracle), dem Schweden Ingvar Kamprad (Ikea) und dem Deutschen Karl Albrecht (Aldi Süd).[53] Bill Gates wird wohl auch in den kommenden Jahren die Liste anführen – schon allein deshalb, weil sein alter Freund Warren Buffett angekündigt hat, sein Vermögen der Gates-Stiftung zu vermachen. Der reichste Mann der Welt wird also vom zweitreichsten beschenkt. »Denn wer da hat, dem wird gegeben werden, dass er Fülle habe; wer aber nicht hat, von dem wird auch genommen, was er hat«, heißt es schon im Matthäus-Evangelium der Bibel.

Vergleicht man die 100 größten Volkswirtschaften der Welt, stellt man mit Erstaunen fest, dass sich darunter 50 Konzerne befinden – Banken nicht eingerechnet. Die fünf größten transnationalen Unternehmen kontrollieren heute 40 bis 50 Prozent des Weltmarkts im Bereich Auto- und Flugzeugindustrie, Strom und Öl, Elektrik und Elektronik, Stahl, Computer und Medien. Diese »Klasse der grenzüberschreitenden Kapitalisten«, die zusammen mit der Finanzindustrie den Prozess der Globalisierung steuert, besteht laut Leslie Sklair, Professorin an der London School of Economics, ebenfalls fast nur aus Männern.[54] Ähnliches gilt für die Rüstungsindustrie, der es trotz oder wegen der Krise weiterhin gut geht. Zwar wird das eine Kriegsschiff oder der andere Kampfjet nun nicht mehr geordert, doch das Geschäft mit der *homeland security* brummt: Staaten und Konzernchefs geben für Grenzschutz, Informationstechnik, Überwachungskameras und Radaranlagen Milliarden von Dollar aus.[55]

Wie also sieht die Weltrangliste der Macht aus? René Lüchinger, Journalist der Schweizer *Weltwoche*, hat die seiner Meinung nach führenden 50 Persönlichkeiten zusammengestellt. Auch wenn seine Kriterien zweifelhaft sein mögen – seine Auswahl spricht doch für sich. Seine Liste wird von Barack Obama angeführt, gefolgt vom chinesischen Präsidenten Hu Jintao. Auf Platz drei stehen gleichauf die Chefs der Notenbanken von USA, EU, Japan und der Schweiz. Es folgen Wladimir Putin, Gordon Brown, Hillary Clinton, Angela Merkel,

Nicolas Sarkozy, der König von Saudi-Arabien, der US-Finanzminister und der israelische Premier sowie die Multimilliardäre Warren Buffett, Bill Gates und Eric Schmidt (Google). Es folgen unter anderem Michelle Obama und die Chefs der Ölkonzerne Exxon, Shell und BP. Auf der ganzen Liste findet man 45 Männer und fünf Frauen: zwei Politikerinnen, eine First Lady, eine Schriftstellerin (Joanne K. Rowling), eine Schauspielerin (Angelina Jolie) – und keine einzige Banken- oder Unternehmenschefin.[56] In dem Bereich, der am stärksten die Geschicke der Welt bestimmt und der auch die Politik entscheidend beeinflusst, sind Frauen nur eine Randerscheinung.

»Das allmähliche Vordringen der Frauen im Bereich der Politik fällt in eine Zeit, in der wir eine Entmachtung des politischen Systems beobachten können«, kommentierte Reinhard Kreissl bereits im Jahr 2000. »Zwar finden wir mehr Frauen in der Politik, aber sie können weniger ausrichten, weil die Politik insgesamt an Bedeutung und Gestaltungskraft verliert.« Kreissl erklärt dieses Phänomen damit, dass eine patriarchalische Gesellschaft Macht grundsätzlich als männlich definiere und wahrnehme. Aufstiegswillige Frauen seien einer paradoxen Situation ausgesetzt, in der sie sich niemals »richtig« verhalten könnten. Sie müssten in männlich geprägten Strukturen agieren, also deren ruppige Spielregeln akzeptieren, gleichzeitig aber dürften sie sich auf keinen Fall wie Männer verhalten.[57]

Auch die Politikprofessorin Eva Kreisky sieht den »Kasino- oder Turbo-Maskulinismus« als »höchstes Stadium der Männlichkeit«, der höher stehe als die »irrelevant werdende Politikebene des Nationalstaates«.[58] Tatsächlich wirkt die Politik gegen die geballte Wucht der transnationalen Banken und Unternehmen ziemlich machtlos. Sie kann zwar mit neuen Spielregeln und besserer Börsenaufsicht drohen und diese theoretisch auch durchsetzen, praktisch aber zeigt sie sich als extrem erpressbar. »Es droht die Kernschmelze des weltweiten Finanzsystems«, hatten westliche Premiers unisono verkündet, als im Herbst 2008 die Hypo Real Estate vor dem Aus stand. Die Regierungen mobilisierten mehr als 5000 Milliarden Dollar, um die Banken zu retten.

Das männliche Geschlecht ist also der Krisengewinner, oder

genauer gesagt: die meist männlichen Angehörigen der globalen Klasse der Superreichen. Die Einzigen, die nicht unter dem Crash leiden, schreibt der Journalist Hermann Droske, »sind sie, die großen Jungs mit ihren todsicheren Anlagetipps«. Und weiter: »Und so werden auch weiterhin Männerclubs die Weltwirtschaft regieren und regulieren. Bankvorstände, Börsenparkette, Investment-Firmen, Weltwirtschaftsgipfel: lauter so frauenfreie Zonen wie Urologen-Wartezimmer.« Wenn man eine Weile nur Kursdepeschen lese, beginne man zu ahnen, »dass die Ökonomie von genau den männlichen Deformationen in Schwung gehalten wird, die man auch sonst im Leben nur schwer ertragen kann«. Immer gehe es »ums Gewinnen, ums Bessersein, ums Imponieren«. Es sei »eine seltsame Männerkultur, die da am Drücker ist: pompöse Bescheidwisser; Strategen, die das große Ganze im Auge haben und nie die kleinen Konsequenzen; Aufsteiger, die andere Aufsteiger übertrumpfen wollen; Spieler, die Verluste mit noch höheren Einsätzen ausgleichen wollen; Nerds, die sich exotische Instrumente ausdenken, und Gurus, die ihr Zahlengeschubse zum Zen, zum Krieg oder zu einer Kombination von beidem verklären«.[59]

Homo fassadicus oder das erbärmliche Leben der Manager

Sven Petersen (Name geändert) ist Manager eines großen Unternehmens, reich und erfolgreich. Begegnet man ihm außerhalb der Geschäftszeiten, tritt er locker und kumpelhaft auf und reißt gerne Witze. Ein normaler Mann, wie es scheint, mit einem etwas zu großen Kopf und einem blonden Bürstenhaarschnitt.

Der 45-jährige Petersen bewohnt eine Villa mit ausladendem Garten, beides hat er aufwendig ausbauen lassen. Die Möbel sind exquisit und erstaunlich geschmacklos. Vor dem Kamin steht ein riesiger Glastisch, getragen von Holzwurzeln. Auf dem Esstisch im pompösen Diner-Saal für große Gesellschaften fläzt sich eine liegende Buddha-Statue aus Gold. Die Küche ist vollgestopft mit Wunderdin-

gen – edlen Vasen, alten Kaffeemühlen, hauchzarten und deshalb un-
benutzbaren Teeservices.

Gewürze oder Suppenkellen aber gibt es nicht. Denn: Sven
Petersen kann nicht kochen. Nicht einmal so etwas Einfaches wie
eine Suppe oder einen Espresso. Das haben sein Leben lang immer
irgendwelche Frauen erledigt: seine Mutter, seine Frau, seine Untergebenen. Doch seit seine Gattin ihn verließ und die gemeinsame
Tochter in ein Internat steckte, seit er sich eine Kurzzeit-Freundin
nach der anderen nimmt, ist die Küche kalt geblieben. Der Manager,
der sich das beste Essen leisten könnte, ernährt sich von Aufback-
brötchen und Fertiggerichten, die er nur kurz in die Mikrowelle
schieben muss.

Sven Petersen ist ein Homo fassadicus. Alles an ihm ist Fassade:
sein Haus, seine Küche, sein Sportwagen, seine blonden Freundinnen – alles ein Schrei nach Anerkennung. In seiner Freizeit kauft er
neue exquisite Möbel, von einem Besuch in Berlin bringt er einen
Papierkorb mit Hirschgeweih mit. In seinem Haus funktioniert kaum
etwas richtig, weil nichts darin für Gebrauch und Genuss gedacht ist,
sondern alles nur fürs Renommee. Der Mann gehört zu jener Elite,
die in Rom den neuesten Armani-Anzug kauft oder in Paris diniert,
die nach Ansehen jagt, ohne selbst etwas ansehen zu können. Sven
Petersen gibt sein ganzes Geld und seine ganze Freiheit für Prestige
und Budenzauber hin. Er hat das Kochen verlernt, ebenso das Lesen
und offenbar sogar den Sex, denn auch dafür braucht er eine Bedie-
nungsanleitung: Selbst wenn eine seiner Gespielinnen anwesend ist,
besucht er Sexseiten im Internet. Sven Petersen lebt ausschließlich für
die Fassade, weil dahinter das leere Nichts gähnt. Ein moderner Ritter
von der traurigen Gestalt.

Petersen ist kein Einzelfall. Rudolf Wötzel, einst Investmentbanker bei Lehman Brothers, berichtete in der Fernsehsendung *Kulturzeit*
von seinem früheren Leben im Hamsterrad. Tagsüber war er von Geschäft zu Geschäft nach Indien oder Dubai gejettet, nachts im Hotel-
bett hatten ihn Panikattacken überfallen. In Investmentbankerkrei-
sen, sagt er, herrsche eine »fast sektenhafte Atmosphäre«. Er und seine
Kollegen hätten ständig schicke Autos und Motorboote gekauft, an-

dauernd sei es darum gegangen, sich gegenseitig zu übertreffen, »bis man erkannte, dass man ein erbärmliches Leben führt«. Schwäche zu zeigen, das sei fast unmöglich gewesen, denn dafür würden Banker »sofort vom Umfeld bestraft«.[60]

Untersuchungen zeigen, dass sich die Branche mit diesem Männlichkeitsgehabe nicht einmal selbst einen Gefallen tut. Männer neigten dazu, so das Ergebnis einer Studie der DAB-Bank, die eigenen Fähigkeiten maßlos zu überschätzen, und ihre größere Risikobereitschaft zahle sich nicht aus. Weibliche Anleger hingegen seien vorsichtiger und deshalb auch erfolgreicher. Unternehmen mit mindestens drei Frauen in leitender Funktion präsentierten zudem bessere Bilanzen. Die Münchener Frauen-Finanzberaterin Constanze Hintze führt das auf die größeren Brüche in den Biografien von Frauen zurück – die Erfahrung von Geburten, Trennungen, Scheidungen und beruflichen Umorientierungen machten sie insgesamt vorsichtiger. Wenn sich die Lebensläufe der Geschlechter langsam annäherten, würden wahrscheinlich auch Männer zurückhaltender.[61]

Aus vielen Untersuchungen wisse man, ergänzt der Journalist Hermann Droske, dass Männer unempfänglicher seien für Warnsignale, aber empfänglicher für Gruppendruck und Glücksspiel. Frauen dagegen setzten ihre ökonomischen Mittel umsichtiger ein und dächten eher über Vorsorge und Risiken nach. Droske meint, es sei schon ausreichend, wenn man endlich die Schädlichkeit männlicher Monokulturen erkenne: »Monokulturen begünstigen Gruppendruck, fördern Kritiklosigkeit, haben selten einen Plan B, wenn Plan A nicht funktioniert.«[62] Allerdings muss man Droske hier ergänzen: Es nützt nichts, wenn ein paar Frauen mehr den Löwenbändiger spielen, solange dem Neoliberalismus nicht die Raubtierzähne gezogen werden.

Auch mitten in der Krise hätten Topmanager nicht von ihren Statussymbolen gelassen und sogar von den staatlichen Milliardenbeihilfen neue Dienstwagen bestellt, berichtete Ilka Kopplin in der *Süddeutschen Zeitung*. Als die Chefs von General Motors, Ford und Chrysler im März 2009 im US-Kongress um Staatshilfe baten, reisten sie in ihren Firmenjets an.[63] Offenbar können sich Männer wie sie noch nicht einmal vorstellen, dass ihr Statusgeprotze anrüchig sein könnte.

Ob die Chefs der US-Automobilkonzerne oder Sven Petersen: Manager verkehren in einer eigenen Welt, in der Männlichkeitsgehabe als Selbstverständlichkeit gilt, von allen gefordert und von niemandem kritisiert. Männer in Chefetagen kapseln sich nach verschiedenen Studien oft strikt von der Außenwelt ab und messen sich fast nur noch an ihren Konkurrenten in anderen Unternehmen. Viele zeichnen sich durch narzisstische Verhaltensweisen aus, schätzen ihre eigenen Fähigkeiten besonders hoch ein, kümmern sich wenig um andere Menschen und treffen riskante Entscheidungen. Ihre Untergebenen sind nicht selten Liebediener, die es nicht wagen, Kritik zu äußern. Mächtige schneiden sich nach den Worten des Organisationssoziologen Wolfgang Scholl auf diese Weise vom Wissensstrom ihrer Angestellten ab, verlieren den Kontakt zur Realität und treffen schließlich Entscheidungen, die sie »ins Verderben stürzen«[64]. Kaum eine andere Kultur ist so monoton und leer wie die der *Mann*ager. Es zählen Zahlen, das eigene Gehalt, der eigene Status und der Sieg über Konkurrenten – sonst nichts.

Der coole Investmentbanker

Der *homo oeconomicus,* der Protagonist der neoliberalen Ideologie, ist offenbar nicht nur dem grammatikalischen Geschlecht nach ein Mann. Er hat hochflexibel und überall einsetzbar zu sein, und er kann das, weil er Fürsorge- und Reproduktionsarbeiten an seine Frau oder andere abgegeben hat. Er verwirklicht sich, indem er Geschäfte macht und über andere Geschäftemacher triumphiert – dabei allerdings ist er viel weniger »rational agierend«, als Ideologen behaupten. Auch wenn selbstredend Frauen solche Rollen ebenfalls übernehmen können, ist dieser Habitus doch sehr männlich. In männerdominierten Gesellschaften lernen Jungen von Kindesbeinen an, wie sie in Wettbewerben andere Jungen ausstechen und besiegen. Konkurrenzspiele sind Rituale unter Jungen und später unter Männern – in Sport und Wissenschaft, Politik, Militär und Ökonomie. »Der Wert von Männlichkeit bemisst sich nicht in erster Linie durch die Macht über Frauen, sondern vor allem durch die Konkurrenz zwischen Männern«, hat die Soziologin Birgit Rommelspacher beobachtet. »Frauen sind in diesem Kampf um die Hegemonie von Männlichkeit eine Art Tauschwährung im Kontext homosozialer Wertigkeit.«[65]

Gleichzeitig zeichnen sich solche Männer durch starken Konformismus aus. »Es sind immer die gleichen Typen«, sagt die isländische Bankerin Halla Tomasdottir. »99 Prozent haben die gleiche Schule besucht, fahren die gleichen Autos, tragen die gleichen Anzüge und haben die gleichen Attitüden.«[66] Trotz verbaler Aufgeschlossenheit gegenüber Frauen und Homosexuellen gehört dazu ein zutiefst traditionelles Verhalten: Nach einer Studie von Robert W. Connell und Julian Wood bezahlten Manager und Banker männliche Angestellte besser als weibliche, sorgten für familienfeindliche Arbeitszeiten, behandelten ihr eigenes Leben wie ein Unternehmen und managten ihre Körper und Gefühle so wie ihre Finanzen. Andere zeigten sich offen frauenfeindlich, wünschten sich die weibliche Konkurrenz zurück an den Herd und charakterisierten Karrierefrauen als hysterisch und frigide.[67]

Eine ehemalige Derivathändlerin schilderte im *Managermagazin* die sexuellen Belästigungen, denen sie als junge Berufsanfängerin in einer deutschen Großbank ausgesetzt war: »›Geile Titten‹ – mit diesen Worten wurde ich häufiger bei der Arbeit begrüßt«, schrieb sie. »Die Sprüche kamen von Männern in Designeranzügen, mit Universitätsabschluss, hochintelligent, sechs- bis siebenstellige Einkommen (…) Die Herren ließen keine Gelegenheit aus für Anzüglichkeiten aller Art. Gern wurde ich gefragt, ob ich nicht mit den Kollegen X oder Y mal kurz nach nebenan verschwinden wolle.« Sie habe gesehen, »was mit den Mädels passierte, die hier ankamen, sich nach zwei Stunden heulend auf dem Klo einsperrten und dann in die Personalabteilung wechselten«. Allerdings seien die Herren auch miteinander sehr ruppig umgegangen, jeder Neue sei im ersten Jahr »der Fußabtreter« gewesen: »Sehr beliebt waren Wettessen aller Art. ›Hey Berger, ich wette, du schaffst es nicht, 20 Hamburger auf einmal zu essen‹, gingen sie einen jungen Kollegen an.« Sie selbst habe irgendwann den Spieß umgedreht und auf Dienstreisen Geschäftspartner verführt. »Nur so, aus reiner Lust an der Macht. Da merkte ich, dass auch bei mir der Urmensch langsam durchkam. Ich kündigte. Ich wollte ein anderes Leben.«[68]

Der »cool-heroische Investmentbanker« sei eine »neue Leitfigur des 21. Jahrhunderts«, die noch mehr als die Idole früherer Zeiten »auf Konkurrenz, Kampf und Dominanz« geeicht sei, glaubt auch die Ökonomin Ingrid Kurz-Scherf. Der »Monopoly-Kapitalismus« sei eine Art Reservat für solche Männer, die sich dort »in virtualisierter Form noch einmal so richtig austoben« könnten. Sie pflegten »die absurde Vorstellung unendlichen Wachstums«, die in prometheischer Selbstüberhöhung wurzele.[69]

Die Machtkämpfe der Herren Ferdinand Piëch und Wendelin Wiedeking um die Vorherrschaft in den Autokonzernen VW und Porsche sind dafür nur ein Beispiel. Der Korruptionsprozess gegen VW-Betriebsräte und -Manager brachte 2007 zutage, dass bei VW die reinste Herrenklub-Atmosphäre herrschte. Um sich im Aufsichtsrat das Wohlwollen der Arbeitervertreterseite zu erkaufen, organisierte man gemeinsame Lustreisen und Bordellbesuche. Bezeichnend ist auch der Fall des New Yorker Vermögensberaters Bernie Madoff, des wohl größten Abzockers aller Zeiten, der wegen seines betrügerischen Schneeball-Kreditsystems im Juni 2009 zu 150 Jahren Haft verurteilt wurde. Madoff werde »als sexistisch-charmanter Frauenheld mit arrogant-sadistischen Zügen beschrieben«, so der *Spiegel*-Journalist Thomas Tuma. »Andere sagen, er sei eher ein arrogant-sadistischer Sexist, der zu Charme neige. An der Wall Street galt er folglich als völlig unauffällig.«[70]

War die Verurteilung Madoffs ein Menetekel für die Klasse der Superreichen, oder wird seine Inhaftierung die einsame Ausnahme von der Regel bleiben? Derzeit spricht mehr für die zweite Annahme. Dennoch: Der Machtkampf ist noch nicht endgültig ausgetragen. Auf der Bühne der Weltgeschichte wird derzeit neben Schaulaufen auch Ringkampf geboten. Einige Politiker möchten die Macht der Bankiers, Börsianer und Unternehmer beschneiden, rufen nach neuen Spielregeln und versuchen, den Wirtschaftsmachern das Heft mit den Regieanweisungen aus der Hand zu reißen.

In zwei Ländern immerhin brachte der Wirtschaftscrash im Frühjahr 2009 Frauen an die Macht: Die frühere EU-Finanzkommissarin Dalia Grybauskaitė wurde Premier in Litauen, die offen lesbisch lebende Sozialdemokratin Jóhanna Sigurðardóttir wurde Ministerpräsidentin einer rot-grünen Regierung in Island. Gerade dort, im schwer gebeutelten Inselstaat, rücken nun in viele Positionen Frauen nach. In zwei der drei verstaatlichten Banken wurden die früheren männlichen Direktoren durch Direktorinnen ersetzt. Frauen an der Spitze von Unternehmen tickten anders, behauptet die Isländerin Halla Tomasdottir, Gründerin des einzigen Investmentfonds, dem es mittels Investitionen in soziale und ökologische Projekte gelang, 2008 schwarze Zahlen zu schreiben. »Wir haben mehr weibliche Werte in die Finanzwelt gebracht«, sagt die 40-jährige Bankerin selbstbewusst.[71]

Business as usual

Die meisten Herren der Finanzindustrie aber sind längst zum wortwörtlichen *business as usual* zurückgekehrt, und die Politik nutzte die Chance zu einer strengeren Regulierung der Finanzmärkte weit weniger als angekündigt. Josef Ackermann, Chef der Deutschen Bank, behauptete zwar, dass es »Lektionen aus der Krise« gebe, »die wir nicht ignorieren dürfen«.[72] Aber sein Ziel sei weiterhin die 25-Prozent-Rendite – eine Zielmarke, die nur mit massivster Spekulation zu erreichen ist. Ackermann will mit »seinem« Unternehmen partout einer der wenigen *global player* sein, die nach der Krise in einem noch mal gesteigerten tödlichen Wettbewerb mitmischen. Damit hebt er erneut die Hand zum *victory*-Zeichen – zwar nur in Gedanken und nicht vor Fotografen, wie beim Mannesmann-Prozess, aber das dürfte das Einzige sein, was er gelernt hat.

Auch andere Großbanken sind wieder voll dabei. Die mächtigste

Bank der Wall Street, Goldman Sachs, fuhr im Frühjahr 2009 durch Geschäfte mit Aktien und Anleihen satte 2,7 Milliarden Dollar Gewinn ein, auch weil sich die Konkurrenz am Markt dezimiert hatte. Die gleiche Gewinnhöhe kassierte die Nummer zwei der US-Finanzbranche, JPMorgan Chase. »Die Risiko-Banker sind wieder da, als hätte es die Wirtschaftskrise nie gegeben«, berichtet der *Spiegel* aus New York. »Überall werden wachsende Umsätze vermeldet, neue Boni ausgeschüttet, neue Investmentprodukte erfunden, die keiner versteht außer denen, die sie erfinden.«[73] Es hat sich nicht nur nichts geändert, es ist alles noch schlimmer geworden«, stöhnt auch Ver.di-Gewerkschaftssekretär Roman Eberle. Er hat eine Website eingerichtet, auf der Bankangestellte anonym über ihre Arbeitsbedingungen berichten können. Und deren Darstellungen sind ernüchternd: »Der Kunde wird ausgenommen wie eine Weihnachtsgans, und es reicht trotzdem nie«, schreibt ein Insider. Die Zielvorgaben seien »genauso hoch wie vor der Finanzkrise, also auf ehrlichem Beratungswege nicht erreichbar«.[74]

Die Banken sorgten zusammen mit den Medien dafür, »dass sich die Struktur des Wirtschaftssystems nicht ändert, aber der Staat die Kosten trägt. Wie lange? Bis auch er pleite ist«, kommentiert Friedrich Krotz, Professor für Kommunikationswissenschaften. »Die Banken und Spekulanten wissen, was sie wollen. Die Bundesregierung modifiziert ihr neoliberales Denken nur wenig und zielt auf geringfügige, aber teure Reparaturen, bedient ihre Klientel und verbeugt sich vor der Lobby. Auch die Zivilgesellschaft schweigt bisher …«[75], lautet sein resigniertes Fazit.

Krieg der Ökonomie, Ökonomie des Kriegs

»Die Generäle der Wall Street lieben den Krieg, er ist ihnen ein Sinnbild für den ständigen Überlebenskampf«, so beschreiben *Spiegel*-Autoren die Welt der Investmentbanker. »Finanzmärkte formen für sie ein Schlachtfeld, auf dem sie ihre Händler wie Soldaten kommandieren und mit Derivaten um sich schießen lassen können.«[76]

Sind das mehr als Metaphern? Der Schweizer Schriftsteller Martin Suter ist vom Kriegerischen der Ökonomie überzeugt, als ehemaliger Werbetexter kennt er die Geschäftswelt sehr genau. In seiner Kurzgeschichtensammlung *Business Class* hat er den »Wüsten der Männerexistenz« nachgespürt, diesem Leben unter Druck, Angst und Abhängigkeit. »Das Management funktioniert nach starren Regeln«, verriet er der *Zeit*, »wie das Militär.« In der Schweiz stehe die Rekrutenschule am Anfang der Erziehung zum Mann, und schon dort lernten die jungen Männer: »Mannsein heißt Unterwerfung.« Mehr noch: »Gleichschritt, Befehl und Gehorsam sind das Fundament von Heer und Konzern gleichermaßen.« Wer nicht aus der Reihe tanze, komme nach oben, und »wer nicht mitmarschiert, fliegt raus«. Die »Epauletten der Wilhelminischen Epoche«, meint Suter, das sei heutzutage die »Großmannssucht des Spitzenmanagements«. Und ein Investmentbanker ergänzte: »Die Leute in dieser Industrie sind kaltblütig. Es wird viel geflucht und geschrien, aber nie gejammert. Der Ton bei uns ist kriegerisch. Legendär ist der Spruch von John Mack, der jetzt Morgan Stanley vorsteht. ›There's blood in the water. Let's go kill someone.‹«[77]

Mark Stevens, Geschäftsführer einer US-Marketingfirma, propagiert sogar offen, dass die Aggressivität von Kriegsstrategien Unternehmern als Vorbild dienen sollte: »Business ist kein Spiel, Sport oder Wettbewerb«, schreibt er. »Es ist eine Schlacht zwischen feindlichen Kämpfern. Nur jene Manager, die sich als Krieger sehen und entsprechend handeln, sind in der Lage, großartige Unternehmen aufzubauen und gedeihen zu lassen.« Und dann nennt er eine Reihe von militärischen Prinzipien, von denen er glaubt, dass sie auch in der Wirtschaft zum Erfolg führen. Unter »keine Gefangenen machen« versteht er, dass die Geschäftselite darauf setzen sollte, »möglichst hohe feindliche Verluste zu erzielen. Je weniger gegnerische Truppen am nächsten Tag weiterkämpfen können, desto besser.« Einen Finanzinvestor schließlich zitiert Stevens mit den Worten: »Mark, mein Geld ist meine Armee, und meine Truppen muss ich bei mir haben.«[78] Ähnliche Erfahrungen hat der New Yorker Psychologe Stephen Josephson gemacht, der die einstigen *masters of the universe* von der Wall Street behandelt – und zwar mit einer Macho-Methode, bei

der er sie als Weicheier beschimpft und fordert: »Get your balls back!«
»Sie wollen als ganze Kerle behandelt werden und aus ihrer Depression herausgeprügelt werden«, glaubt er.[79] Dass Männer wie Josephson, Mack und Stevens die gesamte Weltwirtschaft als Schlachtfeld
sehen, davon ist Eva Kreisky überzeugt. »Die Rituale der Börsianer,
ihre Spekulationsmanie wie die Aktienkultur überhaupt sind Ausdruck einer extrem männlich geprägten Wettbewerbswelt«[80], befindet
die Politikwissenschaftlerin.

Wenn der Krieg der Ökonomie derartig männlich geprägt ist, wie
»männlich« ist dann die Ökonomie des Kriegs? Die britische Militärforscherin Mary Kaldor hat in ihrer Studie *Rüstungsbarock* aufgezeigt,
dass der militär-industrielle Komplex der Industrieländer ein sich immer weiter aufblähender Apparat ist, der stetig neue »Schnörkel« und
damit immer weitere Unkosten produziert, denn »der Erwerb eines
Waffensystems begründet den Kauf eines weiteren«.[81] Doch dass die
Konkurrenz zwischen männlichen Machthabern dabei eine wichtige
Rolle spielen könnte, entging ihr. Bis heute gibt es keine fundierte Studie der Militär- und Sicherheitsindustrie unter diesem Aspekt – was
auch der Tatsache geschuldet sein dürfte, dass Recherchen in diesem
streng abgeschotteten Bereich äußerst schwierig sind.

Banker auf der Couch

Die »seltsame Männerkultur«, die der Journalist Droske beschreibt,
erinnert an die Piss-Spielchen kleiner Jungen: Wer hat den Längsten,
wer pinkelt am weitesten? Da man den größten Phallus nicht zeigen
darf – sonst wäre das Geheimnis enthüllt und das Spiel beendet –,
scheint dieser ersetzt zu werden durch den größten Sportwagen, den
flottesten Privatjet, die prächtigste Villa, das fetteste Gehalt, die
schönste Frau. Ein »Penis-Wettkampf« sei das, sagt die Isländerin
Halla Tomasdottir.[82] Ist das wirklich so? Wie sieht es im Zeichen der
Krise im Inneren von Bankern aus? Fragen wir einen, der es wissen
muss, der täglich Männer aus der Finanzwelt coacht und berät. Werner Gross, ein freundlicher älterer Herr Jahrgang 1949, mit Brille und

grauem Schnauzbart, ist Psychotherapeut am Psychologischen Forum Offenbach. Im Einzugsgebiet des Bankenzentrums Frankfurt am Main betreibt er seit vielen Jahren Supervision, Coaching und Organisationsberatung für Unternehmen und Behörden. Das Gespräch fand im März 2009 statt. Seidem dürften sich einige Banker wieder erholt haben.

Herr Gross, empfinden Ihre Patienten Schuldgefühle, weil sie die Wirtschaftskrise ausgelöst haben?

Schuldgefühle hat kaum jemand. Diese Leute sehen sich eher als Opfer des Systems. Allerdings sind bei mir eher Menschen aus dem mittleren Bereich, Kundenberater, auch mal ein Hauptabteilungsleiter, aber Josef Ackermann ist noch nicht vorbeigekommen. Denen allen geht es aus verschiedenen Gründen schlecht. Einmal, weil jetzt die dritte Welle des Stellenabbaus kommt. Die erste war Ende der 1980er Jahre, die zweite in den 1990ern, die dritte jetzt. Aber auch, weil der ganze Bereich materiell abgestürzt und das Vertrauen der Bevölkerung in die Beratungen verloren gegangen ist. Sie sind derzeit alle ziemlich ratlos. Aber ich muss ganz grundsätzlich sagen: Wenn ich von »den Bankern« rede, dann meine ich nicht Tausende, sondern immer nur einige, die ins Psychologische Forum kommen, die ich also über einen längeren Zeitraum beobachten konnte.

Reagieren Ihre Patienten mit Depressionen?

Depressionen kann man gut kaschieren, solange man äußerliche Erfolge hat. Damit kann man nicht unbedingt das Loch in der Seele stopfen, aber vielleicht die Brillanten in der Krone etwas festigen. Aber die narzisstische Zufuhr durch Erfolg hält nur sehr begrenzt. Jetzt ist die Krone vom Kopf geschlagen, und man spürt die Löcher in der Seele. Das, was früher chronisch war, ist jetzt akut geworden und damit auch dezidiert schmerzhafter. Früher konnte ein Banker sagen: Mein Auto, mein Reitpferd, meine Ehefrau – in dieser Reihenfolge. Das ist vorbei.

Bisher hatten Banker einen guten Ruf, jetzt rangieren sie schon fast unter den Kinderschändern. Leiden sie darunter?

Früher hat man von »Bankbeamten« gesprochen. Das Image war: Man kann ihnen so vertrauen wie einem Beamten. Heute denken viele, das sind alles Hasardeure. Aber die Berater sehen sich selbst als Opfer des Systems, weil sie von der Bank Vorgaben bekommen haben, die fast unerreichbar waren.

Das heißt, sie sollten entweder ihre Kunden übers Ohr hauen oder den Job aufgeben?

Genau. Und da hat der eine oder andere Bauchgrimmen. Als Schuldgefühle würde ich das nicht bezeichnen. Und der Anteil der Leute, die das ganze System infrage stellen, ist relativ gering.

Stürmen die Banker jetzt Ihre Praxis?

Nein, denn die Psychotherapie wird in diesen Kreisen nicht besonders geliebt. Wenn sie heute in die Therapie kommen, dann wegen einer dezidierten Erkrankung. Banker haben eine ausgeprägte Fassadenkultur – stoßfest, bruchsicher, formschön und abwaschbar. Auch wenn man innerlich vielleicht schlackert, ist man nach außen *cool, calm and connected*. Diese Mentalität wird auch gefordert.

Wie sieht der typische Verlauf der Psychokrise eines Bankers aus?

Menschen kommen zu uns, wenn sie trotz Schlaftabletten vom Arzt nicht mehr schlafen können. Ein psychisches Problem kann man nun mal auf Dauer nicht biochemisch lösen. Dann gestehen sie sich langsam ein, sie sind nicht nur gestresst, sondern haben auch Angst oder Gefühle von Traurigkeit und Sinnlosigkeit. Aber im Unterschied zu anderen Leuten wollen Banker im Therapieprozess sehr schnell ein Ergebnis haben: Dreimal zum Doktor, Pillen, und dann muss es vorbei sein. Ein Drittel des therapeutischen Prozesses ist schon gewonnen, wenn sie sich eingestehen, ich schaffe es nicht mehr alleine. Das nächste Drittel besteht in der Bearbeitung des akuten Symptoms, und viele Leute brechen ab, wenn es beseitigt ist. Aber eine nachhaltige Heilung ist erst mit dem letzten Drittel gegeben, wenn sie sich angeschaut haben, was das mit ihrer Lebensgeschichte zu tun hat. Es gibt Leute, die über Grenzen gehen. Irgendwann aber sagt der Körper oder die Psyche: Nun ist es

genug. Das kann dramatisch sein, mit Blaulicht ins Krankenhaus wegen Magendurchbruch, Herzinfarkt oder Nervenzu-
sammenbruch. Aber der Anteil dieser »Hardcore-Arbeiter« ist
nicht so groß. Andere merken das früher. Generell sind Karrie-
remenschen vertikal orientiert. »Wer höher steigt, als er sollte,
fällt tiefer, als er wollte.«

Laut Freud müssten das vor allem anale Charaktere sein.

Ich verwende den Begriff nicht, obwohl ich aus der Tiefenpsy-
chologie komme. Gut, das Thema Zwanghaftigkeit und äußere
Form steht bei Bankern schon im Vordergrund. Aber das weiße
Hemd, der richtige Schlips, der gedeckte Anzug – das hat nicht
mehr die Bedeutung von früher. Für sie ist heute wichtig: Wo stehen sie in der Hierarchie, welche Sitzgarnitur aus Leder haben sie,
wie groß ist ihr Schreibtisch.

*»Töte den Feind, bevor der Feind dich tötet«, ist ein typischer Wall-
Street-Spruch. Vertreter von Ratingagenturen sprachen früher gerne
davon, »eine Blutspur zu ziehen«. Wie nah sind sich Militär und
Business?*

CEO heißt Chef Executive Officer, das stammt aus dem militärischen Bereich. Aber es gibt inzwischen sehr unterschiedliche
Organisationskulturen: armeeähnliche Unternehmen und hoch-
soziale Unternehmen mit flachen Hierarchien. Je weiter man
nach oben kommt, umso militärischer wird es und umso stärker
wird die Verpflichtung, die jeweilige Ideologie in Reinform zu
vertreten. Auch die Berater im Vatikan, die dem Papst ins Ohr
säuseln, sind Vertreter der reinen Lehre.

*Militärs haben Schwierigkeiten, zum »Psychoklempner« zu gehen,
weil sie das mit ihrem Selbstbild als starkem Mann nicht in Überein-
stimmung bringen können. Ist das bei Bankern ähnlich?*

Bei denen stehen die Geschlechterrollen nicht so im Vordergrund. Der Anteil von Homosexuellen im Bankbereich ist sogar
relativ hoch. Das Machogehabe, das Soldaten an den Tag legen,
ist hier längst nicht so ausgeprägt. Bei ihnen geht es um erfolgreich oder nicht erfolgreich, alles oder nichts, top oder Flop –
ohne Zwischenstufen.

Aber die Finanzwelt ist doch sehr männlich. 95 Prozent der Invest-
mentbanker sind Männer.

Das ist schon richtig. Doch dieser ganze Bereich ist nicht so stark
sexualisiert wie das Militär, sondern sachorientiert, an nüchter-
nen Zahlen orientiert. In psychoanalytischen Kriterien gesprochen, ist diese Kultur weniger phallisch-narzisstisch, sondern auf
Symbole reduziert. Allerdings: Hinter jedem starken Mann steht
eine Frau, die ihm den Rücken stärkt. Aber hinter jeder starken
Frau in diesem Bereich gibt es einen Mann, vielleicht mitsamt
Kindern, der ihr im Nacken sitzt – wenn sie nicht als Single lebt,
was bei erfolgreichen Frauen nicht selten ist.

Die Banker sahen sich ja lange als »masters of the universe«.

Mistress of the universe oder Dominas im Chefsessel kann man
sich in der Tat nicht so gut vorstellen. Obwohl die Frauen, die
Karriere gemacht haben, manchmal männlicher sind als die
Männer – denken Sie an Maggie Thatcher oder Golda Meir. Vielleicht muss man so werden, wenn man über den Wolken angekommen ist. Als Frau muss man dann vielleicht, psychoanaly-
tisch gesprochen, den nichtphallischen Teil überkompensieren.
Bei mir in der Praxis waren drei Frauen aus dem »hohen« Bereich, und alle drei haben sich daraus verabschiedet. Eine ist sehr
froh, dass sie das schon frühzeitig, also vor der Krise, getan hat.

Und die Männer? Wollen die sich jetzt auch verändern?

Der Anteil derjenigen, die aussteigen wollen, liegt bei einem
Fünftel bis Viertel, während nur relativ wenige denken, es könnte
so weitergehen wie bisher. Aber ich frage mich: Wie lange dauert
es, bis den Herrschaften, die jetzt in Sack und Asche gehen, wieder die Eckzähne wachsen?

Ein Viertel potenzielle Aussteiger – das ist viel.

Ja. Aber es gibt auch diejenigen, die das von vornherein vorhat-
ten. Einer sagte zu mir, bis ich 40 bin, will ich drei Millionen verdient haben, dann steige ich aus. Manche kommen sogar aus der
linken Szene, wollen Kohle machen und dann ab in die Toscana.
Vielleicht kann man das so sagen: Tausend träumen davon, hundert segeln los, einer kommt an. Der Anteil derer, die wirklich

aussteigen, ist im Endeffekt eher gering. Ich glaube, das ganze Verhalten hängt damit zusammen, dass die Leute die Bodenhaftung verlieren. Die sagen sich: Mit drei glücklichen Telefonaten hab ich 50 000 Euro verdient. Das kann ich doch mein Leben lang so weitermachen. Manche einfachen Banker haben phasenweise sogar mehr verdient als Josef Ackermann.

Würden Sie solche Leute als süchtig bezeichnen?

Ja. Schätzungen besagen, dass zwischen zwei und zehn Prozent der Broker dezidiert süchtig sind. Das ist eine Abart der Spielsucht, wo man nicht mit 500-Euro-Chips spielt, sondern mit 50 000-Euro-Chips. Eine Sucht ohne Drogen. Zwei Prozent sind im klinischen Sinn süchtig, sie erfüllen die Kriterien Kontrollverlust, Dosissteigerung und so weiter. Wenn man die Vorstadien einbezieht, sind es zehn Prozent. Auch die brauchen den Kick, den Thrill, damit sie sich als existent fühlen. Hier spielt auch Angstlust eine große Rolle. Allerdings nicht bei den Leuten auf der höchsten Karrierestufe, die sind da ganz ausgebufft.

Und machtsüchtig?

Ganz oben gibt es den Kick beim Aufstieg nicht mehr, und dann beginnen manche, die Sinnfrage zu stellen. Man zuckt mit den Schultern und sagt: Was sind 50 Millionen? Nicht, dass ich die auch behandele. Aber ich höre davon.

Solche Leute können doch ihr Glück gar nicht mehr genießen, ihr Geld gar nicht mehr ausgeben, weil sie ständig zu viel arbeiten.

Das ist wie bei König Midas, dem alles zu Gold wurde, was er anfasste. Deshalb hatte er irgendwann keine Nahrung mehr, auch keine Seelennahrung. Wenn man das Thema Exzesse durchhat, dann kommt das Thema Sinn. Es gibt Leute, die dann zusammenbrechen, andere suchen sich eine Religion oder Philosophie. Die Frage ist dann: Nehm ich ein Sinnsystem von der Stange, also eine der großen Religionen, oder bastele ich mir als Patchwork selbst was zusammen?

Kann der Lebensstil der Banker so weitergehen?

Ich denke nicht. Die Fete mit Champagner und Kaviar ist vorbei, jetzt ist eher Wasser und Schwarzbrot angesagt. Wenn der Kater

vorüber ist, schauen wir mal, wie der neue Alltag aussehen
könnte. Da ist auch eine Chance für Systemveränderung. Ob das
gelingt, ob die politische und ökonomische Elite reif genug dafür
ist, steht allerdings in den Sternen. Die Frage lautet auch: Werden
die Leute durch das System krank, oder machen kranke Leute ein
System?

Und: Wer ist kränker? Die Leute oder das System?

Das kann man schwer trennen, das bedingt sich gegenseitig.
Georg Christoph Lichtenberg sagte einmal: »Ob es besser wird,
wenn es anders wird, weiß ich nicht. Dass es aber anders werden
muss, wenn es besser werden soll, das weiß ich.«

Verliererinnen

»Die weibliche Hälfte der Weltbevölkerung verrichtet zwei Drittel
aller Arbeit, verdient ein Zehntel und besitzt ein Prozent des Eigen-
tums« – dieser Satz stammt aus dem Jahr 1978 und zählt wohl zu den
berühmtesten Dreisätzen der Welt. Formuliert hat ihn Krishna
Ahooja-Patel, doch durfte das damals niemand wissen, weil sie nicht
in offiziellem Auftrag handelte. Weibliche List, das scheint der 1929
geborenen Inderin zu liegen, die in Genf ihr Altersdomizil gefunden
hat. Die Frau mit dem grauen Haarknoten und der Brille sprüht vor
Temperament.

Krishna Ahooja-Patel kommt aus einem Land, in dem das Gros
der Frauen als Kinderfrauen, Heimarbeiterinnen oder Putzfrauen arbeitet. Indien wird noch immer durch das starre Kastensystem struk-
turiert; in den allermeisten Familien hört man: »Töchter sind das
größte Elend.« Nur bei den Brahmanen haben Mädchen die gleichen
Bildungschancen wie ihre Brüder. Das hat die Frauenaktivistin geprägt. Ahooja-Patel hat seit 1962 als Rechtsberaterin und Juristin bei
der International Labour Organisation der UN (ILO) gearbeitet, zunächst in Äthiopien. Jedes Mal, wenn sie über den Flur ging, wurde sie
gefragt: »Sind Sie die Sekretärin?« »Das macht einen doch in einer
Minute zur Feministin!«, regt sie sich immer noch auf. Auch 1974, als

sie in die Genfer Abteilung für Arbeiterinnenfragen wechselte, bestand das UN-Personal fast ausschließlich aus Männern. Dort gab es ganze anderthalb Stellen für alle Arbeiterinnen weltweit: »Auch das macht einen in einer Minute zur Feministin!«

1978 errechnete sie zusammen mit Verbündeten aus der Demografischen Abteilung der ILO den Dreisatz. So kurz der Satz ist, so mühselig war es, die Unterlagen zu besorgen, die Berechnungen anzustellen, das Ergebnis zu überprüfen. Doch als der damalige UN-Generalsekretär Kurt Waldheim in seiner Rede vor der Weltfrauenkonferenz 1980 in Kopenhagen den Dreisatz zitierte, wusste sie, dass sich ihre konspirative Arbeit gelohnt hatte. Von nun an war das bedeutungsschwere Sätzlein in aller Munde.

Und, stimmt er heute noch? Ja, sagt die Ex-Professorin und Ex-Präsidentin der Internationalen Frauenliga für Frieden und Freiheit, denn die Lage der Frauen habe sich durch die Globalisierung sogar noch verschärft. »Sie arbeiten nun vor allem im Dienstleistungssektor, sie kommen nicht an Landtitel oder Eigentum. Wenn sie überhaupt etwas besitzen, dann in der westlichen Welt.« Die Entwicklungsexpertin Birte Rodenberg bestätigt das: »Immer noch verfügen Frauen im weltweiten Durchschnitt nur über ein Prozent des Grund und Bodens, und diskriminierende Erbschafts- und Eigentumsrechte sind weiterhin die Regel.«[83]

Auch daran, dass rund zwei Drittel der weltweiten Arbeit durch das weibliche Geschlecht geleistet wird, hat sich anscheinend nicht viel geändert. Wissenschaftlerinnen des UN-Forschungsinstituts für soziale Entwicklung (UNRISD) verglichen in einem Forschungsprojekt den Anteil von Fürsorgearbeit in Argentinien und Nicaragua, Indien und Südkorea, Südafrika und Tansania. Das Ergebnis bestätigt Ahooja-Patels Dreisatz: Frauen leisten den weitaus größten Anteil an unbezahlter Pflege-, Erziehungs- und Hausarbeit. In allen untersuchten Ländern arbeiten mehr als doppelt so viele Frauen wie Männer im unbezahlten Sektor. Spitzenreiter ist Ahooja-Patels Heimatland Indien, hier ackern Frauen fast zehnmal so viel unentgeltlich wie Männer. Argentinierinnen verwenden dreimal so viel Zeit auf nichtbezahlte Arbeit wie Männer, die Frauen in Nicaragua viermal so viel.[84]

Die Soziologin Christa Wichterich rechnet damit, dass sich das im Zuge der Wirtschaftskrise sogar noch verschärft. Die Krise der Produktion werde in eine Krise der Reproduktion umschlagen, glaubt sie. Die Kosten für den Crash würden durch Währungsverfall, Entlassungen und Lohnsenkungen in die Privathaushalte verlagert. Vor allem in den Ländern des Südens müssten Frauen unbezahlte Mehrarbeit im Haushalt und in den lokalen Gemeinschaften übernehmen oder in die Arbeitsmigration gehen. Schon in der Asienkrise in den 1990er Jahren habe es ein »Download der Risiken in die Küche« gegeben.[85] In Südkorea beispielsweise wurden doppelt so viele Frauen wie Männer entlassen, die Regierung befand damals zynisch, sie sollten ihre Männer »reenergetisieren«.

Besonders dramatisch ist die Situation in Ländern mit vielen HIV-Infizierten und Aids-Kranken. Oftmals müssen Mädchen ihren Schulbesuch und Frauen ihre Arbeit aufgeben, um sich um kranke Angehörige zu kümmern. Schon die Privatisierung von Gesundheitsdiensten in den 1990er Jahren verschlimmerte ihre Situation, weil viele Familien die Kosten für professionelle medizinische Pflege nicht aufbringen konnten. Dies verschärft sich jetzt noch einmal.[86] Andere Frauen werden gezwungen, sich in reichen Ländern als billige Haushaltshilfen zu verdingen, damit die bessergestellten Mütter des Westens ihrer Erwerbsarbeit nachgehen können. Damit entsteht eine neue internationale Frauenhierarchie – und es werden tiefe Löcher in die sozialen Netze der Herkunftsländer gerissen, eine »Care-Krise« ist die Folge. In Polen ist das Phänomen der »EU-Waisen« entstanden – Kinder, deren Mütter fremde Kinder oder alte Menschen in westeuropäischen Haushalten versorgen, aber sich um ihre eigene Familie nicht mehr kümmern können.

Lassen wir die nackten Zahlen sprechen: Die ärmste Milliarde der Menschheit, so der UN-Weltbevölkerungsbericht von 2008, besteht zu 60 Prozent aus Frauen und Mädchen. Zwei Drittel der weltweiten Analphabeten sind weiblich, und von den 130 Millionen Kindern, die keine Schule besuchen, sind 70 Prozent Mädchen.[87] Wäre die Menschheit ein Dorf mit 100 Menschen, sähe dieses folgendermaßen aus: 52 Personen wären weiblich, 48 männlich. 57 wären asiatisch,

21 europäisch, 14 amerikanisch, 8 afrikanisch. 70 Menschen wären Nichtweiße, ebenfalls 70 wären Nichtchristen. Ein einziger Mann würde 40 Prozent des Dorfvermögens besitzen. 80 Menschen lebten hingegen in ärmlichen, mangelhaften Behausungen, 50 wären unterernährt. Die meisten wären also weiblich, arm und hätten nicht genug zu essen.

Andersherum formuliert: In den USA waren weiße Männer zumindest bis in die 1980er Jahre die Spitzenverdiener, gefolgt von ihren schwarzen und lateinamerikanischen Geschlechtsgenossen, die nur 70 Prozent des Durchschnittslohns der weißen Männer erhielten; weiße Frauen bekamen 60 Prozent, schwarze Frauen 55 und lateinamerikanische Frauen 50 Prozent davon: ein Abbild der »patriarchalischen Dividende« (R.W. Connell) in Dollar und Cent. Nur in Großstädten wie New York, Los Angeles oder Boston verdienten im Jahr 2005 junge Frauen erstmals deutlich mehr als ihre gleichaltrigen Kollegen – weil sie besser ausgebildet waren.[88] Ein ähnliches Bild ergibt sich in 18 Ländern Lateinamerikas: Nach einer Studie der Inter-American Development Bank vom Herbst 2009 verdienten dort weiße Frauen durchschnittlich 17 Prozent weniger als weiße Männer, indianische oder schwarze Frauen sogar 28 Prozent.[89] Europäische Frauen erhalten im Durchschnitt 15 Prozent weniger als europäische Männer, sie müssten also jeweils bis Ende Februar des Folgejahrs weiterarbeiten, um das gleiche Jahresgehalt zu bekommen. Deutsche Frauen verdienen durchschnittlich sogar 24 Prozent weniger – und müssten ein ganzes Vierteljahr länger arbeiten, um auf das gleiche Jahresgehalt wie deutsche Männer zu kommen. Am größten ist der Gehaltsunterschied ausgerechnet im oberen Management: Frauen erhalten dort rund 30 Prozent, studierte Managerinnen über 50 sogar die Hälfte weniger als Männer.[90]

Zur Bewältigung der Finanzkrise ist mindestens 45-mal mehr Geld ausgegeben worden als für Armutsbekämpfung und Klimaschutz. Dadurch wurde die weltweite Armutsbekämpfung um mindestens zehn Jahre zurückgeworfen. Die UN-Arbeitsorganisation ILO erwartet, dass die krisenbedingte Erwerbslosigkeit in den meisten Regionen Frauen noch härter treffen wird als Männer. Vor allem in den

Entwicklungsländern habe der Auftragseinbruch für Arbeiterinnen in der Textil-, Schuh- und Spielzeugindustrie fatale Folgen. Nur in den Industrieländern und Ostasien sei es bislang umgekehrt. Hier verlören Männer in kapitalintensiven Schlüsselindustrien oder im stark konjunkturabhängigen Baugewerbe ihre Jobs.[91]

55 Prozent der Erwerbslosen in Deutschland waren Ende 2009 männlich, und ihre Quote wird wohl noch steigen. Vor allem in der Autoindustrie und ihren Zuliefererbranchen sowie im Maschinenbau gehen Arbeitsplätze für Männer verloren.[92] Christa Wichterich rechnet jedoch damit, dass in der »zweiten Runde« der Krise Frauen in Europa genauso betroffen sein werden – dann nämlich, wenn staatliche und private Ausgaben zurückgehen und Entlassungswellen im weiblich dominierten öffentlichen Sektor, im Bildungs- und Gesundheitswesen, im Handel und Dienstleistungssektor anstehen. »Wie in früheren Krisen werden Frauen als soziale Air Bags gefragt sein«, schreibt sie, »die mit Mehrarbeit im Haushalt Lohnkürzungen und Kündigung der Männer auffangen, mit zwei Mini-Jobs die eigene Entlassung ausgleichen, mit Ehrenamt und Selbsthilfe das Schrumpfen öffentlicher Leistungen abfedern.«[93]

Ähnlich sieht es in den USA aus. Die Krise werde die Frauen dort genauso hart treffen wie Männer, nur mit Zeitverzögerung, prognostiziert Ariane Hegewisch vom US-Institute for Women's Policy Research.[94] Wie in Deutschland soll auch in den USA das Konjunkturprogramm vor allem Männerjobs in der Baubranche sichern. Frauen arbeiten hingegen eher im Niedriglohnsektor, und selbst Vollzeitarbeiterinnen leben nicht selten unter der Armutsgrenze oder nehmen mehrere Stellen gleichzeitig an. Bereits 2008 konnte sich laut einer Umfrage der Rockefeller Foundation eine von acht Frauen den Arztbesuch ihrer Kinder nicht mehr leisten, eine von fünf hat mindestens einmal ein Rezept nicht eingelöst und eine von 14 konnte sich manchmal nicht genug zum Essen kaufen.

So gesehen erscheint der anschwellende Bocksgesang über »den Mann in der Krise« in vielen Medien eher als Ablenkungsmanöver. »Arme Jungs!« titelte *Focus* unlängst. »Emanzipation – Was vom Mann noch übrig ist«, fiel der *Spiegel* ein, und auch *Profil* bedauerte

»die armen Väter«. Dass »der Mann« irgendwie in der Krise ist, stimmt jedoch schon seit der Steinzeit. Identität ist immer krisenhaft, und das gilt, wie im zweiten Kapitel genauer zu zeigen sein wird, besonders für die männliche Geschlechtsidentität. Aber die existenziellen Folgen der gegenwärtigen Weltkrise – die müssen vor allem die Frauen bewältigen.

Bedrohte Männlichkeit

Immerhin: In den letzten 20 Jahren ist die Beschäftigungsrate des weiblichen Geschlechts schneller gewachsen als die des männlichen. »Noch nie waren so viele Frauen im mittleren Management, in der Verwaltung und im Handel, bei Banken und Medien tätig«, schreibt Christa Wichterich. »Fast die Hälfte aller Posten auf dieser Ebene sind in den USA, Kolumbien oder Barbados in Frauenhänden.«[95] Die große Mehrheit der erwerbstätigen Frauen, so fügt sie allerdings auch hinzu, arbeitet für geringen bis lächerlichen Lohn. Denn das Bedürfnis der globalisierten Wirtschaft nach billigen Arbeitskräften ist unstillbar, und so schuften Frauen in dem weltweiten Gürtel der Exportfabriken und Freihandelszonen, *Sweatshops* und *Maquilas*, der von China über Nordafrika bis Lateinamerika reicht. Millionen arbeiten als Heim- und Teilzeitarbeiterinnen im »globalen Büro«, in Klitschen, Küchen und Kellern, als Springerinnen und Telearbeiterinnen, als Straßenverkäuferinnen oder Prostituierte im informellen Sektor.

Diese Frauen sind der Flexibilisierungspool der Arbeitsmärkte, weil sie billig und willig sind, geheuert und gefeuert werden können, weil ihre Löhne bis zur Unerträglichkeit niedrig sind und ihre Arbeitsverhältnisse ungesichert. Gerade deshalb finden sie leichter Beschäftigung als Männer, ihre Unterordnung, ihr fehlendes Statusdenken machen sie besser einsetzbar. Wenn nicht zu Hause, dann im Ausland: Korea exportiert Krankenschwestern und die Philippinen Hausangestellte, von denen rund ein Drittel einen Hochabschluss hat.

Diese Art von Frauenemanzipation, wenn man sie denn überhaupt so nennen darf, findet also auf niedrigstem Niveau statt. Dennoch: Selbst extrem schlecht bezahlte Jobs eröffnen Frauen ein Plus an Autonomie und Handlungsspielräumen. In vielen Familien werden sie gar zur Haupt- oder Alleinverdienenden.

In den meisten Industrieländern bekommen Männer zu spüren, dass das zu Unrecht sogenannte »Normalarbeitsverhältnis« – Mann ernährt Frau und Kinder – zum Auslaufmodell geworden ist. Das Bild vom Familienernährer, das in der hunderttausendjährigen Menschheitsgeschichte noch nie stimmte und höchstens für die letzten 170 Jahre kapitalistischer Industrialisierung im Westen halbwegs zutrifft, bricht flächendeckend zusammen. Die Standortkonkurrenz im Zeichen des Neoliberalismus hat die Löhne und Gehälter der Männer weltweit gnadenlos heruntergedrückt, sodass die bisher vor allem Frauen betreffende Prekarisierung der Arbeitsverhältnisse zunehmend auch Männer erfasst. Nicht wenige empfinden das als »Rückkehr der Unsicherheit« und »Zwangsfeminisierung«.[96]

Das abgesicherte Arbeitsverhältnis mit Rentenanspruch, 13. Monatsgehalt und Familienversicherung gab es auf der Südhalbkugel nie. Aber auch dort sind viele Männer in ihrer Stellung als Familienoberhaupt gefährdet, sie fühlen sich gekränkt, entwertet und sehen ihre Traditionen »vom Westen« bedroht. In der arabischen Welt gehört es zu den Eckpfeilern von Männlichkeit, die Familie zu ernähren, als Beschützer der Frau aufzutreten, mindestens einen Sohn zu zeugen und Allahs Gebote zu befolgen. Dass Männer das nicht mehr können, weil sie entweder keine Arbeit finden oder ihre Frauen und Schwestern mehr verdienen, ist für viele eine tiefe narzisstische Kränkung – und manchmal auch ein Grund für ihre Radikalisierung zum Dschihadisten.

Das alles ist auch eine Erklärung dafür, warum fundamentalistische Bewegungen gewachsen sind und weltweit gemeinsam die Vorherrschaft des Mannes betonen. Ihre Mitglieder beharren in einer als unsicher empfundenen Welt auf dem, was ihnen schon in der Kindheit Statussicherheit ermöglicht hat. Ob bei den christlich motivierten Rechten in den USA, den Evangelisten in Lateinamerika, den katholischen Pius-Brüdern, der radikalen Hindubewegung in Indien, bei den sunnitischen Islamisten in Afghanistan oder unter Ahmadinedschads Anhängern im schiitischen Iran – überall lautet die Botschaft radikaler Prediger: Früher war alles besser, früher war alles heilig. Heute ist nichts mehr heilig, weil Frauen zu viele Freiheiten haben, sie müssen zurückgestutzt und scharf kontrolliert werden.

Fundamentalistische Strömungen, darauf weist auch der US-Religionswissenschaftler Martin Riesebrodt hin, werden vor allem von den absturzbedrohten Mittelklassen und Unterschichten getragen. Wenn sie schon die gesellschaftliche Hegemonie nicht erreichen können, wollen Männer dieser Schichten wenigstens über ihre Frauen wieder die Kontrolle erlangen. »Obgleich die Lebensführung und Ideologie verschiedener fundamentalistischer Gruppen Variationen aufweisen, propagieren sie alle patriarchalische Autorität und Moral«, schreibt er. »Sie befürworten in der Regel einen Geschlechterdualismus, nach dem Männer und Frauen von Natur aus unterschiedlich seien, weil sie füreinander geschaffen sind. Die gottgegebene oder ›natürliche‹ Sphäre der Frau sei die häusliche, die des Mannes die außerhäusliche. Vor allem aber müsse der weibliche Körper züchtig bedeckt sein, damit er nicht die männlichen Leidenschaften errege. Was züchtig bedeckt zu sein hat, variiert je nach kulturellem Kontakt vom Haar über das Knie, die Arme, die Fesseln oder das Dekolleté.« Nach Überzeugung der Fundamentalisten hängt von der Rückkehr zur patriarchalischen Ordnung nicht nur die Überwindung der gegenwärtigen Krise ab, »sondern letztlich das Heil der Menschheit«.[97]

In ihrem Buch *Der Weiblichkeitswahn* hat die US-Schriftstellerin Betty Friedan die Leere einer typischen Hausfrau in den 1950er Jahren beschrieben. Heute droht analog dazu ein »Männlichkeitswahn«: die Leere im Leben eines traditionellen Mannes, der sich vom Verlust seiner Ernährerrolle, von Erwerbslosigkeit und Statusabsturz bedroht sieht, der in seinem Leben kaum mehr als die TV-Fernbedienung kontrollieren kann. Der Umbau der Wirtschaft Richtung Dienstleistungen erfordert eher weibliche Qualifikationen, physische Stärke wird zunehmend durch Maschinenkraft und Strom ersetzt, und womöglich sind seine Ehefrau und seine Töchter beruflich bereits erfolgreicher als er. So jemand muss sich als überflüssig und in seiner Männlichkeit zutiefst gekränkt fühlen.

Die US-Journalistin Susan Faludi hat in ihrem Buch *Männer – das betrogene Geschlecht* etliche solcher US-Amerikaner porträtiert. »Ich habe das Gefühl, dass ich kastriert worden bin« – so umriss einer, der seinen Job verloren hat und nun seine Familie nicht mehr ernähren kann, seine Lage. Ein ehemaliger Angestellter fühlte sich zutiefst gedemütigt, weil seine Frau inzwischen mehr verdiente, die Ehe eines anderen scheiterte aus demselben Grund. »Sie wurde immer progressiver und ich immer traditioneller. Und irgendwie war es einfacher für sie, die Scheidung einzureichen«, erklärte er der Journalistin. Seine Schlussfolgerung: »Ich bin es leid, entmannt zu werden.«[98]

Diese Umstände sind schon per se konfliktfördernd, sie werden aber verschärft durch die Bilder von »echter« Männlichkeit und Mannhaftigkeit, die in den jeweiligen Kulturen und Religionen kursieren. In vielen Ländern steht eine stolze Reihe kriegerischer Helden auf dem Sockel der öffentlichen Bewunderung, ob sie nun Siegfried, Hussein oder Milos heißen, Drachen, Ungläubige oder Staatsoberhäupter getötet haben. Um die gefühlte »Erniedrigung« und »Entmannung« wettzumachen, sind nicht wenige Männer versucht, diese Kriegerhelden nachzuahmen. Der »Krieger-Mann« sei keine seltene Reaktion auf die »Ernährerfrau«, befürchtet auch Christa Wichterich.[99]

In den ehemaligen Kolonien in Afrika, Asien und Lateinamerika kommen krisenverschärfende Momente hinzu. Die Männer dort haben schon einmal massive Kränkungen ihrer Männlichkeit erfahren – durch die Kolonialherren. In vielen afrikanischen Ländern wurden die Einheimischen als *boys* und Diener gehalten, sie wurden zwangsweise entmännlicht und infantilisiert. Auch in Indien bezeichneten die britischen Kolonialherren die Bengalen als »schwach« und »verweiblicht«.[100] Solche Traumata sitzen tief, und viele einst so Charakterisierte tun nun alles, um ihre Männlichkeit zu beweisen – zur Not auch mit Gewalt.

Zudem gibt es einen engen Zusammenhang zwischen scheiternden Staaten und scheiternden Männern. Weil die globalisierte Wirtschaft »billige« Frauen im informellen, deregulierten Sektor bevorzugt, ist in vielen Weltregionen eine strukturelle Erwerbsunfähigkeit von Männern und männlichen Jugendlichen entstanden. Männer fühlen sich ausgebootet und sind versucht, ihren verlorenen Status durch »Teilnahme an der gesellschaftlichen Gewaltproduktion« wettzumachen, wie der Gewaltforscher Peter Lock es nennt.[101] Gefördert wird die Gewalt auch durch die Einbindung der Regionen in den Weltmarkt, beispielsweise durch die westliche Nachfrage nach dem Roherz Coltan für Handys oder das Angebot modernster Feuerwaffen durch skrupellose Waffenhändler. In der Demokratischen Republik Kongo heuern zahllose Männer bei bewaffneten Banden oder in der Armee an, um die Ausbeutung der reichen Rohstoffvorkommen militärisch abzusichern oder sich selbst daran zu beteiligen. Damit wird der Krieg zu ihrer Einnahmequelle. Innerstaatliche Konflikte wie diese sind also keine »archaischen Stammeskriege«, sondern entstehen erst durch die globalisierte Wirtschaft.

Auch in Norduganda führte das Unvermögen von Männern, ihre traditionellen Rollen zu erfüllen und ihre Familie zu ernähren, zu Gewalttakten. »Ein ugandischer Mann, dessen Männlichkeit zu einem großen Teil untergraben wird«, schreibt der US-Professor Chris Dolan in einer Studie, »betont wahrscheinlich gerade solche Aspekte seiner Rolle als Mann, über die er nach wie vor Kontrolle hat« – nämlich physische Gewalt. Ein solcher Mann, so Dolan weiter, sehe keinen Widerspruch darin, die eigene Familie zwar vor äußerer Aggression zu schützen, sie aber selbst zu misshandeln.[102]

In Lateinamerika zeigt sich eine andere Form tödlicher Radikalisierung. In Guatemala City, El Salvador oder der mexikanischen Grenzstadt Ciudad Juárez haben mafiöse Männerbanden in den letzten Jahren Tausende von Männern gefoltert und getötet, Hunderte von Frauen vergewaltigt und verstümmelt. Die Morde sind Teil des Machtkampfes von Paramilitärs, Militärs, Geheimdiensten, Drogen- und Jugendbanden *(Maras)* in einer jahrzehntelang gewachsenen Kultur der Gewalt und Straflosigkeit. Aber sie sind nach Meinung der brasilianischen Anthropologin Rita Laura Segato auch männliche Botschaften:[103] Der Aggressor nehme gegenüber dem Opfer die stra-

fende Gestalt eines Vorkämpfers maskuliner Moral an, in der Frauen
»zensiert, diszipliniert und reduziert« werden. Die vergewaltigte Frau
sei gleichzeitig eine Art »Opfergabe innerhalb eines Initiationsritus«,
mit dem der Täter seine Macht über Leben und Tod beweise und
einen Platz in der Bruderschaft der anderen Täter beanspruche.

Gleichzeitig sind die Tötungen von Frauen (»Feminizide«) offenbar auch Racheakte für deren größer gewordene Unabhängigkeit
durch Jobs in der Exportindustrie. Viele junge Männer verdienen in
den *Maquilas* genannten Textilfabriken genauso wenig wie Frauen
und empfinden das als Schande, da es ihre Rolle als Haupternährer
untergräbt. Männer, die nicht gut genug arbeiten oder sich auflehnen,
werden zur Strafe in die Frauen-Werkhalle geschickt und damit für
alle erkennbar zur Frau »herab«gestuft – in den Macho-Ländern Lateinamerikas eine öffentliche Demütigung. »Die Stellung der verdie-
nenden Frau in der patriarchalen Kultur verletzt die Ehre der Männer.
Diese lassen ihre Wut über ihre neue soziale Rolle an ihren Frauen
und Kindern aus«, erklärt Marisela Ortiz, Aktivistin einer mexikanischen Gruppe, die sich um die Opfer dieser Gewalt kümmert.[104]

Hohlfiguren auf dem Balkan

Ähnliche Spannungen zwischen den Geschlechtern gibt es in den
östlichen Transitionsländern. Ex-Jugoslawien ist ein Beispiel dafür,
wie diese die Spannungen in einer Gesellschaft erhöhen können –
bis hin zum Krieg. Natürlich haben nicht allein die Konflikte zwischen Männern und Frauen die Balkankriege ausgelöst. Wie jeder
Konflikt sind auch sie aus einem ganzen Bündel politischer, ökonomischer, historischer, religiöser und sozialpsychologischer Ursachen
entstanden, aber die krisenhaften Veränderungen im Geschlechterverhältnis haben eindeutig den Boden für die extrem brutale Kon-
fliktaustragung bereitet. Denn das traditionelle jugoslawische Patriarchat wurde zunehmend hohl und virtuell, und die jugoslawischen
Männer wurden zu Hohlfiguren, die glaubten, ihre Männlichkeit beweisen zu müssen, indem sie zu Kriegern wurden.

1980, nach dem Tod von General Tito, rutschte das sozialistische Land in eine tiefe Krise. Die Preise schnellten in die Höhe, die Inflation stieg im Jahr 1989 auf 1500 Prozent, der hart erarbeitete bescheidene Wohlstand drohte sich in Luft aufzulösen. Die Gehälter reichten nicht mehr für die Lebenshaltungskosten, und vielerorts war rund die Hälfte der Jugendlichen erwerbslos. Jugoslawien musste sich einem rigiden Programm des Internationalen Währungsfonds unterwerfen, was wiederum die Unterschiede und Spannungen zwischen den Teilrepubliken verschärfte.

Die Kommunistische Partei, von der lange alle geglaubt hatten, sie währe ewig und zeige immer den rechten Weg, wusste keine Lösung. Wie in vielen Transitionsländern des Ostens entstand auch in Jugoslawien ein riesiges ideologisches Vakuum. Aus purer Ratlosigkeit ließen die jugoslawischen Kommunisten freie Wahlen zu, und in ihrer Angst vor der unbekannten Zukunft wählte die Mehrheit die Re-Traditionalisierung, die vermeintlich kuschelige völkische Vergangenheit. Franjo Tudjman, der den Ustascha-Staat von Hitlers Gnaden als »Ausdruck des berechtigten Wunsches nach einem kroatischen Staat« bezeichnete, gewann im Juni 1990 die Wahlen in der Teilrepublik Kroatien. Im November 1989, bestätigt durch Wahlen im Dezember 1990, wurde Slobodan Milosevič Präsident der Teilrepublik Serbien. Beide Politiker führten ihre Anhänger in den Krieg.

Durch die Wirtschaftskrise war das herkömmliche Patriarchat völlig aus den Fugen geraten. Formal waren die Frauen im jugoslawischen Sozialismus zwar immer gleichberechtigt gewesen, faktisch aber hatten sie in Staat und Partei wenig zu sagen gehabt. Zudem grassierte ein männlicher Heldenkult, der durch die paramilitärische Erziehung der Jugendlichen und die Überhöhung der jugoslawischen Volksarmee verstärkt wurde.[105] Der weit verbreitete antifaschistische Partisanenmythos sah alle jugoslawischen Männer im Zweiten Weltkrieg als Partisanen, die ihr Leben aufs Spiel gesetzt hatten, um die Nation von den Faschisten zu befreien und Frauen und Kinder zu beschützen. Diesen ursprünglich religiös, später sozialistisch eingefärbten Opfermythos, wonach Männer sich für die Nation zu opfern hätten und Frauen für ihre Männer und Kinder, wagte kaum jemand infrage zu stellen.

Die serbische Soziologieprofessorin Marina Blagojevič hat in mehreren Studien rekonstruiert, wie Männer aufgrund von Hyperinflation und ökonomischer Krise ihre Rolle als Familienernährer verloren. Ihre Frauen hingegen fanden vor allem im informellen Sektor neue Jobs, bauten Nahrungsmittel an und versorgten die Familie. Bald schon dominierten sie nach Blagojevičs Beobachtung nicht nur die private Sphäre, sondern wurden auch im alltäglichen Kampf ums Überleben immer wichtiger. »In den 80er und 90er Jahren war männliche Macht und männliche Überlegenheit nur noch Fantasie ohne Rückhalt in der Realität«, schreibt sie.[106] Für viele Männer wurde das auf dem Partisanenmythos aufbauende Krieger-Patriarchat zu einer reinen »Fantasie-Ideologie«. In der Gegenwart waren sie nicht einmal mehr imstande, ihre Familien mit dem Minimalsten zu versorgen. Viele begannen zu trinken und ihre Frauen zu schlagen. Die ökonomische und politische Krise wurde also zu einer Geschlechterkrise, die ihrerseits die Krisendynamik verstärkte.

Nur vor diesem Hintergrund wird verständlich, warum Frauenfeindlichkeit in Serbien Anfang der 1990er Jahre zu einem »normalen« Bestandteil des öffentlichen Lebens wurde. In einer Gesellschaft, in der Frauenrechtlerinnen immer eine Randerscheinung gewesen waren, wurden Feministinnen plötzlich zur allgemeinen Bedrohung erklärt, riefen serbische und kroatische Medien zur Hexenjagd gegen sie auf. Dies änderte sich auch im Krieg nicht: »NATO-Generäle sind wie Mutter Teresa im Vergleich zu serbischen Feministinnen«, schrieb beispielsweise der serbische Journalist Bogdan Tiranič.[107]

Gleichzeitig verstanden es der serbische Nationalistenführer Slobodan Milosevič und seine Mannen geschickt, die Ängste männlicher Serben vor Machtverlust zugunsten ihres eigenen Machterhalts zu instrumentalisieren. Reißerisch berichteten die von ihnen kontrollierten Medien über angebliche Vergewaltigungsversuche an serbischen Frauen durch Kosovo-Albaner – und das, obwohl es nach den Statistiken im Kosovo weniger Vergewaltigungen als im jugoslawischen Durchschnitt gab.[108] Die nationalistische Mobilisierung begann also damit, die Serben in ihre vermeintlich angestammte Rolle als Beschützer »ihrer« Frauen vor Kosovo-Albanern und anderen »fremden« Männern zurückzuversetzen.

Dass diese durchsichtigen ideologischen Manöver Erfolg hatten, zeigen die Interviews, die die Historikerin Natalija Basič nach Ende des Bosnienkriegs mit früheren Kämpfern führte. In den Augen vieler Kriegsteilnehmer war das Töten ein Akt der »Verteidigung« – der eigenen Frau und Familie oder des eigenen Territoriums. Ein von Bosniaken und Kroaten gesäuberter, »ethnisch« reiner Staat »muss sein, sonst wird es ein Gemetzel geben!«, rechtfertigte ein Serbe die Vertreibung anderer »Ethnien« – ganz so, als ob der Krieg ein Mittel gegen Gewalt sei. Und ein Bosniake war überzeugt: »Wenn du spürst, dass dein Leben in Gefahr ist, deine Familie, deine Frau, deine Kinder, Brüder, Mutter, dann kannst du töten, weil du weißt, dass du jemanden schützt.«[109]

Die slowenische Anthropologin Svetlana Slapšak vertritt die These, die Balkankriege seien auch ein Krieg der »patriarchalen Väter« gegen die »pazifistischen Mütter« gewesen. Die Mehrheit der Frauen sei auch während des Kriegs bereit gewesen, mit ihren »Feindinnen« zusammenzuarbeiten, und hätte die neugezogenen Grenzen bekämpft, die Kommunikation untereinander aufrechterhalten. Während sich ihre Männer plötzlich nationalistisch gebärdeten, hätten sich viele Frauen weiter als »Jugoslawinnen« begriffen. Auch deshalb seien sie von den Extremisten so massiv als »innere Feinde« bekämpft worden.[110]

Tatsächlich waren es immer wieder Frauen, die den Widerstand gegen Krieg und Gewalt anführten. Im Juli 1991 stürmten aufgebrachte Mütter das serbische Parlament in Belgrad und forderten: »Entlasst unsere Söhne aus der Armee!« Eine ähnliche Szene spielte sich später in Sarajevo ab. »Ich bin Muslimin, mein Mann ist Serbe, und ich werde meinem Sohn nicht erlauben, dass er irgendjemanden in diesem verrückten Bruderkrieg umbringt«, rief dort eine Mutter beispielhaft für viele andere aus. In den Jahren 1993 und 1994 waren es wiederum vor allem serbische Frauen, die auf den Straßen gegen Milosevič und den Krieg demonstrierten. Auch standen sich die

»Frauen in Schwarz« in allen Kriegsjahren gegenseitig bei, hielten in Belgrad oder Zagreb Mahnwachen ab, schmuggelten im Kosovo Lebensmittel oder halfen verfolgten Menschen über die Grenzen. »Auf dem Balkan kämpft oft nur das ›schwache‹ Geschlecht gegen den Wahnsinn der Geschichte«, kommentiert der Schriftsteller Bora Cosič das mutige Engagement der Frauen.[111]

Aber natürlich gab es auch Mütter, die sich von Extremisten einspannen ließen und öffentlich schworen, sie würden ihre Söhne »liebend gerne« für das Vaterland opfern. Und es gab umgekehrt Zehntausende männliche Kriegsdienstverweigerer und Deserteure, zum Beispiel jene 200 Männer aus dem Dorf Tresnjevač in der serbischen Provinz Vojvodina, die sich 1992 geschlossen dem Krieg verweigerten. In der Dorfpizzeria wurde ein »Friedenscamp« gegründet, das zwei Monate standhielt, obwohl die Belgrader Regierung das Dorf immer wieder zu umzingeln versuchte. Der Ort erklärte seine symbolische Unabhängigkeit und nannte sich »Geistige Republik Zitzer, die kein Territorium hat und eine Gemeinde von Leuten ist, die Frieden wollen«.[112] In den USA, Deutschland und Schweden gründeten Anhänger und Sympathisantinnen daraufhin symbolische Unterstützungs-»Botschaften« der »Geistigen Republik«.

Die kriegerischen Auseinandersetzungen in Ex-Jugoslawien, in afrikanischen Ländern und anderswo zeigen: Verunsicherte Männer versuchen mit Waffengewalt ihre vermeintlich angestammten Plätze zurückzuerobern. Solche Konstellationen drohen sich in der gegenwärtigen Weltwirtschaftskrise zu wiederholen. Wann und wo dies geschehen wird, ist schwer vorhersehbar, aber die Gefahren sind real.

Doch solche Entwicklungen können immer auch aufgehalten werden. Die Botschaft der Botschaften der »Geistigen Republik Zitzer« lautet: Dissidente Männer und Frauen gibt es immer und überall, und sie verdienen unser aller Unterstützung.

Unglücklich das Land, das Helden nötig hat.

BERTOLT BRECHT

Ich mag keine Helden.
Sie machen mir zu viel Lärm in der Welt.

VOLTAIRE

Kapitel 2
Odysseus und Penelope oder:
Die Mär von den friedlichen Frauen
und den kriegerischen Männern

Leben ohne Gewalt: die Semai

Robert K. Dentan kam aus dem Staunen nicht mehr heraus, als er vor etwa 40 Jahren Malaysia besuchte. Der US-Anthropologe stellte fest, dass die rund 30 000 Semai, die zurückgezogen in den unzugänglichen Hügeln Zentralmalaysias lebten, zu den friedlichsten Gesellschaften der Erde gehörten. Sie kannten keine politischen Führer und keine Polizei, keine Gefängnisse und keine Kriminalität, keine Vergewaltigung und keine sexuelle Belästigung. Sie prügelten sich nicht und kämpften nicht einmal im Spiel gegeneinander. Der Forscher war fasziniert von dieser scheinbar utopischen Gesellschaft ohne Staat, ohne Machthierarchie, ohne Gewalt. Er und andere Ethnologen, die seine Befunde später bestätigten, fragten sich, ob diese Volksgruppe überhaupt Aggressivität in unserem Sinne besaß – und verneinten dies.[1]

Die Semai sind ein Beispiel dafür, dass die Neigung zu Gewalt nicht natürlich ist und schon gar nicht »männlich«. Sie widerlegen den späten Sigmund Freud, den Verhaltensforscher Konrad Lorenz und andere, die annahmen, menschliche Aggression sei angeboren und Gewalt sei eine *conditio humana*, eine Bedingung des Menschseins.

Doch nicht nur die Semai zeigen, dass die Kultur – und nicht die Natur – darüber entscheidet, ob Menschen friedlich oder kriegerisch agieren. Die US-Friedensforscherin Elise Boulding und ihre Mitarbeiter stellen auf der Internet-Plattform www.peacefulsocieties.org insgesamt 25 friedfertige Gesellschaften aus Amerika, Afrika, Asien und Ozeanien vor. Sie betonen, es gebe noch mehr Kulturen dieser Art, viele aber seien noch nicht ausreichend erforscht. Interessanterweise sind 19 dieser 25 Gesellschaften – darunter auch die Semai – geschlechteregalitär organisiert. Der Status von Frauen und Männern unterscheidet sich also nicht. Es existiert offenbar ein enger Zusammenhang zwischen Gleichberechtigung und Friedensfähigkeit.

Warum es nicht noch *viel mehr* gewaltfreie Kulturen gibt, ist auf der Website nicht zu erfahren, aber die Gründe liegen auf der Hand: Friedliche Gesellschaften hatten und haben keine Chance gegen kriegerische, weil ihre Mitglieder keine Kriegswaffen erfunden und keine Wehrhaftigkeit gelernt haben. Die meisten der vorgestellten 25 Kulturen haben in unzugänglichen Gebieten oder auf isolierten Inseln überlebt. Wir wissen nicht, wie viele friedliche Kulturen es in der Menschheitsgeschichte gab – Hunderte? Tausende? Abertausende? Sie dürften jedoch fast alle von kriegerischen Völkern erobert und zerstört worden sein – meistens wahrscheinlich, ohne Spuren zu hinterlassen. Nur manchmal stoßen Archäologen auf Hinweise, wie zum Beispiel bei Ausgrabungen in Catal Hüyük in der heutigen Türkei. Hier wurden keinerlei Waffen, Befestigungen oder andere Anzeichen für Gewalt und Krieg gefunden, dafür jedoch auch hier Symbole für die Gleichberechtigung von Männern und Frauen.

Das Geheimnis der Semai liegt offenbar darin, dass kooperative Gewaltlosigkeit im Zentrum ihres Wertesystems steht – im Gegensatz zu unserer konkurrenzbasierten Gesellschaft. Unterstützt wird dieser Pazifismus durch eine Kultur der Fürsorglichkeit: Alle Nahrungsmittel werden geteilt, der Zusammenhalt der Gemeinschaft ist stark, Individualismus zählt nicht. Aggression und Gewalt seien für die Semai absolut tabu, in ihrer Sprache *punan,* berichtet Professor Dentan in seinen Büchern über die Semai.[2] *Punan* sei für sie alles, was einen anderen frustrieren oder zurückweisen könnte; auch Kinder würden niemals zu etwas gezwungen. Die Schattenseite: Der Gewalt von Fremden seien die Semai hilflos ausgesetzt, weil sie nie gelernt hätten, aggressiv zu sein und sich zu wehren.

»Wir ärgern uns nie«, sagten die Semai zu Dentan. Ob sie sich tatsächlich nicht ärgern oder ob sie verlernt haben, ihren Ärger wahrzunehmen, sei dahingestellt. Wenn jemand um eine materielle Gefälligkeit bitte, ist es *punan,* diese abzuschlagen. Da die Semai kein Privateigentum kennen, Maniok und Reis kollektiv bewirtschaften, zusammen fischen und Waldfrüchte sammeln, bereitet das anscheinend niemandem Probleme. Überhaupt scheint Malaysias üppige Tropennatur eine wichtige materielle Voraussetzung für diese friedfertige Kultur zu sein. In Wüsten oder Steppen, wo Nahrung knapp ist, nimmt der Kampf um Ressourcen schneller kriegerische Formen an.

Männer und Frauen der Semai unterscheiden sich neben ihrem Körperbau bloß in zwei Punkten: Nur die Männer jagen – sie töten Kleinwild mit Blasrohren oder Fallen, und sie tragen lange Schurze, die Frauen kurze. Bei den Semai werden Ehen auf Zeit geschlossen, uneheliche Kinder gibt es per definitionem nicht, und außereheliche Beziehungen sehen die Semai als »ein Ausleihen«. Falls es trotzdem Konflikte gibt, werden diese in langen Palavern gelöst. Die Semai sagen über dieses Verfahren: »Es gibt mehr Gründe, einen Disput zu fürchten als einen Tiger.«[3]

Aber auch die Semai leben nicht im Paradies. Menschen können nicht ohne soziale Kontrolle zusammenleben, und bei den Semai funktioniert das anscheinend über Angst. Sie sind von Furcht getrieben, böse Geister könnten sie für Übertretungen der *punan*-Regeln bestrafen. Wenn sie angegriffen werden, flüchten sie in den Urwald, und überhaupt gehören sie wohl zu den schüchternsten und zurückhaltendsten Menschen der Welt. Sie zahlen also einen Preis für ihren Pazifismus – auch wenn dieser geringer sein dürfte als der von aggressiven Kulturen, die neben Angst auch Gewalt und Kriege erleben.

Das Beispiel der Semai macht deutlich, in welch enormem Ausmaß Gefühle durch Kultur gesteuert werden. Ärger, Frustration oder Aggression, die hierzulande als schwer bezähmbar gelten, nehmen die Semai anscheinend kaum wahr – jedenfalls jene Semai, das sei einschränkend gesagt, die vor 30 oder 40 Jahren von westlichen Forschern beobachtet wurden. Heutzutage ist ihre Kultur gefährdet, ihr Urwald geht zurück, und auch zu ihnen haben Waffen und Alkohol einen Weg gefunden.

Das Aggressionsniveau in unseren modernen Gesellschaften ist also nicht natürlich, sondern das Ergebnis einer jahrhundertelangen Entwicklung. Europa beispielsweise war in den letzten 500 Jahren der kriegerischste Kontinent der Weltgeschichte. Seine »Elite« hat weite Teile Lateinamerikas, Afrikas und Asiens kolonialisiert, Millionen von Menschen versklavt, unterworfen oder ausgerottet und zwei Weltkriege mit insgesamt rund 70 Millionen Toten geführt.

Erkenntnisse aus der Hirnforschung: Frauen und Männer haben dasselbe Aggressionspotenzial

Dass Frauen »von Natur aus« friedlich und Männer »von Natur aus« kriegerisch sind, widerlegen also schon die Semai. Auch dürfte es, wenn die Biologie das Verhalten der Geschlechter so eindeutig konditionieren würde, nirgendwo friedliche Männer oder aggressive Frauen geben. Und dennoch wird die verkratzte Platte von den friedfertigen Frauen und den gewalttätigen Männern immer wieder neu aufgelegt.

Männer seien aggressiv und konkurrenzversessen, weil sie schon im Mutterleib in Testosteron »gebadet« hätten, verkündet beispielsweise die Neurologin Louann Brizindine, Autorin des Buches *Das weibliche Gehirn – Warum Frauen anders sind als Männer.* Wie andere Forscher führt sie zum Beweis das *Corpus Callosum* an, ein Faserbündel, das die beiden Hirnhälften verbindet. Frauen hätten ein dickeres Faserbündel, so könnten beide Seiten ihres Gehirns gleichzeitig aktiviert werden, deshalb seien Frauen redseliger. Männer hingegen nutzten vorwiegend entweder die eine oder die andere Hirnhälfte und könnten deshalb besser einparken.

In der Steinzeit seien die Frauen Sammlerinnen und die Männer Jäger gewesen, lautet die vermeintlich logische Erklärung von Soziobiologen. Die Sammlerinnen hätten sich verständigen müssen, also hätten sie die Sprache mitsamt Klatsch und Tratsch entwickelt. Die Jäger jedoch hätten sich die Landschaft einprägen und gegen wilde

Tiere kämpfen müssen, daher hätte sich bei ihnen größere Aggressivität und Pfadfindergespür mit einem eingebauten Kompass herausgebildet. Die Frage, ob es nicht vielleicht auch anders gewesen sein könnte, ob womöglich auch Frauen jagten und Männer sammelten – worauf es viele Hinweise gibt –, wird dann gar nicht mehr gestellt.[4]

Hirnforschung gleicht heutzutage einer heimlichen Leitwissenschaft. Ihre bildgebenden Verfahren scheinen die Gehirnaktivität direkt abzubilden, scheinbar kann man den Menschen beim Denken zuschauen. Stimmt nicht, sagt die Biologin Sigrid Schmitz. Die Bilder seien Ergebnisse komplizierter mathematischer Verfahren, die Laboratorien benutzten unzählige Kombinationen von Berechnungen, und die Forscher entschieden jedes Mal neu, was ins Bild kommen und was weggelassen werden solle. In jede ihrer Entscheidungen flössen – bewusst oder unbewusst – kulturelle Vorstellungen ein. Daher seien die Befunde verschiedener Forschergruppen schwer vergleichbar und die Endergebnisse nur mit größter Vorsicht zu genießen. 57 von insgesamt 134 wissenschaftlichen Artikeln zur Hirnforschung enthielten Zirkelschlüsse in der Analyse, bestätigen auch die US-Forscher Nikolaus Kriegeskorte und Chris Baker.[5]

Dass die Geschlechter über ein unterschiedliches Sprachvermögen verfügten, werde überall zitiert, obwohl die Datenlage das gar nicht hergebe, meint Sigrid Schmitz. Für eine 1995 in *Nature* veröffentlichte Studie wurden insgesamt nur 38 Frauen und Männer mit einem bildgebenden Verfahren getestet. Bei allen 19 Männern stellten die Forscher eine linksseitige Sprachverarbeitung fest, während bei 11 von 19 Frauen beide Hirnhälften aktiv waren. Repräsentativ? Keinesfalls. In einer anderen Untersuchung, 1999 in *Brain* veröffentlicht, fanden sich bei 50 Frauen und 50 Männern überhaupt keine Unterschiede. Und zwei Meta-Studien, in denen die vorliegenden Gehirnbilder und die Dicke des Faserbündels zwischen den Gehirnhälften verglichen wurden, kamen 1997 und 2004 nur zu einem klaren Ergebnis: Die Unterschiede *innerhalb* der Männer und *innerhalb* der Frauen sind weit größer als die *zwischen* den Geschlechtern.

Doch überall werden nur die Forschungsarbeiten zitiert, die Geschlechterdifferenzen festgestellt haben wollen. Die anderen werden ignoriert. Biologin Sigrid Schmitz wittert hier keine Verschwörung konservativer Wissenschaftler und Hausfrauenverbände, sondern etwas viel Banaleres: »Fehlende Unterschiede oder Gleichheiten der Geschlechter sind eben keine publikationsfähigen Ergebnisse. Sie werden höchstens am Rande erwähnt, aber selten in den Mittelpunkt einer Publikation gestellt.« Das zeige, dass die Naturwissenschaft nicht neutral sei, wenn es um Erkenntnisproduktion gehe. »Auch sie ist geprägt von der grundsätzlichen Annahme, dass Frau und Mann zwei getrennte Kategorien sind. Und so werden zwischen ihnen vorwiegend Unterschiede gesucht. Passende Ergebnisse stehen im Vordergrund, unpassende im Hintergrund.«[6]

Auch der Zürcher Neuropsychologe Lutz Jäncke hat jahrelang nach dem biologischen Unterschied in den Hirnen von Frauen und Männern gefahndet. »Ich bin als Löwe gestartet und als Bettvorleger geendet«, gestand er am Ende. Er fand zwar durchaus Differenzen, aber sie waren nur sehr gering. Und niemand konnte dem Wissenschaftler sagen, ob sie biologisch oder kulturell bedingt waren. Inzwischen glaubt er: »Wir lernen uns in unsere Geschlechterrollen hinein.«[7]

Und zwar, wie Experimente beweisen, vom ersten Tag an: Legt man Erwachsenen ein Baby in den Arm, dann greifen viele zu technischem Spielzeug, wenn sie meinen, es sei ein Junge, und zu einer Puppe, wenn sie glauben, es handele sich um ein Mädchen. Wenn das Baby erschrickt, interpretieren sie das bei vermeintlichen Jungen als Ärger, bei vermeintlichen Mädchen jedoch als Angst. Strampelt der Säugling, animieren sie einen »Jungen« zu noch mehr körperlicher Aktivität, mit einem »Mädchen« gehen sie fürsorglicher um. Sind die Kinder älter, wird von Mädels Sprachtalent und Zärtlichkeit und von Jungs Technikverständnis und Aggressivität erwartet. Also plappern und schmusen Mädchen, während Jungen schrauben und toben. Je größer die Kinder seien, desto größer seien auch die Unterschiede in ihrem Geschlechterverhalten, bestätigt der Gehirnforscher Gerald Hüther.[8] »Das Gehirn wird so, wie man es benutzt«, schreibt er. Indem Jungen die Erwartungshaltung ihrer männlichen Vorbilder zu erfüllen suchten, formten sich nach und nach etwas andere Gehirnstrukturen als bei Mädchen: »Es handelt sich hierbei um einen sich selbst organisierenden Prozess, in dessen Verlauf jeder Junge von dem Zeitpunkt an, an dem er begreift, dass er ein Junge ist, sich so weiterentwickelt, wie das von den Mitgliedern der Gemeinschaft erwartet wird, mit denen er sich verbunden fühlt.«[9] Bei beiden Geschlechtern formt die Gesellschaft also das Gehirn mit. »Biologie pur« – das gilt bei Menschen nicht.

Frappierend ist auch: Gleichberechtigung fördert die Rechenkünste von Mädchen. Die US-Wissenschaftlerin Paola Sapienza kommt nach Auswertung der internationalen PISA-Studie zum Schluss, dass Jungen zwar weltweit in Mathematik besser seien, Mädchen in Island, Schweden oder Norwegen aber dieselben oder noch bessere Ergebnisse erzielten als Jungen. Grund ist die geringe Kluft zwischen den Geschlechtern in Skandinavien. Deutschland hingegen gehört bei den Naturwissenschaften zu den Ländern mit den größten Unterschieden zwischen Mädchen und Jungen.[10] Dass künstlich polarisierte Geschlechterunterschiede der Entwicklung von Menschen massiv schaden, glaubt auch Entwicklungspsychologe Wassilios Fthenakis.[11]

In Tests zu räumlichem Denken, bei denen dreidimensionale Würfel im Geist gedreht werden müssen, schneiden die meisten Frauen zwar schlechter ab als viele Männer. Aber genau dieser Test spricht laut Hirnforscher Lutz Jäncke »sehr stark auf Training an«, und deshalb seien Architektinnen oder Ingenieurinnen den männlichen Testpersonen ebenbürtig.[12] Viele Frauen haben jedoch als kleine Mädchen ihre Orientierung weniger geschult als Jungs. Sie haben seltener auf Straßen und in Parks gespielt, waren nicht so oft mit den Pfadfindern unterwegs und wurden stattdessen öfter im Auto kutschiert. Auch die Angst der Eltern vor möglichen Übergriffen formt das Gehirn der Tochter anders als das des Sohnes.

Bei Mädchen und Jungen unter drei Jahren gibt es keine Unterschiede im Aggressionsverhalten, fand der finnische Forscher Kaj Björkqvist heraus, der in Zusammenarbeit mit einem internationalen Team das Verhalten von Kindern verschiedener Kulturen verglichen hat.[13] Erst im folgenden Lebensabschnitt lernen die Kleinen zu sprechen und damit Streit mit Worten auszufechten. Dabei sind die Mädchen schneller als die Jungen – offenbar auch, weil sie härter bestraft werden als ihre männlichen Altersgenossen, wenn sie treten, boxen oder schlagen. Im Alter von etwa acht Jahren prügeln Jungen aus westlichen Ländern – so das Ergebnis von Björkqvists Studie – dreimal öfter als Mädchen. Diese setzen stattdessen auf verbale und indirekte Gewalt, auf Beleidigungen, Kränkungen und Ausgrenzungen.

Auch Eltern und Gleichaltrige sanktionieren Mädchen bei Gewaltakten im Schulhof, Jungen dagegen nicht, bestätigt eine Studie des Kriminologischen Forschungsinstituts Niedersachsen. Mädchen wird körperliche Gewalt systematisch aberzogen, während sie bei Jungen toleriert oder sogar gefördert wird. Und ein Versuch in Schweden zeigte: Jungs im Kindergartenalter wurden ruhiger, konzentrierter und kooperativer, nachdem Erziehende sie bewusst genauso wie Mädchen behandelt hatten.[14]

Gewaltforscherin Christine Schmerl formuliert es so: Wenn man neben körperlicher auch seelische Gewalt in den Blick nimmt, seien Frauen nicht weniger aggressiv als Männer.[15] Im weltweiten Vergleich unterscheide sich das Gewaltverhalten von Gesellschaften viel stärker als die Gewalttätigkeit der Geschlechter. Die Semai würden hier zustimmen.

Jedes Geschlecht versucht in seinem Aggressionsverhalten unbewusst gesellschaftlichen Erwartungen zu entsprechen. Gewalt von männlichen Jugendlichen und Erwachsenen wird von unserer Gesellschaft als »naturgegeben« hingenommen – nach dem Motto: »Jungs müssen eben raufen« oder »Männer sind eben so«. Gewalttätige Mädchen oder Frauen hingegen gelten schnell als »Furien« und werden scharf sanktioniert. Mörderinnen bekommen oft höhere Strafen als Mörder. Und eine Frau, die, wie unlängst im Land Brandenburg, ihre neun ungewollten Kinder nach der Geburt in Blumenkübeln verscharrt, löst in den Medien weit größeres Entsetzen aus als ein Soldat, der Zivilisten erschießt.

Geschlechtererwartungen führen manchmal auch zu skurrilen Situationen. Vor allem Transsexuelle wissen, dass ihr »weibliches« Verhalten völlig anders bewertet wird als ihr »männliches«. Christian

Schenk hieß früher Christina Schenk und war parteilose Bundestags-
abgeordnete auf der Liste der Grünen, später der PDS. Er habe die
Geschlechtsumwandlung vornehmen lassen, berichtete er Ende 2007
auf einer Tagung der Heinrich-Böll-Stiftung, weil sein »inneres Kör-
pergefühl« schon immer männlich gewesen sei. Nun fühle er sich
»viel wohler« und sei »viel weniger aggressiv«. Doch gerade Aggressivität werde nun von ihm erwartet. Es sei ihm sehr unangenehm gewesen, dass er bei einem Streit mit einem anderen Mann um einen Park-
platz seine Lebensgefährtin habe »beschützen müssen«, obwohl diese
sehr sportlich und daher eher als er in der Lage sei, einen Mann nie-
derzustrecken.[16]

Der Mythos von den männlichen Testosteronbombern

Ein weiterer von Medien gern gepflegter Mythos lautet, Männer
seien Testosteronbomber. Sie würden durch männliche Sexualhor-
mone gesteuert und seien deshalb gewalttätiger als Frauen. Doch
Frauen sind nur *anders* aggressiv als Männer. Schon früh lernen sie
wegen ihrer zumeist geringeren Körperkräfte, physischen Auseinandersetzungen aus dem Weg zu gehen. Statt zuzuschlagen, beleidigen
und mobben sie.

Im Gegensatz zur Behauptung mancher Männeraktivisten, Feministinnen wollten Frauen immer nur als Opfer darstellen, haben feministische Wissenschaftlerinnen als Erste darauf hingewiesen, dass
Frauen auch Täterinnen sein können. Die Anthropologin Sarah Blaf-
fer Hrdy schrieb mit *Mutter Natur* unter anderem eine Geschichte der
Kindstötungen durch Mütter, und die Soziologin Tina Thürmer-Rohr
prägte das Wort von den »Mittäterinnen« im Nationalsozialismus.
Die Wissenschaftlerinnen wollen mit der rosaroten Kuschelecke auf-
räumen, mit der Vorstellung, das friedfertige Weib pflege und heile,
was der gewalttätige Mann an Wunden schlage. Und sie wollen die
große Bandbreite menschlicher Freiheit aufzeigen: Denn wenn es die
Gesellschaft ist, die »weibliche« und »männliche« Geschlechtscharak-

tere formt, dann sind diese veränderbar, dann ist eine andere, bessere Welt prinzipiell möglich und ein besseres Verhältnis der Geschlechter ebenfalls.

Der Ruf des Testosterons ist furchterregend: Wenn man den gängigen Klischees folgt, produziert es Diktatoren und Verbrecher in Serie – und tötet schon im Mutterleib. Die Neurologin Louann Brizendine behauptet, Testosteron töte »manche Zellen in den Kommunikationszentren« in Gehirnen männlicher Embryonen ab und lasse dafür »in den Regionen, die für Sexualität und Aggression zuständig sind, mehr Zellen heranwachsen«. Brizendine beruft sich dabei auf Experimente mit Ratten, die auf Testosterongaben reagierten. Aber Menschen sind keine Nagetiere, die Datenbefunde lassen sich nicht übertragen. Unter anderem, weil im Vorderhirn des Homo sapiens sapiens ein Kontrollzentrum sitzt, das gleichzeitig als Sittenwächter und Gefühlsregulator fungiert, eine Art hirninterne Bremse für Egoismus, Racheakte und Gewalt: der präfrontale Cortex. Dieser vordere Stirnlappen empfängt Sinneseindrücke, bewertet sie durch den Vergleich mit Gedächtnisinhalten und Gefühlen und initiiert auf dieser Basis Handlungen. Er verhindert, dass hormonüberflutete Menschen andere zusammenschlagen oder vor Lust übereinander herfallen. Nur bei schweren Erkrankungen, Verletzungen oder Traumatisierungen versagt der Cortex als Filter. Auch kann man ihn, wie Experimente beweisen, durch Magnetschocks an der Schläfe gezielt ausschalten.[17] Warum aber »vergessen« Neurobiologen und Soziobiologen den präfrontalen Cortex? Funktioniert er bei ihnen selbst zu schlecht?

Das soll nicht heißen, dass Hormone wie Testosteron oder sein weibliches Pendant Östrogen keinen Einfluss auf menschliches Verhalten hätten. Natürlich haben sie das. Aber eben nicht so eindeutig, wie es die großen Vereinfacher gerne hätten. Das Testosteron ist nämlich kein rein männliches Hormon, denn in etwa zehnfach geringerer Konzentration ist es auch im weiblichen Körper vorhanden. Und keine Studie hat bislang einen klaren und direkten Zusammenhang zwischen Testosteronkonzentration und Gewaltverhalten oder Kriminalität nachweisen können.[18]

Kein Wunder: Aggressivität, das zeigen auch die Semai, hat immer viele Gründe und ist kulturbedingt. Bestimmte soziale Situationen oder Rollen erhöhen den Testosteronspiegel, andere lassen ihn sinken. So steigt der Testosterongehalt vieler Männer vor Herausforderungen wie öffentlichen Auftritten, Prüfungen oder Wettkämpfen. Haben sie Erfolg, bleibt der Wert hoch. Unterliegen oder verlieren sie, sinkt er tief, tiefer, am tiefsten. Strafverteidiger, die mit Richtern und Zeugen scharf ins Gericht gehen, haben höhere Werte als Steueranwälte, die mit Akten schmusen. Und auch berufstätige Frauen haben mehr Testosteron im Blut als Hausfrauen.[19]

Was diese Pegelstandsmeldungen überhaupt aussagen, ist unklar, die Befunde sind widersprüchlich. Vermutungen, ein hoher Testosteronpegel löse bei Männern Aggressionen aus, bestätigen sich nur teilweise oder gar nicht. Und neue Ergebnisse machen die Sache noch verwirrender: Verliebte Frauen haben mehr Testosteron im Blut, verliebte Männer und frischgebackene Väter weniger. Auch steigt im Blut von Vätern kurioserweise der Prolaktinspiegel, der bei Müttern die Milchproduktion anwirft – und das nicht nur bei biologischen Vätern, sondern erstaunlicherweise auch bei Stiefvätern.[20] Ein weiterer Beweis dafür, wie stark soziale Rollen die Biologie beeinflussen.

Dass Frauen körperliche Gewalt und physisch ausgetragene Statuskämpfe eher ablehnen, hängt also nicht mit einem Testosteronmangel zusammen, sondern ist sozial erlernt. Nichtsdestoweniger ist das für die Gesellschaft von unschätzbarem Vorteil. Schulklassen sind ruhiger und weniger aggressiv, wenn sie zur Hälfte aus Mädchen bestehen, aus Frauen und Männern gemischte Teams, Vereine und Gruppen ebenfalls. Polizeikräfte fürchten nichts mehr als homogene Männermassen, die sich gegenseitig zur Gewalt aufstacheln, wie zum Beispiel Hooligans in Fußballstadien.

Frauen sind aufgrund der erlernten Rollen tendenziell auch besser in der Lage, Gewalt einzudämmen. Ein Polizist, der in Berlin Anti-Gewalt-Trainings durchführt, erklärt das an folgendem Beispiel: »Wenn in einem U-Bahn-Waggon jemand eine andere Person attackiert, dann schätzen umstehende Männer meist ab, ob sie dem Täter körperlich gewachsen sind. Greifen sie ihn an, riskieren sie eine Eskalation, tun sie es nicht, umso schlimmer für das Opfer. Frauen aber wissen, dass sie physisch unterlegen sind. Kluge Frauen überlegen, wie sie das Opfer aus seiner Situation befreien können, zum Beispiel indem sie so tun, als ob sie das Opfer kennen, indem sie es herzlich begrüßen, dabei am Arm packen und aus der Reichweite des Täters ziehen.«[21]

Die deeskalierende Rolle des weiblichen Geschlechts ist auch in der Friedens- und Konfliktforschung ein bekanntes Phänomen. In oder nach Kriegen sind es vor allem Frauen, die auf den »Feind« zugehen. Initiativen von Frauen wirken auf männliche Akteure weniger bedrohlich, aber sie werden auch weniger ernst genommen. Um nur eines von unzähligen Beispielen zu nennen: In den 1980er Jahren, als im Nahen Osten jeder politische Kontakt zwischen Israelis und Palästinensern explizit verboten war, trafen sich Palästinenserinnen und Israelinnen an geheimen Orten in Jerusalem. Sie wurden nicht verhaftet, sie waren ja »nur Frauen«. Später gründeten sie den Jerusalem Link, danach eine Internationale Frauenkommission für einen dauerhaften und gerechten Frieden, die mit Vorschlägen zur Konfliktlösung an die Öffentlichkeit trat. Sie waren die Pionierinnen der Annäherung: Noch heute gehen die Friedenspläne der internationalen Politik nicht über das hinaus, was die Frauen schon in den 1990er Jahren vorgeschlagen hatten.[22]

Das Gewaltsystem der hegemonialen Männlichkeit

Einen weiteren sozial bedingten Unterschied im Umgang mit Gewalt hat die US-Psychologin Anne Campbell herausgefunden: Frauen betrachten von ihnen ausgeübte Gewalt »als zeitweiligen Kontrollverlust, verursacht von überwältigendem Druck und gefolgt von Schuldgefühlen«. Frauen, die vor Wut explodieren, empfänden ihr Verhalten später als »unweiblich« und »unangemessen«. Männer sähen Aggression hingegen als Kontrollgewinn, als Mittel, um Herrschaft auszuüben oder ihre bedrohte Vormachtstellung aufrechtzuerhalten.[23]

Ein Soldat, der seine Freundin verprügelt hatte, gestand der US-

Journalistin Susan Faludi, er sei keineswegs ausgerastet, sondern habe die Wirkung der Gewalt genossen: »Ich fühlte mich gut. Ich hatte die Macht, ich war stark, ich hatte die Kontrolle. Ich fühlte mich als *Mann*« (Hervorhebung durch U.S.). Doch war dieser Augenblick der Kontrolle der einzige in seinem Leben. Er war ein Verlierer. Und schlug zu, um den Status als Mann zurückzuerobern, den ihm andere abgesprochen hatten.[24] Wie Millionen von Männern hat auch er biologisches Geschlecht mit sozialer Dominanz verwechselt.

Der australische Männerforscher Robert W. Connell, die heute eine Frau ist und Raewyn Connell heißt, beschäftigt sich seit 1985 mit der »hegemonialen Männlichkeit«. Diese beweise sich durch die Dominanz über Frauen und andere Männer, die »unterordnete«, »komplizenhafte« und »marginalisierte« Spielarten von Männlichkeit aufwiesen, sagt Connell. Untergeordnet seien Homosexuelle, marginalisiert seien Männer aus unterdrückten Schichten oder Ethnien. Die Mehrheit der Männer aber sei komplizenhaft, sie profitiere vom System der hegemonialen Männlichkeit und seiner »patriarchalischen Dividende« und stütze es deshalb.[25] Doch können auch Frauen Komplizinnen sein, dann nämlich, wenn sie sich kritiklos den Regeln anpassen oder sich den hegemonialen Männern an die behaarte Brust werfen.

Laut Connell gibt es also nicht einfach die Spezies Mann, sondern viele verschiedene Spielarten von Männlichkeit. Hegemoniale Männlichkeit sei im Europa der Reformation entstanden, als sich Städte und Handelszentren entwickelten, in denen Individualität und berechnende Rationalität zur Grundlage für den »Geist des Kapitalismus« wurden. In die wenig später entstandenen Kolonialreiche seien zudem fast ausschließlich Männer ausgewandert, und in den zentralistischen Staaten Europas habe sich männliche Macht in nie da gewesener Form institutionalisiert. Die Sphären von Frauen und Männern hätten sich immer mehr getrennt, Homoerotik – in der Antike weit verbreitet und keineswegs tabuisiert – sei aus dem Männlichkeitskonzept ausgegliedert und einer abgewerteten Gruppe zugeordnet worden: dem Typus der Homosexuellen.

Hegemoniale Männlichkeit ist deshalb untrennbar mit Macht

und Herrschaft verbunden, mit Werten wie Überlegenheit, Härte und Kampfbereitschaft, Durchsetzungs- und Leistungswillen. In diesem stark hierarchischen Gewaltsystem stehen nur wenige Sieger ganz oben, dafür aber gibt es sehr viele Verlierer. Die Erfolgreichsten sehen auf alle anderen herab, bezeichnen sie als »unmännlich«, »Weicheier« und »Schlappschwänze«, »Warmduscher« und »Frauenversteher« und kastrieren sie somit symbolisch. Auf diese Weise wird das Streben nach Hierarchie und Dominanz als »männlich« gedeutet und der Wunsch nach Gleichheit und Demokratie als »weibisch«; ebenso gelten Wirtschaft, Politik und Militär als »männlich«, der »versorgende« Sozialstaat als »weiblich«.

Kein Thema in Wissenschaft und Politik: Männlichkeit und sexuelle Gewalt gegen Männer

Anfang der 1980er Jahre gewann der US-Soziologe Michael Kimmel während einer akademischen Debatte eine entscheidende Erkenntnis: »Eine weiße Frau und eine schwarze Frau diskutierten darüber, ob alle Frauen ›Schwestern‹ seien, weil sie die gleichen Erfahrungen machten und die gleiche Unterdrückung durch Männer erführen. Die weiße Frau erklärte, dass die Tatsache, Frauen zu sein, sie trotz Rassendifferenzen zusammenführe. Die schwarze Frau war nicht einverstanden. ›Wenn du morgens aufstehst und in den Spiegel schaust, wen siehst du?‹, fragte sie. ›Ich sehe eine Frau‹, antwortete die weiße Frau. ›Das ist genau das Problem‹, antwortete die schwarze Frau. ›Ich sehe eine schwarze Frau. Für mich ist Rasse jeden Tag sichtbar, weil sie der Grund ist, warum ich unterprivilegiert bin ...‹« Weil Kimmel der einzige Mann im Raum war, wurde er gefragt, was er dazu meine. Und da wurde ihm schlagartig klar: »Wenn ich in den Spiegel schaue, sehe ich ein menschliches Wesen. Ich bin universell generalisierbar. Als weißer Mittelklassemann habe ich keine Klasse, keine Rasse, kein Geschlecht.« Kimmel schlussfolgert: »Weiß, männlich und heterosexuell zu sein, das ist in dieser Kultur wie ein Rennen mit Rückenwind.« Und: »Es ist Zeit, diesen Wind sichtbar zu machen.«[26]

Die Normen, mit denen Männer und Frauen gemessen werden, seien »nicht neutral, dem Gegensatz der Geschlechter enthoben, sondern sie sind selbst männlichen Wesens«, stellte der Soziologe Georg Simmel bereits Anfang des letzten Jahrhunderts fest.[27] In den 1950er Jahren befand die französische Philosophin Simone de Beauvoir: »Ein Mann beginnt nie damit, sich als Individuum eines bestimmten Geschlechts darzustellen. Dass er ein Mann ist, versteht sich von selbst.« Und heute sagt Eva Kreisky: »Männer und Männlichkeiten finden in der Politikwissenschaft nur implizit Erwähnung, auch wenn sie in der politischen Wirklichkeit zentral positioniert sind. Sie verbleiben untheoretisiert.« Als Beispiel nennt Kreisky die Inszenierung militarisierter Rituale: Als General de Gaulle 1970 starb, befand Georges Pompidou vor Pathos zitternd an dessen Grab: »General de Gaulle ist tot. Frankreich ist Witwe.«[28]

Auch die Wissenschaft, kritisiert der Sozialpsychologe Gerhard Vinnai, habe sich »die Leugnung der Geschlechterdifferenz« auf die Fahnen geschrieben. Damit sei sie »auf der Flucht vor der Weiblichkeit«, aber selbst »noch nicht einmal männlich«.[29] In akademischen Gefilden ist ein Mann, der sich für Geschlechterfragen interessiert, schnell unten durch. Wer an der Universität Geschlechter- oder gar Männerforschung betreibt, wird zumindest in der Bundesrepublik im besten Falle müde belächelt. Auch wenn deutsche Wissenschaftler sonst gern ihr Fähnlein in jeden Wind hängen, der aus den angelsächsischen Ländern herüberweht – für die dort längst anerkannten *gender studies* gilt das Gegenteil. Besonders bei Männern sind sie ein expliziter Minuspunkt im Lebenslauf. Hinter vorgehaltener Hand wird geraunt, »nur Schwule« interessierten sich »für so was«. Im Unterbewusstsein deutscher Männer ist der Begriff *gender* offensichtlich gleichbedeutend mit Weiblichkeit oder gar Weibischkeit.

Das trifft auch auf weite Teile der Gewalt- und Konfliktforschung zu. Schon in den 1980er Jahren kritisierten Wissenschaftlerinnen, Geschlechterfragen würden aus den zu untersuchenden Konflikten systematisch ausgeblendet, dies führe zu partieller Blindheit. Männlich werde gleichgesetzt mit »handlungsfähig, energisch, dynamisch, durchsetzungsfähig, hart, erfolgreich«, so die Friedensforscherin Astrid Albrecht-Heide, deshalb würden männliche Wissenschaftler ihre »weichen« und »nicht-herrschaftsfähigen Eigenschaften« an Frauen delegieren. Schon das Wort »Frieden« sei »in dieser europäischen Dominanzkultur weiblich kodiert und daher nicht stark, sondern schwach«. Und: »Was in der westlichen Dominanzkultur als ›schwach‹ gilt – tolerant sein, zulassen können, viele Lösungen für einen Konflikt sehen, teilen können, nicht alles ordnen müssen, warten können usw., wäre jedoch für Friedenslösungen entscheidend.«[30] Nicht zufällig, befand Albrecht-Heide, lägen die Forschungsschwerpunkte männlicher Friedensforscher auf dem Gebiet der Rüstungskontrolle, in die ihre heimliche Waffenfaszination eingehe, oder im Bereich internationale Politik, in die Allmachtsfantasien hineinspielten. Männer machten ihr eigenes Geschlecht unsichtbar, damit werde Selbsterfahrung unmöglich.

Ein Blick auf ein NATO-Treffen oder einen Militärgipfel genügt, um die männliche Monokultur der Sicherheitspolitik zu erkennen – sieht man von Verteidigungsministerin Carme Chacón aus Spanien und anderen raren Ausnahmen ab. Die Frauenquote sei hier gleich null, berichtet Constanze Stelzenmüller in der *Zeit*: »Schlüsseljobs (Staatssekretär, Politischer Direktor, NATO-Referatsleiter) sind in Männerhand. Im Verteidigungsministerium haben Frauen zivile Leitungspositionen, aber keine führt ein Kernressort wie den Planungsstab. In Fraktionen und Parteien beschäftigt sich nur eine Hand voll Frauen mit Sicherheitspolitik.«[31] Zugleich scheinen Sicherheitspolitiker unfähig, Männlichkeit zu thematisieren oder Männlichkeitsgehabe als Konfliktursache in ihre Analysen einzubeziehen. Das Thema Geschlecht ist so verschrien, dass ein leitender Beamter der Bundesregierung gegenüber der Autorin bekannte, amtsintern nehme er das Wort »*gender*« nicht in den Mund, weil er Angst habe, sich damit »lächerlich« zu machen.

Für viele ist die Reflexion über Männlichkeit eine Leerstelle im Bewusstsein, weil keine gesellschaftliche Instanz sie je zum Nachdenken über dieses Thema gebracht hat. Andere fürchten einen Akt der Selbstentblößung, der ihre intimsten und empfindlichsten Stellen offenlegt – allein schon das Reden über *gender* könnte sie symbolisch entmannen und in die Nähe von gefürchteter Weiblichkeit rücken.

Neben Männlichkeit werden auch Brutalitäten unter Männern kaum öffentlich thematisiert. Die am meisten verschwiegene und verleugnete Form von Gewalt ist sexuelle Gewalt von Männern gegen Männer – und das weltweit. In den USA sind bis zu einem Fünftel der männlichen Häftlinge sexuellen Gewaltakten ausgesetzt.[32] In iranischen Gefängnissen wurden nach den Unruhen vom Sommer 2009 verhaftete Demonstranten offenbar brutal vergewaltigt. Als der oppositionelle Präsidentschaftskandidat Mehdi Karrubi den Skandal öffentlich machte, schloss das Regime seine Zeitung und drohte ihm mit öffentlicher Auspeitschung.[33] Eine repräsentative anonyme Befragung in Südafrika brachte zutage, dass fast drei Prozent aller Vergewaltiger sich auch an Männern vergangen hatten und zehn Prozent aller Männer bereits Opfer von sexueller Gewalt geworden waren.[34] Auch in zahllosen Kriegen kam es zu Vergewaltigungen von Männern und zu sexueller Folter, in der Demokratischen Republik Kongo ebenso wie in Ex-Jugoslawien. Sexuelle Gewalt gegen Männer wurde in über 40 Prozent aller Anklagen vor dem Sondertribunal gegen Kriegsverbrechen in Den Haag aufgeführt.[35]

Doch systematische Studien über das Ausmaß scheitern am Schweigen der Opfer. Daher ist vollkommen unerforscht, was diese Erfahrungen in männlichen Körpern und Seelen bewirken. Das sei »das Tabu des Tabus«, sagt die Sozialwissenschaftlerin Dubravka Zarkov, die zu Vergewaltigungen von Männern in den Balkankriegen geforscht hat. Nichts sei für das Patriarchat bedrohlicher zu thematisieren als die Vergewaltigung von Männern durch Männer, glaubt auch Yakin Ertürk, die UN-Sonderberichterstatterin für Gewalt gegen Frauen.[36] Denn diese zerstöre den Mythos von der männlichen Wehrhaftigkeit.

Unterschiedliche Reaktionen auf Gewalttraumata

Auch bei den Reaktionen auf erlittene Gewalt scheint es erhebliche Unterschiede zwischen den Geschlechtern zu geben – allerdings steht die Forschung hier erst am Anfang, weil diese Differenzen lange Zeit ignoriert wurden. Frauen, die als Mädchen geschlagen oder sexuell missbraucht wurden oder beobachten mussten, wie ihr Vater ihre Mutter schlug, tendieren offenbar dazu, massiven Selbsthass zu entwickeln und in der Opferrolle gefangen zu bleiben. Sie werden beispielsweise mager- oder tablettensüchtig oder fügen sich selbst Verletzungen zu. Die Wahrscheinlichkeit, dass sie an gewalttätige Ehemänner geraten, ist laut dem Kriminologen Christian Pfeiffer sechsmal höher als bei Frauen ohne Gewalterfahrung.[37] Auch Studien aus Südafrika zeigen: Frauen mit Gewalttraumata werden öfter schon als Teenager schwanger, nehmen Drogen und Alkohol, haben Essstörungen oder begehen Selbstmord.[38]

Viele misshandelte Frauen finden aus der Spirale von Gewalt und Selbsthass nie heraus. Einige empfinden sogar Genugtuung, wenn andere Frauen genauso schlecht behandelt werden wie sie, und unterstützen religiöse oder politische Ideologien, die entsprechende Gewaltakte rechtfertigen. In Afghanistan und Indien, aber auch in Haushalten türkischer Migranten in Deutschland werden frisch verheiratete Frauen nicht selten Opfer der Gewalt ihrer Schwiegermütter, die einst ebenso von ihren Schwiegermüttern terrorisiert worden waren. Und in Südafrika meint manche junge Frau den Grad der Verliebtheit ihres *boyfriends* an seiner Brutalität messen zu müssen. Ein Männeraktivist hörte in einem Bus ein Mädchen zu einem anderen sagen: »Ich mache Dinge falsch. Natürlich muss er mich schlagen. Wie würde ich sonst wissen, dass er mich liebt, wenn er mich nicht schlägt?«[39]

Anders Männer, die als Kinder Gewalt durch Väter oder Erzieher erfuhren. Sie tendieren dazu, die Täterrolle zu übernehmen und selbst gewalttätig zu werden – auch, um ihre frühere Opferrolle zu verbergen und die Scham, selbst einmal Opfer gewesen zu sein. In Südafrika belegen zahlreiche Studien, dass Männer, die in ihrer Kindheit häusliche Gewalt beobachtet oder erlebt haben, signifikant öfter brutal agieren als Männer, denen diese Erfahrung fehlt.[40] Ihr Selbsthass gleicht in seinem Ausmaß wahrscheinlich dem von Frauen mit Gewalttraumata, aber anders als diese tendieren sie dazu, den Hass nach außen zu projizieren, auf andere Männer oder Frauen, die sie dann zu unterwerfen versuchen. Viele werden alkohol- und drogensüchtig und leben im benebelten Zustand ihre Gewaltfantasien aus.[41] Indem sie gewalttätig werden, glauben sie, sich vor ihren destruktiven Erinnerungen schützen zu können. Doch gibt es bei Männern mit Gewalterfahrung auch soziale Unterschiede. Denn wer arm und unterprivilegiert ist, kann seine Wut oft »nur« an der eigenen Ehefrau und den eigenen Kindern auslassen. Wer jedoch der weißen Oberschicht angehört, lebt sein destruktives Potenzial in den Machtzentren von Politik, Wirtschaft oder Militär aus.

Wie sehr das Regime der hegemonialen Männlichkeit Männern selbst schadet, hat der kanadische Soziologe Michael Kaufman in einem Aufsatz zusammengefasst. Er glaubt, Männer lernten von Kindesbeinen an, Gewalt selektiv zu nutzen und zu verinnerlichen. Das Resultat sei Autoaggression, »zum Beispiel in Form von Drogenmissbrauch und Selbstzerstörung«.

Kaufman sieht das Regime der hegemonialen Männlichkeit als »Triade von Gewalt« – Gewalt gegen Frauen, gegen andere Männer und gegen sich selbst. Dabei böte brutales Verhalten Männern »eine reiche Palette an Privilegien und Machtformen«. Wenn beispielsweise ein Mann seine Frau schlage, weil sie das Abendessen nicht rechtzeitig serviert habe, dann »nicht nur, damit das nicht wieder passiert, sondern weil er glaubt, er sei zu solchen Privilegien berechtigt«. Es seien also nicht nur Machtungleichheiten, die zu Gewalt führten, sondern ein mehr oder weniger bewusstes Gefühl, dazu berechtigt zu sein. Männer könnten nicht so handeln, wenn die Gesellschaften ihr Verhalten nicht tolerieren würden – explizit oder stillschweigend, legitimiert durch Traditionen, Gesetze oder religiöse Praktiken. Kaufman erinnert daran, dass nicht einmal in der Hälfte aller Länder Gesetze gegen häusliche oder sexuelle Gewalt existieren. Stattdessen würden aggressive Akte, meist gegen andere Männer, heroisiert und gefeiert – ob im Sport oder Krieg, im Film oder in der Literatur. Dadurch werde Gewalt »naturalisiert« und zum »de facto Standard menschlicher Beziehungen«, um Konflikte zwischen Individuen, Gruppen oder Nationen zu lösen.

Kaufman sieht aber auch ein »Paradox der Männermacht«: Dieselben Mittel, die zur Macht von Männern führten, seien »die Quelle enormer Angst, Isolation und Leiden auch für uns Männer«, weil machtvolles Handeln eine Art Körperpanzer und angstvolle Distanz zu anderen erfordere. Die verinnerlichten Anforderungen an Männlichkeit zu erfüllen, sei extrem anstrengend, fast unmöglich und erfordere andauernde Wachsamkeit. Aus Furcht, nicht männlich genug zu sein, gerieten besonders Heranwachsende schnell »in Turbulenzen von Angst, Isolation, Ärger, Selbstbestrafung, Selbsthass und Aggression«. In einem solchen emotionalen Zustand werde Gewalt zu einem Kompensationsmechanismus. »Sie ist ein Weg, um das männliche Gleichgewicht zu stabilisieren«, so Kaufman. Täter wählten daher gewöhnlich ein schwächeres Opfer: Kinder, Frauen, Schwule, religiöse oder soziale Minderheiten oder Migranten. Gerade das »Schwulenklatschen« mache den Akt der Kompensation besonders deutlich. Die Täter seien zumeist Jugendliche in einer Lebensphase, in der sie ihre Identität als extrem unsicher und fragil erlebten. Um ihr Mannsein zu beweisen, schöben sie anderen die Rolle des »Unmännlichen« gewaltsam zu.

Eine Gewaltursache ist für Kaufman, dass viel zu viele Jungen in Haushalten aufwüchsen, in denen die Mutter vom Vater geschlagen werde. Nicht jedes solcher Kinder werde später selbst ein Täter, aber fast alle, die in Anti-Gewalt-Programmen landeten, hätten als Kind Gewalt beobachtet oder selbst erlebt. Eine weitere Ursache sieht er darin, dass in deren Kindheit Männer – Väter, Erzieher, Lehrer – weitgehend abwesend gewesen seien. Deshalb seien Jungs gezwungen, ihre Männlichkeit in der Fantasie zu konstruieren. Von Kino- und Actionhelden lernten sie, ihre vielfältigen Emotionen zugunsten einer einzigen zu unterdrücken: Ärger. Die Botschaft der Filme sei, dass es okay ist, auf Angst, Verletzung, Unsicherheit, Leid, Zurückweisung und Herabsetzung mit gewalttätiger Wut zu reagieren.[42]

Was Kaufman indes nicht erwähnt: In streng patriarchalischen Gesellschaften erfahren Männer von Kindesbeinen an, dass sie etwas »Besseres« sind, dass ihr Status höher ist, dass sie mehr Freiheiten haben als ihre Schwestern und dass sie, wenn sie älter sind, sogar über ihre Mütter bestimmen dürfen. Der Unterschied zwischen den Geschlechtern ist in diesen Gesellschaften nicht einfach eine biologische Differenz wie die zwischen Augenfarben, sondern bestimmt über das Prestige. Diese frühe, tief im Unterbewusstsein verankerte Erfahrung dient vielen Männern – und auch Frauen – als Modell für ihren späteren Umgang mit sozialen Unterschieden. Männerdominierte Gesellschaften sind deshalb weitaus anfälliger für Identitäts- oder Statuskonflikte als geschlechteregalitäre. Weil der künstlich vertiefte Geschlechterunterschied quasi ansteckend ist, kann er mühelos in andere gesellschaftliche Hierarchien übersetzt werden. So sind kriegerische Auseinandersetzungen wegen ethnischer, sozialer oder religiöser Differenzen in patriarchalischen Gesellschaften viel häufiger als in egalitär organisierten.

Der Geschlechterunterschied wird aber auch auf die Politik angewendet. Wenn Männer am Stammtisch über »impotente Politiker« schimpfen, US-Rechte den »weiblichen Sozialstaat« geißeln oder sich Ex-Sozialdemokrat Wolfgang Clement vom damaligen SPD-Chef Franz Müntefering »entmannt« fühlt, dann sind das Wortschöpfungen aus einer symbolischen Ordnung, die sexualisiert und je nach Kontext als »männlich« oder »weiblich« empfunden wird.

Die soziale Tragödie des Mannes

Zu Beginn seines Lebens ist jeder Embryo weiblich, erst später entwickeln sich die männlichen Geschlechtsorgane. Männliche Identität ist, entwicklungspsychologisch betrachtet, eine negative: Ein Mann ist eine Nicht-Frau. In dieselbe Richtung wie die physische Entwicklung verläuft auch die psychische: Die erste und womöglich größte Liebe vieler kleiner Jungen gilt ihrer Mutter. Von ihr lernen sie in den ersten Lebensmonaten die Grundlagen der menschlichen Kommu-

nikation, sie ist ihr sprichwörtliches Vor-Bild. Und dann müssen sie
eines Tages realisieren, dass sie doch nicht so werden dürfen wie sie:
Mama ist ja eine Frau. Das, so argumentieren etliche Wissenschaftler
und Forscherinnen, sei der existenzielle Bruch im Leben eines Jungen.[43] Einem Mädchen bleibt er erspart – es kann sich ja weiterhin
mit seiner Mutter identifizieren. Manche Psychologen halten dies für
den eigentlichen Grund, warum sich Mädchen bis zum Alter von
etwa 15 Jahren schneller entwickeln als ihre männlichen Altersgenossen. Jungen hingegen stellt sich in der Pubertät die Frage: Was ist
Männlichkeit? In patriarchalischen Gesellschaften beweist sie sich
durch Abgrenzung vom weiblichen Geschlecht. Und diese verläuft
bisweilen sehr heftig, weil Männer an den Bruch mit der Mutter, an
ihre existenzielle Wunde, nicht mehr erinnert werden wollen.

Sigmund Freud hielt den Ödipuskomplex für den zentralen Konflikt im Leben eines jeden Kindes: den Vater umbringen wollen, um
die Mutter zu lieben. Falsch ist das sicher nicht. Aber in diesem Psy-
chomodell fehlt etwas, das man das Iokastesyndrom nennen könnte:
der Zorn und Hass des kleinen Jungen auf seine Mutter, in Ödipus'
Fall auf Iokaste, weil es ihm nicht möglich war, sich in behüteter Iden-
tifizierung mit ihr weiterzuentwickeln.

Ein Weiteres kommt noch hinzu: Anders als Weiblichkeit und
Mutterschaft ist Männlichkeit im Sinne von Vaterschaft immer unsicher. Wenn er nicht auf genetische Testverfahren zurückgreift, bleibt
für einen Mann stets ein Restzweifel, ob er wirklich Vater seines Kindes ist. Seine Männlichkeit muss er also anders beweisen. In streng
patriarchalischen Kulturen geschieht dies durch eine scharfe Kontrolle der Frauen und durch ein ausgeprägtes Männlichkeitsgehabe.

Man könnte den Unterschied zwischen Männern und Frauen
also auf die Formel bringen: Frauen *sind,* Männer *werden.* Männer
erklären sich *gegenseitig* zu Männern. Was einen Mann zum Manne
macht, das müssten sie unter sich ausmachen, glauben sie – ohne zu
merken, dass sie sich damit in selbstreferenziellen Schleifen bewegen.

Frauenfeindlichkeit: Medusa und ihre Schwestern

Misogynie gebe es weltweit, schreibt der US-Anthropologe David G. Gilmore im Vorwort seines Buches *Frauenfeindlichkeit – die männliche Krankheit*. Er hat nahezu überall Frauenhass gefunden: »von den Dschungeln in Südamerika bis zum unzugänglichen Hochland Neuguineas, und in allen Zeitaltern von der Antike bis heute, und in jeder Gesellschaftsform von den primitiven Steinzeit-Jägern bis zu aufgeklärten modernen städtischen Intellektuellen«.[44] Und er stellt erstaunt fest: Obwohl Frauen viel öfter Opfer männlicher Gewalt würden als umgekehrt, obwohl sie in allen patriarchalischen Gesellschaften zum Teil extrem unterdrückt und diskriminiert würden, obwohl sie also allen Grund hätten zu Wut und Hass, habe ihre Männerfeindlichkeit niemals so umfassende, alle gesellschaftlichen Institutionen durchdringende Formen angenommen wie die Misogynie.

Hass auf Frauen findet sich nicht nur in der Bibel, im Koran und in der Tora, sondern auch in buddhistischen und hinduistischen Schriften; überall, so Gilmore, werde die Frau verurteilt – »nicht nur für ihre geistigen Defekte, sondern auch für ihren Körper«.[45] Tatsächlich gibt es in allen Weltreligionen Verhaltensregeln und Tabus für Frauen: Vorschriften, den Körper zu verhüllen, Regeln für Menstruation, Geburt und Stillen. Furcht einflößende weibliche Figuren bevölkern sämtliche Kulturen. Ob im Abendland oder Morgenland, der Antike oder der Neuzeit: Überall wimmelt es von Hexen und Kriegergöttinnen, Kali und Pandora, Medusa, Scylla und Charybdis haben viele Schwestern. Und selbst unter Dichtern und Denkern finden sich zahlreiche Frauenhasser, Gilmore verweist auf Montaigne, Schopenhauer und Sartre, auf Flaubert, Mailer und Strindberg.

Woher stammt dieser »horror mulieris«? Gilmore glaubt: Es sei der mysteriöse, fruchtbare, Körpersäfte absondernde weibliche Körper, also weibliches Fleisch, Milch und Blut, was Männern eine Mischung aus Ehrfurcht, Angst und Abscheu einflöße. In den kriegerisch-patriarchalen Stammesgesellschaften Neuguineas oder Südamerikas scheint die Furcht vor dem »männervergiftenden« Menstruationsblut besonders groß zu sein. Der Forscher interpretiert das klassisch freudianisch als Kastrationsangst, als Furcht vor der blutenden Wunde im Unterleib, wiewohl er den »Penisneid« gleichzeitig für eine misogyne Kulturkonstruktion Freuds hält. Doch da laut Gilmore selbst die friedlich-androgynen Semai glauben, dass menstruierende Frauen sich unter Umständen in männerfressende Tiger verwandeln könnten,[46] ist es womöglich das Blut an sich, dieser heilige Lebenssaft, der Männern solche Furcht einflößt. Daher meint Gilmore, dass Misogynie ein Produkt der tiefsitzenden männlichen Ambivalenz gegenüber Frauen ist. Männer sind sexuell und sozial abhängig von weiblichen Körpern. Sie sind von Frauen geboren und genährt worden und bis zum Sterbebett angewiesen auf weibliche Gunst, Pflege, Ernährung und Erotik. Da aber männerdominierte Gesellschaften Männern das Gegenteil abverlangen, nämlich Autonomie, bringe sie das in einen unlösbaren Zwiespalt.

Umgekehrt sind Frauen körperlich weit weniger abhängig vom anderen Geschlecht. In einem patriarchalischen oder kriegerischen Umfeld suchen sie zwar männlichen Schutz vor der Gewalt anderer Männer, dies ist jedoch eine soziale und keine biologische Abhängigkeit. Gilmore deutet deshalb die misogyne Abwertung als Ausdruck des inneren Kampfes von Männern, als Versuch, die Objekte ihres Begehrens zu entwerten, zu verdammen und zu zerstören, um ihre eigenen regressiven Wünsche zu unterdrücken, mit denen sie sich zurück in den Mutterleib oder an die Mutterbrüste wünschen. Männer, die Frauen hassen, schreibt Gilmore, »versuchen sich von ihrem inneren Tumult zu entlasten, indem sie dessen Quelle zerstören«.[47]

Sexuelle Aggression von Männern, glaubt der Sozialpsychologe Rolf Pohl deshalb, sei zwar nicht entschuldbar, aber erklärbar als Abwehr gegen die Angst vor der Auflösung der eigenen Identitätsgrenzen durch die Mutter und durch begehrenswerte Frauen. Die größte Bedrohung des männlichen Strebens nach Vormachtstellung und Autonomie gehe von der weiblichen Sexualität aus, schreibt Pohl: »Nach einer repräsentativen Studie nehmen bezeichnenderweise die Angst vor Frauen mit 88 Prozent und die Angst vor Potenzversagen mit 84 Prozent die Spitzenplätze in der Rangfolge männlicher Ängste ein. Eine der Hauptquellen geschlechtsbezogener Gewaltbereitschaft liegt in der eigenen sexuellen Lust, da sie den Mann vom ›Objekt‹ seines Begehrens abhängig macht.«[48] »Frauen haben Macht über mich, deshalb will ich Macht über sie«, so bringt ein 23-jähriger US-Amerikaner das männliche Dilemma für sich auf den Punkt.[49]

Eine Folge davon ist die männliche Aufspaltung der Frauen in »Mamas« und »Huren« oder, vor allem in islamischen Ländern, in »Mütter« und »Dienerinnen«. Aus all dem sollte man jedoch kein ewiges Naturgesetz zimmern. Gesellschaften wie die der Semai, in denen die Geschlechterunterschiede minimal sind und Väter von Geburt an eine aktive Rolle spielen, ermöglichen Jungen und Männern eine ganz andere Bandbreite von Verhaltensmöglichkeiten. Die bei uns geltende Koppelung zwischen Weiblichkeit und Bindungsfähigkeit, Männlichkeit und Autonomie existiert in solchen Kulturen nicht. Da Väterlichkeit dort genauso mit Fürsorge assoziiert wird wie Mütterlichkeit, kann sich der Frauenhass des kleinen Jungen erst gar nicht entwickeln.

»Zornige junge Männer«: Männerfeindlichkeit in Wissenschaft und Öffentlichkeit

Gibt es neben der Frauenfeindlichkeit auch eine *Männer*feindlichkeit von Männern? Ist sie vielleicht sogar noch stärker als die Misogynie? Der männliche Kampf um Hegemonie, den R. W. Connell analysiert hat, produziert ja notgedrungen latent oder manifest Konkurrenz und Neid, manchmal sogar offenen Hass und Feindschaft zwischen Männern. Um jeden Preis an die Spitze streben, Dominanz beweisen, die anderen unbedingt besiegen wollen – das hat oft nichts mehr zu tun mit einem spielerischem Wettbewerb, bei dem auch der Verlierer mit Fairness rechnen darf. Es geht nicht selten darum, männliche Konkurrenten mit allen erdenklichen Mitteln aus dem Weg zu räumen.

Sind junge unbewaffnete Männer vielleicht sogar die größte Opfergruppe aller Zeiten und gleichzeitig die von den Forschern am meisten übersehene? Diese Frage hat der kanadische Sozialwissenschaftler Adam Jones in seinem Buch *Gendercide and Genocide* aufgeworfen. Jones führt zahlreiche historische Beispiele an: die stalinistischen Säuberungen in der Sowjetunion, die Massaker der Roten Khmer in Kambodscha, den Völkermord in Ruanda und das Massaker im bosnischen Srebrenica.[50] In all diesen Fällen wurden tatsächlich weit mehr Männer als Frauen getötet. Frauen hingegen wurden meist vergewaltigt. Doch begingen die Täter diese Massenmorde an Männern wirklich aufgrund von Männerfeindlichkeit? Oder versuchte eine Kriegerelite, ohne direkt Männerhass zu empfinden, diejenigen Feinde zuerst auszuschalten, von denen sie am meisten Widerstand erwartete? Adam Jones und andere Wissenschaftler sind sich in diesem Punkt nicht einig. Und tatsächlich sind beide Motive praktisch kaum auseinanderzuhalten.

Explizite und implizite Männerfeindlichkeit gibt es nicht nur auf dem Schlachtfeld, sondern auch in akademischen Kreisen. Einige wenige feministische Autorinnen pflegen lieber Feindbilder – Männer sind schlecht, Frauen gut –, statt das Gewaltsystem hegemonialer Männlichkeit als komplexes Herrschaftssystem zu analysieren, unter dem *beide* Geschlechter leiden. Und auch manch ein männlicher Wissenschaftler geht davon aus, dass Träger von Y-Chromosomen nunmal eine miese Spezies seien. So behaupten einige Soziobiologen, der Mann betätige sich als Schürzenjäger, weil sein Jagdverhalten ein genetisches Erbe der Steinzeit sei. Randy Thornhill und Craig T. Palmer postulieren in ihrem Buch *A Natural History of Rape* sogar eine »natürliche Vergewaltigungsneigung des Mannes«, weil der daran interessiert sei, seine Gene überall zu verbreiten. Die jüngste Entwicklung der Humangenetik schlägt die Soziobiologen allerdings mit ihren eigenen Waffen: Neue Studien zeigen, dass sich ein wichtiger Teil der menschlichen Gene erst in den letzten 5000 bis 10 000 Jahren verändert hat. Es ist deshalb unmöglich, dass sich unsere Psyche noch immer nach angeblichen Steinzeitgesetzen richtet, folgert der US-Philosoph David Buller.[51] Ganz abgesehen davon ist es männerfeindlich, per se zu unterstellen, der Mann sei ein nur von seinen wilden Trieben gesteuertes Wesen, das die letzte Stufe der Menschwerdung – die Kontrolle seiner Handlungsimpulse – verpasst habe.

Junge Männer seien »die gefährlichste Spezies der Welt«, behaupteten auch die Autoren einer *Spiegel*-Titelgeschichte Anfang 2008, eine Kampagne gegen junge Migranten aufgreifend, die Hessens Ministerpräsident Roland Koch im Wahlkampf angezettelt hatte.[52] »Wo immer in der Geschichte es einen Überschuss unterbeschäftigter junger Männer gegeben hat, so erklären Wissenschaftler, sei die Gesellschaft in Eroberungskriegen, Terror und Verbrechen verwickelt worden«, schrieben sie. Zornige junge Männer »voller Testosteron« trügen »einen gewaltigen Sprengsatz« in sich und ließen »ganze Regionen oder Länder aus den Fugen geraten«. Als Beleg zitierten sie den Demografen Gunnar Heinsohn, der die Konflikte im Nahen Osten und anderswo damit erklärt, dass viert- oder fünfgeborene Söhne zu Hause keine Zukunft für sich sähen und deshalb in den Krieg zögen. 300 Millionen Männer, so seine Prognose, würden in den nächsten 15 Jahren »außerhalb ihrer Heimat um Positionen kämpfen«, und die »Speerspitze dieser Jugendarmee« seien kampfbereite Islamisten. Die Theorie, so gaben die *Spiegel*-Autoren immerhin zu, sei »umstritten«.

Heinsohn ist einer der bekanntesten Vertreter der Theorie des *youth bulge*, die einen »Überschuss« an jungen Männern für Konflikte und Kriege verantwortlich macht. Wo viele Väter durchschnittlich mehr als zwei Söhne zeugen, komme es mit hoher Wahrscheinlichkeit zu bewaffneten Konflikten, schreibt er in seinem Buch *Söhne und Weltmacht*. Al-Kaida sei nur das Nebenprodukt dieser demografischen »Überproduktion«. Für Heinsohn sind Menschen in erster Linie Material für »demografische Aufrüstungen«, wie er in einem seiner vor Kälte klirrenden Texte wörtlich schreibt.[53] Der Westen müsse daher aufhören, fordert er, durch humanitäre Hilfsmaßnahmen die Kinderproduktion in Entwicklungs- und Krisenländern, aber auch in Berlin-Neukölln zu fördern. Dass er hier in die Nähe rechtsradikaler Positionen gerät, scheint er nicht zu merken. Er sieht Deutschland untergehen, wenn es von Andersartigen »übervölkert« wird.

Erfunden hat Heinsohn die zynische Theorie des *youth bulge* freilich nicht. Sie geht zurück auf den US-Demografen Gary Fuller, der in den 1980er Jahren in den Diensten der CIA stand. Der US-Professor John Delulio konstruierte in den 1990er Jahren die Theorie

vom »Super-Raubtier«, nach der ein zu hoher Anteil junger Männer – konkret meinte Delulio vor allem Schwarze in den USA – die
Kriminalitätsrate in die Höhe schnellen lasse. Der einflussreiche US-
Publizist Robert D. Kaplan wandte diese »Erkenntnis« auf junge
Männer in afrikanischen Städten an und erklärte sie als Spezies für
gemeingefährlich. Seitdem sichtete die weiße Wissenschaftselite die
Bedrohung durch wütende junge Männer vor allem in Afrika, Nahost
und Teilen Asiens und Lateinamerikas.[54] Auch die Bertelsmann-Stif-
tung behauptete in ihrer im September 2009 erschienenen Studie
Kultur und Konflikt in globaler Perspektive, dass ein *youth bulge* die
Wahrscheinlichkeit von Konflikten erhöhe.

Selbstverständlich gibt es in solchen Ländern Männer ohne Arbeit und Perspektive, die manchmal gewalttätig oder kriminell sind
und sich »überflüssig« fühlen. Aber wenn diese Männer überhaupt
wütend sind – was oft nicht der Fall ist –, dann darüber, dass sie marginalisiert werden, und nicht wegen ihrer Jugend, ihres Testosteron-
spiegels, ihrer Hautfarbe oder Religionszugehörigkeit. Es ist zutiefst
rassistisch, dunkelhäutige junge Männer für »überflüssig« zu erklären
und ihnen pauschal Gewaltneigungen zu unterstellen. Wenn überhaupt, dann gibt es nur einen indirekten Zusammenhang zu Gewalt:
Gesellschaften mit hoher Geburtenrate und vielen Söhnen sind oft
streng patriarchalisch und gewaltdurchtränkt.

Aber die Theorie ist auch empirisch unhaltbar, wie eine statisti-
sche Aufstellung des Berlin-Instituts für Weltbevölkerung und globale
Entwicklung zeigt.[55] Wenn Heinsohns These zuträfe, würden heute
weite Teile der Welt in Krieg und Chaos versinken. Brasilien aber oder
Bangladesch – beides Länder mit Heerscharen von erwerbslosen
Jugendlichen – sind trotzdem vergleichsweise friedlich. Umgekehrt
kann der sogenannte Völkermordforscher nicht erklären, warum es in
Ruanda einen Genozid gab, im demografisch ähnlich strukturierten
Botswana aber nicht, oder wie es zu den schlimmsten Menschheits-
verbrechen des 20. Jahrhunderts kam, obwohl es in Nazideutschland
und im stalinistischen Russland keinen *youth bulge* gab. Abgesehen
davon übersieht Heinsohn, dass die eigentlichen Kriegstreiber in
Politik und Militär keineswegs junge, sondern meist alte, manchmal

uralte Männer sind – wie Robert Mugabe, der bald 90-jährige Herrscher von Simbabwe. Seltsam ist auch, dass der Demograf keineswegs
alle männlichen Jugendlichen verdächtigt, sondern speziell Moslems.
Ein biologisches Programm mit einem Koran-Gen?

Männer nehmen ihre Angst nicht wahr

»Männer sind und bleiben Konkurrenten und haben nur wenige
echte Freunde«, behaupteten die Autoren Dieter Schnack und Rainer
Neutzling schon vor Jahren. In Gesprächen mit Jungen und Jugendlichen hatten sie herausgefunden, dass die meisten Freundschaften
zwischen Männern »Zweckbündnisse und Kumpelbeziehungen
ohne emotionalen Tiefgang« seien. Publizist Wolfgang Michal ergänzt, Männer schwiegen »zu allem, was ihr Geschlecht betrifft«. Sie
fräßen »alles in sich hinein, flüchten ins Komische oder Kindische,
stecken den Kopf in den Sand, tauchen in skurrile Reservate ab, im-
plodieren oder explodieren«. Sie trieben sich auf Computer- oder
Automessen herum, probierten es »mit Komasaufen, Extremklettern
oder Free Fighten«. Männer hätten einfach »zu viele (Berührungs-)
Ängste« und seien »rückwärtsorientiert. Sie bewegen sich nicht vom
Fleck. Man könnte es Angststarre nennen.«[56]
   »Das Verdrängen von Gefühlen ist Männersache«, ergänzt der
Männertherapeut Björn Süfke. Das liege »am Männermangel in ihrer
Kindheit«: Im Umfeld von Jungen gäbe es kaum jemanden, von dem
sie sich »abschauen können, was es bedeutet, ein ›ganzer Mann‹ zu
ein: ein kompletter männlicher Mensch, mit allen dazugehörigen Ge-
fühlen und Bedürfnissen«. Um seine männliche Identität zu finden,
spalte der Junge das ab, was er als »weiblich« kennenlerne – vor allem
Gefühle. Aber das sei natürlich kein Ausweg: »Auch Männer, die
Ängste unterdrücken, haben welche. Und vor allem haben sie – auch
wenn sie das so nicht benennen – Angst davor, dass die unterdrückten
Gefühle Oberhand gewinnen.« Hinter männlicher Unsensibilität
oder Gefühlskälte verstecke sich oft der verzweifelte Versuch, »die
eigene Identität aufrechtzuerhalten«.[57]

Das Schweigen der Männer ist die Grundsubstanz dessen, was der Psychoanalytiker Alexander Mitscherlich in den 1960er Jahren »die vaterlose Gesellschaft« nannte. Die schweigenden und abwesenden Väter verursachten ein Loch, eine psychische Leere in den Söhnen. In diesen Leerstellen setzten sich martialische Fantasien fest, wie ein Mann angeblich zu sein hat. Und auch heute noch müssen die vorgestanzten Machos aus Actionfilmen oder Videogames dafür herhalten, wenn der reale Vater kein Vorbild ist. Vor allem »dominante« Männer und solche, die es werden wollen, versuchen ihre Überlegenheit zu beweisen, indem sie Schwäche oder Angst verleugnen. Das nimmt ihnen jede Möglichkeit, sich mit anderen Männern zu verständigen – selbst mit ihrem Hausarzt können sie das oft nicht. Untersuchungen hätten gezeigt, meldet ein Gesundheitsportal im Internet, »dass die kürzesten Gespräche in Arztpraxen zwischen männlichen Patienten und männlichen Ärzten stattfinden«.[58]

Das mag die deutschen Krankenkassen freuen, schließlich sind kürzere Beratungszeiten billiger. Fatal aber ist das Schweigen für instabile und krisenhafte Gesellschaften. Denn Angst macht auf Gefahren aufmerksam. Werden Ängste ins Unbewusste verdrängt, führt das zur Unfähigkeit, den eigenen Zustand zu reflektieren, und zu Projektionen dieser Bedrohungsgefühle auf »die anderen« – Frauen, Homosexuelle, ethnische oder religiöse Minderheiten. Mit Gewaltakten gegen diese »Bedrohungen« versuchen gefährdete Männer sich gegenseitig zu beweisen, dass sie »echte Kerle« sind. Und am Ende bewaffneter Konflikte stehen traumatisierte Gesellschaften, die das Erlebte beschweigen und auf diese Weise transgenerationell weitergeben – ein Teufelskreis, in dem sich der Zyklus der Gewalt wiederholt.

Am Anfang war das Blut: Die Entstehung des Kriegs

Die von Natur aus gewalttätigen Testosteronbomber gibt es also nicht. Nicht »die männliche Natur« führt zu Gewalt und Kriegen, sondern die gesellschaftlichen Verhältnisse. Wie und wann sind aber die ersten Kriege und Krieger entstanden?

Das Leben in der Steinzeit war hart, auch, weil Raubtiere viele menschliche Opfer forderten. Jahrtausendelang, schreibt die US-Publizistin Barbara Ehrenreich in ihrem Buch *Blutrituale*, waren unsere Vorfahren in der afrikanischen Steppe auf der Flucht vor Löwen, Hyänen oder Säbelzahntigern. Um die Gruppe zu retten, kamen sie irgendwann auf die Idee, einen der ihren zu opfern: alle für einen, einer für alle. Dieses Ur-Opfer und menschliche Ur-Trauma wird in unzähligen Kulturen dargestellt: Menschen werden weiblichen und männlichen Raubtiergöttern zum Fraß vorgeworfen. Die unangenehme Erfahrung, nur ein Leckerbissen zu sein, ist womöglich die tiefste Ursache für die menschliche Unsitte, Gewalt zu sakralisieren und das Blutopfer zu heiligen – unter anderem in »heiligen Kriegen«.[59]

Verständlicherweise fanden es schon die Urmenschen nicht so attraktiv, als Mittagessen eines Säbelzahntigers zu enden. Ein revolutionärer Schritt in der Menschheitsgeschichte bestand deshalb darin, den Bratspieß umzudrehen und selbst zum Jäger zu werden, zur menschlichen Bestie, die die tierische Bestie zum Schnitzel macht. Abzulesen ist diese revolutionäre Wende im Wandel des religiösen Kultes vom Menschen- zum Tieropfer, mit dem die Menschen ihren Sieg über die Tiere feierten. Tieropferkulte finden sich in fast allen Kulturen, bei den alten Ägyptern, Hebräern, Griechen, Persern, Römern und vielen anderen. Im Mittelpunkt dieser Kulte stand stets das triefende Blut. Es war und ist der heiligste Saft – heilig im ursprünglichen Sinne von unantastbar und tabu, denn sein Fließen entschied über Leben und Tod. Blut verband die Mysterien von Geburt und Sterben, das Profane, das Fleischessen, mit dem Heiligen, dem Kult und dem Opfer für die Götter.

Wann, wo, wie und warum in vorhistorischen Zeiten die ersten Kriege stattgefunden haben, weiß niemand genau. Unlängst meinten Archäologen Spuren des ersten bekannten Angriffskriegs gegen eine menschliche Ansiedlung gefunden zu haben: hart gebrannte Lehmkugeln, die vor rund 6000 Jahren gegen die Mauern des Städtchens Hamoukar im heutigen Syrien geschleudert wurden.[60] Es gibt andere Funde, die auf steinzeitliche Kriege hindeuten *könnten,* aber nicht *müssen.* Immer wieder haben Archäologen Spuren vorschnell als Zeichen für Kriege interpretiert, um nicht zu sagen verfälscht, weil sie sich den Steinzeit-Adam nur als Krieger vorstellen konnten. Die US-Anthropologin Diane Gifford-Gonzalez untersuchte mehr als 100 Zeichnungen aus populärwissenschaftlichen Büchern und fand fast überall stereotype Darstellungen: Steinzeit-Mannen jagen Mammuts und betätigen sich als kunstvolle Höhlenmaler, während ihre Weibchen im Kochtopf rühren oder Kinder hüten. [61] Also sahen viele Forscher auch dort kriegerische Keulen-Adams, die Opfer-Evas an den Haaren in ihre Höhle geschleift hatten, wo es nur ein paar steinzeitliche Unfalltote mit eingeschlagenem Schädel gab.

Barbara Ehrenreich sieht eine Parallele zwischen dem Aufstieg des Kriegs und dem Aussterben vieler Großtiere. Die Jäger- und Sammlerkulturen verloren nämlich am Ende der Eiszeit vor etwa 10 000 Jahren einen Teil ihrer Lebensgrundlage: saftiges, nahrhaftes Fleisch. Möglicherweise aus purer Not kam es deshalb zur neolithischen Revolution: Die Menschen wurden sesshaft, zähmten Ziegen und Schafe, säten Urweizen. »Funktionslos« gewordene Männer, die bisher Großtiere gejagt oder die Gemeinschaft gegen Bestien verteidigt hatten, wandten nun laut Ehrenreich die Jagdwaffen gegen ihresgleichen. Sie entdeckten den Krieg als Mittel für ökonomische Bereicherung und soziale Statuserhöhung.

Gegen die These von der umstandslosen Umwandlung der Jagd- in Kriegswaffen spricht allerdings, dass sich für heutige Stammesgesellschaften kein enger Zusammenhang von Jagd und Krieg beweisen lässt: Ob gejagt wird oder nicht, ob durch Männer oder Frauen oder beide zusammen, erlaubt keinerlei Aussage darüber, ob es auch zwischenmenschliche Gewalt und Krieg gibt. Die jagenden Männer der Semai oder der friedlich-egalitären !Kung im südlichen Afrika belegen dies.

Laut einer Studie in *Current Biology* waren es womöglich sogar Frauen, die als erste Waffen benutzt haben.[62] Die US-Anthropologin Jill Pruetz beobachtete im Senegal, wie weibliche Schimpansen aus Stöcken eine Art Speer bastelten, um damit Buschbaby-Äffchen in ihren Verstecken aufzuspießen und zu fressen. Da es den Weibchen

an Kraft mangele, um mit den Männchen bei der Jagd zu konkurrie-
ren, müssten sie sich auf andere Art Vorteile verschaffen, und das
könne man auch auf Menschen übertragen, glaubt die Professorin von der Iowa State University. Ob sie recht hat, ist indes ebenso
fraglich wie alle anderen Thesen um die Entstehung von Krieg und
Waffen.

Feministisch orientierte Autoren wie Ernest Bornemann oder
Riane Eisler glauben wiederum, nomadische Hirtenmänner aus dem
Norden hätten vor mehreren Tausend Jahren die ersten Kriege in die
bis dahin friedlichen und glücklichen matrizentristischen Kulturen
Eurasiens getragen.[63] Sie führen zahlreiche Belege dafür an, doch um-
weht ihr Werk ein Hauch des ideologisch Gewollten. Abgesehen davon waren die alten Muttergöttinnen nach den überlieferten Mythen
keine netten Mamis, sondern blutrünstige Bestien in Raubtiergestalt,
nicht selten sogar explizite Kriegsgöttinnen. Die altägyptische Sekh-
met ist eine bluttriefende Menschenverschlingerin, die irische Kampf-
krähe Morrigan lässt mit ihrem schrillen Lachen das Herz der Krieger
gefrieren, und die indische Kali droht die Welt unter ihren Füßen zu
zerstampfen.

Letzlich wissen wir nicht, was sich in der Stein- und Bronzezeit
zutrug, und wir sollten jede Spekulation darüber mit Vorsicht behandeln. Womöglich sind alle generalisierenden Annahmen über den
Ursprung des Kriegs falsch. Die Menschheit ist in ihrer Entwicklung
wohl niemals einer Generalthese oder einem Masterplan gefolgt, der
für alle Kulturen galt. Historisch gesehen ist es viel wahrscheinlicher,
dass eine Vielzahl von Kulturen mit jeweils unterschiedlicher Regulierung von Aggression und Gewalt auf unterschiedlichen Wegen zu
Krieg oder Frieden fanden. Dabei wurden im Laufe der Zeit die friedlichen Kulturen von den kriegerischen ausgerottet.

Das hat sich im Amazonas bis heute nicht geändert. Nur bewaffnete Indianerstämme hätten Chancen zu überleben, unbewaffnete
nicht, glaubt der brasilianische Waldläufer und Indianerschützer José
Carlos Meirelles. Ein im Sommer 2008 um die Welt gehendes Foto
von tief im Urwald lebenden Indigenas, die ein Flugzeug mit ihren
Waffen bedrohten, kommentiert er mit den Worten: »Solange sie uns

mit Pfeil und Bogen empfangen, ist alles in Ordnung. Wenn sie hingegen friedlich werden, droht ihnen die Ausrottung.«[64]

Unabhängig davon, wann und wo Kriege entstanden: Ehrenreich und andere Forscher vermuten, Kriegführen und Militär dienten in vielen Kulturen dazu, das Mannsein an sich zu definieren. Es sei eine Initiation, um den Übergang vom Knaben zum Mann zu festigen. Bei Mädchen hingegen werde das Erwachsenwerden biologisch durch die einsetzende Menstruation markiert, ein Initiationsritus sei daher nicht nötig. Auch die Anthropologin Margarete Mead glaubte, der Krieg löse »das immer wiederkehrende Problem der Kultur«, eine »befriedigende Definition der Rolle des Mannes« zu finden.[65] Aber diese Argumentation ist ein Zirkelschluss, was auch Ehrenreich irgendwann auffiel: Männer führen Krieg, weil erst der Krieg sie zu Männern macht.

Und warum können die Männer der Semai und anderer Ethnien darauf verzichten? David Gilmore meint in seinem Buch *Mythos Mann* eine Antwort darauf gefunden zu haben. Schmerzhafte Initiationsrituale seien fast ausschließlich in Gegenden zu finden, wo die Ressourcen knapp seien, wo es also großer Anstrengung bedürfe, Überlebenswichtiges wie Nahrung oder Kleidung zu beschaffen. Nicht aber in Regionen tropischen Überflusses wie bei den Semai. Die Rituale dienen nach seiner Interpretation dazu, jungen Männern Muskelkraft, Leidensfähigkeit und Wehrhaftigkeit für ein hartes Leben anzutrainieren. Sie sollten einen Rückfall in regressive Abhängigkeit von Müttern oder Frauen verhindern und seien deshalb oft explizit frauenfeindlich.[66]

Amazonen und andere Kriegerinnen

In nicht wenigen Kulturen waren Frauen neben »Kinderkriegerinnen« auch Kriegerinnen. Bei den westafrikanischen Dahomey gab es Frauenregimenter, die Wikinger hatten weibliche Kampfgefährten, die Kämpferinnen der karibischen Arawak beeindruckten schon Christoph Kolumbus, und römische Historiker erwähnten Soldatin-

nen der altschottischen Pikten. Noch heute gibt es Stammesgesellschaften, in denen sich Frauen bewaffnen. Bei einer Anhörung zu
einem geplanten Mega-Staudamm in Brasilien, der das Lebensgebiet
der Kayapó-Indianer zerstören würde, stürzten sich im Frühjahr
2008 Indianerinnen unter Kampfgeschrei auf einen Ingenieur des
staatlichen Stromkonzerns. Sie warfen ihn zu Boden, rissen ihm das
Hemd vom Leib, zerschnitten es mit ihren Macheten und zündeten es an.[67]

Legendär sind die Amazonen, die ihren Töchtern angeblich eine
Brust entfernen ließen, damit diese besser Bogen schießen konnten.
Wohl nicht zufällig ritten diese Kriegerinnen auf Pferden und benutzten Distanzwaffen wie Pfeil und Bogen: Schnell reiten und schnell
schießen, damit konnten sie das Manko ihrer geringeren Körperkraft
ausgleichen. Dennoch ist bis heute nicht endgültig bewiesen, ob die
Amazonen tatsächlich existierten oder ob sie nur eine Männerfantasie der alten Griechen waren. Zumindest gibt es kaum archäologische
Belege, denn nomadische Reiterinnen hinterlassen keine Siedlungen.

In Kleinasien und Südrussland fanden sich indes Spuren von
amazonenhaften Frauen, die möglicherweise Männer von hohen Rös-
sern heruntergeschossen haben. Die US-Archäologin Jeannine Davis-
Kimball entdeckte 1994/95 nahe der Grenze zu Kasachstan Gräber, in
denen vor rund 2500 Jahren hochgestellte bewaffnete Reiterinnen be-
erdigt worden waren. Aus der genetischen Ähnlichkeit zwischen deren Knochensubstanz und den Speichelproben heutiger Nomadinnen
zog sie den kühnen Schluss, die Amazonen lebten noch heute – in der
Mongolei.[68]

Ihre Beweiskette hat jedoch Lücken. Erstens ist unklar, wie die
Amazonen vom griechischen Einflussgebiet in die Mongolei gelangt
sein sollen; zweitens könnte es sich auch um eine historische Parallele
handeln. Wieso soll es nicht mehrere Nomadenvölker gegeben haben,
bei denen die Frauen allein oder zusammen mit ihren Männern ama-
zonengleich gekämpft haben?

Zumindest in der Literatur gibt es viele Hinweise auf die Amazonen. Die Kriege zwischen ihnen und den Griechen werden in Homers
Ilias, im nachhomerischen Epos *Aithiopis,* in Herodots *Historien* und

bei Plutarch erwähnt. Womöglich geben diese Geschichten aber auch den historischen Zusammenstoß zwischen »Patriarchat« und »Matriarchat« wieder, zwischen männerbeherrschten und frauenzentrierten Gesellschaften.

Die Sage des griechischen Helden Herakles, der die Amazonenkönigin Hippolyte tötet, steht beispielhaft für diesen Zusammenstoß, für den Sieg der männlichen Kriegerkaste über die weibliche, für die Entwaffnung und Unterwerfung der Frauen. Herakles war der Sage nach der Sohn des Zeus und der Alkmene, ein sterblicher Halbgott, der nach seinem Tod wegen seiner ruhmreichen Heldentaten in den Olymp aufsteigen durfte. Der athletische Herakles – bei den Römern Herkules – war der erste Supermann des Abendlandes. Er wurde nicht nur von den alten Griechen verehrt, sondern thronte seit der Renaissance in ganz Europa auf allen möglichen Säulen und wurde von Shakespeare, Goethe, Hölderlin, Hofmannsthal und vielen anderen Bewunderern besungen.

Herakles verkörpert ein zweifelhaftes Ideal: Er ist bärenstark und leistungsfähig, aber untreu und jähzornig bis zum Wahnsinn. Schon als Baby erwürgt er der Sage nach zwei Schlangen mit bloßen Händen. Die hat Hera geschickt, die Gattin des Zeus, eifersüchtig auf diesen neuen Seitensprung-Spross ihres Göttergatten. Als Jüngling erschlägt Herakles seinen Musiklehrer mit einer Leier, nur weil jener ihn tadelt. Durch sein ganzes Leben zieht sich eine Blutspur. Er ist der erste Krieger, der – modern interpretiert – von seinem eigenen Gewalttrauma heimgesucht wird. Als er nach unendlichen Kämpfen nach Hause zurückkehrt, schlägt ihn Hera mit Wahnsinn. Er kommt mit dem Zivilleben nicht mehr zurecht und ermordet seine Frau Megara sowie seine drei Söhne – ähnlich wie jene vier US-Soldaten, die 2002 aus Afghanistan zurückkehrten und ihre Ehefrauen töteten.

Voller Verzweiflung befragt Herakles das Orakel von Delphi, was er tun müsse, um die Morde zu sühnen. Er solle sich zwölf Jahre in den Dienst des Königs von Argos stellen und zwölf Aufgaben erfüllen, antwortet das Orakel. Herakles tut, wie ihm geheißen, und tötet unter anderem die neunköpfige Hydra, entmistet die Rinderställe des Augias und beschafft den Gürtel der Amazonenkönigin Hippolyte, der seine Träger unverwundbar macht. Hippolyte empfängt den Helden zunächst freundlich und will ihm den Gürtel schenken. Doch die rachsüchtige Hera hetzt die Amazonen gegen Herakles und seine Begleiter auf. Dieser entführt im Gegenzug die Königin samt Zaubergürtel. Die Amazonen rächen sich fürchterlich, ein blutiger Kampf bricht aus, Herakles tötet Hippolyte.

Die Geschichte wiederholt sich, als sich die Amazonen, angeführt von ihrer neuen Königin Penthesilea, für Hippolytes Tod rächen wollen. Im Kampf um Troja schlagen sie sich auf die Seite der fast besiegten Trojaner und stürzen sich auf die Athener. Ihr Sieg scheint nahe – bis Achill, der zweite große Superheld der Antike, das Schlachtfeld betritt. Er tötet Penthesilea, die letzte Kriegerkönigin. Damit sind die Amazonen und die Frauen des Abendlandes besiegt.

Heldentum und männliche Ehre

Nicht zufällig war das antike Griechenland das Geburtsland des Heldentums. Hera, auf Altgriechisch die »Herrin«, die ursprünglich mächtigste Göttin, wurde von Zeus gestürzt und ihre Bedeutung schwand. An Heras Stelle traten Zeus und der Heroismus. Vor und im Trojanischen Krieg wimmelt es nur so von Helden, die Schlachten gewinnen und Städte gründen. Das männliche Pendant zu Hera, der »Heros« oder »Herr«, gewann die Bedeutung »tapferer Kämpfer«, »Edelmann«, »Heerführer« und »Halbgott«. Ein Halbgott lebt auf Erden wie ein Mensch, ist aber unsterblich wie ein Gott. Und tatsächlich ist Heldentum die wirkungsvollste Strategie, um die menschliche Sterblichkeit zu überwinden: Helden bleiben auch nach ihrem Tod lebendig, sie werden im kollektiven Gedächtnis erinnert und verehrt.

Im Heldenepos sind Mütter jedoch potenzielle Störfaktoren: Sie könnten sich gegen den möglichen Tod ihrer Söhne wehren. Frauen werden folglich aus den Reihen der Helden ausgeschlossen. Erst wenn sie unter sich sind, können sich die männlichen Helden gegenseitig bestätigen und in einer Art zweiten sozialen Geburt eine Ahnenreihe der Krieger bilden, ein eigenes Kriegergeschlecht, das keine Frauen mehr zur Fortpflanzung braucht. Noch die Dichter des 20. Jahrhunderts fühlten sich von dieser Vorstellung inspiriert: »Der Krieg ist unser Vater«, schrieb Ernst Jünger 1926. »Er hat uns gezeugt im glühenden Schoße der Kampfgräben als ein neues Geschlecht, und wir erkennen mit Stolz unsere Herkunft an.«[69]

Neben Herakles gehört Odysseus zu den berühmtesten Helden des Abendlandes. Seine in der *Ilias* und *Odyssee* geschilderten Abenteuer gelten als erste schriftlich festgehaltene Heldenode, Homer als erster Autor eines Großepos und Meister der abendländischen Literatur. Eine der größten Heldentaten des Odysseus ist die List, mit der Troja besiegt wird: Auf Odysseus' Rat hinterlassen die Griechen auf ihrem scheinbaren Rückzug ein riesiges Holzpferd, das die Trojaner in ihre befestigte Stadt ziehen. Die in seinem Bauch verborgenen Krieger klettern des Nachts unter Odysseus' Kommando heraus, öffnen das Stadttor und lassen die griechische Armee hinein. Troja wird völlig zerstört.

Die griechische Mythologie mit ihren vielen Göttern, Halbgöttern, Sagengestalten, Mischwesen und Helden ist großartig vielschichtig, für fast jede menschliche Charaktereigenschaft gibt es eine eigene Figur. Da diese Figuren nicht tugendhaft sind, dürfen sie seelische Ambivalenzen ausleben. Die Mythen lassen sich lesen wie eine Projektion innerer Seelenlagen nach außen, wie eine Bebilderung der typischen Konflikte der damaligen Zeit – zumindest die der männlichen Griechen. Jenes antike Griechenland war eine Welt voller männlicher Wettkämpfe, Gewalt und Rivalität; die angeblich von Herakles erfundenen Olympischen Spiele sind noch ihre freundlichste Variante. Der Held Odysseus siegt häufiger als andere, weil er mit List und Verstand arbeitet. Er blendet den Zyklopen Polyphem, kämpft gegen Scylla und Charybtis, widersteht den lockenden Gesängen der Sirenen mit Wachs in den Ohren. Ein Jahr lang lässt er es sich bei der Zauberin Kirke gut gehen, sieben Jahre lang bei der Nymphe Kalypso, bis er seine Rückkehr zu Ehefrau Penelope durchsetzt.

Dieser untreue Odysseus sei ein »Entsagender« gewesen, einer, der seine eigenen Triebe mittels Vernunft gebändigt habe, behaupten Horkheimer und Adorno in ihrer *Dialektik der Aufklärung*, in der sie

Homers Verse als »Grundtext der europäischen Zivilisation« preisen.[70] Eine patriarchatsblinde These. Der mit Penelope verheiratete Odysseus hat sich keineswegs zurückgehalten. Kalypso und Kirke, die Bezirzende – sind sie nicht die ersten Huren-Hexen? Und Penelope, Mutter des gemeinsamen Sohnes Telemachos, ist sie nicht die erste Hausfrau? 20 Jahre lang wartet sie auf ihn. Belagert von bis zu hundert Freiern, wird sie zum Inbegriff des treuen Ehegesponstes, das ohne männlichen Schutz hilflos dem Schicksal ausgeliefert ist. Bis heute kommt keine Kriegspropaganda ohne Penelopismus aus, ohne die ideologische Chimäre des »Schutzes« von Weib und Kindern, die die Rechtfertigung für den Kampf liefert. Den Freiern macht Penelope weis, sie wolle erst ein Totentuch für ihren Schwiegervater fertigstellen. Tagsüber webt sie, nachts zieht sie die Stoffreihen wieder auf. Sie ist ja nur eine Frau – der Bürgerrechte beraubt, so wie alle Frauen und Sklaven des antiken Griechenlands und seiner Vorform einer Demokratie.

Odysseus' Rückkehr ist nur scheinbar Penelopes Befreiung, denn diese gerät zum Blutbad. Ihr Mann metzelt die Freier nieder, dann hängt er zwölf Mägde auf, die mit jenen gemeinsame Sache gemacht haben. Homer schildert die Szene nicht ohne einen Funken Sadismus: »Also hingen sie dort mit den Häuptern nebeneinander, alle die Schling' um den Hals, und starben des kläglichsten Todes, zappelten noch mit den Füßen ein wenig, aber nicht lange.«

An der Mordtat beteiligt ist sein Sohn Telemachos, dessen Name in etwa »der in der Ferne Kämpfende« bedeutet. Der Ferngesteuerte, der vom Vater Manipulierte? Ist er nicht der erste in jener endlosen abendländischen Reihe von Söhnen, die vom Vater verlassen und vernachlässigt werden? Telemachos, vaterlos aufgewachsen, weil noch ein Kind, als sein Erzeuger auszog für 20 Jahre, beweist nach Odysseus' Wiederkehr durch Töten, dass auch er ein Mann sein will. Ist das nicht das erste blutige Vater-Sohn-Bündnis der Geschichte Europas, die erste Ahnenreihe von Kriegern?

Der Mythos vom Erfinder des Trojanischen Pferdes ist selbst eine Art Trojanisches Pferd: Von außen nicht sichtbar, transportiert er in seinem Bauch die Gewalt des Heroismus durch die Jahrhunderte hindurch bis in die Gegenwart. Zugegeben, dies ist nur eine von vielen möglichen Deutungen des Mythos – und genauso »falsch« oder »richtig« wie alle anderen Interpretationen, weil von den moralischen Vorstellungen späterer Zeiten geprägt. Von heute aus lässt sich jedenfalls behaupten: Die mörderische Seite des Heldentums zeitigte schreckliche Folgen. Oder, in der literarischen Formel des slowenischen Schriftstellers Drago Jančar: »Wo Halbgötter und Götter auf die Erde niedersteigen, gibt es neben Begeisterung immer auch Angst, Brennnesselsuppe und ein Messer in der Brust.«[71] Um junge Männer auf Heldentaten vorzubereiten, wurden sie verprügelt, gedrillt, gefoltert, sie lernten Gewalt kennen, um sie selbst anzuwenden. Ende des 19. und Anfang des 20. Jahrhunderts hielt die sogenannte Humanistische Bildung einschließlich *Ilias* sie nicht davon ab, im Nazi-Reich Karriere zu machen. Allen voran Heinrich Himmler, Absolvent eines Humanistischen Gymnasiums, der die »Tugend der Härte« propagierte und seinen »Heldenorden« von SS-Männern vor »Humanitätsduselei« warnte.

Mit dem Gemetzel nach seiner Heimkehr glaubt Odysseus seine »Ehre« wiederherstellen zu müssen. Er vergießt viel Blut. In etlichen Stammesgesellschaften unterwerfen sich heimkehrende Krieger Sühneritualen, verneigen sich vor getöteten Tieren und Menschen, entschuldigen sich, tun Buße. Sie maskieren zum Zeichen der Schande ihren Kopf, peitschen sich gegenseitig aus, unterziehen sich komplizierten Reinigungsritualen. Odysseus aber tut keine Buße und legitimiert damit die Gewalt des Heros.

Und noch etwas anderes fällt auf in Homers Dichtung: Die männlichen Figuren definieren sich durch ihr Verhältnis zur Gewalt, die weiblichen durch ihr Verhältnis zur Sexualität, genauer: zur Enthaltsamkeit. Dieses Grundmuster durchzieht die *Odyssee* und macht sie zum Vorbild vieler Heldensagen. »Echte« Männer erscheinen als wehrhaft, triebhaft, wild, »echte« Frauen als wehrlos und keusch.

Was uns heute als fast normal erscheint, war damals umstürzlerisch neu. Nur Kirke und Kalypso, die Zauberinnen, Huren und Hexen, und die Göttin Athene, diese Symbole früherer matrizentrischer Zeiten, waren noch ebenso wild und unbezähmbar wie die heroi-

schen Männer. Die normalen griechischen Frauen aber waren domes-
tiziert, sie lebten damals kaum besser als Sklaven, ungefähr so wie im
heutigen Afghanistan. Sie durften ihre Gemächer nicht verlassen und
standen unter lebenslanger Vormundschaft ihres Vaters, ihres Gatten
oder, bei deren Abwesenheit, von öffentlichen Beamten. Aristoteles
machte ihnen sogar die Anerkennung der Mutterschaft streitig: Die
Frau sei bloß Stoff, nur ein Gefäß für die männliche Kraft des Samens.
Wenn die Gebärmutter »nicht oft genug durch den Samen des Mannes aufgerüttelt wird«, schrieb der griechische Arzt Hippokrates, »tritt
eine übermäßige Verschiebung des Blutes nach oben ein, die den
Frauen die Sinne nimmt.« Dann irre die Gebärmutter, auf Griechisch
hystera, verlangend im Körper herum, beiße sich im weiblichen Gehirn fest und löse die Hysterie aus. Die späteren Mediziner fanden
trotz aller Mühen zwar nie eine frei umherschweifende Gebärmutter
in weiblichen Körpern. Aber die aristotelische Vorstellung, das Weib
sei eben nur ein unvollständiger Mann, gefühlsduselig und unver-
nünftig, hielt sich noch viele Jahrhunderte. Und führte unter anderem
dazu, dass Frauen keine Bürgerrechte gewährt wurden.

Ehre ist ein anderes Wort für das Ansehen, das durch die Erfüllung gesellschaftlicher Erwartungen zu gewinnen ist. Penelope hätte
jede Ehre verloren, hätte sie sich auf einen der lauernden Freier einge-
lassen. Odysseus aber verliert keine Ehre, wenn er fremdgeht oder
mordet, im Gegenteil. Er war einer der Ersten, die die Wahl hatten
zwischen »Mutter« und »Hure«, zwischen Penelope und Kirke, und er
wählte beide, während Penelope dem treulosen Gatten treu blieb. Die
Odyssee markiert die Entstehung einer Jahrtausende herrschenden
Doppelmoral: Männern ist erlaubt, was Frauen verboten ist. Männer
definieren sich durch Sex und Gewalt als Helden, Frauen aber müssen
keusch und friedlich bleiben, oder sie werden durch ihr Begehren zu
ehrlosen Huren.

Das grundlegend Neue an Homers Text ist die verschriftlichte
Heldenproduktion – die Verewigung von Heldentaten für alle nachfolgenden Generationen. Odysseus und die anderen griechischen
Heroen sind Legitimatoren für die Siege des männlichen und die
grundlegende Niederlage des weiblichen Geschlechts. Aus der frühe-

ren babylonischen Obergöttin Tiamat, deren Unterleib der Legende nach von ihrem Sohn Marduk zerschmettert wurde, wurde in Griechenland Diameter, wörtlich »Durch-Schnitt«, und Demeter, die Fruchtbarkeitsgöttin. Heute ist die einst Allmächtige zum »Demeter«-Biosiegel auf der Butter geschrumpft und wird zum Frühstück verzehrt.

Christliches Heldentum: Jesu Menschenopfer und die »Heiligen Kriege«

Stärker noch als Herakles und Odysseus hat eine ganz andere Heldenfigur das Abendland geprägt: Jesus. Der Prediger von Gewaltlosigkeit und Liebe, der sich für die Erlösung der Menschheit aufopferte, erscheint als Konterpart und Kontrapunkt zum gewalttätigen Heroismus. Sein Heldentum basiert nicht auf Täterschaft, sondern auf dem Opfertod und sollte die Gewalt beenden.

Doch lässt sich diese Geschichte auch anders lesen. Vor ihrem Auszug aus Ägypten praktizierten die alten Hebräer das Menschenopfer. Gott fordert sie an mehreren Stellen des Alten Testaments dazu auf und verlangt von Abraham, er solle seinen geliebten Erstgeborenen Isaak opfern. Erst als Abraham das Messer am Hals des Sohnes ansetzt, erlöst ihn Gott von der Pflicht und schiebt ihm ein Opfertier unter. Von nun an genügen Tiere wie Widder oder Lämmer als Opfer, sie können auch als »Sündenböcke« in die Wüste gejagt werden. Wenig später ersetzt das Gesetz das Opfer – wenn auch nicht konsequent: Die Juden schließen einen Bund mit Gott, in dem sie auf Blutopfer verzichten und die Befolgung der göttlichen Zehn Gebote geloben. Die religiöse Pflicht zu täglichen Gebeten, guten Werken und dem Studium der Tora wird zur symbolischen Ersatzhandlung für das Opfer.[72] Auch im antiken Griechenland wurden die rachsüchtigen Götter mit Tier- statt mit Menschenopfern und später mit Geld besänftigt. Tieropfer statt Menschenopfer, Rituale statt Tieropfer: Das sind eindeutige Fortschritte in der Menschheitsgeschichte. Die Wandlung blutiger Opfer in unblutige und symbolische ist vielleicht sogar eines der besten Kriterien dafür, ob sich eine Kultur vorwärts in Richtung Frieden und Menschenfreundlichkeit bewegt.

Doch dann kam das Christentum. Es setzt das sakrale Menschenopfer wieder in Szene, nachdem dieses im Judentum und in der griechischen und römischen Antike schon überwunden war – eine Art »Erbsünde« des Christentums. Der jüdische Sündenbock verwandelt sich in das christliche Lamm Gottes, das am Kreuz alle Sünden auf sich nimmt. Die neue christliche Leitkultur wurde zur Leid-Kultur, in der Gewalt und Folter in Form des Gekreuzigten zur Schau gestellt und angebetet wurden. Leiden wurde als Leidenschaft interpretiert und mit demselben Wort belegt: Passion. Unzählige Christen eiferten dem Beispiel Jesu nach und starben für ihren Glauben einen blutigen Märtyrertod. Der von Pfeilen durchbohrte St. Sebastian oder die heilige Cäcilie, die sich in ihrer Brautnacht lieber dem Bräutigam Jesus hingeben wollte und danach quasi enthauptet wurde, sind nur zwei Beispiele. Der lebensfeindliche Märtyrerkult, der heutzutage beim fundamentalistischen Islam verabscheut wird, ist tief in der Geschichte des christlichen Abendlandes verankert.

Bis heute feiert die katholische Kirche die »für ihren Glauben« Gestorbenen: Das von Papst Johannes Paul II. angeregte, 1999 erschienene »deutsche Martyrologium des 20. Jahrhunderts« enthält mehr als 800 Lebensbilder moderner Märtyrer.[73] Ähnlich wie das Märtyrertum war auch der Flagellantenkult, die Selbstgeißelung, die westliche Beobachter heute bei Schiiten verabscheuen, zuerst christlich. Damit »tauften« sich Gläubige des Spätmittelalters und der Neuzeit mit ihrem eigenen Blut. Und wer im Abendmahl von Christi Leib kostet und von seinem Blut trinkt, der ist – nein, kein Kannibale, sondern »von allen Sünden erlöst«. Doch das Fließen von Blut erzeugt immer auch Schuldgefühle. Gläubige fühlten sich damit tief in der Schuld Gottes – und das war der Strick, mit dem Kirchenfürsten aller Jahrhunderte sie an sich banden.

Die frühen Christen waren strikte Pazifisten, und Kirchenväter wie Tertullian oder Cyprian waren ähnlicher Meinung wie später Tucholsky: »Soldaten sind Mörder.«[74] Das änderte sich, nachdem der römische Kaiser Konstantin im Jahr 313 das Christentum zur Staatsreligion geadelt hatte. Im 5. Jahrhundert verkündete Augustinus seine Lehre vom »gerechten Krieg«, die – wenngleich in bester Absicht zur Eindämmung lokaler Konflikte formuliert – noch in den Jahrhunderten danach Ströme von Blut zum Fließen brachte. Wenn ein »gerechter Kriegsgrund« und »gute Absichten« wie die Durchsetzung des Glaubens vorlägen, so Augustinus, dürfe Krieg nicht länger als Verstoß gegen das Fünfte Gebot gelten.[75] Wer im Krieg tötete und getötet wurde, galt nun nicht als Mörder, sondern als gottähnlicher Märtyrer, der sein Leben hingab wie Jesus. Schließlich vergoss auch er wie einst Christus die heiligste Substanz des Lebens: Blut. Damit begann ein langer Prozess der Militarisierung der Kirche und der Verkirchlichung des Kriegs.

Die mittelalterlichen Kreuzzüge brachten zahllose Märtyrer hervor und ließen das Abendland in Blut und Unwissenheit versinken, während zeitgleich im Morgenland unter islamischer Herrschaft Wissenschaft, Kultur und Philosophie erblühten. Papst Urban II. rief 1095 die christlichen Ritter dazu auf, den Ungläubigen das Heilige Land zu entreißen, und lockte mit dem Versprechen, wer auf dem Schlachtfeld umkomme, dem seien Sündentilgung und der Eintritt ins Paradies gewiss.[76] Die Ritterschaft rottete auf ihrem Weg ins Heilige Land ganze jüdische Gemeinden auf dem Gebiet des heutigen Deutschland aus, dann fiel sie über die »ungläubigen« Sarazenen her. Zwischen dem 11. und 13. Jahrhundert forderten die Kreuzzüge Millionen von Toten.

Die christlich verbrämten Raubzüge brachten einen neuen Kriegertypus hervor, eine Synthese aus Adel und Mönchstum: die Mönchsritter. Johanniter, Malteser und Templer gelobten lebenslange Kriegsbereitschaft und Keuschheit, also anders als Odysseus: Wehrhaftigkeit ohne Sex. Christen, die an das Tötungsverbot erinnerten, wurden bald selbst umgebracht. So wurden die Katharer, wörtlich »die Reinen«, als »Ketzer« verfolgt. Sie waren vor allem in Südfrankreich ansässig und predigten Armut, Bescheidenheit und Keuschheit. Mit dem Ausruf »Voran, Soldaten Christi!« blies Papst Innozenz III. 1208 zum Kreuzzug gegen sie. Kreuzritter zogen gen Béziers, wo sie rund 20 000 Menschen massakrierten – Katharer und Katholiken,

Männer, Frauen und Kinder. Angespornt wurden sie von einem päpstlichen Gesandten: »Tötet sie alle! Gott kennt die Seinen schon!« Auch Carcassonne und weitere französische Städte wurden von den Reinen »gereinigt«. Gleichzeitig begann die Inquisition das Land mit Spitzeln und Folter zu überziehen, und Ende des 13. Jahrhunderts waren die Katharer ausgerottet.

Isabella die Machthungrige: Europa und die Kolonien

Mit Beginn der Neuzeit wurde Europa nicht friedlicher – im Gegenteil. 1492 landete Kolumbus auf den Bahamas, im selben Jahr rüstete seine Sponsorin Isabella von Kastilien zum letzten Akt ihres »Heiligen Kriegs« gegen Juden und Moslems, der das Ende der weitgehend friedlichen Koexistenz von Islam, Christentum und Judentum auf der Iberischen Halbinsel markierte. Es war ausgerechnet eine Frau, auf deren Befehl alle taufunwilligen Juden ermordet oder vertrieben, das letzte maurische Bollwerk in Granada erobert, die besiegten Moslems getötet oder aus dem Land getrieben wurden: ein ökonomischer, wissenschaftlicher und kultureller Aderlass, von dem sich Spanien nie mehr erholen sollte. Als die »Glaubensfeinde« besiegt waren, ging es angeblichen Ketzern und Häretikern an den Kragen. Königin Isabella wurde zur Schutzheiligen der Scheiterhaufen und zur Herrscherin einer neuen Welt, »in der die Sonne nicht unterging«.

Isabella war eine der machtbewusstesten Herrscherinnen aller Zeiten. Durch das Blutopfer von Juden, Moslems und Indios schuf sie eine von allem »Fremden« gereinigte spanische Nation mit einer homogenen Religion und Sprache. In Lateinamerika heißt Spanisch bis heute nach der Sprache der blutigen Isabella *castillano*, kastilisch. Ihre Erlasse erscheinen, von heute aus betrachtet, wie Vorläufer des nationalsozialistischen Rassenwahns: Jüdische und moslemische Gläubige mussten ihrer Religion abschwören; selbst als Konvertiten wurden sie aus Korporationen und Zünften ausgeschlossen; Kinder und Enkel »verstockter Ketzer« durften keine Notare, Schreiber oder Ärzte werden; Gerichte und die Inquisition erhielten das Recht, in der Familiengeschichte herumzuschnüffeln, um »Blutreinheit« bis in die fünfte Generation festzustellen.[77] Zum ersten Mal in dieser Form wurden Andersgläubige mit »Fremdblütigen« und Andersrassigen gleichgesetzt, ihnen wurde unterstellt, sie verunreinigten das »Blut« des neu entstehenden nationalen »Gemeinschaftskörpers«. Bittere Ironie der Geschichte: Ausgerechnet Isabellas Günstling Kolumbus und seine Matrosen sollen die Geschlechtskrankheit Syphilis aus Amerika eingeschleppt und damit den spanischen »Gemeinschaftskörper« verseucht haben.[78]

Warum ausgerechnet die Europäer andere Kontinente kolonialisierten und nicht umgekehrt, hing wohl zusammen mit einer Kombination von Navigationskunst, Waffentechnik und Zufällen. Der wichtigste Zufall, davon ist der US-Biologe Jared Diamond überzeugt, war das europäische Klima, das die Züchtung einer Vielzahl von Pflanzen und Tieren begünstigte. Eine vergleichsweise sichere Ernährung, eine große Bandbreite pflanzlicher und tierischer Rohstoffe wie Leinen, Hanf, Leder, Fell und Wolle, der Einsatz von Lasttieren, Zugochsen und Militärpferden – das alles war in Diamonds Augen die materielle Grundlage für die rasante Entwicklung Europas, für die Entstehung von Städten und Staaten und für koloniale Eroberungen. Diamonds Paradebeispiel: Konquistador Francisco Pizarro gelang 1532 das militärische Kunststück, mit seiner Kavallerie von angeblich nur 168 berittenen Spaniern das etwa 80 000 Mann starke Heer der Inkas zu besiegen. Mit Pferdegetrappel, Kanonendonner und Schwerterklirren versetzte er die Indios, denen das alles unbekannt war, in Angst und Schrecken. Er nahm ihren Herrscher Atahualpa als Geisel, presste seinen Untertanen Sänften voller Gold und Silber ab und ließ den Inkakönig am Ende doch hinrichten. Eroberer Hernán Cortés unterwarf das legendäre Aztekenreich im heutigen Mexiko mit gerade mal 500 Soldaten, 16 Pferden, 32 Wurfmaschinen und 16 Kanonen.[79] Rund 200 000 Azteken starben, auf den Trümmern der aztekischen Hauptstadt Tenochtitlán wurden die Kolonialbauten der neuen Hauptstadt Ciudad de México errichtet.

Wer den Kampf gegen die spanischen Soldaten überlebte, erlag

nicht selten wenig später Bakterien und Viren. Rund 95 Prozent der
Indios und Indias wurden von Pocken, Masern, Grippe, Typhus, Beu-
lenpest und anderen europäischen Seuchen dahingerafft, weil sie laut
Diamond anders als die Europäer kaum Haustiere und damit wenig
Resistenzen gegen deren Krankheitskeime besaßen. Anfang des
16. Jahrhunderts gab es in Zentralamerika noch rund 25 Millionen
Ureinwohner, gut 100 Jahre später war es nur noch eine Million.[80]
Weitere Indios starben bei Hungersnöten oder als Zwangsarbeiter in
den Gold- und Silberminen. Schiffsweise schafften die Spanier die
geraubten Schätze der Inkas, Mayas und Azteken nach Europa. Später
kamen die Erzeugnisse der Plantagenwirtschaft hinzu: Zucker, Kaffee,
Kakao, Baumwolle, Bananen. Als Ersatz für die Indios importierten
die neuen Herren zwischen dem 16. und 19. Jahrhundert Millionen
afrikanischer Sklaven, die auf den Plantagen schuften mussten. Quer
durch Lateinamerika zog die Kolonialisierung eine Spur von Ausplünderung und Abraum, ausgelaugten Böden und Elend.

Doch scheint Gewalt über kurz oder lang immer wieder an ihren
Ursprung zurückzukehren. Denn während Mittel- und Nordeuropa
in der Renaissance aufblühten und, finanziert mit dem geraubten
Gold und Silber aus Lateinamerika, das Schwungrad des Merkantilis-
mus in Gang brachten, fiel das verknöcherte Spanien hoffnungslos
zurück. Hunger und Epidemien dezimierten die Bevölkerung um
zeitweise ein Drittel. Karl V. und sein Sohn Philipp II. verbrauchten
die Kredite holländischer, flämischer und französischer Bankiers, um
ihre Heereszüge gegen Ketzer und Ungläubige zu finanzieren. Vergeblich: Was nicht in Heilige Kriege floss, zehrte die verschwendungs-
süchtige Aristokratie auf.[81]

Kolonialisierte Frauen: Malinche und die »Hottentotten-Venus«

Die Eroberer Lateinamerikas waren fast ausschließlich männlich
und nahmen sich in den Kolonien Frauen, wie es ihnen passte. Die
historische Figur der Malinche, die Konquistador Hernán Cortés

sich zur Mätresse nahm, ist der Prototyp der versklavten, vergewaltigten und kolonialisierten Frau. Für viele Lateinamerikaner ist sie bis heute eine »Verräterin« – *malinchismo* steht für Verrat. Malinche ist der Sündenbock für die Niederlage der Indios, eine Hure, auf die der mestizische Latino-Macho gerne herabblickt, ein historischer Vorwand für seine Verachtung des Weiblichen und Indianischen. In Europa hingegen ist Malinche kaum bekannt, obwohl die Gewalt gegen sie die Unterwerfung der europäischen Frauen nach sich zog.

Cortés erhielt die Sklavin Malinche als »Gastgeschenk«, nachdem er 1519 an der Ostküste Mexikos gelandet war und die Mayas mit seinen Pferde-»Gottheiten« eingeschüchtert hatte. Die Aztekin Malinche war zuvor als innerindianisches Tauschobjekt an die Mayas verkauft worden, sprach daher Maya und Nahuatl und lernte nun schnell Spanisch. Sie übersetzte für Cortés – auch bei seiner legendären Begegnung mit dem Aztekenherrscher Moctezuma. Malinche half dem Spanier, die Feinde der Azteken als Verbündete zu gewinnen, sodass Moctezumas Reich am Ende von einer mehrheitlich indianischen Streitmacht besiegt wurde.[82] Auch wenn Cortés sie mehrfach weiterverschenkte, blieb Malinche seine Mätresse. Wahrscheinlich wurde sie immer wieder vergewaltigt oder kam dem zuvor, indem sie sich ihren jeweiligen »Besitzern« unterwarf. 1522 gebar sie Martín, Cortés' Sohn, den ersten Mestizen, der einen politischen Rang innehatte. So wurde sie zur Stammmutter der mexikanischen Nation und der mestizischen Bevölkerung, die heute mehr als die Hälfte Lateinamerikas ausmacht. Doch trotz des dortigen Mutterkults wird Malinche verachtet, sie ist *la Chingada*, die Verspottete, Belästigte, Vergewaltigte.

In den Augen der Eroberer symbolisierte Malinche die kolonialisierte Natur, die unterworfene Wilde, deren Seele man durch Christianisierung rettete. In Malinches Volk sorgte die erlittene Gewalt für ein Identitätstrauma, das bis heute massive Auswirkungen hat. Die Ethnopsychologin Gerhild Trübswasser beschreibt das Trauma der Mestizen so: »Die Mutter war indianischer, der Vater europäischer Herkunft. Die Mutter wurde vom Eroberer vergewaltigt oder aufgrund der ungleichen Kräfteverhältnisse dazu veranlasst, ›freiwillige‹ Beziehungen mit dem Aggressor einzugehen. Der potenzielle Vater, der indianische Mann, wurde liquidiert oder musste die Vergewaltigung seiner weiblichen Verwandten miterleben, ohne sie verhindern zu können, was einer symbolischen Kastration gleichkommt. Damit wurde auf individueller, identifikatorischer Ebene der eigene indianische Anteil für den Mestizen zum Symbol der Niederlage, der Unterwerfung.«[83]

In der Geschichte Lateinamerikas haben männliche Mestizen immer wieder versucht, die Erinnerung an diese traumatische Niederlage auszulöschen – durch die rassistische Abwertung der indianischen Kultur oder durch Attacken auf indianische Frauen und ihre Herabsetzung als »Verräterinnen«, »Huren« und »Schlampen«. Nur ein Beispiel von unzähligen: Im 36-jährigen guatemaltekischen Bürgerkrieg ab 1960 wurden Maya-Frauen zu Tausenden vergewaltigt und danach von ihren Männern beschuldigt, selbst daran schuld gewesen zu sein.[84]

Auch der mit männlichem Schweißgeruch und Pulverdampf aufgeladene nationale Befreiungskampf – von Simón Bolívar über Che Guevara zu den nicaraguanischen Sandinisten und anderen Guerillagruppen – war ein Versuch, das Trauma zu überwinden. Die Aufstände und Kämpfe waren als solche selbstverständlich legitim, fragwürdig aber war der machismo vieler Kämpfer, vor allem, wenn er, wie bei Che Guevara, mit mystischem Heroismus aufgeladen wurde. An den Argentinier Ernesto Guevara, der im Oktober 1967 mit seiner dezimierten Guerillatruppe tief im Dschungel vom bolivianischen Militär umzingelt und schließlich ermordet wurde, würde sich heute wohl kaum jemand mehr erinnern, gäbe es nicht jenes Foto, auf dem der bärtige Tote mit den dunklen Locken eine frappierende Ähnlichkeit mit Darstellungen des gekreuzigten Jesus aufwies. Die Todesstunde von Ernesto Guevara wurde zur Geburtsstunde des Märtyrers Che, des »Jesus Christus mit der Knarre«, wie Wolf Biermann einst sang, der sich scheinbar wie Christus für die Menschen aufgeopfert hatte. Dass der lebende Che keineswegs so rein und heilig gewesen war, sondern unsympathische und geradezu stalinistische Charakterzüge trug, geriet hingegen in Vergessenheit.[85]

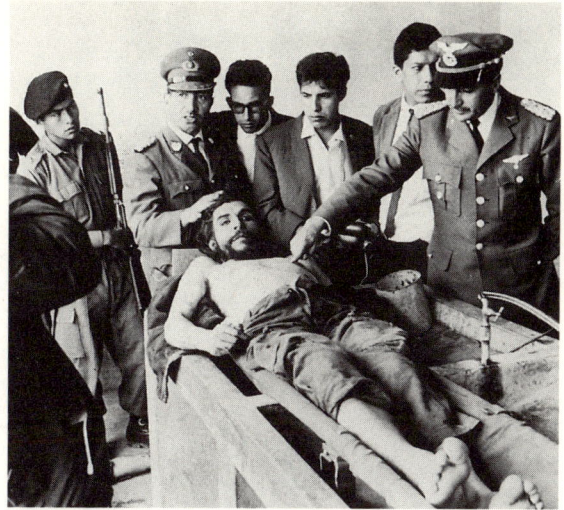

Der tote Märtyrer Che sah aus wie der tote Märtyrer Jesus (Foto: AISA/ullstein bild).

Der Kampf gegen die einstige Erniedrigung geht auch heute noch weiter. Im Herbst 2007 bezeichnete der venezolanische Präsident Hugo Chávez mehrere spanische Politiker als »Faschisten« und »Putschisten« und warf der früheren Kolonialmacht Spanien vor, sie habe schon damals versucht, die Indios (also ihn) zum Schweigen zu bringen, »indem sie ihnen die Kehle durchschnitt«. Es war der symbolische Racheakt eines Indios, den die europäischen Medien aber nicht als solchen erkannten.[86]

Malinches gab es, unter anderem Namen, in vielen Kolonialgebieten Afrikas, Asiens oder Ozeaniens. Malinche ist überall.

In Südafrika hieß sie Sarah Baartman. Der ursprüngliche Name der Khoi-Frau geriet in Vergessenheit, nachdem ihr die Kolonialisten einen burischen verpasst hatten. Sie wurde wahrscheinlich 1789 geboren – im selben Jahr also, in dem die Charta der Menschenrechte in Frankreich verabschiedet wurde, was die europäischen Kolonialherren jedoch nicht davon abhielt, neue Märkte und Menschen unter ihre Knute zu zwingen.

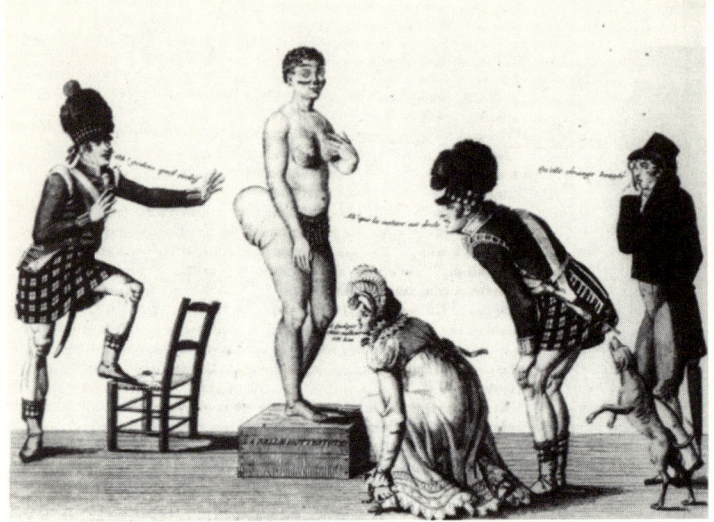

Die »Hottentotten-Venus« wird ausgestellt und von weißen Europäern beglotzt. Zeitgenössische Zeichnung.

Sarah Baartman hatte das Pech, in der kolonialen Hierarchie ganz unten zu stehen – als Khoi und als Frau. Den Überlieferungen nach war sie sehr intelligent und musikalisch, sprach mehrere Sprachen und hatte ein ausgezeichnetes Gedächtnis. In den Augen der weißen Eroberer aber war sie nur eins: ein monströser Körper, scheinbar das Produkt afrikanischer Triebhaftigkeit. Denn Sarah Baartman besaß angeblich, wie viele Khoi-Frauen, künstlich verlängerte Schamlippen, ein ausladendes Hinterteil und große Brüste. Ein Brite witterte das große Geschäft, verschleppte sie nach London und stellte sie in einer Freak-Show am Piccadilly Circus als »Hottentotten-Venus« aus. Sie wurde auf einer Plattform präsentiert, beglotzt, begafft und sicherlich auch begrabscht, wenn ihr Herr sie nicht, wie so manches Mal, wie eine wilde Bestie in einen Käfig sperrte.[87] Die Show war der Auftakt für »Völkerschauen« mit »wilden Patagoniern« oder »Amazonen-Kriegerinnen«, die im 19. Jahrhundert im Berliner Zoo, auf Jahrmärkten und Weltausstellungen in ganz Europa zu sehen waren.

1814 brachte Sarah Baartmans Herr seine schwarze Beute zu einem Tierschausteller in Paris, der sie von den Naturwissenschaftlern Baron Georges Cuvier und Henri de Blainville vermessen ließ – zuerst lebendig und später, nachdem sie mit nur 26 Jahren an einer Lungenentzündung oder an Pocken gestorben war, tot. Die südafrikanische Historikerin Yvette Abrahams, selbst eine Khoi, beschreibt anschaulich die Lustangst und »genitale Obsession«, mit der die weißen Wissenschaftler 16 Stunden lang ihre Vulva und ihren Hintern »untersuchten«. Für Blainville war die Khoi-Frau ein Zwischenglied »zwischen der niedrigsten Menschenrasse, der Negerrasse, und der höchsten Affenrasse, den Orang-Utans«. Sein Kollege Cuvier kam zum Schluss: »Es ist nicht zufällig, dass die kaukasische Rasse die Herrschaft über die Welt errang und die schnellsten Fortschritte in der Wissenschaft machte, während die Neger noch in Sklaverei und Sinnesfreuden versunken waren.« Buschmenschen wie Sarah Baartman seien besonders degeneriert, weil sie »weder Regierung noch Eigentum kannten; sie organisierten sich gerade mal in Familien und nur, wenn die Leidenschaft sie erregte«. Cuvier nahm Gipsabdrücke von ihrem Körper, entnahm das Skelett, legte Gehirn und Geschlechtsteile in Alkohol. Ihre Hinterbacken, sann er, seien ähnlich geformt wie die genitalen Schwellungen weiblicher Mandrillaffen.[88] Eine tote schwarze Frau auf einem Seziertisch und zwei weiße Männer, die an ihren Genitalien herumschneiden – die Forderung des britischen Naturforschers Francis Bacon, die Natur müsse »auf die Folterbank« gespannt werden, um ihr die weiblichen Geheimnisse abzupressen, sie »zu versklaven« und »zu bezwingen«[89], wurde damit Realität.

Der Modellabdruck von Sarah Baartmans »abnormalem« Körper wurde im Pariser Musée de l'Homme bis Anfang der 1980er Jahre ausgestellt. Erst 2002 entschied die französische Nationalversammlung, ihre Überreste an Südafrika zurückzugeben. Am 9. August 2002, dem nationalen Frauentag in Südafrika, wurden sie im Rahmen eines Staatsaktes beigesetzt. Präsident Thabo Mbeki erinnerte in seiner Rede daran, dass auch die fortschrittlichsten Aufklärer wie Montesquieu oder Voltaire den Afrikanern wegen ihrer angeblich ungezügelten Sexualität jede Sittlichkeit abgesprochen hatten.[90]

Äußere und innere Kolonialisierung, Weiber im Heer

Eng mit der äußeren Kolonialisierung war die innere Kolonialisierung verbunden, die Unterwerfung der Indianer Amerikas ging mit
innereuropäischen Hexenverfolgungen einher. Die weißen Herren
fühlten sich von »wilden« Indianern und »wilden« Frauen gleichermaßen bedroht, beide galt es zu domestizieren und zu beherrschen.
Einer ihrer Apologeten war der französische Jurist und Hexenverfol-
ger Jean Bodin. 1576 veröffentlichte der Vordenker des Absolutismus
seine *Sechs Bücher über den Staat*, die bis heute als grundlegend für
die Entwicklung der modernen Souveränitätsidee gelten. Für Bodin
war die patriarchalische Familie das Vorbild für den Staat: Der Mann
war das Oberhaupt, er durfte Frau und Kinder strafen, nur er durfte
den Ehevertrag lösen und nur er verfügte über das Hab und Gut der
Familie, denn Eigentum in weiblicher Hand war friedensgefährdend.
Analog dazu war der Fürst das Oberhaupt des Staates.

Inmitten von Bürgerkriegen zwischen Katholiken und calvinis-
tischen Hugenotten versuchte der Jurist Bodin die Staatsgewalt zu
stärken, doch ist diese progressive Rolle nicht zu trennen von seiner
reaktionären. In der *Daemonomania*, einem weiteren seiner Bücher,
das zum Vorbild für eine ganze Welle von Hexenliteratur wurde,
stärkte er den Richterstand bei der Verfolgung von Hexen. Hexerei
sei Hochverrat und ein Majestätsverbrechen, Hexen müssten härter
bestraft werden als Mörder, Gnade dürfe es für sie nicht geben.[91] Jean
Bodins christlich geprägte Staatstheorie enthält alle frauenfeind-
lichen Elemente, die Ideologen des »freien Westens« heute dem Islam
vorwerfen.

Die Religionskriege gipfelten im Dreißigjährigen Krieg, der von
1618 bis 1648 Mitteleuropa verwüstete. Raubzüge, Massaker und Plünderungen wechselten sich ab, Frauen wurden massenhaft vergewaltigt, bis zu zehn Millionen Menschen starben – durch Gemetzel, Hungersnöte und Seuchen. Der Westfälische Frieden von 1648 markierte
einen historischen Wendepunkt für Europa. Das kollektive Trauma
der Zerstörung brachte die Delegationen in den Friedensverhandlungen dazu, Staat und Religion zu trennen. Kriege konnten von nun an

nicht mehr religiös begründet werden; der »gerechte Krieg«, den Kirchenvater Augustinus propagiert hatte, verlor seine Legitimität. Die folgende relativ friedfertig verlaufende Epoche begünstigte den Aufstieg der Aufklärung.

In der Frühen Neuzeit waren Frauen entgegen gängigen Vorstellungen ein selbstverständlicher Teil des Heeres. Das Militär war eine bewegliche Stadt, in der genauso viele Frauen und Kinder lebten wie Söldner. Marketenderinnen und Huren zogen im Schlepptau der Soldaten mit, Söldner bildeten zusammen mit Ehefrauen oder Dirnen regelrechte Beutepaare. Frauen waren genauso Mittäterinnen wie Vergewaltigungsopfer. Oft waren diese Rollen nicht einmal exakt zu trennen: Wenn Haus und Hof abgebrannt waren, blieb vielen Bäuerinnen nichts anderes übrig, als ihren Vergewaltigern als Lagerdirnen zu dienen. Die bei Plünderungen mitziehenden Frauen wurden bei späteren Überfällen zu Feindinnen der Dorffrauen.[92]

Etliche Frauen zogen sogar den Soldatenrock an. Am berühmtesten ist Jeanne d'Arc, die »Heldenjungfrau« par excellence, die die Franzosen im Hundertjährigen Krieg gegen die Engländer zum Sieg führte und 1431 dennoch – oder gerade deshalb? – auf dem Scheiterhaufen verbrannt wurde. Die Historikerin Karen Hagemann hat weitere Fälle zusammengetragen: Die Magd Gesche Meiburg gehörte 1615 zu den bewaffneten Verteidigern der Stadt Braunschweig, die Amerikanerin Deborah Sampson kämpfte 1782 als Freiwillige im Unabhängigkeitskrieg, und die Preußin Eleonore Prochaska focht 1813 als August Renz im Lützower Freicorps gegen Napoleons Truppen und fiel »auf dem Felde der Ehre«.[93] Auch in Lateinamerika kämpften Frauen: Anfang des 19. Jahrhunderts führte Gertrudis Bocanegra eine Gruppe Aufständischer in Mexiko an, Juana Azurduy focht als Oberleutnant für die Unabhängigkeit des heutigen Bolivien und Manuela Sáenz gegen die spanischen Truppen.[94] Die meisten dieser »Amazonen« sind heute vergessen oder nie bekannt geworden – offenbar brachten sie die Geschlechterordnung zu sehr durcheinander. Nur Jeanne d'Arc und Gesche Meiburg, die tapfer *und* keusch waren, taugten als »Heldenjungfrauen« für die kollektive Erinnerung und wurden entsprechend funktionalisiert.

Eine Frau in der US Army:
Sergeant Selena Coppa

Wir schreiben den Sommer 2008. Sergeant Selena Coppa ist eine indianisch wirkende Schönheit, ihre dunklen Haare umfließen ein weiches Gesicht mit hohen Wangenknochen und reichen ihr fast bis zur Hüfte. Die US-Amerikanerin sitzt mit ihrer fünfjährigen Tochter auf dem Sofa ihrer kleinen Wohnung in der US-Basis von Wiesbaden. Seit 2001 ist die 26-Jährige Mitglied der US Army, mehrfach wurde sie für ihre Leistungen ausgezeichnet. Und in der Tat hat sie immer wieder Mut und Tapferkeit bewiesen, allerdings in einem Sinne, der ihren Chefs bald schon nicht mehr gefiel: Als Mitglied der Iraq Veterans Against the War kämpft Coppa gegen den Krieg im Irak, wohl wissend, dass sie Repressalien riskiert und gefährlich lebt. »Ich muss es einfach tun«, sagt sie. Sie lächelt, aber ihre Augen blicken traurig. Diese Augen sagen alles: Sie hat Entsetzliches gesehen.

Wenn man sie direkt danach fragt, gibt sie keine Antwort. Es ist ihr gesetzlich verboten, Auskunft zu geben, zumal sie einer Abteilung des Militärischen Abwehrdienstes angehört. Im Übrigen, betont sie, vertrete sie nur ihre private Meinung und spreche nicht im Namen der Armee. Sie nennt keine Details, keine Einheiten, keine Namen, um ihren Vorgesetzten keinen Vorwand zu liefern, sie zu verhaften oder zu feuern. Sie hält sich ganz bewusst an die Gesetze, und die besagen, dass sie sich als Privatperson politisch äußern darf, auch gegenüber Medien, solange das in ihrer Freizeit passiert und nicht auf Demonstrationen. »Viele GIs wissen das nicht, kennen ihre Rechte nicht. Aber wenn du aufstehst und offen sprichst, dann machst du anderen Leuten Mut, dasselbe zu tun. Du zeigst ihnen: Sie sind nicht allein.«

Selena Coppa ließ sich Anfang 2001 als 17-Jährige rekrutieren, weil sie ihrem Land »dienen« wollte. Was sie im Irak erlebte, widersprach ihren Vorstellungen von Humanität und Gerechtigkeit jedoch so eklatant, dass sie sich nach ihrer Rückkehr in die USA den Iraq Veterans Against the War anschloss und Leiterin eines GI Outreach Teams wurde. Die 2004 gegründete Organisation ist für das US-Militär die wohl gefährlichste Anti-Kriegsgruppe, weil sie ausschließlich aus Veteranen und aktiven GIs besteht und innerhalb der Armee operiert. Sie hat offiziell mehr als 1000 Mitglieder, inoffiziell noch mehr. An freien Tagen flog Coppa von einem US-Stützpunkt zum anderen, hielt Reden, klärte GIs über ihre Rechte auf, organisierte Treffpunkte und Cafés für Kriegsgegner. Im Frühjahr 2008 überprüfte sie im Rahmen der »Winter Soldiers«-Hearings für ihre Organisation den Wahrheitsgehalt von Zeugenaussagen über Kriegsverbrechen im Irak und in Afghanistan und gab vor dem US-Kongress selbst eine Zeugenaussage ab. Kurz danach wurde sie auf die US-Basis in Wiesbaden versetzt – offenbar, um sie kaltzustellen.

Seit Beginn des *war on terror* wurden von den 200 000 im Kampfgebiet Irak und Afghanistan eingesetzten Soldatinnen fast drei Viertel sexuell belästigt und beinahe ein Drittel vergewaltigt. Schon 1995 hatten bei Umfragen 55 Prozent der US-Soldatinnen angegeben, mindestens einmal sexuell belästigt worden zu sein, bei den Männern waren es »nur« 14 Prozent.[95] »Auch ich kenne viele Fälle«, bestätigt Coppa. Sie erzählt von einer Soldatin, die im Irak an Flüssigkeitsmangel gestorben sei, weil sie sich aus Angst vor Vergewaltigungen nachts nicht zum Wassertrinken in die Sanitärabteilung getraut habe. Eine andere sei von einer Gruppe Männer vergewaltigt worden, wegen angeblichen Alkoholmissbrauchs aber sei sie selbst, und nicht ihre Peiniger, verurteilt worden. All das werde verheimlicht, sagt Coppa.

Dies passiert, obwohl die US Army seit dem sogenannten Tailhook-Skandal Maßnahmen gegen sexuelle Übergriffe eingeleitet hatte. 1991 waren Pilotinnen, Soldatinnen und weibliche Gäste beim offiziellen Jahrestreffen der Marinefliegervereinigung Tailhook in einem Hilton-Hotel einem wahren Spießrutenlauf ausgesetzt. Betrunkene Piloten trugen T-Shirts mit dem Aufdruck »Women Are Property«, sahen Pornovideos, lauerten an engen Hotel-Durchgängen Frauen auf und rissen ihnen die Kleider vom Leib. Ganz offensichtlich versuchte die männliche Flieger»elite« damit ihre Kolleginnen zu degradieren und ihren eigenen hohen militärischen Status zu erhalten, den sie durch die Aufnahme von Frauen bedroht sah.

Auch in der Militärakademie Citadel in Charleston wehrten sich

Kadetten mit brutalen Methoden gegen das Eindringen von Kadettinnen und Dozentinnen in eine buchstäblich männliche Bastion. Diese bekamen obszöne Anrufe und pornografische Botschaften, ihre Türen wurden ausgehängt oder mit Sprüchen wie »Fotze« oder »Frauen werden die Welt zerstören« beschmiert. Die jungen Männer sangen Lieder, in denen es darum ging, Frauen Körperteile abzuhacken oder ihre Augen auszustechen; sie stellten Plakate mit Todesdrohungen auf, sprühten den Kadettinnen Haushaltsreiniger in den Mund oder zündeten ihre Sweatshirts an.[96]

Das alles passierte im Frieden. Im Krieg jedoch, so die Einschätzung der Militärexpertin Karin Gabbert, stiegen die Fälle sexualisierter Gewalt innerhalb der Armee noch einmal vehement an. Das gelte auch für den *war on terror* seit 2001. Viele Soldaten glaubten, ergänzt auch Selena Coppa, »sie könnten machen, was sie wollen, sie würden eh nicht verurteilt«. Auch das sei »eine Form der Entmenschlichung« durch den Krieg.

Von ihrem Fenster aus sieht man auf die Wiesbadener Basis. Schmucklose Mehrfamilienhäuser, davor ein paar Grillplätze. Die *shopping mall* bietet alles, damit die Soldatenfamilien sich wie zu Hause fühlen: Fähnchenschmuck mit *Stars and Stripes* zum Unabhängigkeitstag, *american food,* Daddelhallen. Im Restaurant sind auf einem riesigen Gemälde glückliche Soldaten vor glücklichen Bergen zu sehen. Davor verkauft ein Mann T-Shirts mit dem Aufdruck »I survived Germany«. Der Spruch klingt angesichts der in US-Militärkrankenhäusern in Deutschland sterbenden GIs makaber. Im Landstuhl Regional Medical Center wurden seit Beginn des *war on terror* Zehntausende US-Soldaten eingeliefert. Die Todesstatistik werde manipuliert, sagt Coppa: »Wenn die Leute in der Luft sterben oder beispielsweise in Landstuhl, dann zählen sie als Todesfälle innerhalb Deutschlands.«

Warum ist in den USA die Protestbewegung heute so viel schwächer als während des Vietnamkriegs? Damals habe noch die Wehrpflicht existiert, sodass viele Eltern um das Leben ihrer Kinder fürchteten, erklärt Coppa. Inzwischen aber sei das Militär eine Berufsarmee, sodass viel weniger Familien betroffen seien. Die Berufssoldaten würden jedoch als recycelbares Menschenmaterial benutzt. Die GIs, sagt Selena Coppa, würden drei-, vier-, fünfmal nacheinander zu durchschnittlich elf Monate dauernden Einsätzen in die Kriegsgebiete geschickt – egal, wie verrottet ihre Ausrüstung sei, egal, wie traumatisiert sie seien. Diejenigen, die die US Army verlassen wollen, würden mit trickreichen Vertragsverlängerungen daran gehindert.

Aus all diesen Gründen, sagt Selena Coppa zum Abschied, hoffe sie auf einen US-Präsidenten namens Obama. Ein halbes Jahr später geht ihr Wunsch in Erfüllung. Ein weiterer Wunsch wurde bisher nicht Wirklichkeit: dass Obama alle im Namen der USA geführten Kriege beende.

Die symbolische Ordnung des Militärs

Das weibliche Geschlecht befindet sich in keiner Armee der Welt, weder in den USA und Israel noch in Russland, China, Japan oder Großbritannien, auf gleicher Ranghöhe wie das männliche, haben die Militärforscherinnen Christine Eifler und Ruth Seifert nachgewiesen.[97] Die Abwertung weiblicher Soldaten erfolgt auf vielen Ebenen, symbolisch und real, mit Grabschereien, Beleidigungen, Vergewaltigungen. In allen Armeen der Welt gibt es sexuelle Übergriffe auf Frauen – und Männer, die nicht dem gängigen Männlichkeitsmuster entsprechen. Sexuelle Gewalt ist im Militär weit häufiger als im Zivilleben, offenbar, weil hier der Druck, sich als »männlich« und »wehrhaft« zu beweisen, noch viel größer ist.

Bewaffnete Frauen bedrohen das Selbstbild der »starken Männer«, stören deren Gewaltmonopol und bringen die Hierarchie durcheinander, nach der sich alles vermeintlich Schwache und »Weibliche« unterzuordnen hat. Weibliche Waffenträger verkörpern für Männer mit fragilem Selbstbewusstsein offenbar auch eine Kastrationsdrohung, wie Klaus Theweleit in seinem Buch *Männerphantasien* an der Figur des »roten Flintenweibs« herausgearbeitet hat. Die eigene Waffe ist für diese Männer gleichbedeutend mit Potenz, und wenn Frauen Waffen tragen, fühlen sie sich kastriert und entmachtet, oder,

wie die US-Kadetten von Citadel schrieben: »Frauen werden die Welt
zerstören.«

So gesehen ist es verwunderlich, dass Frauen überhaupt in Armeen aufgenommen wurden. In etlichen Ländern haben offenbar
schiere Personalnot und der Unwille der herrschenden Eliten, ihre
eigenen Söhne in Kriegen zu opfern, Regierungen und Militärs dazu
gebracht, Frauen zu rekrutieren. Zunächst durften sie in vielen Armeen, auch in der Bundeswehr, nur in zivilen Bereichen arbeiten: in
Versorgung, Küche, Wäscherei, Sanitätsdiensten und Musikkapellen.
Erst nach und nach wurden sie in die einzelnen Waffengattungen aufgenommen, zuallerletzt in die schießenden Kampfeinheiten.

In Israel unterliegen Frauen generell der Wehrpflicht und werden
davon nur freigestellt, wenn sie schwanger, verheiratet oder orthodox
religiös sind. Obwohl die israelische Armee also mit 30 Prozent Frauenanteil die »weiblichste« Armee der Welt ist, dienen Frauen auch
hier vor allem als Versorgerinnen der männlichen Soldaten oder
als ihr Statussymbol, von Kampfhandlungen werden sie in der Regel
ferngehalten. Das hält manche jedoch nicht davon ab, männliches
Verhalten zu imitieren, wie der Bericht eines israelischen Elite-Solda-
ten über das morgendliche Auftreten von Soldatinnen in einem Trainingslager zeigt: »Sie kamen aus ihren Zelten, ihre Handtücher um
die Schultern, und standen so 20 bis 30 Meter vor uns mit ihren
Gewehren zwischen den Beinen, die Gewehrläufe auf uns gerichtet,
und fingen an zu schreien: ›Wir wollen euch ficken!‹ Wir waren scho-
ckiert und peinlich berührt (…) Besonders schockierte mich, dass ihr
Verhalten etwas so Männliches hatte.« Die israelische Wissenschaftlerin Orna Sasson-Levy kommentiert: »Frauen imitieren den männlichen Kämpfer, da sie Männlichkeit als universelle Norm für Soldaten-
tum ansehen und ›Weiblichkeit‹ mit ›Soldat‹ nicht kombinieren
können.«[98]

In Interviews mit weiblichen Militärs wird deutlich, dass viele
nicht wissen, wie sie sich als Soldatin benehmen sollen, weil es dafür
kein tradiertes Muster gibt. In der US Army können sich Rekrutin-
nen nur falsch verhalten: Sich »weiblich« gebende Frauen werden als
»schwach« angesehen, »männlich« auftretende als »Lesben«; wenn

sich eine Soldatin auf Männer einlässt, gilt sie schnell als »Hure«, wenn sie sich verweigert, als »Lesbe«. Soldatinnen haben in der Gewaltordnung militarisierter Männlichkeit einen Status als Zwischenwesen, sie sind weder »richtige« Frauen noch »richtige« Männer, haben sich einerseits der Hypermaskulinität des Militärs anzupassen und andererseits ihre weibliche Unterlegenheit zu signalisieren. Viele von ihnen suchen einen individuellen Ausweg aus diesem unlösbaren kollektiven Dilemma, indem sie alles »Weibliche« und »Weiche« verachten. Sie wollen beweisen, dass sie die besseren Männer sind und keine körperliche Schonung, Quoten oder Sonderrechte brauchen. Übergriffe oder obszöne Witze versuchen sie zu ignorieren oder lachen selbst mit. Nach einer Umfrage des Pentagon gaben 1995 über die Hälfte der Soldatinnen an, sie würden sexuelle Belästigungen nicht anzeigen, weil sie negative Folgen fürchteten. Ganz ähnliche Muster fand auch die Konfliktforscherin Cordula Dittmer bei ihren Befragungen von Bundeswehrsoldatinnen.[99]

Womöglich ist das Militär eine Art symbolische Recyclinganlage, in der die Normen der Männerdominanz immer wieder erneuert und weitergegeben werden. Erniedrigung wird bewusst mit Verweiblichung gleichgesetzt: Vorgesetzte beleidigen männliche Rekruten als »Fotze« oder »Weichei«, zwingen sie zu demütigenden »weiblichen« Arbeiten wie Putzen und Abwaschen oder lassen sie den Boden mit Zahnbürsten schrubben. Besonders deutlich wird dieses brutale Verhalten in *Full Metal Jacket*, Stanley Kubricks legendärem Film über Rekrutenschinder während des Vietnamkriegs. Kubrick ließ sich von den Schilderungen echter *drill inspectors* inspirieren.

Die US Army ist ein gutes Beispiel dafür, dass ein steigender Frauenanteil die männliche Ordnung des Militärs nicht infrage stellt. Zwar gab und gibt es innerhalb der Army Institutionen, die Sexismus und Rassismus entgegenwirken, allen voran das Gleichstellungsinstitut DEOMI, das Defense Equal Opportunity Management Institute. Doch obwohl oder vielleicht sogar weil diese Kurse erfolgreich sind, werden die Kursleiter von der Militärelite lächerlich gemacht und werden damit selbst Opfer der Diskriminierung. Der härteste Widerstand gegen das Institut kommt just von den »härtesten Jungs«, von

den Kampfeinheiten. Dort gilt das Gleichstellungsinstitut als Kuschelecke für Frauen und Schwarze, als Ort für »gefühlige Typen«, und
wer sich zum *diversity trainer* ausbilden lässt, kann fast sicher sein,
nicht mehr befördert zu werden. Die Institution hat wohl nur eine
Funktion nach außen: Sie soll signalisieren, dass Frauen und Nichtweiße in der Army willkommen sind – zumindest offiziell.[100]

Als im Frühjahr 2004 Folterfotos aus dem irakischen Gefängnis
Abu Ghraib auftauchten, auf denen die US-Soldatin Lynndie England
einen nackten Gefangenen an einer Hundeleine über den Boden
schleift und obszön grinsend auf die Genitalien eines anderen zeigt,
ertönte weltweit ein Aufschrei – auch, weil es eine Frau war, die sich
offensichtlich lustvoll an sexuellen Misshandlungen beteiligt hatte.
Während sich die Presse empörte – *Bild* nannte England eine »Folter-
hexe« –, nahm sie von ihren männlichen Kameraden, die im selben
Gefängnis Irakerinnen gefoltert und vergewaltigt hatten, kaum Notiz.
Bis heute wurde den Vergewaltigern kein Prozess gemacht, genauso
wenig wie Englands Vorgesetzten im Pentagon, die Folterpraktiken
im *war on terror* genehmigt hatten. Der Fall Lynndie England zeigte
einmal mehr, dass weltweit männliche Gewalt als »normal« und weibliche Gewalt als »pervers« empfunden wird.

Etliche Kommentatoren zitierten damals den Koran und behaupteten, es sei für arabische Männer besonders demütigend, von einer
Frau gefoltert oder dazu gezwungen zu werden, rosa Unterwäsche zu
tragen. »Welche Wirkung hätte ein Foto im christlichen Deutschland,
bei dem ein nackter Deutscher an einer Hundeleine von einem Araber durchs Bild gezogen wird? Würde das im sexuell aufgeklärten
Europa zu einem geringeren Aufschrei führen?«, fragte der arabische
taz-Korrespondent Karim El-Gawhary. Und stellte fest: Zu Recht sehe
man es weltweit als Verletzung von Menschenwürde und Menschenrechten, wenn »Besiegte« nackt zu Unterwerfungsgesten vor den »Sie-
gern« gezwungen würden. Seine Kollegin Heide Oestreich ergänzte,
die Bilder sagten vor allem etwas über die pornografischen Gewaltfantasien der US-Soldaten aus, denn nur wer das Tragen von rosa Unterwäsche als demütigend empfinde, könne auf die Idee kommen,
Gefangene dazu zu zwingen.[101] Und auch die Militärforscherin Cilja

Harders wies darauf hin, dass dem ganzen Skandal »nichts Kultur-, sondern etwas Militärspezifisches« anhafte: »Dass eine Frau arabische Männer sexuell demütigen darf, lässt die US-amerikanische Männlichkeit intakt. Der arabische Gefangene ist ohnmächtig – der amerikanische Soldat nicht, obwohl die Bilder die Angstlust des Mannes vor der starken Frau inszenieren. Die Inszenierung einer ›umgekehrten‹ Vergewaltigung stützt das System Militär, das auf Herabwürdigung des ›Weiblichen‹ ruht.«[102]

Sexuelle Aufladungen von Waffen, Kampf und Krieg

Im Lexikon des »Bundessoldatendeutsch« von 1978, herausgegeben von »Alltagssprachensammler« Heinz Küpper, ist ungefähr jedes vierte der dort aufgeführten Worte oder Sprichwörter sexuell aufgeladen. Im Soldatenjargon heißt der Penis »Hammer«, »Prügel«, »Rammelbolzen«, Präservative sind »Rohrschoner« und »Ballermänner«, das Gewehr des Soldaten ist seine »Braut«.[103] Wer »Brautpflege« betreibt, putzt seine »Elli«, »Lina« oder »Maria«. Die »Schnelle Anna« ist ein Maschinengewehr, die »Dicke Berta« eine schwere Panzerfaust.

Waffen sind ihrer Form nach metallgewordene Phalli – ob nun als Raketen, Panzerrohre, Gewehrläufe, Eierhandgranaten oder Bomben. Was daran technisch bedingter Zufall ist und was Material gewordene Männerfantasie, ist schwer zu entscheiden. Auf jeden Fall werden Waffen als direkte Verlängerung des Körpers eingesetzt, was sich manchmal auch literarisch niederschlug: »Satanische Lust, wie, bin ich nicht eins mit dem Gewehr?«, fragt Ernst von Salomon in *Die Geächteten*. »Bin ich nicht Maschine – kaltes Metall? Hinein, hinein in den wirren Haufen: hier ist ein Tor errichtet, wer das passiert, dem wurde Gnade.« Heutige Soldaten formulieren es weniger pathetisch: Ihr Gewehr sei ihre »Lebensabschnittsgefährtin«, vertrauten sie der Forscherin Cordula Dittmer an.

Bei Atombomben spielt zudem männlicher Gebärneid eine erstaunliche Rolle, wie diverse Zitate aus dem Jahr 1945 zeigen. Ein Journalist, der im Juli 1945 aus der Ferne dem ersten Test einer Atomexplosion zusah, beschrieb das Ereignis so: »Das Toben erreichte uns etwa hundert Sekunden nach dem großen Blitz – der erste Schrei einer neugeborenen Welt.« Der auf der Potsdamer Konferenz weilende US-Verteidigungsminister Henry L. Stimson war bei Erhalt dieser Nachricht so begeistert, dass er Churchill einen Zettel zuschob: »Babies satisfactorily born.« Drei Wochen später flog eine umgebaute B-29, nach der Mutter des Piloten Enola Gay benannt, Richtung Hiroshima. Die tödliche Last in ihrem Bauch war in den Codes der US-Militärs erneut ein Baby, ein *little boy*. Interessanterweise hätte die B-29 ein *little girl* »geboren«, falls die Sache schiefgegangen wäre und die Atombombe nicht gezündet hätte. Nach dem erfolgreichen Abwurf begeisterte sich der Reporter William Laurence: »Es war ein lebendes Ding, eine neue Art Lebewesen, das dort gerade vor unseren ungläubigen Augen geboren wurde.« Wenig später wurde der »Vater der Atombombe« Robert Oppenheimer von der National Baby Institution zum »Vater des Jahres« ernannt.[104]

In vielen kriegerischen Auseinandersetzungen wird der weibliche Körper symbolisch *und* real zum Schlachtfeld. Die Nation, die Heimat, die »Muttererde« sind nicht nur im Deutschen weibliche Begriffe. In etlichen Kulturen ist es das »Mutterland«, das von Soldaten verteidigt wird. Auch Radikalislamisten träumen davon, mit Waffengewalt eine weltumspannende *umma* zu errichten, eine globale islamische Gemeinde; *umma* leitet sich von *umm* für Mutter ab. Zugleich aber gibt es seit der Antike Massenvergewaltigungen in praktisch jedem Krieg – ob im Ersten oder Zweiten Weltkrieg, auf dem Balkan, im Ostkongo oder in Darfur. Frauen werden als enteignetes Eigentum des Feindes markiert, denn Vergewaltigung ist auch eine Botschaft an den unterlegenen Mann: Du schaffst es nicht, deine Frau zu schützen, du bist kein Mann mehr. Vergewaltigung macht Mütter zu Huren, »entehrt« sie, raubt ihnen die familiäre und kulturelle Position und schließt sie aus der Gemeinschaft, womöglich sogar aus dem Leben aus. Gleichzeitig dienen Vergewaltigungen der männlichen Selbstvergewisserung und Komplizenschaft. Bei Gruppenvergewaltigungen geht es »in erster Linie darum, sich gegenseitig Männlichkeit zu beweisen«, schreibt die Militärsoziologin Ruth Seifert, »die Reihenfolge der Vergewaltigung richtet sich nach dem Status innerhalb der Gruppe.« Täter führen ihren Kameraden ihre Männlichkeit vor, der Körper des Opfers wird zur Requisite, denn letztlich geht es nur um eines: die Macht des Phallus. Wer sich diesem »Schauspiel« verweigert, wird aus der Gruppe ausgeschlossen. Manchmal werden Soldaten von ihren Kommandanten als Schwuler und Schwächling verspottet, wenn sie sich weigern, bei an einer Massenvergewaltigung mitzumachen.[105]

Warum ist das Militärsystem, unabhängig von der Einstellung einzelner, so sexualisiert und gleichzeitig so frauenfeindlich? Es könnte sich frei nach dem Ethnologen David Gilmore um den Versuch handeln, durch Abwertung des Weiblichen männliche Regressionswünsche im Zaum zu halten. Krieg ist das Scheußlichste, was Männern zugemutet wird. Kämpfen zu müssen, die eigene Todesangst und Tötungshemmung zu überwinden – das ist die extremste Anforderung, die an die Psyche eines Mannes gestellt werden kann. Die natürliche Reaktion auf solche Zumutungen sind Kapitulation, Verweigerung, Desertion und die Sehnsucht, an Frauen- und Mutterkörpern Schutz zu suchen. Um diesem Verlangen zuvorzukommen, muss im Militär alles Weibliche und Weiche ausgemerzt werden.

Zudem gibt es einen unlösbaren Widerspruch innerhalb der militarisierten Männlichkeit: Krieger können ihre Dominanz nur durch ihre eigene Unterwerfung beweisen. Der einzelne Soldat muss sich der Befehlsgewalt der Armeeführer fügen, mit allen anderen zu einer gut funktionierenden Militärmaschine werden. Dabei wird sein Selbstbild vom autonomen Mann schwer beschädigt. Indem sie selbst Macht ausüben und dabei die erlittene Gewalt an andere weitergeben, versuchen viele Männer, ihr individuelles Selbstbild wiederaufzubauen. In den Puff zu gehen, pornografische Gewaltvideos anzusehen, es den Frauen »zu besorgen« und Homosexuelle zu verachten, das ist eine gängige Entlastungsstrategie für Männer, die ihre eigene Männlichkeit in Gefahr sehen. Der hohe Pornokonsum von Rekruten und die notorische Präsenz von Bordellen in der Nähe von Militärbasen können damit besser erklärt werden als mit Theorien, die Männern einen unkontrollierbaren Sexualtrieb andichten. Vielleicht ist das die bittere Pointe: Das Militär ist nur deshalb eine so brutale Institution, weil Männer per se weder besonders aggressiv noch besonders kriegerisch sind, sondern ständig aggressiv gemacht werden müssen, um als Krieger zu funktionieren.

Annäherung, Angriff, großartige Explosion

Sexuelle Aufladungen von Krieg und Waffen – ein kompetenter Gesprächspartner für diese Themen ist Rolf Pohl, Professor für Sozialpsychologie in Hannover. Er beschäftigt sich seit vielen Jahren, unter anderem in seinem Buch *Feindbild Frau*, mit der Verbindung von männlicher Aggressivität und Sexualität.

Herr Professor Pohl, warum schildern Soldaten den Krieg immer wieder mit einer sexualisierten Sprache?
Weil Soldaten ihre kriegerischen Aktionen zumindest auf der metaphorischen Ebene als eine Art Geschlechtskampf sehen, der verschiedenen Stadien folgt: Annäherung, Angriff, Eindringen, Penetration, großartige Explosion. Geschlechtskampf und Gefechtskampf sind sich auch sprachlich nahe. Und viele Männer beschreiben diesen Kampf so euphorisch, als würde es sich wirklich um einen Orgasmus handeln, ich erinnere hier nur an Ernst Jüngers kriegsverherrlichende Schriften über den Kampf als »inneres Erlebnis«. Auch bei Wissenschaftlern und Ingenieuren, die neue Waffen konstruieren, herrscht diese sexualisierte Sprache vor. Die US-Wissenschaftlerin Carol Cohn hat 1984 beschrieben, mit welchem Jargon ihr in einem nuklearen Forschungsinstitut die neuesten Waffen vorgeführt wurden. Ihre Gesprächspartner priesen begeistert ihre Waffensysteme: »Überwältigend. Du kriegst mehr Bums fürs Geld.« Die neuen MX-Raketen, vom damaligen US-Präsidenten Reagan *peacekeeper* genannt, sollten nur in der besten Halle untergebracht werden, denn man stecke ja nicht die »hübscheste« Rakete in ein »miserables Loch«. In anderen Vorträgen ging es um die besten Abschüsse aus vertikaler Position, *vertical erector launchers*.

Was spielt sich in diesen Männerköpfen ab?

Natürlich kann man nicht behaupten, dass diese soldatischen Männer dabei wirklich einen Orgasmus erleben. Aber für sie ist ihre Kampfeslust sexuell und ihre Sexualität gleichzeitig aggressiv bestimmt: sich aufrichten, eindringen, aufreißen, aufspießen, durchbohren, zerstören, wegwerfen. In den 1920er Jahren hielt der Sexualwissenschaftler Wilhelm Reich das für den Ausdruck eines phallischen Narzissmus, zu dessen Grundlagen eine allgemeine Geringschätzung der Weiblichkeit und eine Abwertung der Frauen gehört.

Aber es gibt ja auch Beschreibungen, die wie Geburtsvorgänge klingen?

Das gehört offenbar mit zur männlichen Kriegslogik. Erst penetriert man, zerstört, explodiert, und dann entsteht – wiederum metaphorisch – neues Leben. Im Kern dieser destruktiven Fantasie steht die Idee einer doppelten Geburt: einer Geburt durch Zerstörung, die etwa in der pathetischen Beschwörung einer »neuen Weltordnung« aufscheint, und einer rein mann-männlichen Wiedergeburt ohne Beteiligung von Frauen.

Dass Gewehre und Waffenrohre als verlängerter Phallus wahrgenommen werden, ist ja schon fast ein Klischee. Aber gleichzeitig tragen sie weibliche Namen. Wie verträgt sich das?

Das hat eine mehrfache Bedeutung. Einerseits galt bei uns und auch in der US Army: Das Gewehr ist die Braut des Soldaten. Es gab im Vietnamkrieg den Spruch: *This is my rifle, this is my gun, one for the killing and one for the fun.* An die Stelle der Frau rückt also das militärische Gerät. Wenn man damit schon kein Leben produzieren kann wie die Frauen, dann kann man wenigstens gigantische Zerstörungen erzeugen und erweist sich damit als Herr über Leben und Tod. Bomben allerdings tragen meist männliche Namen, während Militärflugzeuge oft nach der Mutter der Piloten benannt werden. Vielleicht, weil sie einen Bauch haben, einen Laderaum, aus dem Bomben fallen. Raketenköpfe, die die US Army Richtung Irak abschoss, trugen die Inschrift: *For Saddam with love.* Das ist beides gleichzeitig: eine phallische Aufladung von Waffensystemen und eine Armierung und Bewaffnung der eige-

Männerfantasien in der Bundeswehr (Foto: taz)

nen Sexualität. So wie in den Träumen, die ein Patient seinem
Psychoanalytiker erzählte: Regelmäßig träume er davon, dass
ein Bajonett auf seinem Penis aufgepflanzt ist und er damit Geschlechtsverkehr praktiziert. In der Geschlechterforschung, der
feministischen Debatte und der Psychoanalyse ist es ein wenig aus
der Mode gekommen, über die sexuelle Dimension dieser Dinge
zu reden. Damit wird die Phallokratisierung von Waffen und die
Armierung des männlichen Ichs nicht mehr thematisiert – eines
unsicheren Ichs, das sich symbolisch oder real bewaffnen muss,
um Sexualität überhaupt noch erleben zu können.

Wieso ist Männlichkeit so fragil?

Männlichkeit ist fragil, weil patriarchalische Gesellschaften von
Männern fordern, dass sie autonom, unabhängig und selbst-

ständig zu sein haben. Aber Gesellschaft ist kein Zustand lauter autonomer unabhängiger Subjekte, und vor allem in der Sexualität wird diese Unabhängigkeit fundamental infrage gestellt. Heterosexuelle Männer begehren Frauen, aber sie hassen gleichzeitig ihr Begehren, weil sie sich als abhängig von Frauen, ihren Körpern und ihrer Sexualität empfinden. Hier ist es nur noch ein kleiner Schritt zum Frauenhass. Wenn ihre vermeintliche Autarkie infrage gestellt wird, reagieren viele Männer gekränkt und aggressiv. Das ist eigentlich seltsam, denn an einem echten Macho müsste so etwas eigentlich abprallen. Die Vorbilder des Macho, das sind Figuren wie die mexikanischen Revolutionsführer Emiliano Zapata oder Pancho Villa, mit lauter Patronengurten um den Körper, daneben ein paar Frauen und eine Flasche Tequila. Aber im Grunde ist das Machogehabe nur eine Kompensation von Schwäche, die ein Mann sich selbst nicht zugesteht, weil er Schwäche als weiblich empfindet. Je stärker sich ein Mann von seiner inneren Schwäche bedroht fühlt, desto stärker muss er Gegenmaßnahmen ergreifen, wozu nicht nur der *machismo*, sondern auch Perversionen und sexuelle Gewalt gehören.

Haben Männer im Militär nicht genauso viel Angst vor anderen Männern wie vor Frauen?

Ein Kommandeur und ein Gefreiter haben mir einmal erzählt, wie sie mit ihrer Bundeswehr-Einheit in den Kosovo abkommandiert wurden und dort ein, zwei Wochen lang ein großes Lager aufbauten. Als sie sich mit den Soldaten in einem Gemeinschaftszelt trafen, fragten sie: »So, Jungs, fehlt noch was?« Und daraufhin kam wie selbstverständlich von allen Seiten: »Wie ist das mit den Frauen, mit Pornografie, mit Prostitution? Kümmert ihr euch um die Beschaffung, oder sollen wir das selbst besorgen?« Der Gefreite konnte es nicht fassen, wie Männer nach etwa zehn Tagen solch einen Sexkoller entwickelten. Offensichtlich ging es dabei aber gar nicht um die Befriedigung aufgestauter sexueller Bedürfnisse, sondern vor allem um den öffentlichen Beweis, dass sie allesamt nicht schwul waren. Die Vermutung der Sexualwissenschaft ist, dass in solchen homosozialen Situationen mit viel

Enge, Nähe und Kameradschaft homosexuelle Anteile aktiviert und dann als bedrohlich wahrgenommen werden. Es geht also vor allem um die Abwehr von Homosexualität, wenn Männer ihre Heteronormativität so zwanghaft darstellen müssen. Man(n) will zeigen, dass man ein richtiger Kerl und Soldat ist. Auch bei Kriegsvergewaltigungen sieht man, dass da durchaus homosexuelle Anteile mitspielen, ohne dass das den Tätern selbst zu Bewusstsein kommt.

Wie das?

Der Prozentsatz von Gruppenvergewaltigungen ist sehr hoch, er beträgt in Zivilzeiten 30 bis 50 und in Kriegszeiten ungefähr 70 Prozent aller Vergewaltigungen. Hier vergewaltigen Männer direkt nacheinander oder gar gleichzeitig eine Frau. Wenn man es etwas verkürzt darstellt, dann begegnen sich Männer in einem zum bloßen Behälter degradierten weiblichen Körper, der allein auf seine Öffnungen reduziert wird. In einer deutschen Aidsberatungsstelle hat sich einmal ein Anrufer gemeldet, der zusammen mit seinen Saufkumpanen eine Frau vergewaltigt hatte. Einer seiner Kumpels, der vor ihm »dran war«, erwies sich als HIV-positiv, und nun hatte er Angst, dass er sich im Körper des Opfers an dessen Sperma angesteckt haben könnte. Solche Männer wollen sich gegenseitig demonstrieren, dass sie nicht homosexuell sind, und praktizieren dabei gleichzeitig eine pervertierte gewalttätige Form von Homosexualität, deren Abwehr mit dem Hass auf das zugleich begehrte und entwertete weibliche Geschlecht einhergeht. Elfriede Jelinek hat in einem ähnlichen Zusammenhang treffend von der »Annihilierung«, das heißt von einer völligen Zunichtemachung des weiblichen Körpers und damit der weiblichen Subjektposition gesprochen.

Wenn Sie Veranstaltungen mit Militärs machen, wie reagieren die auf Ihre Ausführungen zu sexueller Gewalt?

Bei einer Veranstaltung vor Generälen und Generalsanwärtern habe ich einmal große Fotos von den Massenvergewaltigungen im chinesischen Nanking durch das japanische Militär gezeigt – und bin auf eine Wand von Abwehr gestoßen. Niemand wollte darüber reden oder sich gar darauf einlassen, dass das etwas mit Männlichkeit und männlicher Sexualität zu tun haben könnte. Nur einer wollte in etwas schnarrendem Ton wissen, mit welchen eher technisch verstandenen Anweisungen sie als Kommandeure so etwas verhindern könnten.

Sexuelle Gewalt von Männern gegen Männer scheint in bewaffneten Konflikten viel häufiger vorzukommen als gemeinhin angenommen. Wie ist das erklärbar?

Hier gibt es verschiedene Formen, bei denen genauer zwischen sexualisierter und sexueller Gewalt unterschieden werden muss: Sexuelle Folter soll die Opfer in besonderer Weise demütigen und entmännlichen, zum Beispiel durch Einführen von Gegenständen sowie durch andere Formen sexueller Schmerzzufügungen und Erniedrigungen. Zu diesen sexualisierten Foltermethoden sind übrigens auch weibliche Soldaten fähig, wie das Beispiel Lynndie England gezeigt hat. Wenn es zu direkten Vergewaltigungen kommt, bei denen es auch oder vorwiegend um die sexuelle Lust der Täter geht, dann werden diese das wahrscheinlich damit legitimieren, dass sie selbst aktiv und beherrschend bleiben und damit in ihren eigenen Augen nicht homosexuell sind. Das kennt man auch aus anderen Kulturkreisen oder Zusammenhängen. Homosexuelle Aktivitäten in Gefängnissen werden geduldet, weil sie als Ersatz gelten und einer »vorübergehenden Notsituation« geschuldet sind. Hauptsache, man ist selbst der Aktive und behält dabei die Kontrolle und die Oberhand. Die männlichen Opfer werden als ein begehrenswertes, aber rohes Stück Fleisch betrachtet, dessen Geschlecht im Prinzip als weiblich empfunden oder gekennzeichnet wird.

Geht es um Lust, die sich vor allem der eigenen Macht und der Ohnmacht der anderen versichern will?

Der Vorsitzende der Formel 1, Bernie Ecclestone, der vor Kurzem durch sein Loblied auf Hitler auffiel, machte schon vor ein paar Jahren die Bemerkung, Frauen müssten grundsätzlich weiß gekleidet sein, »so wie alle anderen Haushaltsgeräte auch«. Und mit dieser Haltung hält er sich seit vielen Jahren als Vorsitzender einer der wichtigsten Männersportarten. Gleichzeitig konsumieren solche Männer junge Mädchen in Serie, mit denen sie ihr Ego als alte, aber reiche und mächtige Männer aufpolieren.

Das sind doch klare Beispiele für sexualisierte Machtpolitik?

Ja. Macht macht geil, besagt ein klassischer Machospruch. Es gibt Leute, die eine unglaubliche Lust an der Macht empfinden und Macht ausnutzen für ihre sexuelle Befriedigung. Aber ich glaube, dass die Sexualität sich nicht allein in einen Machtdiskurs auflösen lässt. Wenn man daran festhält, dass es nur sexualisierte und nicht auch sexuelle Gewalt gibt, dass es den Tätern also *allein* um Macht geht und nicht auch um sexuelle Lust, dann unterstützt man sogar den Männlichkeitswahn. Als habe der Mann seine Sexualität so unter Kontrolle, dass er sie jederzeit an- und ausknipsen und notfalls sogar auf Befehl einsetzen kann.

Rund 30 Prozent der Vergewaltiger sollen sexuelle Funktionsstörungen bei der Tat haben.

Ist ja auch kein Wunder. Aber wenn sie vorher eine Viagra einnehmen, ist das inzwischen kein großes Problem mehr. Durch Viagra lassen sich Körperlichkeit und Begehren endgültig medikamentös voneinander trennen. Vergewaltigungen werden durch Militärs in Ruhephasen verübt, nach Siegen, Eroberungen oder in Übergangszeiten. Da kommen mehrere Motivationen zusammen: Sie waren im Kampfeinsatz, sie haben Angriffe und Todesangst überlebt, sie wollen zeigen, dass sie leben, dass sie weiterhin Männer sind, und das demonstrieren sie in einer unglaublich brutalen Art und Weise auch auf dem Feld der Sexualität.

Ist das nun sexualisierte Gewalt oder sexuelle Gewalt?

Es gibt natürlich fließende Übergänge zwischen sexueller Gewalt und sexualisierter Gewalt oder sexualisierter Machtpolitik. Aber ich verwende den Begriff sexualisierte Gewalt nicht, weil ich davon ausgehe, dass die männliche Sexualität in männlich dominierten Gesellschaften prinzipiell von einer Mischung aus Aggressivität und Begehren gekennzeichnet ist. Unter den destruktiven Vorzeichen von Kriegen entmischt sich das, und es gibt eine Verschiebung von Feind zu Frau. Joan Smith hat in ihrem Buch *Misogynies* in den 1980er Jahren über ein Songbook von US-Atombomberpiloten berichtet. In einem dieser Lieder heißt es: »Ich fickte 'ne tote Hure im Graben. Ich wusste sofort, sie war tot. Keine Haut auf dem Bauch und null Haare. Damit hatte sie keine Not. Und als ich da so neben ihr lag, war ich aber reichlich erschreckt. Ich schleckte schnell die süße Muschi. Sog raus, was von mir ihn ihr steckt.« Die Piloten singen diese Lieder, während sie mit Frauen und Kindern und Verwandtschaft grillen. Die kaum verhüllte Botschaft lautet: Frauenkörper rufen gleichzeitig Erregung und Abscheu hervor, und Tod und Verwesung sind folglich die Strafe für die lustvollen Gefühle, die sie beim Mann auslösen. Nach dieser Einstellung geht von Frauen selbst dann noch eine Todesdrohung aus, wenn sie schon halb tot oder ermordet worden sind. Frauen gelten also nicht nur als Sexualobjekte, sondern werden vielleicht gerade deshalb mit dem Tod assoziiert. Nach den Kampfhandlungen sind die Frauen des Feindes der Feind.

Wie kann man Soldaten dazu bringen, über ihre Männlichkeit nachzudenken?

Die in der Bundeswehr oder auch bei den UN-Friedenstruppen eingeführten *gender*-Trainings sind hier nicht besonders brauchbar. Das darin vermittelte Weiblichkeitsbild basiert auf der Annahme, dass Frauen grundsätzlich verletzlich und potenzielle Opfer sind. Das aber bestärkt die traditionelle Männlichkeit mit ihrem Schutzanspruch gegenüber Frauen und ist tendenziell sogar kontraproduktiv. Die Trainings müssten sich dagegen viel stärker mit Männlichkeit, der männlichen Sexualität und den in ihr eingelagerten Weiblichkeitseinstellungen beschäftigen – wie funktioniert sie und warum ist sie so, wie sie ist? Auf die Bundeswehr bezogen, müsste außerdem viel stärker als bisher die Sexualorganisation rund um die Lager der deutschen Soldaten in den Auslandseinsätzen beleuchtet werden: Wie viel Prostitution, insbesondere Zwangs- und Kinderprostitution gibt es, und kommt es innerhalb und außerhalb des Militärs zu sexuellen Übergriffen? Das wird bisher von der Bundeswehrführung und der Politik buchstäblich unter der Decke gehalten. Dagegen müsste versucht werden, eine öffentliche Kampagne zu starten, damit das endlich einmal diskutiert wird.

Wollen solche Männer mit der sexuellen Beherrschung von Frauen ihr beschädigtes Bild vom Mannsein reparieren?

Männlichkeit ist ein fragiles Konstrukt, und viele Männer fühlen sich durch Frauen und Weiblichkeit bedroht, speziell auf dem Gebiet der Sexualität. Bei den Sambia und anderen Ethnien in Papua-Neuguinea fürchten die Männer sogar, von Frauen tödlich angesteckt zu werden. Sexualität muss deshalb weit außerhalb des Dorfes vollzogen werden, im Stehen und ungeheuer schnell, denn die Männer müssen während dieser Zeit die Luft anhalten. Sie dürfen nicht atmen, weil nach ihrem Glauben während des Sexualaktes von den Frauen giftige Dämpfe ausgehen. Aus dieser Sicht ist die weibliche Sexualität bedrohlich, weil sie den Mann kontaminieren kann.

Aber es gibt doch auch völlig friedliche Völker mit nicht aggressiven Männern, beispielsweise die Semai in Malaysia. Bei ihnen scheint es keinerlei Verbindung zwischen Sexualität und Aggression zu geben. Entsteht diese also nur unter patriarchalischen Bedingungen?

Zweifellos. Diese Völker haben das Geschlechterverhältnis anders organisiert als wir, sie kennen keine Unterordnung der Frauen unter die Männer. Aber in patriarchalischen Gesellschaften muss die Vergeschlechtlichung von Macht tief in die Körper der Männer eingeschrieben werden. Und dazu dienen auch die Initiationsriten, die bei den Männern viel weiter und tiefer gehen als bei den Frauen. Die Blutrituale, das Ritzen und Schneiden, dienen in erster Linie dazu, das »vergiftende« mütterliche Blut aus dem männlichen Körper herausfließen zu lassen. Die Baruya in Papua-Neuguinea ersetzen das übrigens in rituellen Fellatiopraktiken durch das Sperma älterer Initianten, die noch nie Sex mit einer Frau hatten, die also noch nicht erneut weiblich »vergiftet« worden sind. Die Logik ist: Sperma ist die bessere Milch, es bringt Jungen zum Wachsen und macht aus ihnen Männer. Sperma muss auch den

Zu lange strammgestanden (Foto: dpa)

Frauen zu trinken gegeben werden, damit sie schwanger werden, Söhne gebären und selbst gute Milch geben können.

Aber es gibt doch auch hierzulande viele Männer, die völlig friedlich und unauffällig sind?

Sicherlich, und zum Glück ist das die überwiegende Mehrheit der Männer. Öffentlichkeit und Medien schauen immer nur auf die Vergewaltiger, die Straftäter, die Jugendlichen, die aus dem Ruder laufen. Aber eigentlich müssten wir gerade über diejenigen reden, die friedlich sind und weniger auffallen. Auch bei denen gibt es aggressive Anwandlungen, aber sie haben Formen gefunden, damit umzugehen. Wenn man gründlicher über sie forschen würde, könnte man herauskriegen, an welchen Weichenstellungen in ihrer Lebensgeschichte das lag. Eine der wichtigsten Weichen ist die Adoleszenz: Hier wird Männlichkeit und speziell die Sexualität in eine aggressive Richtung mit einer ambivalenten bis feindseligen Einstellung zu Frauen gebahnt – oder eben nicht.

Die Frau ist die Zukunft des Mannes.

LOUIS ARAGON

Kapitel 3
Der Sonderweg des deutschen Helden: rasanter Aufstieg und tiefer Fall

Der Kriegszitterer

Niemand weiß, wer er in seinem früheren Leben war. Niemand weiß, was er gemacht hat. Er hat sich eine perfekte Fassadenexistenz aufgebaut. In einer neuen Stadt. Mit einem neuen Beruf. 14 Jahre ist es her, seit der frühere Oberstleutnant Siegfried Zepter (Name geändert) bei einem Auslandseinsatz zum »Kriegszitterer« wurde, wie er selbst sagt. Er will Ruhe haben. Ruhe vor allen Nachfragen. Ruhe vor seiner Vergangenheit. Aber die Ruhe vor sich selbst, in sich selbst, die wird er wohl nie wieder finden. Er leidet an einem sogenannten Posttraumatischen Belastungssyndrom, kurz: PTBS.

Zepter ist stolz darauf, wieder einigermaßen klarzukommen, mit Beratungen wieder Geld zu verdienen. Aber so wie früher, sagt er, wird er nie wieder sein. Seit 14 Jahren hat er kein Buch mehr gelesen, weil er unfähig ist, sich längere Zeit zu konzentrieren. Er macht Yoga. Meditation. Ayurveda. Hat sein ganzes Leben darauf eingerichtet, dass ihn alles wieder einholt: das Zittern. Die Panikattacken. Die Flashbacks. Die Albträume. Die Schlafstörungen. Die Depressionen. Die Angst in zu engen Räumen. Die Angst in zu weiten Räumen. Die Angst vor Menschen. Die Angst vor der Erinnerung.

Siegfried Zepter, 54 Jahre alt, graue Haare, scharfe Falten, akkurater Anzug mit Krawatte, spricht schnell, manchmal abgehackt. »Ja, so ist das«, sagt er und schaut einen aus großer Ferne an. Ohne Lächeln, ohne spürbare Regung, wie eingefroren. Zepter kommt aus einer kinderreichen Familie im Ruhrgebiet. Der Vater, in der Nazizeit ebenfalls Soldat, kehrte nach achtjähriger Kriegsgefangenschaft mit kaputter

Seele zurück. Und schaffte es nicht, dem Sohn ehrlich zu erzählen, was er getan und erlebt hatte. Vielleicht hätte das dem Sohn eine Trauma-Wiederholung erspart. Aber das fand nicht statt, wie in den meisten Familien.

Der Sohn, an schnellem Geld und materiellem Erfolg orientiert, ging zum Bund, um sich seine Ausbildung finanzieren zu lassen. Er studierte Wirtschaftswissenschaften und wurde Berufssoldat. Ein »Bürohengst« sei er gewesen, zuständig für Logistik und Beschaffung, zuletzt als Oberstleutnant bei der NATO. »Gut« sei es ihm damals gegangen, er sei ein »Macher« gewesen, habe »viel Kohle« verdient, er habe eine Familie gehabt und Immobilien kaufen können. Und dann, 1996, wurde er nach Bosnien abkommandiert.

Vorher habe er einen Trainingskurs auf dem Bundeswehrgelände in Hammelburg absolviert, dreieinhalb Wochen, »viel zu kurz«, sagt Zepter heute. Das Verhalten in extremen Belastungssituationen, »bei 13 Stunden Dienst sechs Tage in der Woche«, das lerne man dort nicht. Noch in Hammelburg setzte jene unglückliche Verkettung von Ereignissen ein, die sein Leben ruinieren sollte. Nachdem er sich bei einer Übung eine Ellbogenverletzung zugezogen hatte, sollte er sich bei einer weiteren Übung in Deckung werfen. Seine Kameraden schossen, mit scharfer Munition wohlgemerkt, doch Siegfried Zepter war unfähig, sich auf seinen frisch operierten Arm zu werfen, sein Körper gehorchte ihm nicht, er erstarrte. Hinterher zitterte er wie verrückt, es ging ihm schlecht, aber er konnte das alles nicht einordnen.

Und dann der Bundeswehreinsatz auf dem Balkan. Der habe eh nur stattgefunden, sagt Zepter, »damit die Deutschen in der NATO mitreden können«. Von Bosnien aus sei schon damals, »vor allem von den Franzosen«, eine NATO-Intervention im Kosovo vorbereitet worden. Im kroatischen Split sollte er deshalb überprüfen, ob deutsche und französische Tanksysteme kompatibel waren. Dort geriet sein Auto in eine serbische Stellung. Die Serben entsicherten ihre Schusswaffen … Was weiter geschah, daran kann er sich nur lückenhaft erinnern, auf jeden Fall wirkte es, nach dem Vorfall in Hammelburg, wie eine Retraumatisierung. »Ich hatte Todesangst, ich wollte alle erschießen. Hinterher bin ich total erschrocken, beinah hätte ich,

der Familienvater, mich verhalten wie ein Killer. Ich war auch überzeugt, selbst zu sterben. Nix heroisch, nix mit Vaterland, einfach so.
Der Film meines Lebens zog an mir vorüber. Ich war richtig wegge-
treten. Später erfuhr ich, der Fahrer hatte Gas gegeben und die Sperre
durchbrochen.«

Aber Siegfried Zepters erstes Leben war dennoch zerstört. Das
Zittern wurde schlimmer, bei Dienstbesprechungen hatte er das Bedürfnis zu fliehen, hatte Muskelkrämpfe im Halsbereich, musste zeitweise eine Halskrause tragen. Er warf seinen Vorgesetzten vor, ihn
ohne ausreichende Sicherung losgeschickt, ihn verheizt zu haben, vor
der Generalstabsversammlung verweigerte er den weiteren Einsatz. Er habe immer geglaubt, sagt er heute, dass die Bundeswehr im
Zweifelsfall für ihn sorge, aber: »Die stießen Drohungen aus. Mein
Chef sagte, er könne nicht mehr für meine Sicherheit sorgen.« Zepter
hatte Panikattacken und Todesängste. Nach einem Kuraufenthalt in
Deutschland wollten ihn seine Vorgesetzten zurück nach Bosnien
schicken. Da brach er völlig zusammen.

Immer wieder Zitteranfälle. Angstzustände in Fahrstühlen.
Schweißausbrüche auf freien Plätzen. Zwar kehrte er in den Dienst
zurück, war dann aber wieder und wieder krank. Aufenthalte im Lan-
deskrankenhaus Essen und im Bundeswehrkrankenhaus Hamm. Die
Ärzte waren bemüht, sagt er. Sie bescheinigten ihm ein chronifiziertes
PTBS, chronisch vermutlich deshalb, weil es zu spät behandelt worden war. Das Max-Planck-Institut in Köln bestätigte das Trauma mit
Hirnstrommessungen. Doch das half Zepter auch nicht: Er hatte
Depressionen. Klaustrophobische Zustände. Er nahm Medikamente,
konnte nicht mehr arbeiten, er konnte nicht mal mehr einen Brief
zukleben. Ende 1998 wurde er frühpensioniert. Vorerst ausdrücklich
wegen einer Wehrdienstbeschädigung durch PTBS.

Er brach alle sozialen Kontakte ab. Hauste anderthalb Jahre auf
einem Campingplatz. »Mit dir hält man es nicht mehr aus«, warf ihm
seine Frau vor. Sie ließ sich scheiden und verlangte viel Geld. Sein
Bruder wollte ihn entmündigen lassen. »Erst als meine gesamte Exis-
tenz auf dem Spiel stand, begann ich wieder zu kämpfen«, sagt er.
Zuerst gegen seine Frau, dann gegen die Bundeswehrverwaltung, die

sein Trauma nicht anerkennen wollte. Eine Anerkennung hätte seine Frührente um gute 200 Euro monatlich erhöht, »aber darum ging es denen gar nicht. Die sagen: Wir dürfen keine Präzedenzfälle schaffen. Sonst will jeder Soldat, der einen Schuss gehört hat, in den Ruhestand. Lachhaft.«

Siegfried Zepter zog vor Gericht. In erster Instanz gewann er. Depressionen und PTBS seien Folgen einer Wehrdienstbeschädigung, urteilte 2003 das Sozialgericht Dortmund. Doch die Gegenseite legte Berufung ein. Der Gutachter der Bundeswehrverwaltung schrieb, der Kläger sei ein »Simulant«. Zepters behandelnder Arzt empörte sich in einem Schreiben: »Offenbar wird hier inzwischen in unverantwortlicher Form eine Diagnosemanipulation durchgeführt.« Doch das Landessozialgericht glaubte 2005 der Bundeswehrverwaltung, Siegfried Zepter verlor. Begründung: Die anderen Soldaten seien während der Vorfälle in Hammelburg und Kroatien ja auch nicht traumatisiert worden, also müsse es an der Person des Klägers liegen. Und dabei blieb es auch, denn die dritte Instanz lehnte die Klage aus formalen Gründen ab.

Kriegszitterer und Traumatisierte wie Zepter sind ein fast unvermeidliches Nebenprodukt von Militäreinsätzen. Rund 260 000-mal waren deutsche Soldaten bisher im Auslandseinsatz, viele Bundeswehrangehörige waren es mehrfach. Wie viele seitdem unter PTBS leiden, ist unbekannt, Bundeswehrverbandschef Ulrich Kirsch sprach Anfang 2009 von 1700 Fällen.[1] Bisher wurden nur etwa 700 Soldaten wegen PTBS in Bundeswehrkliniken behandelt, das sind noch nicht einmal ein Prozent der Zurückgekehrten. Der Traumatologe Karl-Heinz Biesold vom Bundeswehrkrankenhaus Hamburg schätzt den Anteil der behandlungsbedürftigen Soldaten auf zwei bis fünf Prozent, andere Experten glauben, er liege zwischen 10 und 20 Prozent. Denn die Dunkelziffer ist hoch: Viele gestehen sich aus Angst um ihre Karriere und um ihr Selbstbild als starker Mann nicht ein, dass sie krank sind.

»Ich hätte früher nie für möglich gehalten, dass diese hochbezahlten Juristen bei der Bundeswehrverwaltung berechtigte Ansprüche abschmettern. Die pellen sich ein Ei darauf, wie es den Leuten ergeht«, empört sich Siegfried Zepter. Von den rund 200 Personen, die einen Antrag auf Anerkennung ihres Traumas als Wehrdienstbeschädigung gestellt haben, wurden mehr als 100 abgewiesen. Bei Siegfried Zepter und den meisten anderen mit Verweis auf eine angebliche Persönlichkeitsstörung der Antragsteller. »Damit war für die klar: Ich hab' halt 'ne Macke«, konstatiert er. Also versuchte er, sich selbst zu helfen. Eine Spezialtherapie, das bei Vietnamveteranen erprobte *Rapid Eye Movement*, brachte Linderung. Ebenso diverse mehrwöchige Aufenthalte in einer ganzheitlich behandelnden Klinik in Kassel. Und schließlich der Umzug in die Anonymität, in eine andere Stadt, in ein neues Leben. Er hatte das Gerede von der »Psychomacke« satt.

Männer, die nicht mehr kämpfen können, verlieren im System Militär ihren Männlichkeitsstatus – das war schon im Ersten Weltkrieg so. Aus den monatelangen Stellungskriegen kehrten damals Hunderttausende nervenkranker »Kriegszitterer« zurück, die sich als »Schwächlinge« und »Feiglinge« beschimpfen lassen mussten. Gegen schwächliche Feigheit helfe nur »die Tugend der Härte«, propagierten faschistische Freicorps in der Weimarer Republik – sich verleugnen, durchbeißen, noch härter werden. »Für Männer«, sagt Siegfried Zepter, »ist das eine sehr schwierige Situation. Man will doch kein Weichei sein. Die Normen des Militärs lauten: Der Mann hat sich selbst im Griff zu haben, nur dann ist er in der Lage, auch andere zu führen. Wer eine Therapie nötig hat, der widerspricht dieser Norm. Der ist nicht mehr belastbar. Der gilt sogar als Sicherheitsrisiko, weil er beim Psychoklempner womöglich über Interna redet. So einer kann seine Karriere gleich aufgeben.«

Viele Soldaten scheinen zusätzlich zu ihren Phobien an einer Verweiblichungsangst zu leiden. »Ich würde nicht unbedingt Hilfe von Psychologinnen annehmen«, bekannte der ehemalige Hauptfeldwebel Frank Dornseif, der in Afghanistan von einem Selbstmordattentäter schwer verletzt wurde, in der Talkshow *Maischberger*. »Soldaten üben nun mal den männlichsten aller männlichen Berufe aus, sie sehen sich selbst als stark, gern auch als Helden. Einer, den dann nachts Albträume plagen, passt selbst nicht mehr in die Truppe der harten Jungs«, kommentiert Rundfunkjournalist Thomas Balzer.[2]

Und wegen all dem ist Siegfried Zepter auch so sauer. »Mein Therapeut hat mir geraten: Ich soll die Wut dort lassen, wo sie hingehört – bei der Bundeswehrverwaltung. Den Soldaten im Auslandseinsatz wird vorgegaukelt, man werde sich im Falle eines Falles schon um sie kümmern. Sie müssen aber wissen, dass die Traumatisierungsgefahr bei ungefähr zehn Prozent liegt. Und dass dann oft eben nicht für sie gesorgt wird. Jeder Soldat müsste es sich vorher schriftlich geben lassen, was bekomme ich, wenn mein Bein fehlt. Jetzt in Afghanistan – warum lassen wir uns vor den Karren dieser imperialistischen Amis spannen? Die haben Bin Laden doch hochgezüchtet. Wenn überhaupt Kampfauftrag, dann nur mit verdammt guter Vorbereitung, mit Drill und Stresstraining. Damit den Jungs nicht passiert, was mir passiert ist.«

Die Bundeswehr hat ihre Auslandseinsätze in den letzten Jahren zwar stetig ausgeweitet, sie aber so wenig wie möglich öffentlich thematisiert. Die Presse- und Öffentlichkeitsarbeit des Bundesverteidigungsministeriums ist zurückhaltend, um es höflich zu formulieren; es gab bislang kaum qualifizierte Debatten über Sinn und Unsinn der Einsätze. Mit der Folge, dass der allgemeine Wissensstand der Bevölkerung extrem dürftig ist: Die Mehrheit der Deutschen weiß über Ziele und Aufgaben der Truppen im Ausland fast gar nichts, und nicht einmal jeder zehnte der vom Sozialwissenschaftlichen Institut der Bundeswehr Befragten kann wesentliche Fakten der Auslandseinsätze benennen.[3] Die meisten wissen nicht mal, dass das deutsche Militär im Rahmen der NATO schon seit Jahrzehnten im Ausland tätig ist und seit einem Urteil des Bundesverfassungsgerichts von 1994 auch außerhalb des NATO-Vertragsgebiets eingesetzt werden darf, wenn der Bundestag dem zustimmt. Seitdem häufen sich die Einsätze, die wichtigsten waren: ab 1995 in Bosnien, ab 1999 im Kosovo, 2001 und 2003 in Mazedonien, ab 2001 in Afghanistan, im Mittelmeer und am Horn von Afrika, 2002 in Kuwait, 2003 und 2006 in der Demokratischen Republik Kongo, 2006 vor der Küste Libanons, 2008 im Sudan.

Die mangelnde Aufklärung der Öffentlichkeit geschieht nicht ohne Absicht. Unwissende sind leichter zu manipulieren. Das führt jedoch auch dazu, dass Soldatinnen und Soldaten, die unter hohem Risiko im Ausland kämpfen und womöglich traumatisiert oder verletzt wiederkommen, sich völlig alleingelassen fühlen. »*Ihr* schickt uns doch nach Afghanistan!«, beschwerten sich Bundeswehrsoldaten in einem offenen Brief.[4] Bundespräsident Horst Köhler beklagte Ende 2008 ein »wohlmeinendes Desinteresse« an den Auslandseinsätzen. Bernhard Gertz, damals noch Vorsitzender des Bundeswehrverbandes, forderte Ende 2008 eine Regierungserklärung der Kanzlerin zu Afghanistan, in der die verschwurbelten politischen und militärischen Einsatzziele klar definiert werden sollten. »Das Wort kämpfen wird versteckt hinter Begriffen wie helfen, sichern, retten, bergen oder schützen«, beschwerte sich Gertz. Auch die Betreuung Verwundeter und Traumatisierter sei mies: »Es gibt niemanden, der alles bündelt, abwägt und mit gezielten Angeboten an die Frau des gefallenen oder schwer verwundeten Soldaten herantritt und zum Beispiel auch die Bürokratie erledigt.«[5] Siegfried Zepter weiß davon ein Lied zu singen.

Wenig Unterstützung für die Bundeswehr, aber auch wenig Widerstand gegen ihren Einsatz und kaum Hilfe für traumatisierte Soldaten: Dass sich die Deutschen mit dem Militär so schwertun, ist eine Spätfolge der Nazizeit. Ob man die Geschichte Deutschlands als »Sonderweg« sieht oder nicht – fest steht: In keinem anderen westlichen Land gab es einen so steilen Aufstieg und einen so tiefen Fall des männlich-kriegerischen Helden. Der preußische Militarismus machte den Krieg zum Mann mit anderen Mitteln. Oder zum Vater aller Dinge, die keine Mutter mehr haben dürfen. Doch seit der germanische Kriegsheld 1945 von seinem Sockel gestürzt ist, gehört Deutschland zu den unheroischsten Ländern der Welt. Das macht es zu einem hochinteressanten Studienfall für die internationale Politik und zu einer Nation mit großen, bisher aber weitgehend ungenutzten Chancen für einen neuen zivilen Umgang mit Konflikten. Daher soll hier die Geschichte des Heldentums in Deutschland nochmals kurz aufgeblättert werden: Was machte den »deutschen Heroismus« aus?

Der neue Mann Herkules

Der Weg des Superhelden Herkules von der Antike ins neuzeitliche Europa führte zunächst über das revolutionäre Frankreich. Während der bürgerlichen Revolution sollte er als heldische Leitfigur, als Ideal eines neuen, »regenerierten« Mannes, des *homme regeneré,* und »sauberen Patrioten«, die verbrauchten Figuren des Adels ersetzen.

Dass sich die Revolutionäre just solch ein männlichkeitsstrotzendes Idol auserkoren, war kein Zufall. »Freiheit, Gleichheit, Brüderlichkeit!« – in der Parole, die 1789 das Bürgerliche Zeitalter in Frankreich einläutete, kamen Schwestern und Geschwisterlichkeit nicht vor. Die Französische Revolution war nur für die Männer des Bürgertums ein Fortschritt, die Frauen hingegen zwängte sie in neue Abhängigkeiten. Die Charta der Menschenrechte war ein Katalog der Männerrechte. Schon rein sprachlich setzt das französische *les hommes* Menschen mit Männern gleich, und nur bei der radikaleren Revolution 1791 in Haiti wurde der Satz »die Männer werden frei und gleich an Rechten geboren« durch »alle menschlichen Wesen …« ersetzt. Als die Dichterin und Frauenrechtlerin Olympe de Gouges die Ausweitung der Menschenrechte auf Frauen forderte, wurde sie unter einem Vorwand hingerichtet. 1792 beantragte die weibliche Gesellschaft der Revolutionären Republikanerinnen beim Französischen Nationalkonvent, die Revolution mit der Waffe in der Hand verteidigen zu dürfen. Die Männer waren empört. Ein Jahr später verboten sie alle Frauenklubs und die Ausübung politischer Rechte für Frauen. Ihnen galt allein der Mann als »stark, robust, mit einer großen Energie, mit Kühnheit und Mut geboren«, während die »natürlichen Anlagen« der Frau »Gemütstiefe«, »Häuslichkeit«, »Sittsamkeit«, »Sanftmut und Bescheidenheit« seien.[6] Die Frauen wurden entbürgert und in die Häuser verbannt. Ein bis heute wirkender tautologischer Begründungszirkel entstand: Männlichkeit bedingt Waffentragen bedingt Bürgerrecht bedingt Männlichkeit.

Viele europäische Bürger taten alles, um aus »ihren« Frauen Hausfrauen zu machen und aus sich selbst die alleinigen Träger des Staates. Nicht aus Bösartigkeit, sondern aus bourgeoisem Dünkel: um zu beweisen, dass es ihr Stand im Gegensatz zu anderen ökonomisch nicht nötig hatte, Frauen und Kinder arbeiten zu lassen. Das Ideal der bürgerlichen Familie war geboren.

Ein Heer »aufgeklärter« Philosophen, Schriftsteller und Staatsrechtler machte sich daran, die neue Geschlechtertrennung des Bürgerlichen Zeitalters zu legitimieren. »Und drinnen waltet die züchtige Hausfrau, die Mutter der Kinder, und herrschet weise im häuslichen Kreise«, dichtete 1799 Friedrich Schiller in der *Glocke*. Gewaltbereitschaft, Unabhängigkeit, Willenskraft, Tapferkeit, Kompromisslosigkeit und Rationalität galten als männlich; friedlich, abhängig, schwach, bescheiden, gütig, nachgiebig und emotional zu sein, sei weiblich, so hieß es allenthalben. Einige Zeitgenossen sahen das männliche gar als das böse Geschlecht, als »brutal« und »triebhaft«.[7]

Das änderte nichts daran, dass von den Frauen erwartet wurde, mit »aufopfernder Liebe« die Männer zu zähmen. »Das Weib«, hieß es in Meyers Konversations-Lexikon von 1848, sei durch Menstruation, Schwangerschaft und Stillen an »ernsthaft geistigen oder sehr angreifenden körperlichen Beschäftigungen verhindert«. Und 50 Jahre später betonte der Brockhaus: »Alle die körperlichen und geistigen Eigentümlichkeiten, durch die sich das Weib vom Manne unterscheidet, stehen im innigsten Zusammenhange mit der Bestimmung derselben, Mutter zu werden.« Und: »Die Rolle, welche der Frau im Unterschiede vom Manne im Geschlechtsleben von der Natur angewiesen ist, macht eine völlige Gleichstellung der Geschlechter für alle Zeiten unmöglich.« Die staatsrechtlichen Vordenker sahen die Nation als reinen Männerstaat. Der Hallenser Philosoph Christian von Wolff verstand den Staat als Gemeinschaft von Hausvätern, die als Oberhäupter ihre Familien repräsentierten. Und Immanuel Kant begriff die Gesellschaft zwar als Verband von Individuen, aber auch für ihn war es selbstverständlich, dass nur Männer den Bürgerstatus verdienten. »Dem Mann der Staat, der Frau die Familie« – das war das Motto vieler Staatstheorien.[8]

Auch nach der Gründung des Deutschen Reiches 1871 hielt der Geschlechterfundamentalismus an. Deutsche Wissenschaftler versuchten verbissen nachzuweisen, dass das weibliche Geschlecht nicht denken könne und deshalb nichts an Universitäten und in Parlamenten verloren habe. Frauen, so argumentierte der Physiker Max Planck, seien aufgrund ihrer Hormonzyklen unfähig zur Vernunft. Das Weibliche, sekundierte der Arzt Rudolf Virchow, sei »nur eine Dependenz der Eierstöcke«. Und der Begründer der Massenpsychologie Gustave Le Bon befand, die »offensichtliche Unterlegenheit« der Frauen rühre daher, dass »deren Gehirne vom Volumen eher denen von Gorillas ähneln als dem am weitesten entwickelten Männergehirn«.[9] Folglich war in Deutschland bis 1908 »Frauenspersonen, Geisteskranken, Schülern und Lehrlingen« – in dieser Reihenfolge wohlgemerkt – der Eintritt in eine Partei gesetzlich untersagt. Eine europaweit einmalige Regelung, die nur durch Österreich getoppt wurde: Dort war »Ausländern und Frauen« bis 1918 die Mitgliedschaft in einem politischen Verein verboten.[10] Dass Frauen im deutschen Kaiserreich kein Wahlrecht hatten, versteht sich fast von selbst.

Was brachte die Herren dazu, solche ideologischen *Mann*över zu veranstalten? Um die Verteidigung bestehender Privilegien und Bürgerrechte konnte es in deutschen Landen nicht gehen: Sie waren bis 1871 keine Nation, sondern eine lächerliche Kleinstaaterei. Parlamentarische Demokratie, echte Wahl-, Meinungs- und Versammlungsfreiheit gab es bis 1918 auch für Männer nicht. Sie waren kaum freier als die Frauen und hatten als Steuerzahler und Wehrpflichtige weit mehr Pflichten als Rechte: Im Zuge der antinapoleonischen Befreiungskriege hatte Preußen 1814 die allgemeine Wehrpflicht eingeführt. Sie sah für jeden Mann drei Jahre Dienst im stehenden Heer plus zwei Jahre in der Reserve vor, und im Ernstfall das Sterben für – ja, für was denn? Was hatte der gemeine Deutsche vom Vaterland, wenn er tot war?

Offenbar war es die Aussicht auf Statusverbesserung, die viele Männer antrieb. Wenn sie schon kaum Bürgerrechte besaßen, dann konnten sie wenigstens als Familienoberhaupt mit einer Stube voll stickender Frauen und Klavier spielender Töchter ihr Anrecht auf den Bürgerstatus beweisen. Wer im Krieg seinen Kopf hinhalten musste, pochte im Frieden darauf, ein paar Freiheiten zu bekommen. Und schließlich war da die Aussicht auf Heldentum – auf das verlockende Ziel, zumindest im Privaten wie Herkules auf dem Sockel zu stehen.

Als Statue und mythologische Figur kam Herkules – nebst den germanischen Nationalhelden Siegfried oder Hermann der Cherusker – nun immer öfter zum Einsatz. Der Kunsthistoriker Johann Joachim Winckelmann hatte schon 1755 die »edle Einfalt und stille Größe« der griechischen Heldenstatuen gepriesen und damit europaweit Aufsehen erregt. Nackt, strahlend weiß und tugendhaft, edel in den Proportionen, ohne ein Gramm Fett, kraftstrotzend und durchtrainiert – so sah für den homosexuellen Winckelmann der ideale Mann aus. Der abstrakt schöne, asexuelle Körper des Herkules wurde zum Sinnbild des bürgerlichen Mannes, die bürgerlichen Tugenden Arbeitsbereitschaft, Disziplin, Selbstbeherrschung, Gehorsamkeit, Todesbereitschaft und Askese waren ihm gleichsam auf die makellose Haut geschrieben. Und so war Herkules auch für Hegel, lange bevor es im real existierenden Sozialismus säkularisierte »Helden der Arbeit« gab, der Heros der Arbeit par excellence.[11]

Allerdings wissen wir nicht, ob normale Männer wirklich so zahlreich »den Herkules machen« wollten. Gerade bei Rekrutierungen gab es wohl viel mehr Widerstand als gemeinhin angenommen: Männer, die sich dem Wehrdienst entzogen, die im Krieg desertierten, die sich versteckten, die Bestechungsgelder bezahlten, um nicht eingezogen zu werden, die aus politischen, religiösen oder moralischen Gründen Krieg und Militär bekämpften und sich dafür als Drückeberger, Feiglinge, Perverse, Sodomiten oder Schwule beschimpfen lassen mussten. Ihre Geschichte ist noch weitgehend ungeschrieben, und die Quellen dafür sind verschüttet worden, mit Dreck beworfen, unsichtbar gemacht. Dissidente Männer sind von der herrschenden Geschichtsschreibung genauso ausgelöscht worden wie Frauen, die gegen die Zumutungen ihrer Geschlechterrolle rebellierten.

Das Militär als Herkulesmaschine

Welche Wucht die nationale Idee entwickeln konnte, das sahen die Deutschen nach 1789 an Frankreich. Das durch die Französische Revolution von Grund auf modernisierte Nachbarland entwickelte sich zum mächtigsten Staat Europas, die Soldaten Napoleons fegten 1806 das Heilige Römische Reich deutscher Nation hinweg. War vorher von der deutschen Nation nur als »Kulturnation« die Rede gewesen, so entstand nun im Schock der Niederlage ein deutscher Nationalismus, dessen Propagandisten zum »Heiligen Krieg« gegen den »napoleonischen Usurpator« aufriefen. Der Nationalkrieg gerann ihnen zur Bewährungsprobe wahrer Männlichkeit.[12]

Damals stand die Prügelpädagogik, beschönigend als »Manneszucht« bezeichnet, in allen staatlichen Institutionen auf der Tagesordnung – in Schulen, Waisenhäusern, Gefängnissen, Lehranstalten und Kasernen. Der sächsische Lehrer Johann Christoph Friedrich GutsMuths formulierte 1793 mit seiner Schrift *Gymnastik für die Jugend* eine der ersten Anleitungen, wie der Jüngling per Drill und Abwertung alles Weiblichen zum Manne gemacht werden sollte. Die Männer hätten durch Luxusleben ihre »natürliche« Kraft verloren, lautete seine Diagnose, die Folge seien »weibische« Defekte wie Schwäche, Kränklichkeit, Feigheit, Abhängigkeit und Passivität. Sein Rezept dagegen war »männlicher Widerwille gegen weibische Weichlichkeit«. GutsMuths begriff den Männerkörper als mechanische Maschine: Jedes seiner Einzelteile musste geschliffen werden, um die Gesamtleistung zu erhöhen. Und so meinte er: »Das Springen ist eine der schönsten gymnastischen Übungen: Füße, Beine, Knie und Schenkel, die ganze Maschine wird gestärkt und elastisch gemacht, jeder Muskel gespannt, der Mut belebt.«[13] Das war die Voraussetzung, damit später jeder junge Mann als Einzelteil der Militärmaschine funktionierte. »Es ist schön«, schwärmte GutsMuths, »wenn Knaben und Jünglinge aufs Kommandowort auf ihren Platz fliegen, sich an ihren Stellen gehörig rangieren, gute Stellung annehmen und anständig *wie ein Leib* abmarschieren, wohin man sie haben will.« (Hervorhebung durch U.S.) Die Friedensforscherin

Zu viel Orden, zu wenig Hirn:
die deutsche Armee (Foto: taz)

Astrid Albrecht-Heide nennt das Militär deshalb eine »Männlich-keitsmaschine«. Man könnte es auch als »Herkulesmaschine« be-zeichnen.

Das Militär begriff sich zunehmend als »Bildungsschule der Na-tion für den Krieg«, wie der preußische Kriegsminister Leopold von Boyen 1816 festhielt, oder als »Schule der Männlichkeit«, wie es der Berliner Professor Friedrich Paulsen Anfang des 20. Jahrhunderts for-mulierte. Eine mehrjährige scharfe Körperdressur sollte den Rekruten die allzu menschliche Abneigung gegen Töten und Sterben austreiben und durch rein mechanische Reaktionen ihres Körpers ersetzen. »Die gleichmäßigen Bewegungen des Exerzierens, Marschierens, Greifens, Ladens, Zielens und Schießens mussten mechanisch, ohne nach-zudenken oder gar zu zweifeln, ausgeführt werden«, schreibt die Historikerin Ute Frevert in ihrem Buch *Die kasernierte Nation.* »Die

Frequenz und Länge der Marschschritte pro Minute waren ebenso vorgegeben wie die Höhe, in der die Beine zu schwenken waren, oder der Neigungswinkel zwischen Ober- und Unterarm beim Schultern des Gewehrs.«[14]

Man bedenke: Diese militarisierte Männlichkeit war ein Massenprogramm, eine Leib-, Seelen- und Gehirnwäsche, der von wenigen Ausnahmen abgesehen *alle* Männer unterworfen waren. Es produzierte die klassische militärische Haltung, die den Soldaten auch im Zivilleben »auszuzeichnen« hatte und die die gesamte preußisch-deutsche Nation prägte: Ein Mann hatte hart zu sein, diszipliniert, Schmerzen und Entbehrungen klaglos zu ertragen, ja am besten gar nicht wahrzunehmen.

Damit Männer bereit waren, für eine abstrakte Idee ihr Leben zu lassen – denn mehr war »Teutschland« damals nicht –, mussten sie überzeugt sein, dass sie nur so Männlichkeit, Ehre und Ansehen bewahren konnten. Das Militärsystem wurde für die jungen Rekruten zum Initiationsritual, das sie zum »Mann« machte. Gemeinsame Lieder, Rhythmen, Märsche sollten sie emotional auf den Krieg als Erlebnisgemeinschaft einstimmen. In seinem überaus populären *Vaterlandslied* beschwor der »Nationaldichter« Ernst Moritz Arndt gar den »Heil'gen Krieg« gegen die napoleonische »Knechtschaft« und verwandelte damit die alte Kreuzritter-Idee in einen neuen nationalen Kreuzzug, in dem die Rache »süß« und der »Heldentod« ehrenvoll sei. Wer sich dem verweigere oder dem »Tyrannen« diene, der sei kein Mann mehr und verdiene Ächtung: »Dem Buben und dem Knecht die Acht!« Im Auftrag der preußischen Regierung rief Arndt die »teutschen Männer« dazu auf, sich ihrer »Elendigkeit« und »Weichlichkeit« zu entledigen.[15] Im Nachhinein ist schwer zu entscheiden, ob Arndt wirklich so dachte oder ein sachkundiger Emotionsbewirtschafter war, der den nationalen Mutterboden bereitete, um Zorn zu züchten und zu ernten.

Die Siege der preußischen Militärmaschinerie über Dänemark 1864, über Österreich 1866 und Frankreich 1871 lösten eine nationalistische Begeisterung aus. Sie war ein Ersatz für bürgerliche Freiheiten, die auch die nun erfolgte Gründung des Deutschen Reiches nicht mit sich brachte. Deutschland, spotteten Karl Marx und Friedrich Engels, habe seine Einheit »in der preußischen Kaserne« gefunden.

Offiziere und Soldaten hatten sich in der Öffentlichkeit stets bewaffnet zu zeigen, mit Säbel, Büchse und Bajonett. Bis Anfang des 19. Jahrhunderts musste ein württembergischer Mann gar den Besitz von Gewehr und Harnisch nachweisen, wenn er heiraten wollte.[16] Männlichkeit, Wehrhaftigkeit und sexuelle Potenz verschmolzen zu einem Komplex, in dem Entwaffnung als Entmannung verstanden wurde. »Hier schnitt sich die Nation auf Befehl zielsicher die Geschlechtsteile ab«, kommentierte der Freicorps-Soldat Friedrich Schauwecker am Ende des Ersten Weltkriegs die Kapitulation des deutschen Heeres, als sein Regiment sein Kriegsmaterial in einem Teich versenken musste.

Wie bei Odysseus so war auch bei deutschen Soldaten das Verhältnis zu Gewalt und Sexualität von Doppelmoral gekennzeichnet. Als brave Christen gelobten sie in der Kirche, nicht zu töten und die Ehe nicht zu brechen, doch war es für Rekruten normal, von Prostituierten sexuell initiiert zu werden. Sex und Gewalt waren Männern eben doch erlaubt, man erwartete es sogar von ihnen. Die Treue, die sie als Soldaten schworen, die gar als »deutsche« Eigenschaft par excellence gepriesen wurde, galt allein König, Kaiser, Führer; wer jedoch einer Frau treu blieb, blamierte sich vor seinen Kameraden: »Heute Jettchen, morgen Bettchen, immer neu, das ist Soldatentreu.«[17]

Während der Ehebruch eines Mannes als »momentaner Fehltritt« galt, war das Fremdgehen einer Frau die »schwerste Kränkung« eines Ehemannes und die »Vernichtung« des »ehelichen und häuslichen Friedens«.[18] Frauen hatten ein Leben in Keuschheit und Tugendhaftigkeit zu führen. Männliche Ehre, hieß es damals, beweise sich durch weibliche Scham. Entsprechend blutig rächten sich Soldaten und Offiziere an allen, die die Tugend ihrer Verlobten, Ehefrauen, Schwestern oder Töchter durch Gerede oder Taten infrage stellten. Der Mann repräsentierte als »Oberhaupt« den »Familienkörper«; war dieser »verletzt«, so konnte nur er »die Scharte wieder auswetzen«. Männerduelle waren bis zum Ende des Ersten Weltkriegs erlaubt. Selbst Ferdinand

Lassalle, Gründervater der Sozialdemokratie, starb beim Duell mit einem Nebenbuhler, und auch der Soziologe Max Weber duellierte sich, um die »Ehre« seiner Frau Marianne zu verteidigen.

Die zwei Körper des Herkules

Nach der Reichsgründung von 1871 wurden die königlichen Heere von Preußen, Württemberg, Bayern und Sachsen zur gemeinsamen Armee des Kaiserreichs umgeschmolzen. »Die nationale Rüstung«, jubelte eine preußische Zeitung 1876, schließe sich nun »immer dichter und undurchdringlicher an den deutschen Reichskörper«.[19] Der »Volkskörper«, wie es damals allenthalben hieß, hatte seine Ritterrüstung gefunden, Haupt und Schild war Kaiser Wilhelm I.

Ob es einem gefällt oder nicht: Die Vorstellung, dass ein Kollektiv von Menschen so etwas wie einen imaginären sozialen Körper bildet, einen Kollektivkörper, scheint seit langem zu existieren. Er wird gemeinhin durch Gegenstände symbolisiert und sakralisiert, vom Totemtier über Kreuz und Königskrone bis zur Blutfahne. Der Historiker Ernst Kantorowicz hat in seinem Buch *Die zwei Körper des Königs* ausgeführt, wie das theologische Konzept vom doppelten Christus – dem sterblichen Menschen und dem unsterblichen Sohn Gottes – auf das Königtum übertragen wurde, wie der politische Körper des Königs damit unsterblich wurde und den Staat und später die Volkssouveränität repräsentierte.

Angesichts solcher Vorstellungen muss es umso traumatischer für den Kronprinzen und späteren Kaiser Wilhelm II. gewesen sein, dass sein echter Körper verkrüppelt war. Aufgrund eines Geburtsfehlers war sein linker Arm gelähmt und verkürzt, als Kleinkind musste er jahrelang folterähnliche Therapieversuche ertragen. Nicht nur seine Mutter tat sich schwer damit, die Männlichkeit des so wenig herkulanischen Thronfolgers zu akzeptieren, auch andere am Hofe hatten Bedenken, ob ausgerechnet er das Reich würde regieren können. Die Vermutung liegt nahe, dass der narzisstisch gestörte Wilhelm II. später mit seinem militaristischen Gehabe diese frühe Traumatisierung zu kompensieren versuchte. Aggressiv reklamierte er für Deutschland einen »Platz an der Sonne«, und tatsächlich dehnte sich unter seiner Regentschaft der »Körper« des Deutschen Reiches durch neue Kolonialgebiete auf die sechsfache Größe aus.

In den folgenden Jahrzehnten schossen lokale Kriegervereine wie Pilze aus der national-deutschen Muttererde, insgesamt rund 30 000. Ihr Dachverband, der Kyffhäuserbund, zählte nach 1900 um die drei Millionen Mitkämpfer. Militärparaden präsentierten dem staunenden Volke die »nationale Rüstung«. Während in anderen europäischen Ländern die Bourgeoisie längst die Macht übernommen hatte, galten in Deutschland Adel und Offiziere als die Ersten im Staate, als die tonangebende und sogar die Mode bestimmende Klasse. Die Männerkaserne war zur Nation geworden und die Männernation zur Kaserne, der Reichskörper unter seinem Staatsoberhaupt Wilhelm II. war scheinbar glänzend gerüstet für die nächsten Kriege und kolonialen Eroberungen. Zugleich wurde Ende des 19. und Anfang des 20. Jahrhunderts die Vorstellung vom »Reichskörper« immer mehr zur Wahnidee eines rassisch reinen »Volkskörpers«, der von gemeinsamem Blut durchrauscht ward.

Herkules der Kolonisator

Herkules, der antike Grenzüberschreiter, der zwölf Abenteuer in der Ferne überstehen musste, wurde nunmehr zum Sinnbild des Kolonisators. Er war der Eroberer und »Kulturbringer«, der Übermann und unversöhnliche Gegner der Weiberherrschaft, der nebst vielen anderen Ungeheuern auch die Amazonenkönigin besiegt hatte.

Ganz Europa war damals vom »Kolonialfieber« befallen, und Kaiser Wilhelm begehrte mitzuhalten. Bei der Kongo-Konferenz 1884/85 in Berlin teilten die Großmächte Afrika unter sich auf, Deutschland erhielt unter anderem Deutsch-Ostafrika (heute Tansania, Burundi, Ruanda), Deutsch-Südwestafrika (heute Namibia), Kamerun und Togo. Die deutschen Kolonisatoren führten Zwangsarbeit und grausame Körperstrafen mit der Nilpferdpeitsche ein und machten sich

mit ihrer Prügelkultur verhasst. Besonders brutal ging der Kaiser-
liche Kommissar Carl Peters in Deutsch-Ostafrika vor, auch »Hänge-
Peters« genannt, weil er seine schwarze Konkubine wegen angeblicher
Untreue aufhängen ließ.[20] »Der Neger ist ein blutdürstiges, grausames
Raubtier, das nur durch das Auge und die Peitsche des Bändigers in
Respekt erhalten werden kann«, schrieb Kolonialoffizier August Bos-
hart in einer Broschüre über die seiner Meinung nach angemessene
»Behandlung der Eingeborenen in den deutschen Kolonien«.

Dem Aufstand der Herero im heutigen Namibia begegneten die
Deutschen von 1904 bis 1908 mit einem Vernichtungsfeldzug, der
heute als erster Völkermord des 20. Jahrhunderts gilt: Etwa drei Viertel der rund 80 000 Herero wurden ermordet. Die Konzentrationslager erfand nicht Hitler, sondern die deutschen Kolonisatoren: Sie ließen gefangene Herero in Lager überführen, in Ketten legen und in
Steinbrüchen oder beim Eisenbahnbau unter der Knute der Aufseher
so lange arbeiten, bis sie zusammenbrachen. Die Schädel einiger Ermordeter wurden in die Berliner Charité gebracht, um an ihnen »die
Überlegenheit der deutschen Rasse« zu beweisen. Sie lagern dort
noch immer.[21] Dass das Deutsche Reich Konzentrationslager in seine
Kolonien exportierte, die Hitler später quasi heim ins Reich holte, ist
mit ökonomischen Interessen allein wohl nicht zu erklären: Die deutsche Kolonialwirtschaft hat in keinem Land außer Togo Gewinne ein-
gebracht. Es ging auch um den Beweis, dass der weiße Mann dem
schwarzen überlegen sei. Wer seine »Höherwertigkeit« so zwanghaft
beweisen muss, der hat eine schwache Identität zu verbergen.

Herkulanische Männerbünde

In keiner anderen europäischen Nation wurde die weibliche Hälfte
der Gesellschaft so rigide aus dem öffentlichen Leben, aus Universitäten und Bildungsberufen ausgeschlossen wie hierzulande. In den
meisten europäischen Staaten durften Frauen seit Mitte oder Ende
des 19. Jahrhunderts studieren: in England seit 1849, in Frankreich
seit 1863 und in der Schweiz seit 1867.[22] Dagegen öffnete erst 1908 die

erste preußische Universität ihre Pforten für das weibliche Geschlecht.

Die deutschen »Herrenmenschen«, wie viele sich selbst nannten, spürten, dass ihre Machtprivilegien nicht auf Dauer zu sichern waren. Das machte sich zunächst vor allem in der Wirtschaft bemerkbar: Mehr und mehr Frauen wurden berufstätig, wenn auch vorerst nur als Dienstmädchen, Arbeiterinnen, »Tippsen« oder Telefonistinnen. In Berlin gründete sich zudem 1904 der »Weltbund für das Frauenstimmrecht« – der in Deutschland allerdings erst nach dem Ersten Weltkrieg erfolgreich war. Angesichts dieser Entwicklungen bekamen es Männer mit der Angst zu tun, dass ihre Körperkraft und Wehrbereitschaft in einer industriellen Gesellschaft bedeutungslos werden könnten, und sie versuchten mit aggressivem Gehabe ihrer Angst vor dem Statusverlust Herr zu werden. Nie zuvor, schreibt der Historiker Philipp Blom, waren auf den Straßen so viele Uniformen zu sehen, nie zuvor wurden so viele Duelle ausgetragen.[23] Die Militarisierung war Ursache *und* Folge des aufkommenden Männerwahns. Uniformen und »nationale Rüstung« sollten wie eine Ritterrüstung fragile männliche Identitäten schützen und vor dem Zusammenbruch bewahren.

Den Begriff »Männerbund« prägte 1902 ein Völkerkundler: Heinrich Schurtz vertrat die These, dass am Anfang jeder Gesellschaftsbildung Männerbünde gestanden hätten.[24] Nur im Zusammenschluss der unverheirateten jungen Krieger finde der Heranwachsende Gleiche und Gleichgesinnte in einem Schutzraum vor allen Andersartigen. Die unzähligen deutschen Männerklubs und Studentenvereine, Stammtische, Geheimbünde und schlagenden Verbindungen mit ihren überschäumenden Bierbesäufnissen waren für ihn der Beweis, dass der Männerbund von der Steinzeit bis in die Gegenwart weiterwirke. Schurtz' »Männerbund« wurde zu einem Abwehrbegriff, zu einer ideologischen Kampfparole, zu einer sich selbst erfüllenden Prophezeiung: Immer mehr militärische, politische und wissenschaftliche Männerbünde wollten die Frauen an ihre »angestammten Plätze« verweisen.

Wer sich als Mann mit Pazifistinnen und Frauenrechtlerinnen

solidarisierte, wurde so gnadenlos als »unmännlich« diffamiert, dass es auch die SPD vorzog, die »Erziehung zur Wehrhaftigkeit« in ihr Programm aufzunehmen. »Behüte uns Gott vor den Mannweibern und den verdrehten Schrullen«, polterte ein Journalist stellvertretend für viele anlässlich eines Pazifistinnenkongresses 1904 in Berlin. »Mehr als je braucht unser Zeitalter waffen- und denkfähige Männer.«[25]

Auch die seit 1901 erblühende Wandervogelbewegung sollte frisch, fromm, fröhlich, frei und vor allem mädchenfrei und sexfrei bleiben. Man(n) wollte sich das Deutsche Reich alleine erwandern, seine klappernden Mühlen an rauschenden Bächen erleben, seine durch die Nacht rauschenden Wildgänse, seine schwärmerischen Jünglingsfreundschaften. Die Wandervogel-Lyrik war ein einziges Raunen und Rauschen, durchtränkt von der Sehnsucht nach Natur, Ekstase, Verschmelzung, Hingabe, Gefühlsüberschwang und Begeisterung: also all dem »Irrationalen«, das dem weiblichen Geschlecht zugeschrieben und aus den eigenen männlichen Reihen ausgeschlossen wurde – und das doch durch die Hintertür wiederkehrte.

Die Wandervogelbewegung war gleichzeitig durch panische Sexualangst und einen geradezu psychotisch anmutenden Reinheitswahn geprägt. Besonders deutlich wird das in Walter Flex' einflussreichem Bestseller *Wanderer zwischen den Welten*, der junge Deutsche begeistert in den Ersten und später in den Zweiten Weltkrieg wandern ließ. Ulrike Brunotte weist in ihrem Buch *Zwischen Eros und Krieg* nach, wie die Novelle »homoerotische Wünsche auf die Waffen und den tödlichen Kampf« verschob: »›Einen echten und rechten Sturmangriff zu erleben!‹, sagte der junge Leutnant neben mir, ›das muss schön sein …‹ Mit einmal legte er mir den Arm um die Schulter und rückte das helle Schwert vor meine Augen: ›Das ist schön, mein Freund!‹«[26] Das »helle Schwert« als Phallusersatz.

Die künstliche Geschlechterpolarisierung, die im 18. Jahrhundert begann, kulminierte im Nationalsozialismus. »Niemals zuvor und niemals danach wurde die Maskulinität in solche Höhen gehoben wie im Faschismus«, schreibt der deutsch-britische Historiker George Mosse.[27] Die Naziführer priesen die mann-männliche Bindung in schwülstigen Reden und Ritualen, am Lagerfeuer, bei der Hitlerjugend, im »Heiligen Kreise der Kameraden«, bei Aufmärschen und Fahnenfeiern. Da blieb es nicht aus, dass sich die Homoerotik des Männerbundes als explosiver Widerspruch entpuppte, denn die Männerfreundschaften durften niemals manifest erotisch werden. Offizielle Begründung: Homosexualität gefährde die »Vermehrung der arischen Rasse«, also die Heldenproduktion. Noch wichtiger aber dürfte die Angst der »Herrenmenschen« gewesen sein, durch das Zeigen von Gefühlen oder im sexuellen Akt die dominante Stellung zu verlieren, »entmannt« und »verweiblicht« zu werden. Nicht nur dem offen schwulen SA-Führer Ernst Röhm wurde das zum Verhängnis. Ende Juni 1934 betrat Hitler mit der Peitsche in der Hand Röhms Schlafzimmer und ließ ihn und weitere SA-Führer wegen angeblichen Verschwörungsplänen liquidieren – auch aus machtpolitischen Erwägungen. Die an der Mordtat Beteiligten zeichnete Heinrich Himmler bei einer Zeremonie mit dem »Ehrendolch« aus – einem Kastrationssymbol.[28] Homosexualität sei eine »Seuche« und gefährde den Staat in seinen Grundfesten, so der homophobe SS-Führer Himmler, sie müsse »entfernt werden«, »wie wir die Brennnesseln ausziehen, auf einen Haufen werfen und verbrennen«. Im *Stürmer* und anderswo suggerierte die NS-Propaganda, Homosexualität werde von »marxistisch-jüdischen Kreisen« gefördert und müsse ausgerottet werden.[29] Das Ergebnis: Rund 10 000 Schwule wurden während der NS-Zeit in Konzentrationslagern ermordet.

Die männliche »Kameradschaft«, von den antinapoleonischen Befreiungskriegen bis zu den Nazis ideologisch aufgeladen, erscheint als die pervertierte Sehnsucht nach Freiheit, Gleichheit, Brüderlichkeit in einem Land, das keine bürgerliche Revolution zustande brachte. Weil der Männerbund »Stärke« und »Wehrhaftigkeit« versprach, wurde er zum Ersatz für den lange fehlenden gemeinsamen Staat. Die Folge: In der verspäteten Nation Deutschland, die sich so lange ihrer äußeren Grenzen unsicher gewesen war, wurde die Treue zur Nation tief ins Innerpsychische gewendet. Der deutsche Mann hatte staatstreu zu sein »bis ins deutsche Mark seiner deutschen Knochen«. Kein anderer Staat war so durchmilitarisiert bis in die »Tiefenseele« seiner Bewohner. Viele Männer trachteten danach, selbst wie ein kleiner Staat zu funktionieren, wie die Hosentaschenausgabe einer großen Idee.

Der elitäre Männerbund sei das wichtigste Merkmal, das »die deutsche von allen anderen patriarchalischen Gesellschaften des Okzidents« unterschieden habe, glaubt auch Nicolaus Sombart. Nur in Deutschland habe der Männerfreund zu einer Kategorie der politischen Theorie stilisiert werden können: »Freundschaft ist hier staatsbezogen, staatstragend, staatsschaffend. Darum ist ›Politik‹ Männersache und misogyn. Durch die Verbindung mit der Idee des Staates, des ›Reiches‹, entsteht erst die typisch deutsche, männerbündlerische Variante der Homoerotik.« Das »Männerbundsyndrom« sei der »vielleicht entscheidende Faktor der deutschen Nationalgeschichte«.[30]

Die bitterböse Ironie der Geschichte: Die Angst vor dem Weib war die entscheidende Triebkraft des deutschen Militarismus und zugleich seines Untergangs. Weil die Ideologen des Männerstaates Frauen als minderwertig und verachtenswert geißelten, blieb Männern nur die Flucht in kampfbereite, homoerotisch eingefärbte Männerbünde. Doch da erwartete sie neuer Schrecken: Homosexualität war als »verweiblichte« und »verminderte« Männlichkeit verpönt, preußische Militärführung und Nazis sahen sie als eine der größten Bedrohungen der »Manneszucht«: ein selbst geschaffener Kreislauf ohne Entrinnen.

Womöglich ereilt dieses Schicksal früher oder später alle hypermaskulinen Fundamentalisten, ob Nazis, Al-Kaida, Hindu-Extremisten oder Fundamentalchristen. Viele dieser Bewegungen scheinen an einen Kulminationspunkt zu gelangen, an dem sich ihre Mitglieder gegenseitig umzubringen beginnen, weil sie keinerlei »abweichende« Männlichkeit mehr zulassen können.

Es wäre jedoch ein Missverständnis anzunehmen, deutsche Frauen seien nur Opfer des militaristischen Männerstaates gewesen: Viele hatten ihn mit unterstützt, scharf darauf, sich mit Herren in »schmucken Uniformen« in der Öffentlichkeit zu zeigen und eine »gute Partie« mit einem preußischen Offizier zu machen. Ab 1866 engagierten sie sich in den Vaterländischen Frauenvereinen, nähten »Blutfahnen«, organisierten die freiwillige Kriegskrankenpflege, unterstützten die Aufrüstung, trommelten für die Nation, machten im Frauenbund der Deutschen Kolonialgesellschaft rassistische Propaganda und profitierten zusammen mit Männern von den Kolonialgeschäften.[31] Ab 1933 waren sie, vor allem als Ehefrauen hoher NS-Tiere, Mittäterinnen des Naziregimes. Nur eine kleine Minderheit leistete Widerstand.

Der Jude als Anti-Herkules und Anti-Mann

Es ist eine ironische Tragödie, dass ausgerechnet das vom schwulen Kunsthistoriker Winckelmann entworfene Männeridol des Herkules zu einer Männlichkeitsnorm wurde, in deren Namen Homosexuelle verfolgt wurden – und andere »abweichende« Männer wie Juden, Behinderte oder Landstreicher. All diesen »Abweichlern« wurden feminisierte, hässliche und schlaffe Körper angedichtet.[32] Im Dritten Reich wurden vor allem die Juden zum Symbol des fremden weiblichen Körpers, zum »Fremdkörper« in der deutschen Nation, zu »Parasiten« und »Blutsaugern« am deutschen »Volkskörper«. Die Nationalsozialisten hängten dem »ewigen Juden« weiblich konnotierte Eigenschaften an: Er galt als impotent, schwach, weich und zersetzend. »Bei keinem Volk findet man so viel Weibmänner und Mannweiber wie bei den Juden. Deshalb drängen sich so viele Jüdinnen zu männlichen Berufen«, schrieb etwa Otto Hauser in seinem Aufsatz *Juden und Deutsche*. Und weiter: »Betrachtet man diese jüdischen Frauen auf die sekundären Geschlechtsmerkmale hin, so kann man bei gut zwei Dritteln von ihnen deren Vermischung feststellen. Der deutliche Bartanflug ist überaus häufig, die Brüste dagegen unausgebildet, das Haar bleibt kurz.«[33]

Gleichzeitig trieb der Nationalsozialismus den Herkuleskult auf die Spitze – Kitsch und Gewalt gehen fast immer Hand in Hand. In *Mein Kampf* schwärmte Adolf Hitler von der »Unsterblichkeit des griechischen Schönheitsideals« als einer »Kombination von außergewöhnlicher körperlicher Schönheit, einem strahlenden Geist und einer edlen Seele«. Für Ernst Jünger oder Gottfried Benn war er »der dorische Held« schlechthin. So schwärmte Jünger, Herkules sei das Vorbild für jene aus »Stahlbad« und »Feuertaufe« neu erstandenen Mannen, für die Arbeit immer Kampf und Kampf immer Arbeit sei.[34] Der Nazibildhauer Arno Breker schlug Herkules monumental in Stein.

Der Psychoanalytiker Gerhard Vinnai glaubt, dass die nie gelöste innige Verbindung des sexualphobischen Muttersöhnchens Hitler zu seiner Mutter eine Ursache für seinen Rassenwahn war: Hitler wollte die »Blutschande« in der eigenen Familie – seine Mutter war eine Nichte zweiten Grades seines Vaters – auslöschen, indem er sie dem Judentum anhängte, indem er behauptete, die Juden wollten die »germanische Rasse« »schänden«. Der »Führer« selbst war nie zu Liebesbeziehungen fähig außer – wie sein Vater – zu einer Nichte (Geli Raubal) und, in einer wohl asexuellen Form, zu Eva Braun.[35]

Ob Hitlers Verhältnis zu Sexualität und Frauen womöglich auch eine Folge seiner sprichwörtlichen Entmannung im Ersten Weltkrieg war, sei dahingestellt. Der deutsche Militärarzt Johan Jambor vertraute 1960 einem Priester an, er habe den Gefreiten Hitler medizinisch versorgt, nachdem dieser während der Schlacht an der Somme 1916 einen Hoden verloren hatte.[36] Wollte Hitler später mit Krieg und Völkermord beweisen, dass er trotzdem »Manns genug« war? Wollte er, ähnlich wie Kaiser Wilhelm II., mit der imperialen Ausdehnung seines Reiches die Versehrung des eigenen Körpers kompensieren?

Auch wenn dem so wäre, erklärt das noch nicht, warum seine Anhänger ihm so bedingungslos folgten. Offenbar brauchten viele deutsche Männer Feindbilder, die sie für ihre massive Panik vor Statusverlust verantwortlich machen konnten, auf die sie alles projizieren konnten, was sie als schwach, lüstern, unrein und leibervermischend wahrnahmen. Zuerst waren diese »anderen« die Frauen, dann zunehmend die »jüdische Rasse«. Offenbar dienten die Juden als Entsorgungspark für Ängste, die als Nebenprodukt der extremen Geschlechterpolarisierung entstanden waren. Männliche Juden galten einerseits als weibisch, andererseits als lüsterne und stets vergewaltigungsbereite Sexualtriebtäter, die »deutsche Jungfrauen« und »deutsches Blut« schänden wollten.

Die Nazipropaganda zielte auch darauf ab, dass es keinen Unterschied zwischen dem deutschen Mann und Krieger gab – und geben durfte. Wer beweisen wollte, dass er kein »Gevatter Butterweich« war, wie es damals allenthalben hieß, musste Frontsoldat werden. Denn nur im Kampf, verkündeten die Nazis, könne der Mann zeigen, dass er die »Tugend der Härte« und »Rücksichtslosigkeit« besitze. Mitgefühl und Mitleid wurden damit genauso als »unmännlich« oder »weibisch« denunziert wie »Feigheit vor dem Feind«. Anhand von Feldpostbriefen hat der Historiker Frank Werner aufgezeigt, wie sehr Soldaten diese fatale Gleichsetzung verinnerlicht hatten. Sie beteiligten sich an Vernichtungsfeldzügen, um explizit ihre Männlichkeit zu beweisen. Der »Härte-Imperativ«, so Werner, »wirkte als innerer Unterdrückungsmechanismus, der davor schützte, von Gefühlen ›übermannt‹ zu werden«.[37]

Das damals herrschende Mannesideal bewirkte zugleich, dass SS-Männer und Soldaten nicht an den von ihnen begangenen Kriegsverbrechen verrückt wurden, sondern sie trotz Skrupeln und Zweifeln letztlich erfolgreich in ihr Selbstbild integrieren konnten – als Männlichkeitsbeweis und Heldentat. »Ich weiß auch, dass einige genau mitgezählt haben, wie viele Menschen sie erschossen hatten. Sie renommierten dann untereinander mit den Zahlen«, so ein Angehöriger eines Einsatzkommandos.[38]

Doch der Härte-Imperativ löste auch Angst aus, vor versammelter Mannschaft bloßgestellt zu werden, wenn man nicht mitmachte. Er hätte befürchten müssen, dass er im Falle der Verweigerung »als Schlappschwanz angesehen würde«, begründete ein SS-Scharführer seine Beteiligung an Erschießungen. Und Frank Werner bestätigt: »Die Berichte darüber, wie Befehlsverweigerer von Offizieren und Kameraden vor aller Augen als ›Feigling‹, ›Schlappschwanz‹ oder ›feige Memme‹ verspottet oder schlicht als ›zu weich‹ abqualifiziert wurden, sind Legion.«[39] Vor zwei Übel gestellt, entweder den sozialen Tod als Mann zu erleiden oder sich an Bluttaten zu beteiligen, wählten die meisten Soldaten die zweite als die vermeintlich weniger schlimme Alternative. Lieber Mörder als unmännlich: Das zeigt den ganzen Wahnsinn polarisierter Geschlechterrollen.

Der Sturz des Herkules

Mit der deutschen Niederlage 1945 stürzte der Kriegerheld Herkules krachend von seiner Siegessäule. Nach zwei verlorenen Weltkriegen und dem von »germanischen Kriegerhelden« verübten größten Massenmord der Geschichte war die Entheroisierung gründlich und wahrscheinlich endgültig. Deutschland ist eines der wenigen Länder, das die Bezeichnung postheroische Nation wirklich verdient. Natürlich wurden hier und da noch Helden gefeiert, aber es waren keine Krieger mehr, sondern Helden der Arbeit und Stars, Sportler und Astronauten. Der Heldenkult zog sich ins Private und Zivile zurück, nach Hollywood, in die Rockmusik oder in Computerspiele. In *Egoshooter*-Spielen wie *Counterstrike* oder *Far Cry* schlüpfen die Kids von heute in die Haut von Heldenkriegern, die ihre Gegner mit variationsreicher Waffengewalt niedermachen. Auch die Schulattentäter von Erfurt, Emsdetten und Winnenden hatten das Töten zuvor in solchen Spielen trainiert.

US-Soldaten haben nicht nur Europa von Nazipanzern befreit, sondern auch deutsche Männer aus ihren Körperpanzern. Vor allem schwarze GIs setzten der strammdeutschen Körperstarre eine bis dato nie gesehene Lässigkeit entgegen. Sie lümmelten in provisorischen Büros, schlenderten durch die Straßen, verteilten Kaugummis und Schokolade an die Kinder, die bewundernd zu ihnen aufblickten. Sie ersetzten Marschmusik durch Jazz, Swing und Blues, sie grinsten freundlich und rochen nach einer ganz neuen Art von Freiheit.

Die 1950er Jahre waren die Zeit der Restauration und des Kalten Kriegs, stockkonservativ und verlogen. Die Deutschen machten auf heile Welt: Die Männer bauten auf, die Frauen kochten, niemand wollte Verbrechen gesehen, geschweige denn sich daran beteiligt haben. »Und jetzt wird wieder in die Hände gespuckt, wir steigern das

Bruttosozialprodukt« – auch Herkules krempelte die Ärmel hoch und half mit, aber diesmal in Zivil. Und langsam, unmerklich, zog eine neue Kultur ein: Elvis Presley statt Horst Wessel. Jazzfans, Halbstarke, Rock 'n' Roller tanzten eine andere Körperlichkeit herbei. Sie schwangen die Hüften, trugen schlabbrige Kleidung, ließen sich schließlich die Haare wachsen. Sie waren vielleicht nicht politisch, aber sie leisteten eine untergründige Wühlarbeit für das, was später als Jugendrevolte und 1968er-Bewegung in die Geschichte einging.

Der Bruch mit dem deutschen Militarismus war total. In den 1950er und 1960er Jahren mochte niemand über die Vergangenheit reden, aber es wollte auch niemand mehr schießen. Die Stimmung war zwar restaurativ und reaktionär, aber in beiden neu entstandenen deutschen Staaten auch pazifistisch bis ins Knochenmark. Laut Umfragen von 1949 wollten fast drei Viertel der Westdeutschen nie wieder ins Militär und die eigenen Angehörigen nie wieder als Soldaten sehen. Die Wiederaufrüstung, die die ost- und die westdeutsche Regierung im Kalten Krieg unter tatkräftiger Mithilfe früherer Wehrmachtsoffiziere betrieb, geschah gegen den erklärten Willen der eigenen Bevölkerung. Die Zahl der Kriegsdienstverweigerer in der Bundesrepublik stieg und stieg. Vielen sprach der erste sozialdemokratische Bundeskanzler Willy Brandt aus der Seele, als er in seiner Regierungserklärung 1969 klarstellte: »Die Schule der Nation ist nicht die Armee, sondern die Schule.«

Herkulanische Scham I

Albrecht Schuster (Name geändert) ist ein 70-jähriger Mann mit weißem Haar, von großer Höflichkeit, freundlich, zurückhaltend, so unauffällig, als wäre er der Mann ohne Eigenschaften. Doch hat ihn der Krieg keinen Tag in seinem Leben aus seinen Klauen gelassen. »Ich habe 60 Jahre meines Lebens damit zugebracht, Gefühle von Horror, Angst, Ohnmacht und Hilflosigkeit in mir abzukapseln«, gibt er zu. »Ich dachte, das sei unmännlich, ich dürfte das nicht zeigen, weder im Beruf noch in der Familie.« Je älter er wurde, desto mehr litt er an den Symptomen, die das Verdrängte produzierte: Panikattacken, Herzrasen, Schlaflosigkeit. Er suchte einen Arzt nach dem anderen auf, keiner fand eine schlüssige Ursache.

Seine Eltern waren stramme Nazis gewesen, erzählt Schuster, und als kleines Kind hatte er in Bombennächten Todesängste ausgestanden, ohne dass sie ihn getröstet hätten. Im Gegenteil, er bekam zu hören, dass ein Junge nicht weine, dass ein Junge zäh wie Leder und hart wie Kruppstahl sei, dass er Härte zu zeigen habe, gegen andere wie gegen sich selbst. Das hat er sich zu Herzen genommen – bis er als alter Mann zusammenbrach.

Noch schwerer ist es, Berthold Bucher nahezukommen (Name geändert). Seine braunen Augen sind unruhig, seine Hände fahrig. 40 Jahre ist er alt, ein Schrank von Mann, der sich hinter Muskeln versteckt. »Ich bin ein Macho«, sagt er selbst, und ein echter Macho zeigt weder Gefühle noch Zweifel oder Ängste. Sein Problem ist, dass er daran beinahe erstickt.

Bucher hat die Schule abgebrochen, viele Berufe probiert, ist herumgereist, oder besser: durch die Welt geflohen. Vor sich und seiner Familie. Sein Nazi-Großvater war ein Massenmörder. Nach seinem Tod sprach die Familie kaum mehr über diesen monströsen Mann, und wenn doch, dann hieß es, er sei unschuldig. Was Berthold Buchers Großvater wirklich getan hatte, darüber breitete sein Vater den Mantel des Schweigens, unter dem die wildesten Fantasien des jungen Berthold wucherten. Der unnahbare Vater verweigerte jede Auskunft und ließ den Sohn hilflos zurück. Der flüchtete von einem Land ins nächste, versuchte Ruhe zu finden, aber es gelang ihm nicht. »Irgendwann habe ich gemerkt, dass die Toten durch mich hindurchzogen. Sie traten in meinen Bauch ein und gingen hinten am Rücken wieder heraus. Ein endloser Zug von toten Juden, der durch mich hindurchgeht. Sie finden keine Ruhe, sie verfolgen mich.«

Schusters und Buchers Geschichten sind typische Geschichten aus deutschen Familien, bloß werden sie meist sorgfältig geheim gehalten. Nach meinem letzten Buch *Das falsche Leben* über meinen Nazi-Vater erhielt ich unzählige Briefe und Mails mit detaillierten Schilderungen trostlos kalter Hass-Beziehungen zwischen Eltern und Kindern, vor allem zwischen Vätern und Söhnen. Und in beinahe jeder Lesung berichteten Männer und Frauen, ihr Vater sei genauso einsam und unerreichbar gewesen wie meiner, genauso psychisch erstarrt, wie ein Toter auf Urlaub. Es muss in den deutschen Familien nach dem Krieg gewimmelt haben von diesen lebenden Toten.

Ein Extremfall ist der Österreicher Josef Fritzl, der im März 2009 wegen Mordes durch unterlassene Hilfeleistung, Sklaverei, Inzest, Vergewaltigung, Freiheitsberaubung und Nötigung zu lebenslänglicher Haft verurteilt wurde. Er hatte seine eigene Tochter 24 Jahre in einem fensterlosen Kellerverlies gefangen gehalten, tausendfach vergewaltigt und mit ihr sieben Kinder gezeugt, von denen eins starb. »Ich bin zum Vergewaltigen geboren«, sagte er seiner psychiatrischen Gutachterin. Seine Tochter zu brechen, habe ihm Spaß gemacht. Auch Fritzl war ein Kriegskind, das sich, von seiner Mutter weder beschützt noch getröstet, alleingelassen im Luftschutzkeller zu Tode ängstigte. Nie habe er gewusst, ob die Mutter den Angriff überlebt habe oder ob er nun ganz allein auf der Welt stünde, berichtete er der Psychiaterin. Vor Gericht führte die Gutachterin aus, Josef Fritzl habe nur Angst und Ohnmacht gekannt, er habe gelernt, diese zu vergraben, bis sie nicht mehr wehtaten. Innere Konflikte und nicht zu bewältigende Emotionen habe er kompensiert, indem er als Tyrann herrschte und die Welt nach seinen Wunschvorstellungen formte.[40] Sein größenwahnsinniges Bild von sich selbst brach erst zusammen, als er sich vor Gericht die auf Video aufgenommene lange Zeugenaussage seiner Tochter anhören musste. Erst danach bekannte er sich in allen Punkten der Anklage schuldig und akzeptierte das Urteil.

In Deutschland erlebt jetzt die dritte, selbst die vierte Generation die herkulanische Scham. Gefühlserbschaften ihrer Familien wurden an sie weitergereicht, aber blieben oft unentschlüsselt und unverstanden. Bei Nachfahren der Opfer schmerzt immer noch die Erinnerung an die Toten, bei Nachfahren der Täter grassieren weiterhin unverstandene Ängste, Schuldgefühle, Verleugnungen. Und oft vermischen sich diese Emotionen, denn gar nicht so selten gibt es in den Familien beides: Täter und Opfer. Einige wenige Psychotherapeuten kümmern sich um dieses Phänomen, doch nicht einmal sie haben in ihren Büchern genauer beleuchtet, was das alles für das Männlichkeitsbild der Deutschen bedeutet. Historiker und Soziologen scheinen einen Bogen um das Thema zu machen. Obwohl inzwischen Berge von Literatur über den Nationalsozialismus und seine Auswirkungen verfasst wurden, ist das ein blinder Fleck.

»Eine deutsche Unterwelt«, so ist ein Kapitel des Buches *verleugnet verdrängt verschwiegen* des Dachauer Psychotherapeuten Jürgen Müller-Hohagen überschrieben. Der Autor berichtet darin, wie Nazitäter auch nach 1945 »weitergemacht« haben, »dort, wo es gefahrlos ging, nämlich besonders im Schoß der Familie«. Sie tarnten sich »durch Biederkeit, Wohlanständigkeit, Vorbildlichkeit« nach außen und vor sich selbst. Und wandten weiter Gewalt an, vergewaltigten manchmal sogar die eigenen Töchter oder prügelten die Söhne, bis Blut floss. Eines aber versteht selbst der Psychotherapeut nicht: Warum es fast immer nur die Ehefrauen oder Töchter waren, die vor seiner Praxis standen. Männer, schreibt er, seien entweder gar nicht gekommen oder nur in allerhöchster Not, »dann riefen sie aus der Psychiatrie an oder standen kurz vor dem Suizid oder kamen nur ein einziges Mal oder nahmen Reißaus vor ihren eigenen Mitteilungen. Ich vermute dafür als wesentlichen Grund solche untergründigen Vater-Sohn-Dynamiken von tödlicher Brisanz.« Dafür verantwortlich sei die in Deutschland »in besonderer Zuspitzung« vorhandene »Unfähigkeit vieler Männer, sich über Leiden – eigenes und fremdes – wirklich mitzuteilen«. Das sei, glaubt Müller-Hohagen, »auf jahrhunderte- und jahrtausendelange kriegsorientierte Sozialisation« zurückzuführen. Nicht nur die deutschen Städte seien »auf dem Schutt vorhergegangener Zerstörungen aufgebaut«, lautet seine Schlussfolgerung, »sondern offensichtlich in weiten Teilen auch wir selbst«.[41]

In Deutschland gab und gibt es also nicht nur Trümmerfrauen, sondern auch Trümmermänner: lebende Tote aus zertrümmerten Steinen und zerbröseltem Stahl, Männer, gebaut aus eisigem Schweigen und Angst. Rund 1,8 Millionen ältere Menschen in Deutschland, so lautet das Ergebnis einer repräsentativen Umfrage von 2008, haben Posttraumatische Belastungsstörungen – die meisten davon kriegsbedingt: Schlafprobleme, ständige Überregtheit, Konzentrationsun-fähigkeit. »Betroffene berichten von Panikattacken, wenn sie Feuer-wehrautos im Einsatz vorbeifahren hören, weil sie als Kleinkinder Bombenangriffe erleben mussten«, erläutern die Autoren Elmar Brähler und Andreas Maercker ihre Umfrage. Doch immer noch gä-ben Ärzte falsche Diagnosen ab und seien unfähig, die wahren Ursa-chen zu erkennen, denn »in Deutschland hat man sich zu lange nicht mit diesem Problem beschäftigt«. Über Jahrzehnte schwiegen Betrof-fene, erst wenn sie nach dem Eintritt in den Ruhestand ihr Leben bi-lanzierten, setzten die Symptome ein.[42]

Auch eine repräsentative Umfrage des Psychoanalytikers Hart-mut Radebold bestätigt: Zwischen 1930 und 1945 Geborene haben, wenn sie Ausbombung, Vertreibung oder eine länger als zweijährige Abwesenheit des Vaters erlebt haben, deutlich mehr gesundheitliche Probleme als Menschen, denen diese Erfahrungen erspart blieben. Sie litten häufiger an Depressionen, Angstzuständen, Herzerkrankungen, sich wiederholenden Bindungsproblemen, Isolierung und Abkap-selung. Durch die zwei Kriege entstand eine »vaterlose Gesellschaft«, in der die Väter körperlich oder seelisch dauerhaft abwesend waren, diagnostiziert Radebolds Ko-Autor Jürgen Reulecke.[43] Dem Man-gel an Väterlichkeit stand ein »Mangel an Söhnlichkeit« gegenüber. Das Schweigen, die Kälte, die Beziehungslosigkeit in den Familien wa-ren – trotz der Mitschuld der Frauen – vor allem männlich.

Herkules, der Held der Arbeit

Tilo Krenge spricht von »Entväterung«. Der 44-jährige Familienvater aus Berlin, athletisch gewachsen, aber mit weicher Stimme und sanf-tem Blick, ist weder Therapeut noch Soziologe, sondern ein Mann mit vielen Berufen, der seine Vaterschaft ernst nimmt. Die Entväterung gäbe es nicht nur hier, sagt er, sondern in allen westlichen Industrie-staaten: »Wir Männer von heute leben sehr isoliert. Die Söhne erfah-ren immer seltener einen positiven Bezug zu ihrer Männlichkeit, weil ihre Väter berufsbedingt abwesend sind. Die Söhne haben keine Mentoren, sie wissen nicht, wie Freundschaften unter Männern aussehen können. Das alles macht sie zu beziehungslosen, einsamen Gestalten. Sie werden zu Opfern ihrer eigenen Rolle.«

Jungen, sagt er, »brauchen männliche Vorbilder, an denen sie sich orientieren können«. Doch Kitas und Schulen böten ihnen nichts in dieser Hinsicht, das Bildungssystem sei weiblich dominiert. Die Väter seien entweder beruflich überlastet, erwerbslos und entmutigt oder lebten in den heutigen Patchwork-Familien nicht mehr bei ihren Kindern. In den westlichen Gesellschaften habe sich ein extremer Mangel an zwischenmännlicher Bindung herausgebildet, eine strukturelle Vaterlosigkeit. Und, als Pendant dazu, ein »Vaterhunger« bei den Söhnen – ein Hunger nach einem starken, humorvollen, wilden, zärtlichen, fürsorglichen Gegenüber. Früher, meint Tilo Krenge, seien die Väter an die Kriegsfront gezogen, heute zögen sie an die Arbeitsfront, sodass sie seit bald zwei Jahrhunderten abwesend seien.

Diese Arbeitsfront hat sich jedoch gewaltig verändert. In Westdeutschland hatte der zivile Herkules nach dem Krieg eine gigantische Industrielandschaft aufgebaut, in der die Hochöfen glühten, die Maschinen brummten, die Fließbänder ratterten. Und im Osten, sagt Tilo Krenge, »schufteten die Helden der Arbeit, die Adolf Henneckes und wie sie alle hießen«. Mit Blut, Schweiß und Stahl bauten sie die von den Sowjets demontierten Industrieanlagen wieder auf. Es war die Zeit, in der herkulanische Muskelkraft noch zählte.

Die nach dem Ende des Realsozialismus zur Rasanz beschleunigte Globalisierung aber hat den Muskelmann marginalisiert. Deutschlands Unternehmen wurden auf breiter Fläche umstrukturiert, einige Branchen wanderten ins Ausland ab, dorthin, wo Arbeitskräfte noch billig und Gewerkschaften verboten sind, andere erhöhten ihre Produktivität, sodass unzählige Arbeitskräfte entlassen wurden. Heute sind ausgebeinte Fabrikgerippe, tote Stahlküchen und erschöpfte Bergwerke in Ost und West ein normaler Anblick. Nur der Dienstleistungssektor expandiert, und dort tummeln sich hauptsächlich Frauen: Mehr als 80 Prozent der erwerbstätigen Frauen arbeiten in Dienstleistungsbereichen wie Handel, Gastronomie und Verkehr.[44] Der starke Herkules wird kaum mehr gebraucht. Er wurde ins Fitnessstudio verbannt und darf dort seine Kraft verausgaben: Laufband statt Fließband, Expander statt Export, Hantelbalance statt Handelsbilanz.

Aber deutsche Männer seien doch friedlicher als früher und als in vielen anderen Ländern, könnten sie nicht ein Vorbild sein? Tilo Krenge wiegt den Kopf. »Stimmt schon, wir wollten uns distanzieren vom Tätervolk, ohne den eigenen Pazifismus richtig begründen zu können.« Für seine Wehrunwilligkeit hat er einen hohen Preis bezahlt: In der DDR brach er sein Studium ab, um der Einberufung als Reserveoffizier zu entgehen, aber sie zogen ihn trotzdem ein. »Das war eine extrem harte Zeit für mich, ich stand mit einem Bein im Knast und mit dem anderen im Alkoholismus.«

Tilo Krenge ist kein Kriegskind, sondern ein Kind von Kriegskindern. Und er hat Sorge, dass seine beiden Teenager den Krieg wieder kennenlernen. Denn Tilos Frau Ronith kommt aus Israel, und seit sie ein Paar sind, leben sie abwechselnd in Israel und Deutschland. Beide beobachten ihre Gesellschaften genau. Ronith Krenge, Künstlerin und Dramatherapeutin mit warmen braunen Augen, diagnostiziert eine »starke Aggressionshemmung« bei vielen deutschen Männern, zumindest bei denen ab Mitte 30. »Das macht sie zu Pazifisten, was positiv ist. Aber sie wirken kraftlos und hilflos, sie trauen sich nicht, direkt zu sein, sich einzumischen, nicht mal verbal, und das ist negativ. Sie stehen unter dem Verdikt, ›du darfst nicht aggressiv sein, denn das ist nazimäßig‹.«

Ronith Krenge, die Deutsch-Israelin, glaubt, dass die Abwertung von Geschlechterfragen zumindest in der deutschen Gesellschaft einen ganz eigenen Grund hat: »Viele wollen sich nicht mit dem Thema Männlichkeit beschäftigen, weil sie Angst davor haben, die Gewalt ihrer Nazivorfahren in sich zu sehen, entdecken zu müssen, dass sie – trotz ihrer demokratischen Einstellung – einige Verhaltensweisen ihrer Väter und Vorväter übernommen haben.« Doch das sei kontraproduktiv, findet sie. Denn wenn man einen Nazi in der Ahnengalerie habe, könne der so lange ungestört und destruktiv »weiterspuken«, wie man der Auseinandersetzung ausweiche. Im positivsten Sinne männlich sei es, findet sie, wenn man diesen »inneren Vater«

oder »inneren Großvater« herausfordere. Denn dazu gehöre Mut und Charakterstärke.

Ihr Rat gilt vor allem denjenigen, die selbst Vater werden. Und interessanterweise ist bei deutschen Frauen *und* Männern der väterliche Typ das neue Ideal. Die Gefahr der »vaterlosen Gesellschaft« scheint gemildert: Allen neueren Umfragen zufolge wollen die meisten Erzeuger von Kindern aktive Väter sein. Aber das bringt neue Probleme mit sich. Wer als Mann in Elternzeit geht oder seine Arbeitszeit zugunsten der Familie verringert, wird von Beförderungen ausgenommen, belächelt oder sogar gemobbt. In einer Studie des Wissenschaftszentrums Berlin sollten Männer anhand von Fotos entscheiden, welcher Männertyp ihrer Meinung nach die Zukunft prägen *sollte* und welcher sie prägen *wird*. 57 Prozent wählten als ihr Ideal den Vater, 43 Prozent den Karrieremann. Aber nur 18 Prozent glaubten, dass der Vater auch wirklich der Mann der Zukunft ist, 82 Prozent tippten stattdessen auf den Mann im Businessanzug. Mit anderen Worten: Auch Männer suchen nach unherkulanischer Väterlichkeit, doch sie geben ihr gesellschaftlich keine Chance.[45]

Bestätigt wird das durch die 2009 veröffentlichte Untersuchung *Männer in Bewegung*. Im Auftrag der evangelischen und katholischen Kirche wurden fast 1500 Männer zu ihrem Rollenverständnis befragt. Ergebnis: 30 Prozent zählen zu den »Suchenden«, die weder ihr männliches Leitbild noch einen festen Platz in Beruf und Familie gefunden haben – man könnte sie auch die »Verunsicherten« nennen. 27 Prozent gehören zu den »Teiltraditionellen«, 24 Prozent zu den »Balancierenden« und nur 19 Prozent zu den »Modernen«, die gleichberechtigt mit ihrer Partnerin Küche und Karriere teilen.[46] Die Gruppe der modernen Väter ist in den letzten zehn Jahren angewachsen und die Gruppe der Traditionalisten geschrumpft, allerdings nur minimal: um zwei bzw. drei Prozent. Da sich die Einstellung der Frauen gleichzeitig weitaus schneller gewandelt hat, stehen jetzt 25 Prozent Traditionalisten nur noch 13 Prozent Traditionalistinnen gegenüber. Paarkonflikte sind vorprogrammiert, und immer mehr dieser Männer werden wohl auf Dauer keine gleichgesinnte Frau mehr finden.

Dazu kann man den Damen auch nicht wirklich raten, denn solche Herren haben nicht nur ein konservatives bis reaktionäres Weltbild, sondern auch eine hohe Gewaltakzeptanz. Fast die Hälfte dieser Gruppe ist der Meinung, »die weiße Rasse« sei anderen Rassen überlegen, Kinder dürften geschlagen werden, damit sie zur Vernunft kämen, und Frauen, die vergewaltigt wurden, hätten im Zweifelsfall den Täter provoziert. Diese Befürwortung von Gewalt, die nicht selten mit eigener Gewaltbereitschaft einhergehen dürfte, findet sich bei den modernen Vätern hingegen fast überhaupt nicht.[47]

Postherkulanisches I: Der Muttervater

Dass Frauen auf fürsorgliche Männer fliegen, wurde am deutlichsten bei einem, der als perfekte Mischung von Vater und Mutter berühmt wurde. Seine Bizeps spannten sich unter seinem T-Shirt, sein Bart war dicker als der von Rübezahl, und sein Gang war so breitbeinig, dass John Wayne im Himmel vor Neid geweint haben dürfte. Und doch fand er nichts dabei, sich buchstäblich ins Wochenbett zu legen, als Eisbärin Tosca am 5. Dezember 2006 niederkam und ihr Junges nicht annehmen wollte. Der Mann rollte für fünf Monate seinen Schlafsack im Bärenrevier aus. Nachts stand er alle zwei Stunden auf, um das hilflose Baby zu säugen und ihm den Bauch zu massieren – wie eine Mutter eben. Er geriet geradezu in Verzückung, als das Bärchen das erste Mal die Augen aufschlug, er knuddelte, rubbelte, bürstete es und gab ihm den Namen Knut – von knutschen. Noch der pubertäre Knut hing nuckelnd und fiepend an der Hand seiner Ziehvatermutter. »Das geb ich ihm, solange er es braucht«, erklärte Tierpfleger Thomas Dörflein.

Waschkörbeweise erhielt der Pfleger Liebesbriefe und Heiratsanträge aus aller Welt. Das Publikum eines Senders und einer Lokalzeitung wählte ihn zum beliebtesten aller Berliner. »Er knutete sich in die Herzen der Frauen«, schwärmte die *Bild*-Zeitung.[48] Im Internet wurden T-Shirts mit dem Aufdruck »Thomas, ich will einen Knut von dir« angeboten. Wahrscheinlich dachten seine weiblichen Fans, »dass

einer, der so mit einem Tier umgeht, sich auch als Familienvater eig-
nen würde«, vermutete der Angebetete. Doch Dörflein, immun gegen
die Volkskrankheit Eitelkeit, mochte den Rummel um seine Person
nicht. Dass er bescheiden wirkte und Kameras mied, machte ihn noch
mehr zum Publikumshelden, zu einem postherkulanischen Antihel-
den. Als er im September 2008 mit 44 Jahren plötzlich an einem
Herzinfarkt starb, wurde der Zoo überschwemmt von den Tränen seiner Fans. Unzählige pilgerten zur Bärenanlage und weinten. Mit Thomas Dörflein hatten sie ein Sehnsuchtsobjekt verloren: einen Mutter-
mann, der Virilität und Zärtlichkeit vereinte, einen sanften Hünen,
einen Boten aus dem Paradies, der vom friedlichen Zusammenleben
zwischen Mensch und Tier, zwischen Frau und Mann kündete.

Thomas Dörflein, das neue Rollenmodell, der »Vata Morgana«.
Doch kann eine Minderheit neuer Väter die Vorstellung der Mehrheit
auf Dauer umkrempeln? Familienvater Tilo Krenge vermutet: Ja. »Die
sind ein Hoffnungszeichen für die Zukunft.« Denn jeder Vater, der zu
seinem Sohn eine feste, vertrauensvolle Bindung aufbaue, sagt er, sei
eine gute Nachricht – vor allem in einem Land, dessen Männer nie
fürsorgliche Väter und Großväter erlebt hatten, die deshalb lange geglaubt hatten, Männlichkeit beweise sich durch Hypermaskulinität,
Gewalt und Krieg.

Herkulanische Aufopferung: die deutsche Mutter

Aber wie steht es um die Mamas? Haben vielleicht auch die teutoni-
schen Mütter einen Sonderweg beschritten? Ausländischen Gästen
fällt die Sonderstellung der deutschen Muttis sofort ins Auge. In
kaum einem anderen Land der Welt wird Kindern zugemutet, von
nur einer einzigen Person erzogen zu werden. »It takes a village to
raise a child«, ein ganzes Dorf ist nötig, um ein Kind zu erziehen,
lautet ein afrikanisches Sprichwort, das die US-Politikerin Hillary
Clinton als Titel für eines ihrer Bücher wählte. Kinder brauchen eine
Vielfalt von Bezugspersonen in der Groß- und Kleinfamilie, in der
Nachbarschaft und in Freundescliquen. Das gilt besonders für Jungs,

denen eine Mutter alleine nicht helfen kann, eine männliche Identität zu entwickeln. »Es bedarf der Hilfe vieler Männer, bevor aus einem Jungen ein Mann wird«, hat der australische Paartherapeut Steve Biddulph deshalb das afrikanische Sprichwort abgewandelt.[49] Doch in Deutschland galt das alles nicht: »Die deutscheste aller deutschen Überzeugungen ist zweifelsfrei die, dass die Erziehung der Kinder ins Haus, in die Hände der Mutter gehört«, schreibt Barbara Vinken.[50] Für die Sonderstellung der deutschen Mutti macht die Essayistin eine Melange aus historischen Traditionen verantwortlich, die von Martin Luthers Frauenbild über Preußens muttihafte Königin Luise bis zum Mutterkult der Nazis reichen.

Hitler hatte nicht nur den totalen Krieg gefordert, sondern auch die totale Mutter. »Jedes Kind, das sie zur Welt bringt, ist eine Schlacht, die sie besteht für das Sein oder Nichtsein des Volkes«, hatte der »Führer« getönt. Unter den Nazis hatte sich der deutsche Mann auf dem Altar des Vaterlands zu opfern, während die deutsche Frau sich opferte, indem sie neue Krieger gebar. Wer vier oder mehr Kinder zur Welt brachte, erhielt das »Mutterkreuz«. Schon das Wort erinnert an das Märtyrerkreuz von Jesus. Der Glaube, dass leidende Aufopferung heiligt, lebt im Unterbewusstsein mancher Deutscher heute noch weiter. Eine deutsche Mutter hat wenigstens ein bisschen unglücklich zu sein, damit die Kindchen glücklich sind. Selbst alternative Kinderläden zeugen mit quälend langen Plenarsitzungen und wöchentlichen Putz- und Frondiensten unfreiwillig davon, dass Kinder in Deutschland vielfach als Quelle des Leidens gelten.

Esslinger Literaturtage im November 2006: Auf dem Podium der übervollen Stadthalle sitzt Eva Herman *(Das Eva-Prinzip)*, ihr zu Füßen mehrere Hundert ihrer Anhängerinnen. Thema der Podiumsdiskussion ist die deutsche Bevölkerungsentwicklung. Die Ex-Nachrichtensprecherin trägt ihr Statement »Wir Mütter opfern uns, damit die Deutschen nicht aussterben« vor. Ihre Mitdiskutanten auf dem Podium, der Demografie-Experte Christoph Butterwegge und die Schriftstellerin Julia Franck, werden vom Publikum angepöbelt und ausgebuht. »Wir wollen Eva Herman hören, nicht Sie!«, schreit eine Frau mit hassverzerrtem Gesicht. Die Stimmung ist aggressiv. Die versammelten schwäbischen Hausfrauen sehen ihren Lebensentwurf bedroht. Mit Zähnen und Klauen verteidigen sie ihr Selbstbild, für ihre Kinder und nichts als ihre Kinder da gewesen zu sein. Wenn sie schon auf ein selbstbestimmtes Leben verzichten mussten, sollen andere das gefälligst auch.

Hier offenbare sich das »Eva-Braun-Prinzip«, spottete die Autorin Thea Dorn über die frühere Nachrichtensprecherin, noch bevor sich diese mit ihrem Bekenntnis, unter Hitler sei »nicht alles schlecht« gewesen, endgültig ins politische Abseits stellte. Deutsche Mütter seien »Märtyrerinnen der Liebe«, befand Dorn, in manchen Frauen gäre »ein gefährliches Gemisch aus Minderwertigkeitsgefühl, Neid, Todeswunsch und Größenwahn«.[51]

Die Angst davor, als »Rabenmutter« zu gelten, ist ein typisch deutscher Neurosenkomplex. Bis vor wenigen Jahren war fast die gesamte Infrastruktur des Landes darauf aufgebaut, dass Mama ganz- oder wenigstens halbtags zu Hause die Kinder betreute. Krippen gab es kaum, Schulen meist nur bis mittags, dafür aber einen Steuerbonus für Hausfrauen mit einem Fachnamen, der an heimtückischen Gattenmord mit der Axt erinnert: Ehegattensplitting.

Zwar hatte die siebenfache Mutter Ursula von der Leyen als Bundesfamilienministerin ein neues Elterngeld eingeführt, das prozentual zum Einkommen steigt. Fast 20 Prozent der frischgebackenen Väter – die Prozentzahlen steigen mit jedem Jahr – nutzen inzwischen die ihnen zugestandene Auszeit. Aber das Elterngeld ist verdienstabhängig und hat damit auch einen fragwürdigen Kern. Denn es geht nicht nur um Väterförderung, sondern auch um die Rettung der deutschen Mittelschicht, um die Animation der Besserverdienenden zum Kinderkriegen, um Bevölkerungspolitik also. Die migrantisch durchsetzte Unterschicht, die von Sozialhilfe lebt, soll ausdrücklich nicht zum Gebären motiviert werden. Das »Betreuungsgeld«, mit dem die neue schwarz-gelbe Regierung junge Mütter vom Arbeitsmarkt fernhalten will, konterkariert das allerdings in grotesker Weise.

Wird Herkules Herkula?

»Alphamädchen«, so nannte der *Spiegel* 2007 ein neues Phänomen: Das weibliche Geschlecht überholt das männliche in der Bildung. Schülerinnen hängen bei Leistungen und Noten zuerst ihre männlichen Klassenkameraden ab und meistern dann das Studium »schneller, schlauer, fleißiger als die Männer«. Über die Hälfte der deutschen Abiturienten sind inzwischen weiblich, bei den türkischstämmigen Oberschulabsolventen sind es sogar zwei Drittel. In den Universitäten haben die Frauen seit 2005 mit den Männern gleichgezogen. Studentinnen benötigen laut einer Befragung von 25 000 Berufseinsteigern bei gleich guten Abschlussnoten weniger Semester als ihre Kommilitonen, außerdem absolvieren sie mehr Praktika und Auslandsaufenthalte.[52] Die Verlierer sind hingegen vorwiegend männlich: 56 Prozent der Hauptschulabsolventen sind Jungs, bei den Hauptschulabbrechern sind es sogar zwei Drittel. Auch die Schüler von Förderschulen sind zu rund zwei Dritteln männlich.

Erleben wir also eine »Krise der Jungen«, wie etliche Medien mutmaßen? Werden die männlichen Jugendlichen gar unter dem Diktat feministischer Lehrerinnen systematisch benachteiligt? Nein, war die einhellige Meinung von Wissenschaftlerinnen und Experten auf einer Fachtagung im Juni 2009 in der Berliner Friedrich-Ebert-Stiftung. Das Geschlecht des Lehrpersonals, hieß es dort, spiele keine Rolle beim Schulversagen der Jungen. Sie seien erst ins Blickfeld der Pädagogik geraten, so die Bielefelder Professorin Barbara Koch-Priewe, nachdem ihr traditionell besseres Abschneiden in Mathe und Naturwissenschaften in der PISA-Studie von 2001 dahingeschmolzen sei, während der Lese-Vorsprung der Mädchen erhalten geblieben sei. *Die* Jungen seien aber keineswegs Bildungsverlierer, es sei vielmehr eine bestimmte Gruppe aus sozialen und bildungsfernen Unterschichten, oftmals mit ausländischen Eltern oder Großeltern, die im dreigliedrigen deutschen Schulsystem massiv benachteiligt würden. Viele reagierten darauf mit Schulverweigerung und Macho-Gehabe.

Seit 1992 schneiden Mädchen bei Leistungstests in höheren Schulen weltweit besser ab als Jungen. Der traditionelle männliche

Vorsprung in Mathematik und Naturwissenschaften ist nicht nur hier, sondern in 26 von 30 OECD-Staaten passé. »Wenn man die Zukunft ausschließlich auf der Basis von Schulnoten vorhersagen könnte, wäre die Welt in Anbetracht der vorliegenden Zahlen ein reines Matriarchat«, schreibt die US-Psychologin Susan Pinker.[53] Doch zu Pinkers eigener Überraschung absolvieren viele Jungs mit Schulproblemen später eine glänzende Karriere, während begabte und hoch disziplinierte Mädchen nur durchschnittliche Jobs ergattern. Die Psychologin führt das auf biologisch bedingte unterschiedliche Neigungen der Geschlechter zurück. Entscheidender dürften jedoch gesellschaftliche Rollenerwartungen sein.

Schon unmittelbar nach ihrem Berufseinstieg werden Frauen in ihrem ersten Job schlechter bezahlt als Männer, weil sie sich nicht so gut »verkaufen« können. In den Chefetagen von Politik, Wissenschaft und Kultur dominieren Männer, die obendrein bei gleicher Qualifikation und Position ungefähr doppelt so viel verdienen wie Frauen.[54] Hinzu kommen die Effekte des neoliberalen Staatsumbaus, die vor allem zulasten der Frauen gehen. Die Flexibilisierung des Arbeitsmarkts schuf Billigarbeitsplätze und Minijobs, die größtenteils von Müttern besetzt werden. Die Einführung der Hartz-IV-Reformen hat die Armut Alleinerziehender vergrößert und die Abhängigkeit der Frauen von ihren Männern verschärft, weil das Einkommen des Partners bei der Berechnung der staatlichen Unterstützung mit einbezogen wird. Damit wurde in Deutschland wohl mehr Geschlechtergerechtigkeit zunichte gemacht, als in den letzten Jahrzehnten durch »Leitstellen zur Gleichstellung der Frau« und andere wohlmeinende Institutionen geschaffen wurde.

Obschon die realen Veränderungen also eher lächerlich sind, geraten einige Vertreter des männlichen Geschlechts jetzt in Panik vor einem Statusverlust und glauben, die »Alphamädchen« würden morgen die Macht im Staat an sich reißen. Unerfahren im Umgang mit Machtverlust, erleben sie den heutigen Umbruch zwischen den Geschlechtern als existenzielle Krise. *FAZ*-Herausgeber Frank Schirrmacher fantasierte 2003 gar über eine »Männerdämmerung«: »Eine Telefonistin, ein Kindermädchen, eine Schauspielerin und Schriftstellerin und eine Stewardess definieren das Land«, behauptete er und meinte damit Liz Mohn, Friede Springer, Ulla Berkéwicz, Elke Heidenreich und Sabine Christiansen. Fünf Damen, so seine fantastische Rechnung, das bedeute 80 Prozent der Medienmacht: »Insgesamt sind (…) fast achtzig Prozent der Bewusstseinsindustrie in weiblicher Hand (…) Was einer heute denkt, läuft vorher über die Fließbänder dieser Frauen.«[55] O là, là: Jeder Gedanke von Schirrmacher also ein Serienprodukt der Fabrik Springer-Heidenreich!

Herkules aus der Gosse

Die Angst vor »Männerdämmerung« oder »Heldendämmerung« teilen sich Männer quer durch alle Schichten. Die Elite wird davon genauso gepeinigt wie das migrantische Subproletariat. Beispiel Bushido, Deutschlands erfolgreichster Gangsta-Rapper: Seine von einem Journalisten geschriebene Autobiografie *Bushido*, in der er sein Seelenleben (angeblich) preisgibt, kletterte im Herbst 2008 zeitweise auf Platz eins der *Spiegel*-Bestsellerliste; im Frühjahr 2010 kommt die Verfilmung in die Kinos. Und das, obwohl keine Zeitung und kein Journalist dem Buch ein gutes Zeugnis ausstellen mochte. Das von Hunderttausenden Fans so bewunderte Phänomen Bushido wurde weder analysiert noch bewertet, sondern einfach totgeschwiegen. Dass der Rapper dennoch solch einen Verkaufserfolg landen konnte, wirft ein Schlaglicht auf die gigantische Nachfrage nach »harter« Männlichkeit im gegenwärtigen Deutschland. Deshalb sei das Phänomen Bushido hier ein wenig genauer unter die Lupe genommen.

Was ist das für eine Männlichkeit? Das Buch beginnt mit Mama und endet mit Mama. »Für Mama«, steht auf der ersten Seite, »Danke, Mama« auf der letzten. Dazwischen erfährt man, dass »Mama« eine zum Islam übergetretene deutsche Bäckerin ist, die zuerst mit einem Tunesier und dann mit einem Türken zusammenlebte, von beiden Männern ständig verprügelt wurde und ihre zwei Söhne allein großgezogen hat. »Meine Mutter ist ein Engel auf Erden«, heißt es immer wieder in dem Buch, oder: »Ich hab die beste Mama der Welt.« Nachdem Bushido 2005 nach einer Schlägerei in Linz einige Tage in einer fast fensterlosen Knastzelle festgesessen hatte, rappte er: »Du weiß, dass ich immer noch der Alte bin. Aber Mama, Mama, es ist kalt hier drin. (…) Verdammt, ich hasse es, immer, wenn der Wärter stört. Ich hoffe, dass dieses Lied auch die Merkel hört. Ich will nach draußen, draußen, wo ich einen Benz fahr. Aber Mama, ich hab kein Fenster.«[56]

Die Kehrseite seines Mamawahns ist Ödipushidos Angst, von großen Gefühlen übermannt zu werden: »Ganz ehrlich«, heißt es in der Autobiografie, »würde die Fickerei nicht so viel Laune machen, gäbe es keinen Grund, überhaupt mit einem Mädchen zusammen zu sein. (…) Sie wollen die kleine Prinzessin sein, die von allen Seiten angeschmachtet wird. So etwas gibt es bei mir nicht. (…) Sobald sie merken, dass sie die Macht über dich besitzen, schnipps, nutzen sie dich aus und ficken dich, ohne Gleitcreme, in den Arsch.« Ein seltsames Bild: Frauen ficken verliebte Männer »in den Arsch«. Liebe ist also entmännlichend.

Um diesem Gefühl zuvorzukommen, erklärt Bushido im Kapitel »Schlampenstress an der Strippe« seinen Fans, wie man verlassene Frauen am Telefon zur Sau macht. Am Ende heißt es lapidar: »Es ist doch jedes Mal die gleiche Geschichte. Immer verlieben sich diese Mädchen in mich. Dabei wissen die doch ganz genau, dass ich der Präsident von S.S.G., den skrupellosen Sex-Gangstern, bin.« Seine Mama dient ihm dabei als Komplizin. Die *Bild*-Ausgabe mit der Schlagzeile »Bushido: Sex mit 500 Frauen – die schamlosen Bekenntnisse eines Potenz-Protzers« überbrachte sie ihm angeblich mit dem Kommentar: »Nur 500?«

Die Bekenntnisse der Hohlfigur Bushido zeigen ganz und gar ungewollt, wie viel Angst harte Männer offenbar haben – vor Weichheit, Weiblichkeit, Gefühlen. Sein Angsthass auf alle »Weicheier« und abweichenden Männer, besonders auf Homosexuelle, ist überbordend. »Ihr Tunten werdet vergast«, rappte er in *Staatsfeind Nr. 1*. Die wochenlange öffentliche Aufregung über diese Zeile wird in seinem Buch mit keinem Wort erwähnt, man erfährt nur, dass Bushido »vergast« in »verarscht« geändert habe: »Was konnte ich schon dafür, dass man einen Typen, den man nicht leiden konnte, im täglichen Sprachgebrauch eben Tunte nennt? Ich hätte auch Opfer, Spast, Schwuchtel oder Vollidiot sagen können.« Aber: »Ich habe eine Meinung und dazu stehe ich auch: Schwul zu sein, ist nicht normal.«[57]

Der Gangsta-Rapper stellt seinen Frauen- und Schwulenhass so unverhohlen zur Schau, dass jeder Psychoanalytiker darüber arbeitslos wird, denn bei Bushido gibt es keine Seelengeheimnisse mehr zu enthüllen. Am Ende des Buches aber fragt man sich, ob das allzu Offensichtliche vielleicht gerade dazu dient, etwas anderes zu verbergen: nämlich seine knallharten kommerziellen Motive. Der Rapper beutet die Wut seiner männlichen Fans aus und macht sie zu klingendem Silber. Es ist die Wut der Ghettokids aus Berlin-Neukölln und anderswo, die von ihren erfolgreichen Schwestern überholt werden. Die machen Abitur, während sie selbst nicht mal die Hauptschule schaffen. Es ist die Wut der Zukurzgekommenen, die keinen Job finden und von Beruf, wie sie selbst sagen, »Hartzvierler« sind. Die in ihrer Familie zwar gelernt haben, dass sie als Mann ein Anrecht auf weiblichen Gehorsam haben, dass sie ihre Schwestern genauso kontrollieren dürfen wie die Straßen, die aber von der Gesellschaft zu spüren bekommen, dass sie Verlierer sind. Sie fühlen sich entthront und in ihrer männlichen Ehre gekränkt und lassen das an Frauen und Homosexuellen aus. Fast 80 Prozent der türkischstämmigen männlichen Jugendlichen in Berlin fanden 2006 bei einer Umfrage den Anblick sich küssender Männer »abstoßend«, bei den deutschen Jugendlichen waren es »nur« 48 Prozent.[58]

Bushidos christlich getönte Mama-Anbetung (»meine Mutter ist ein Engel«) dient ebenfalls dazu, seine persönliche Bereicherung zu verschleiern, behauptet er damit doch: »Ich mach alles einzig und allein für Mama.« Gegen Ende des Buches heißt es: »Aus Anis, dem kleinen Jungen, wurde Bushido, der erfolgreichste deutsche Rapper aller Zeiten. Ich wohne bald in einer wunderschönen Villa, bin Chef meiner eigenen Plattenfirma und – was mir tief im Herzen sogar am wichtigsten ist – ich kann es mir leisten, dass meine Mutter nie mehr arbeiten gehen muss. Ihr ganzes Leben lang war sie für mich da. Jetzt bin ich an der Reihe, ihr ein bisschen was davon zurückzugeben.«

Sorgfältig wie seinen Dreitagebart pflegt Bushido auch sein

Image als Provokateur, Bürgerschreck und Schläger, der letztlich nur seinem eigenen Gesetz gehorcht. Sein Künstlername ist dem Kodex der japanischen Samurai entnommen und bedeutet »Weg des Kriegers«. In seinem Buch heißt es dazu: »Die sieben Grundsätze oder Tugenden des Bushido lauten: Gerechtigkeit, Mut, Güte, Höflichkeit, Wahrheit, Loyalität und Ehre. Intuitiv hatte ich den richtigen Namen für mich gewählt.« Bei einer Schlägerei, so doziert er, »kommt es nicht immer darauf an, als Sieger nach Hause zu gehen. Wenn dich zehn Typen ficken, hast du meistens sowieso keine Chance. Schickst du aber den stärksten Kämpfer des Gegners zu Boden, hast du zumindest deine Ehre behalten.« In seinem Rap *11. September*, der wegen Bedenken seiner Plattenfirma nie veröffentlicht wurde, inszeniert er sich gar als islamischer Rächer: »Ich bin King Bushido, zweiter Name Mohammed. Ich habe einen Flächenbrand über deine Stadt gelegt.« Und seine Reaktion auf die Veröffentlichung von Mohammed-Karikaturen in einer dänischen Zeitung im Jahr 2006 war: »Natürlich darf man deswegen nicht gleich den Zeichner umbringen, aber jede Aktion ruft auch nach einer Reaktion. Wenn jemand zu mir Hurensohn sagt, dann bekommt er eins auf die Fresse. Aktion, bums!, Reaktion, Kieferbruch.«

Der Rapper ist der Held aus der Gosse. Seinen rasanten Aufstieg vom Drogendealer zum Millionär erklärt Bushido so: »Glaube an dich und du kannst alles erreichen, was du willst.« Millionen kleiner Jungs (und auch Mädchen) kaufen seine Platten und Bücher, weil sie ihn als *role model* vergöttern, weil sie glauben, vielleicht katapultiere das Schicksal auch sie eines wundervollen Tages aus dem Ghetto direkt in die Fernsehshows. Das Wort Vergötterung ist dabei fast wörtlich zu nehmen, denn Bushido inszeniert sich selbst als oberster Herr: »Stellt euch unsere Bevölkerung bildlich wie lauter kleine Marionetten vor. Manche Menschen, ich zähle mich dazu, besitzen die Fähigkeit, nach Belieben an diesen Fäden zu ziehen und Freunde, Geschäftspartner, Kollegen, Nachbarn, eben ihre komplette Umwelt, in eine bestimmte Richtung zu lenken.« Held sein heißt für ihn, unsterblich zu sein: »Ich wünsche mir, dass 50 Jahre nach meinem Tod immer noch über mich geredet wird.« Oder auch, ganz bescheiden: »Ich will der Nachwelt etwas hinterlassen, das sie an mich erinnert. Meine Vorbilder in dieser Hinsicht sind Menschen wie Galileo, Platon, Einstein, Mandela, Achilles oder Columbus. (…) Das waren ganz normale Typen wie wir. (…) Einstein chillte damals auch mit seinen Streber-Kumpels und grübelte über irgendwelche Theorien nach. Wir sitzen halt im Café, rauchen Wasserpfeife und überlegen, wie wir noch mehr Platten verkaufen können. Wo liegt der Unterschied? Es gibt keinen.«

Hegemonial ist ein Mann, wenn niemand mehr über ihm steht, wenn ihn keine Regeln mehr in seiner Freiheit behindern und ihn Moral nicht zu interessieren braucht. Das gibt Bushido in aller Ehrlichkeit zu: »Auch wenn in Afrika Menschen verhungern, baumeln Brillanten für 230 000 Euro an meinem Handgelenk. (…) Was soll ich jetzt machen? Einen Verein gründen, damit irgendwelche Typen am Arsch der Welt Linsensuppe bekommen? Könnte ich, klar, aber dann wäre ich ein Opfer, weil ich das vernachlässigen würde, was ich als meine eigentliche Aufgabe betrachte.« Am Ende seines Buches zieht Bushido als Rächer seiner Mutter los, um seinem tränenüberströmten Vater zu verzeihen, dass er seine Mutter geschlagen hat. Ungeniert übernimmt Bushido damit einen Job, der nach seinem eigenen Verständnis eigentlich nur Allah zukommen kann.[59] Das scheinbare Happy End ist eine Art symbolischer Inzest: Bushido setzt sich endgültig an die Stelle von Vater und Gott.

Mohammed gegen Herkules

Nicht nur Jugendliche mit Migrationsgeschichte, auch viele ihrer Väter empfinden sich heute als Verlierer. Sie waren es gewohnt, Vorrechte zu besitzen, nun werden sie von ihren Frauen im Beruf, bei Bildung und Einkommen überholt. So wie Mehmet K., ein 49-jähriger Kurde aus der Türkei. Ende 2007 ging er mit einem Brotmesser auf seine geschiedene Frau los, zerschnitt ihr Gesicht, Bauch und Brustwarzen. Vor dem Schwurgericht Baden-Baden wurde er dafür wegen versuchten Mordes angeklagt. Sein Mandant sei fast Analphabet, führte der Verteidiger aus, seine Frau sei ihm hoffnungslos überlegen gewesen und habe auch die gemeinsamen Finanzen gemanagt. Dass sie ihn am Ende auch noch verließ, habe Mehmet K. nicht verkraftet.[60]

Besserverdienende Frauen in der Türkei werden immer häufiger Opfer ehelicher Gewalt, fand das türkische Forschungsinstitut Tübitak heraus.[61] Dies scheint auch auf türkische Migrantinnen in Deutschland zuzutreffen. Mit ihrer Arbeit in dichtgemachten Industriebetrieben haben ihre Männer oder Väter auch ihre Autorität verloren – und prügeln sich jetzt ihren Frust von der Seele.

Solche Männer benutzten ihre Opfer »als Tankstelle für das Selbstwertgefühl«, glaubt der türkischstämmige Pädagogikprofessor Ahmet Toprak, der mit gewalttätigen Migrantenjungs gearbeitet und einige Bücher darüber verfasst hat. Ihre Eltern, sagt er, »tragen mit ihrem geschlechtsspezifischen Erziehungsziel dazu bei, dass die jungen Männer nach außen stark, dominant und selbstbewusst wirken. Tatsächlich aber werden diese Männer zu unsicheren, unselbstständigen und verunsicherten Individuen geformt, die nach außen Stärke demonstrieren, aber alleine nicht handlungsfähig sind.« Viele Väter beschimpften ihre Söhne als *ibne*, als schwul, wenn sie in ihren Augen nicht viril, unnachgiebig und dominant seien.[62] Außerdem vermittelten sie ihnen: Nur wer schlägt, sei stark und ein richtiger Mann. Also schlügen gerade diejenigen zu, denen es an Selbstbewusstsein fehle. Ahmet Toprak ist sich sicher: Türkische Männer seien »das schwache Geschlecht«.

Die Gewaltakte würden immer »mit der Ehre begründet, dabei kann kaum einer von ihnen erklären, was das überhaupt ist«, meint Toprak. Bei näherer Betrachtung nimmt der Begriff jedoch die Umrisse eines Jungfernhäutchens an. »Der Ehrbegriff im muslimischen Kontext definiert sich über das Sexualleben der weiblichen Mitglieder. Die Ehre des Mannes befindet sich zwischen den Beinen der Frau«, sagt Seyran Ateş, Berliner Anwältin mit türkisch-kurdischem Hintergrund. Wenn ein Mädchen ein selbstbestimmtes Leben führe, verliere der Vater seine Ehre, und die Tochter gelte als befleckt und unrein. Ein türkischstämmiger Hauptschüler bestätigt das in einem

Gespräch unter Jugendlichen: »Wenn meine Schwester Sex vor der Ehe hat, schlitze ich die auf, ganz klar.«[63]

Deutsche, sagt die Israelin Ronith Krenge, trauten sich kaum, etwas gegen aggressiv auftretende türkischstämmige Jugendliche zu sagen – aus Angst, des Rassismus bezichtigt zu werden. Ihre Aggressionshemmungen wurzelten in der Scham für den Nazirassismus. Auch die türkischstämmige Sonja Fatma Bläser, die selbst einem »Ehren«mord durch ihre Brüder nur knapp entging, später einen deutschen Mann heiratete und nunmehr in Schulen über Zwangsheiraten aufklärt, sieht diesen Zusammenhang: »Viele Migranten sagen: Ihr habt die Juden umgebracht, ihr könnt uns gar nichts sagen. Viele Lehrer haben Angst, als Rassisten zu gelten, wenn sie Migranten kritisieren.« Sie habe den Eindruck, deutsche Lehrer »haben einen Schuldkomplex und deshalb übertriebene Angst, als Rassisten zu gelten«.[64]

Häusliche Gewalt kommt in türkischen Familien zwar öfter vor als in deutschen, doch sind die Unterschiede nicht allzu groß. Nach einer repräsentativen Umfrage von 2004 gaben 49 Prozent der türkischen und 40 Prozent der deutschen Frauen an, sie hätten schon mindestens einmal körperliche oder sexuelle Gewalt erlebt. Laut einer älteren Untersuchung des Kriminologischen Instituts Niedersachsen ist jeder fünfte türkische und jeder 18. deutsche Jugendliche zu Hause schon mal misshandelt worden.[65] »Es gibt kulturelle Unterschiede«, kommentiert der Gewaltberater Jürgen Krabbe. Aber »das grundlegende Männerbild ›Du musst groß und stark sein, dich durchsetzen und zu Hause die Hosen anhaben‹, das ist überall sehr ähnlich. Die meisten Väter leben ihren Söhnen nicht vor, wie man Konflikte gut lösen kann. Im Gegenteil, sie geben Männermythen weiter, weil sie vor ihrem Sohn als Held dastehen wollen. Das tun die Deutschen nur in anderer Weise als die Anatolier.«[66]

Helden der Gleichberechtigung

»Was ist Ehre?«, will Gökay wissen und sieht sich im Klassenzimmer um. Schaut in 20 ziemlich ratlose Gesichter. Die Jungs kichern; die Mädchen, viele verschleiert, senken scheu ihre Blicke. »Ehre ist … na ja …« Die 12- und 13-Jährigen haben sichtlich Mühe, das den jungen Männern da vorne zu erklären. Die türkischstämmigen Abiturienten Gökay und Okcan veranstalten in einer sechsten Klasse im Berliner »Problemviertel« Neukölln einen Workshop. Migrantenanteil der Klasse: 99 Prozent. Türken, Araber, libanesische Kurden, Roma. Die Eltern, oftmals Flüchtlinge ohne festen Aufenthaltsstatus, können ihren Kindern keinen »ehrenhaften« Alltag vorleben und schicken sie stattdessen in ultrakonservative Koranschulen.

Nahe Neukölln wurde 2005 die Deutschkurdin Hatun Sürücü wegen ihres westlichen Lebensstils von Familienmitgliedern erschossen – zum Entsetzen vieler Deutscher *und* Migranten. Deshalb lassen sich dort nun junge Männer mit Migrationsgeschichte zwischen 16 und 21 Jahren in einem einjährigen Training mit Spaßfaktor zu »Helden der Gleichberechtigung« ausbilden, die gegen Frauenunterdrückung und »Ehren«morde kämpfen (www.heroes-net.de). Gökay und Okcan sind *heroes* mit Abschluss-Zertifikat. Ein- bis zweimal in der Woche hatte sich ihre Gruppe mit dem palästinensischen Psychologen Ahmad Mansour und dem türkischstämmigen Theaterpädagogen Yilmaz Atmaca getroffen, über Gleichberechtigung und Demokratie diskutiert, Rollenspiele entwickelt, zusammen gegrillt und gechillt. Seit sie ihre »Helden«-Bescheinigung in der Tasche haben, ziehen Gökay und Okcan durch die Schulen und verdienen sich damit nebenher sogar ein kleines Honorar. Getragen wird das Projekt vom Verein Strohhalm; das Geld für das Mitarbeiterteam stammt von der Childhood-Stiftung, die die schwedische Königin Silvia gegründet hat.

Psychologe Mansour begleitet Gökay und Okcan in die Klassen und steuert den Workshop mit sanfter Hand. »Habe ich Ehre als Vater«, fragt er die Jugendlichen, »wenn ich meiner Tochter zu enge Hosen oder das Ausgehen verbiete? Wenn ich sie schlage, falls sie nicht gehorcht?« Ja, finden die meisten, sogar mehr Mädchen als Jungen.

Sie sind zwar tief verschleiert, doch ihre Klamotten sind so eng wie möglich, der Widerspruch fällt ihnen wohl nicht einmal auf. »Was macht ein schlechtes Mädchen aus?«, will *hero* Gökay wissen und notiert die Antworten der Jugendlichen an der Tafel: »Rauchen«. »Alkohol«. »Kurze Röcke«. »Lange draußen sein«. »Keine Jungfrau sein«. »Wieso dürfen Jungen mehr als Mädchen?«, fragt Ahmad Mansour. »Weil sie stärker sind«, ruft einer. »Jungen sind Bodybuilder!«, schreit ein anderer. »Wenn Mädchen Schlampen sind, muss man sie klatschen«, findet ein Dritter.

Da hilft nur noch ein Rollenspiel. Zuerst spielen die *heroes*, dann die Jugendlichen – und das macht ihnen sichtlich mehr Spaß als das Reden vorher. Es geht um Familienkonflikte. Um Freiheit und Ausgehen. In der ersten Szene wird die Tochter mit Gewalt heimgeholt, in der zweiten erlaubt ihr der Vater alias Gökay den Kinobesuch. »Ich hab Vertrauen zu dir«, erklärt er der fiktiven Tochter. »Ist Vertrauen besser als Kontrolle?«, werden die Jugendlichen gefragt. Ja, doch, selbst die Mädchen nicken vorsichtig. »Darf man seine Kinder schlagen? Seine Frau? Seine Schwester?«, forscht der Psychologe nach. Die Jungen kichern. »Das ist doch *meine* Schwester!«, meint einer. »Kleine Schläge!«, fordert ein anderer. Die Mädchen schauen nach unten. Und schon ist das halb gewonnene Terrain für die *heroes* wieder halb verloren.

Ein zäher Kampf. Hin und her wogt er, und die »Helden« fechten tapfer in der ersten Reihe. »Wie können wir Gleichberechtigung erreichen? Was könnt ihr als neue Generation tun?«, fragt Gökay in die Runde. Und ist froh, dass er kurz vor Schluss doch noch einiges an der Tafel notieren kann: »Vertrauen«. »Respekt«. »Friedliches Miteinander«. »Habt ihr heute was gelernt?«, will Ahmad Mansour wissen. »Hmm.« »Weiß nicht.« Doch, sagt einer: »Ehre ist mehr Freiheit für die Mädchen.« Der Psychologe lächelt. Immerhin. Aber ein Workshop reicht wohl nicht. »Sollen wir wiederkommen?« »Jaaa!«

»Das war die schwierigste Klasse, die wir bisher hatten«, befindet Ahmed Mansour später. »Normalerweise pochen die Mädchen auf ihre Rechte, und die Jungs schließen sich ihnen irgendwann zögernd an. Aber die hier waren so religiös ...« Projektleiterin Dagmar Riedel-

Breitenstein ist dennoch optimistisch, dass diese Art von *peer educa-tion* gelingen kann: »Es gibt eine schweigende Mehrheit unter den jungen Migranten, die Gewalt ablehnt. Die können wir gewinnen. Aber sie brauchen Vorbilder. *Peers* eben.«

Herkules gegen Mohammed

Was in Neukölln und anderswo früher als soziales Problem galt, wird seit den Terroranschlägen vom 11. September als religiöser Konflikt interpretiert. »Der Islam« sei schuld, hieß es in vielen deutschen Medien. Auf dem Titelbild einer *Emma*-Ausgabe von 2001 waren islamische Terroristen zu sehen, dahinter eine in schwarz gehüllte Frau mit einer roten Dornenkrone. Eine christliche Ikonografie, die an die Kreuzigung von Jesus erinnern sollte. Die Botschaft: Alle männlichen Moslems sind Täter, alle weiblichen Opfer.

Ende 2001 stellte der *Spiegel* in seiner Titelgeschichte »Die unverschleierte Würde des Westens« dem aufgeklärten Abendland des Christentums das barbarische Morgenland gegenüber.[67] Schon im Untertitel hieß es programmatisch: Die geistige Tradition des Abendlandes müsse »gegen den Islam« verteidigt werden – nicht gegen Islamisten, sondern gegen die Religion an sich. Dank der »klassischen Bildung« in Europa sei nur die westliche Moderne fähig »zur offenen Debatte ohne Einschüchterung Andersdenkender« und »zu Selbstkorrektur, Ironie, Skepsis«, hieß es weiter – ganz ohne jede Selbstkorrektur, Ironie oder Skepsis. Dass es Säkularisierung, Menschenrechte, Frauenemanzipation und kritisches Denken auch in unserer Kultur keineswegs seit Anbeginn der Zeiten gibt, sondern dass sie in langen Kämpfen geistlichen und weltlichen Herrschern abgetrotzt werden mussten, wurde hingegen nicht thematisiert.

Noch manipulativer als der Text war die Bildauswahl des *Spiegel*, die unverhohlen Herkules gegen Mohammed setzte. Als Symbole des Westens wurde das schönste klassizistische Erbe präsentiert: Sokrates, die Venus von Milo, der Petersplatz in Rom, Goethe, Luther und Mozarts *Zauberflöte*. Bilder von Hexenverbrennungen und Kreuz-

Bedrohlicher Islam – Titelbilder des Spiegel

zugsopfern oder Fotos von Verbrechen aus der Kolonialzeit, den Weltkriegen und der Judenvernichtung fehlten. Die Bilder aus der muslimischen Welt hingegen zeigten eine gedemütigte Frau unter einer Burka, das brennende World Trade Center und die Steinigung eines afghanischen Paares. Also Barbarentum, wohin man in der islamischen Welt auch blickt.

Dass dieser Bericht kein einmaliger Ausrutscher war, zeigen die Cover deutscher Zeitschriften in den letzten Jahren. »Unheimliche Gäste«, titelte der *Focus* 2004 über einem Foto mit betenden Muslimen. »Allahs rechtlose Töchter«, hieß es im selben Jahr auf einem *Spiegel*-Titelbild, das eine gebeugt gehende Frau mit Kopftuch zeigte. 2007 verkündete ein *Spiegel*-Titel vor einem bedrohlich tiefschwarzen Hintergrund: »Der Koran. Das mächtigste Buch der Welt«. Darunter war eine gramgebeugte, tief verschleierte Frau zu sehen.[68] Und im Herbst 2009 obsiegte in der Schweiz ein Volksbegehren gegen den Minarettbau, das von der rechtspopulistischen SVP initiiert worden war. Ihr Plakat zeigte eine verschleierte Muslima inmitten raketenähnlicher Minarette.

Verschleierung scheint überhaupt der wichtigste Begriff im vermeintlichen Kulturkampf zwischen Abend- und Morgenland zu sein. »Die unverschleierte Würde des Westens«, für den *Spiegel* die barbusige französische Nationalfigur Marianne, wird der unterdrückten Muslima unter Burka oder Kopftuch gegenübergestellt. Der Subtext: »Wir« stehen für Enthüllung, Aufklärung, nackte Wahrheit, wir haben nichts zu verbergen, unsere Frauen sind emanzipiert, selbstbewusst und fortschrittlich. »Ihr« aber verschleiert euer wahres Gesicht, verhüllt gefährliche Geheimnisse, seid archaisch, vernunftfern, gewalttätig, ein fremder Körper, ein Fremdkörper in unserer Kultur, der unsere Welt genauso unterwerfen will wie eure Frauen. »Wenn ich meine Frau nicht schlage und meine Tochter nicht zwangsverheirate und abends im Eigelstein keine Selbstmordattentate begehe«, schreibt der deutsch-iranische Schriftsteller Navid Kermani mit beißender Ironie, »dann liegt es nur daran, dass ihr mich erzogen habt im Geiste der Toleranz und Aufklärung, gereinigt von meiner fundamentalistischen Tradition.«[69]

Die Medienwissenschaftlerin Stanislawa Paulus, die öffentlich-rechtliche Fernsehsendungen aus den Jahren 2000 bis 2006 analysierte, kommt zu folgendem Ergebnis: »Es gibt in den von mir untersuchten Dokumentationen keine Bilder von Musliminnen, die ohne einen Bezug zu den Themen von Unterdrückung und patriarchaler Gewalt auskommen.« Kopftuchträgerinnen seien massenhaft zu sehen, vorzugsweise auf dem Markt, Einkaufstüten tragend und Kinderwagen schiebend, in Situationen also, die Enge symbolisieren. Sie seien aber alle anonym, ohne Namen und Stimme, niemand frage sie nach ihrer Meinung. »Durch diese Inszenierungen erscheinen sie passiv und marginal. Ihre persönliche Perspektive ist nicht von Belang.« Sie sind das »unterworfene andere«, mit der unterschwelligen Botschaft, dass der Islam mit den westlichen Werten nicht vereinbar sei.[70] Deutsche Medien wiederholen also genau das, was sie am Islam kritisieren: die Entwürdigung der Frau. Denn auch sie diskriminieren Muslimas.

Dabei denken die meisten der rund drei Millionen in Deutschland lebenden Muslime liberal. Über die Hälfte der Befragten war 2008 gegen das Tragen eines Kopftuchs, dafür war nur ein Drittel.

Zwei Drittel lehnten eine eigene islamische Partei ab, nur 16 Prozent sagten, ihr Glaube habe Einfluss auf ihre politische Haltung. 86 Prozent meinten, man solle gegenüber allen Religionen offen sein, und 67 Prozent glaubten, jede Religion habe einen wahren Kern. Eine Studie des Bundesinnenministeriums von 2009 bestätigt: Die meisten Muslime sind gut integriert. 45 Prozent haben die deutsche Staatsbürgerschaft, mehr als die Hälfte ist in einem deutschen Verein organisiert. 70 Prozent der Frauen, auch der stark gläubigen, tragen kein Kopftuch, und 93 Prozent der muslimischen Mädchen nehmen am Schwimmunterricht teil.[71] Thilo Sarrazin aber, Vorstandsmitglied der Bundesbank, scherte sich einen feuchten Kehricht um die Schäuble-Studie und erfand seine eigenen Zahlen: 70 Prozent der türkischen und 90 Prozent der arabischen Bevölkerung Berlins seien integrationsunwillig, behauptete er in einem *Lettre*-Interview im September 2009, sie lebten vom Staat und produzierten »ständig neue Kopftuchmädchen«.

Dass sich Muslime und Nichtmuslime hierzulande im Guten wie im Schlechten ähnlicher sind, als viele meinen, zeigt auch die von der Bundesregierung 2007 veröffentlichte Studie »Muslime in Deutschland«. Die islamistisch geprägte Demokratieresistenz ist mit acht bis zehn Prozent etwa gleich hoch wie die völkisch-nationalistische Fremdenfeindlichkeit unter den Urdeutschen. Der Antisemitismus unter den rund 5000 befragten Muslimen ist zwar höher als bei den nicht moslemischen Deutschen, aber beim Autoritarismus liegen beide Gruppen gleich, und die Christenfeindlichkeit der Moslems ist geringer als der Antimoslemismus der Christen.[72]

Der größte Unterschied besteht wohl darin, dass Moslems wesentlich mehr Diskriminierungserfahrungen gemacht haben als nicht islamische Deutsche. 90 Prozent der befragten Moslems äußerten »Wut angesichts eines pauschalisierten Terrorismusverdachts gegenüber Muslimen auf internationaler Ebene«. Über 40 Prozent der moslemischen Schülerinnen und Schüler gaben an, sprachlich und sozial schlecht oder mäßig integriert zu sein. Zwei Drittel hatten gar keine oder wenig eingesessene Deutsche als Freunde und fühlten sich deshalb eher mit dem Herkunftsland ihrer Eltern als mit Deutschland

verbunden. Vier von fünf hatten schon mindestens einmal die Erfahrung gemacht, als Ausländer schlecht behandelt worden zu sein, einer
von zehn berichtete sogar, persönlich fremdenfeindliche Gewalt erlebt zu haben.[73]

Dabei sind die Muslime gegenüber dem deutschen Staat sogar
loyaler eingestellt als seine Ureinwohner. Der sogenannte Gallup-
Koexistenz-Index ergab 2009, dass sich 40 Prozent von ihnen mit
Deutschland identifizieren, die Gesamtbevölkerung tut dies nur zu
32 Prozent. Die Justiz genießt bei 73 Prozent der Muslime und nur bei
49 Prozent der Gesamtbevölkerung Vertrauen, die Bundesregierung
bei 61 respektive 36 Prozent. Bezeichnenderweise trauen allerdings
nur 28 Prozent der Moslems den Medien.[74]

Verantwortlich dafür dürfte die jahrelange stereotype Berichterstattung über den Islam sein, die inzwischen massive negative Folgen
hat. Bei einer Befragung stimmten 2006 83 Prozent der nicht islamischen Deutschen der Aussage zu, der Islam sei fanatisch, 62 Prozent
betrachteten ihn als rückwärtsgewandt, 71 Prozent als intolerant,
91 Prozent sagten, er diskriminiere Frauen.[75] 29 Prozent waren 2007
der Auffassung, dass Muslimen generell die Zuwanderung untersagt
werden sollte, 39 Prozent fühlten sich wegen der Anwesenheit von
Muslimen wie »Fremde im eigenen Land«. Der Soziologe Wilhelm
Heitmeyer sieht als Grund für diese Ablehnung die »eigene instabile
persönliche und soziale Lage. Diese kann vermeintlich stabilisiert
werden, indem man andere abwertet, weil das gleichzeitig die eigene
Aufwertung mit sich bringt.«[76] Dasselbe Psycho-Muster wie früher
beim Antisemitismus.

Wie diese Abwertung der »anderen« bei gleichzeitiger Aufwertung des »Eigenen« funktioniert, kann man täglich auf Internetseiten
wie Politically Incorrect (www.pi-news.net) oder Die grüne Pest
(www.gruene-pest.net) beobachten. Die von Sportlehrer Stefan Herre
2004 gegründete PI-Website zeigt deutlich, dass Muslimfeindlichkeit
kein marginales Problem ist, sondern aus der Mitte der Gesellschaft
kommt und von äußerst trüben rechtspopulistischen und rassistischen Quellen gespeist wird. Das »politisch korrekte Gutmenschen-
tum« gebe das Grundgesetz auf und akzeptiere Unterdrückung und

Gewalt, »wenn sie bloß im Gewand fremder Ethnien und fremder Religionen daherkommen«, heißt es nicht etwa in einem Kommentar, sondern in den PI-Richtlinien. Der Klimawandel sei bloß die Erfindung von linken »Multikultifreunden«, um davon abzulenken, dass man gegenüber »islamischen Herrschaftsansprüchen« »vorauseilenden Gehorsam« an den Tag lege. Die Kommentare auf der Seite sind von aggressiver Menschenfeindlichkeit geprägt. Dass »die Musels endlich verschwinden sollen« oder dass die Politiker »Roth, Kuhn, Beck, Ströbele, Edathy und andere Gruselgestalten (…) von den Musels gekauft« seien, gehört noch zu den harmloseren Äußerungen. »Liebe Musels!«, schreibt ein anderer anonymer Blogger. »Was wäre, wenn wir eure Frauen und Töchter sexuell belästigen würden? Hättet ihr das gerne?« Die Unterstellung: Die muslimischen Männer wollen den deutschen ihre Frauen wegnehmen.[77]

Diese aggressive Moslem- und Menschenfeindlichkeit grassiert nicht nur in der Unterschicht, sondern genauso in der gut situierten Mittel- und Oberschicht, und »liberale« Medien bekämpfen sie nicht, sondern bestätigen sie. Nach den rassistischen Äußerungen Thilo Sarrazins lautete der Tenor der meisten Kommentatoren, er habe sich zwar im Ton vergriffen, aber mutig eine unbequeme Wahrheit ausgesprochen – Sarrazin wurde also nicht als Rassist dargestellt, sondern als Held. Wenig später ergab eine von *Bild am Sonntag* in Auftrag gegebene Umfrage, dass 51 Prozent der eingesessenen Deutschen Sarrazin beipflichteten.[78]

Auf einer Tagung des Berliner Zentrums für Antisemitismusforschung Ende 2008 zeigten Wissenschaftler und Forscherinnen einige – trotz aller historischen Unterschiede – erschreckende Parallelen zwischen dem Antisemitismus Ende des 19. Jahrhunderts und dem jetzigen Antimoslemismus auf. Beide gehen davon aus, dass es eine durch dunkle Kreise organisierte »Verschwörung« gebe, deren Ziel die »Weltherrschaft« des Judentums bzw. des Islamismus sei. Auch das schon von den Nazis missbrauchte Thema Blut und Blutschande spielt erneut eine Rolle, unter anderem indem das Schächten von Tieren als Beweis für die primitive Grausamkeit der Muslime aufgeführt wird.

Der selbst ernannte »Islamwissenschaftler« Hans-Peter Raddatz
etwa behauptet, die Islamisten seien drauf und dran, »Eurabien« zu
»erobern«, und sie täten das unter anderem mithilfe einer »NS-artigen
Superinstitution«, die man interreligiösen Dialog nenne. Auch die
Massenmedien seien Teil dieser Konspiration, sie seien »Saugnäpfe des
entstehenden islamischen Parallelstaates«. Islamische Babys, Abtrei-
bungen deutscher Frauen und homosexuelle Ehen sollten die deutsche Bevölkerung so dezimieren, dass sich die »westliche Schrumpfbe-
satzung durch die islamische Wachstumsgesellschaft auffüllt«.[79] Dazu
passen im Internet kursierende Karikaturen von burkaverhüllten
Muslimas, die mit der »anderen islamischen Bombe« schwanger sind.

Wie kann man fundamentalistische Haltungen von Moslems kritisieren, ohne moslemfeindlich zu werden? Heiner Bielefeldt, Leiter
des Deutschen Instituts für Menschenrechte, nennt einige Elemente
einer »aufgeklärten Diskussionskultur«: Unabdingbar sei es, zwischen
Islam und Islamismus zu differenzieren, auf essentialistische Vorstellungen von einem zeitlosen Wesen des Islam zu verzichten und die
Debatte fair zu führen.[80] Dass viele annähmen, terroristische Gewalt
sei »besonders symptomatisch für den Islam« und zeige sein »wahres
Wesen«, sei eine »Semantik der Eigentlichkeit« und das »Haupthin-
dernis für die differenzierte Wahrnehmung des Islams«. Obwohl der
Koran nur in Notsituationen das Leugnen des eigenen Glaubens er-
laube *(tahiyya)*, werde Muslimen mit Verweis auf diese Praxis eine
generelle Verlogenheit unterstellt. Das sei die »islamophobe Logik des
Verdachts«. Die »Semantik der Eigentlichkeit« sei allerdings umgekehrt auch bei Muslimen zu finden, die den »wahren Islam« als friedlich beschrieben und sich mit islamischem Autoritarismus zu wenig
auseinandersetzten. Die Verteidigung der Aufklärung könne nur »im
Geiste der Aufklärung« gelingen, das heißt ohne die Annahme, die
Mehrheitsgesellschaft habe die Aufklärung hinter sich, während sie
für »den Islam« noch nicht einmal begonnen habe.

Auch zur Geschlechterfrage nimmt Bielefeldt deutlich Stellung:
»Männliche Modernisierungsverlierer«, sagt er, klammerten sich
gerne »an überkommene Vorstellungen von ›Mannesehre‹«, das sei
aber nicht nur bei Islamisten, sondern auch bei deutschen Hooligans

zu beobachten. Liberale Musliminnen und Muslime bemühten sich hingegen um eine neue Interpretation des Korans, um sich Rückendeckung für die Forderung nach Gleichberechtigung der Geschlechter zu verschaffen oder innerfamiliäre Gewalt und Zwangsehen zu delegitimieren. Wenn man ihnen kurzerhand die islamische Identität abspreche, sei das schlicht unfair.

Doch trotz aller Appelle zu Differenzierung: Die Saat des Moslemhasses ist inzwischen aufgegangen – mit tödlichen Folgen. Anfang Juli 2009 ersticht Alex W., ein 28-jähriger erwerbsloser Sozialhilfeempfänger, die schwangere Marwa El-Sherbini in einem Dresdner Gerichtssaal im Beisein ihres dreijährigen Sohnes. Ihr Mann versucht sie zu beschützen, doch ein herbeieilender Polizist hält ihn für den Täter und schießt ihm ins Bein. Die kopftuchtragende Ägypterin hat den Russlanddeutschen Alex W. angezeigt, weil dieser sie auf einem Spielplatz als »Islamistin«, »Terroristin« und »Schlampe« beleidigt hat. »Haben Sie überhaupt ein Recht, in Deutschland zu sein?«, pöbelt der Spätaussiedler, bevor er zusticht. »Wenn die NPD an die Macht kommt, ist damit Schluss.« Der erwerbslose Mann habe sich »selbst gehasst«, sagt ein Bekannter später über ihn aus. »Und diesen Hass hat er wohl auf Muslime projiziert.« Es ist aber auch ein Hass eines ungebildeten und erfolglosen Mannes auf eine gebildete Frau, die Pharmazie studiert hat und weit besser Deutsch spricht als er.[81] Also ein für unser Thema geradezu prototypischer Fall.

Erst nach Tagen berichten die deutschen Medien über den rassistischen Hintergrund des Mordes, die Dresdner Oberbürgermeisterin Helma Orosz erscheint nicht zum Begräbnis von Marwa El-Sherbini. Auch die Kanzlerin nimmt erst Stellung, nachdem ägyptische Zeitungen die Tote – sie ihrerseits funktionalisierend – zur »Kopftuchmärtyrerin« gemacht und Demonstranten vor der deutschen Botschaft in Kairo »Deutsche sind die Feinde Gottes« skandiert haben. Geschehe ein »Ehren«mord, sitze der Islam insgesamt auf der Anklagebank; werde aber eine Muslima mit Kopftuch ermordet, gebe es bestenfalls pflichtschuldige Betroffenheit, so das bittere Fazit von Dresdner Muslimen.[82]

Herkules aus der Gosse II

Joe Rilla aus Berlin ist das ostdeutsche Pendant zu Bushido. Eigentlich heißt er Hagen Stoll, trägt Glatze, Bomberjacke und 120 Kilogramm Muskelfleisch auf den Rippen. Seine Message ist: »Ich bin das Sprachrohr des Ostens, Ich spreche für 14 Millionen Ostdeutsche.« Und er behauptet: »Ich bin der erste Ostler, der sagt, er ist stolz, ein Ostler zu sein.« Eines seiner Alben heißt »Auferstanden aus Ruinen«, das Cover zeigt einen pitbullähnlichen Rilla, der mit Zähnen und Fäusten seine Ketten zerreißt. Auf seiner Homepage wirbt er für seine »Kampfgruppe Ost«, und in Videos präsentiert er sich mit »Böhse Ossis«-Shirt vor dicken Autos und Plattenbauten. Von der Neonazi-Szene distanziert er sich, schon allein, weil er bereits zu DDR-Zeiten »Negermusik« gehört habe.[83] Das hindert Joe Rilla aber nicht daran, Nazi- und Hooligan-Ästhetik in voller Breite zu übernehmen. »Ich war ein Hooligan«, gibt er zu, und er habe wegen Gewaltdelikten im Knast gesessen. Inzwischen wohnt er mit Frau und Tochter in einem Häuschen und nicht mehr im Plattenbau in Marzahn. Vielleicht deswegen »Auferstanden aus Ruinen«? Wie auch immer. »Sie nennen mich Rilla, Junge, des Ostens Stolz«, rappt er. »Ich bring den Osten hiermit zurück auf die Karte. Der Osten rollt, Junge.«[84] Der Osten rollt? Vielleicht die Augen.

Was in seinen Songs nicht vorkommt, ist die Trostlosigkeit vieler Ost-Regionen für Männer, die eine Partnerin suchen. Junge qualifizierte Frauen wandern in Scharen aus den strukturschwachen Gebieten Ostdeutschlands ab, um im Westen zu arbeiten oder eine Ausbildung zu machen. Im ostsächsischen Ebersbach kommen auf 100 Männer nur noch 75 Frauen, im sächsischen Großharthau sind es gar bloß noch 46 Frauen.[85]

Obwohl der Industriesektor in der ostdeutschen Peripherie fast vollständig zusammengebrochen ist, wollen viele Männer weiterhin in den althergebrachten Männerberufen arbeiten. Sie beharren auf ihrem Status, bewerben sich um Lehrstellen in Industrie, Handwerk oder am Bau und gehen dabei weitgehend leer aus. Dass sie auch

Plattencover von Joe Rilla

Dienstleistungen anbieten könnten, scheint ihnen zu entgehen. Die Frauen indes finden in diesem Sektor schneller Arbeit als die Männer und wandern trotzdem ab, um im Westen an bessere Jobs zu kommen. Eine Abwärtsspirale: Wo es jetzt schon wenig Frauen gibt, gehen auch in Zukunft immer mehr.[86] »Die Frauendefizite der neuen Bundesländer sind heute europaweit ohne Beispiel«, schreiben die Autoren der 2007 erschienenen Studie *Not am Mann* des Berlin-Instituts für Bevölkerung und Entwicklung. Kein Job, keine Ausbildung, keine Frau – mancherorts entsteht ein Milieu gesellschaftlich abgehängter Junggesellen. Einige bleiben aus Trotz in ihrer Heimat. Andere schämen sich für ihre Armut und kapseln sich im Privatleben ab. Und nicht wenige driften nach rechts.

Wo junge Frauen fehlen, da haben die Rechtsextremen oft Zulauf.[87] Dass die NPD laut Parteiprogramm »die heutige Gleichmacherei von Frau und Mann« ablehnt und »ein nach Anzahl der Kinder gestaffeltes Hausfrauen- und Müttergehalt« fordert, weil die Familie

»Träger des biologischen Erbes« sei, macht sie für deklassierte Männer attraktiv. Zwei Drittel der Wähler von NPD, Republikanern und DVU sind männlich, fand eine im September 2009 veröffentlichte Studie der Universität Leipzig heraus.[88] Das altbewährte Rezept »Aufwertung des Selbst durch Abwertung des anderen« funktioniert auch hier, gibt ihnen doch eine unter ihnen stehende Frau das Gefühl, noch wer zu sein. Für Neonazis sind es die Ausländer, die deutsche Frauen verführen oder vergewaltigen. Auf unzähligen lokalen Websites der NPD werden Vergewaltigungen durch »Multikulti«-Täter angeprangert, und Anfang 2008 tönte der NPD-Stadtverordnete Jörg Krebs bei einer Kundgebung auf dem Frankfurter Römer, Ausländer drängten »in deutsche Wohnungen«, vergewaltigten »deutsche Frauen« und raubten »deutsches Eigentum«.[89] Die rechtsradikale Kameradschaft Frontbann 24 marschierte im August 2009 durch die Berliner Stadtteile Britz und Buckow, um gegen die Vergewaltigung einer Deutschen durch zwei Ausländer zu protestieren. Der Vorfall stellte sich später als erfunden heraus.[90] Der Rassismus deutscher Rechtsextremisten ist auch ein Kampf gegen andere Männer um deutsche Frauen – eine Ressource, die in ihren Augen nur ihnen zusteht.

Niemand kann abschätzen, welche Folgen dieses historisch einmalige Missverhältnis der Geschlechter in einigen Jahrzehnten haben wird. Womöglich dreht sich die Spirale noch weiter nach unten und hinterlässt verödete Landstriche, in denen dumpfeste Ressentiments regieren. Dass die NPD bei den Kommunalwahlen 2008 in Sachsen mancherorts sogar die SPD überholte und bei den sächsischen Landtagswahlen 2009 von 17 Prozent der jungen Männer zwischen 18 und 30 Jahren gewählt wurde, ist ein schrilles Alarmsignal.

Der Frauenmangel im Osten ist womöglich auch entstanden, weil Ostfrauen im Westen statusgleiche oder -höhere Partner suchen. Denn das weibliche Geschlecht hat bislang traditionell eher hinauf-, das männliche eher hinuntergeheiratet, und offenbar stimmt das immer noch für gut die Hälfte der deutschen Paare.[91] Doch nehmen Statusunterschiede stetig ab, Gleichheit wird stattdessen immer beliebter, jedenfalls bei den Frauen: 65 bis 75 Prozent der Abiturientinnen wün-

schen sich einen Partner mit gleicher Bildung. Vor allem die »Alphamädchen« wollen nicht mehr »aufblicken« – die im Osten genauso
wenig wie die im Westen.

Herkulanische Scham II

»Du Opfer«, dieses Schimpfwort führt nicht nur Bushido ständig im
Munde, »du Opfer« ist heute zu einer Standard-Beleidigung unter
männlichen Jugendlichen geworden. Opfer sind schwach, können
sich nicht wehren, sind entmännlicht und entehrt.

Körperliche Gewalt geht nicht nur in Deutschland vor allem von
dem Geschlecht mit der größeren Körperstärke aus. Bei Gewaltakten
wie Körperverletzung, Raub, Mord und Totschlag sind 86 bis 90 Prozent der Täter männlich, bei sexueller Gewalt sind es 98,9 Prozent.[92]
Bei dieser erdrückenden Dominanz männlicher Täter wird oft über-
sehen, dass die Mehrheit derjenigen, die attackiert, zusammenge-
schlagen, beraubt oder ermordet werden, ebenfalls Männer sind. Nur
die Opfer von sexuellen Gewaltakten und Handtaschenraub sind
mehrheitlich Frauen oder Mädchen.

Der Begriff des »männlichen Opfers« stelle ein »kulturelles Paradox« dar, sagt der Geschlechterforscher Hans-Joachim Lenz, deshalb
gebe es für weibliche Gewaltopfer Netzwerke und Hilfsinstitutionen,
für männliche jedoch so gut wie keine Anlaufstellen. Viele Männer
bleiben sich selbst überlassen und sehen sich gezwungen, ihre eigenen
Gewalterfahrungen radikal abzuspalten, weil sie sonst in unerträg-
licher Weise an ihre »unmännliche« Ohnmacht erinnert werden. In
der Folge kämpfen solche Männer einen lebenslangen Kampf gegen
das Gefühl der eigenen Verletzbarkeit. Und den glauben sie leichter
gewinnen zu können, wenn sie andere zum Opfer machen – Männer
wie Frauen. »Eigene Gewalttätigkeit soll das Ausgeliefertsein verhindern«, konstatiert Lenz.[93] Man könnte ergänzen: und die herkulanische Scham verbergen – denn ein Held darf niemals Opfer sein.

Weil sie sich nicht wehren konnten, glauben männliche Gewaltopfer, Ansehen, Status und Ehre verloren zu haben. Viele verschwei-

gen deshalb, was ihnen passiert ist, und so gibt es kaum gesicherte Erkenntnisse über das Ausmaß zwischenmännlicher Tätlichkeiten. In einer vom Bundesfamilienministerium 2004 veröffentlichten Pilotstudie mit dem Titel *Gewalt gegen Männer* führten die Forscher rund 300 quantitative und qualitative Interviews, um erste Erkenntnisse zu gewinnen. »Bestimmte Gewaltformen«, sagt der daran beteiligte Hans-Joachim Lenz, »sind so normal im Leben eines Mannes, dass sie überhaupt nicht als Gewalt angesehen werden. Sie werden deshalb auch nur begrenzt erinnert. Zum Beispiel körperliche Gewaltakte im Alltag zwischen männlichen Jugendlichen.«

Nach der Studie haben drei von fünf Männern in ihrer Kindheit physische und psychische Gewalt erlebt, jeder zwölfte auch sexuelle Gewalt. Im Erwachsenenleben ist die Belastung weit geringer: Über Gewalterfahrungen im Öffentlichkeits- und Freizeitbereich berichteten ein Prozent der Männer, über körperliche Gewalt in der Arbeitswelt knapp fünf Prozent und über psychische im Beruf gut 25 Prozent. Doch sind die Ergebnisse mit einer gewissen Vorsicht zu behandeln, womöglich ist das Ausmaß noch größer als angegeben.[94] Der Gender-Datenreport des Bundesfamilienministeriums macht ergänzend dazu deutlich, dass die »Gewaltfurcht« beider Geschlechter offenbar vollkommen irrational funktioniert. Obwohl Männer am ehesten in der Öffentlichkeit Opfer von Gewalt werden, verspüren sie hier kaum Angst; umgekehrt fühlen sich Frauen vor allem in privaten Räumen sicher und erleben dort die meisten Misshandlungen.[95]

Häusliche Gewalt scheinen Männer indes ähnlich oft zu erleben wie Frauen. Jeder vierte wurde nach eigener Aussage schon einmal von seiner Partnerin geschlagen oder bedroht, psychische Gewaltakte – Eifersuchtsanfälle, Postkontrolle und Ähnliches – kommen anscheinend noch häufiger vor. Trotz dieser Zahlen könne man nicht davon ausgehen, dass Männer und Frauen gleich stark von Gewalt betroffen seien, so der Gender-Datenreport. Frauen würden viel schwerer misshandelt, weil sie Männern an Körperkraft zumeist unterlegen seien, ihre Verletzungen seien daher schwerer und dementsprechend größer auch ihre Angst.[96]

Männer und Jungen werden vor allem in drei Situationen attackiert: als Kinder zu Hause, als Jugendliche auf der Straße und als junge Erwachsene beim Militär. Nach einer Umfrage des Kriminologischen Forschungsinstituts Niedersachsen haben etwa drei Viertel aller Befragten – Männer wie Frauen – im Elternhaus leichte Gewalt erlebt, zwischen 10 und 20 Prozent wurden sogar gezüchtigt und schwer misshandelt, wobei Jungen stärker betroffen waren als Mädchen. Deutlich wurde auch, dass Mütter anscheinend öfter, aber weniger heftig als Väter zuschlagen. In der Wehrdienstzeit scheint Gewalt gegen Männer endemisch zu werden: Drei von fünf ehemaligen Rekruten berichten in der Pilotstudie, beim Bund schikaniert, unterdrückt, schwer beleidigt oder gedemütigt worden zu sein.[97]

Postheroisch heroisch: die Bundeswehr

Die Gewalt gegen Rekruten scheint auf den ersten Blick nichts mit der heutigen Bundeswehr zu tun zu haben. Im Vergleich zu früheren deutschen Armeen ist sie friedlicher und spielt gesellschaftlich eine wesentlich geringere Rolle. Gerade Letzteres zwingt die Bundeswehr jedoch seit ihrem Bestehen zu einem Spagat, zu einer Art postheroischem Heroismus. Das Konzept der »Inneren Führung«, entwickelt seit den 1950er Jahren, ist ein ausdrücklicher Bruch mit der Nazivergangenheit: Soldaten sollen als »Staatsbürger in Uniform« an politischen und gesellschaftlichen Diskussionen teilnehmen, Freiheit, Demokratie und Menschenrechte verteidigen. Doch ist das Konzept nicht frei von Widersprüchen, wie die Zentralen Dienstvorschriften zur »Inneren Führung« – die vorerst letzte stammt vom Januar 2008 – zeigen. Einerseits sollen die Soldaten immer und überall die »Würde des Menschen« als obersten Wert anerkennen, andererseits sollen sie in Kampfsituationen Menschen töten – in Würde totschießen, könnte man das sarkastisch zusammenfassen. Einerseits sollen die Bundeswehrsoldaten jederzeit für die »Erhaltung des Friedens« eintreten, andererseits an Kampfeinsätzen teilnehmen. Einerseits sollen sie »die Kluft zwischen armen und reichen Weltregionen überwinden« helfen, andererseits den »freien und ungehinderten Welthandel« fördern, der diese Kluft erst hervorbringt. Einerseits sollen sie »freie Persönlichkeiten« sein, andererseits müssen sie ihren Vorgesetzten gehorchen, »gewissenhaften Gehorsam und treue Pflichterfüllung im Alltag, Kameradschaft, Entschlussfreude, Wille zum Kampf« zeigen.[98]

In der Selbstdarstellung der Bundeswehr zeigt sich dieselbe Widersprüchlichkeit. Dass deutsche Soldaten schießen und töten, ist gesellschaftlich verpönt, also wird ihr Auftrag publizistisch so umgebogen, dass er nur noch mit der Lupe erkennbar ist. Auf www.bundeswehr.de werden folgende Aufgaben aufgelistet: Schützen, Helfen, Vermitteln und Kämpfen – in dieser Reihenfolge wohlgemerkt. Zum Thema »Schützen« heißt es dort: »Friedensstabilisierende Maßnahmen bilden den Schwerpunkt der aktuellen Einsatzrealität der Bundeswehr.« Bilder zeigen Soldaten, die afrikanische Schulkinder unterrichten, Verwundete transportieren oder Brunnen graben. Geradezu verschämt kommt die letzte Rubrik »Kämpfen« daher: »Gemeinsame Grundlage aller Kräfte bleibt die Fähigkeit zum Kampf, um Sicherheit herzustellen sowie Frieden und Freiheit zu sichern.« Jemandem, der die deutsche Armee nicht kennt, dürfte diese Website Rätsel aufgeben: Was ist die Bundeswehr – ein Krankenhaus auf Rädern? Eine Genossenschaft von Friedensrichtern? Ein Kinderhilfswerk mit überdimensionierten Spielflugzeugen?

Die Öffentlichkeitsarbeit des Bundesverteidigungsministeriums ist auch deshalb so verschwiemelt, weil die Zustimmung zur Armee in der Bundesrepublik immer noch weit geringer ist als in anderen Ländern. Das Sozialwissenschaftliche Institut der Bundeswehr hat Menschen in Deutschland, Frankreich, Großbritannien und den USA befragt, welche Aufgaben die Streitkräfte ihres Landes übernehmen sollten. Das Ergebnis: Etwa vier Fünftel der Deutschen befanden, es sei Sache der Bundeswehr, »die Opfer einer Naturkatastrophe mit Nahrungsmitteln zu versorgen und medizinische Hilfe zu leisten« – so als wäre die Bundeswehr eine Art Technisches Hilfswerk mit Knarre. Zum Vergleich: In Großbritannien gaben das nur knapp zwei Drittel an. Während vier von fünf US-Amerikanern der Meinung

waren, die Armee solle vor allem eingesetzt werden, »um einen terro-
ristischen Anschlag auf das eigene Land zu verhindern«, waren dieser
Meinung nur zwei von drei Deutschen. Drei Viertel der französischen
Befragten meinten, die französischen Streitkräfte sollten einschreiten,
»um einen Völkermord zu verhindern«; bezogen auf die Bundeswehr
sagte das aber nur gut die Hälfte der Deutschen. Eine Mehrheit von 55
bzw. 53 Prozent der Deutschen war 2007 und 2008 der Meinung, die
Bundesregierung solle sich »eher auf die Bewältigung der eigenen
Probleme konzentrieren und sich aus Problemen, Krisen und Konflikten anderer möglichst heraushalten«. Unter den Frauen waren es
sogar 58 Prozent.[99]

Herkula mit Waffen

Deutsche Frauen sind heute indes nicht mehr so militärfern wie
einst. Die Bundeswehr lässt inzwischen Frauen in allen Bereichen zu,
allerdings erst, seit die als Soldatin zunächst abgewiesene Tanja Kreil
im Jahr 2000 vor dem Europäischen Gerichtshof klagte – und siegte.
Ein »Anti Flintenweiber«-Passus im Grundgesetz wurde gestrichen,
und so sind heute rund sieben Prozent der Berufs- und Zeitsoldaten
weiblich, im Sanitätsdienst sind es sogar 30 Prozent. Damit liegt
Deutschland im Vergleich mit anderen Nationen im Mittelfeld: In
Israel sind etwa 32 Prozent der Militärs Frauen, in den USA und
Russland rund 15 Prozent. In Kanada sind es knapp zwölf, in Frank-
reich, Belgien, Großbritannien und den Niederlanden etwa zehn, in
Spanien und Portugal sechs, in Norwegen fünf, in Dänemark drei, in
Italien und der Türkei etwa ein Prozent.[100]
  Und wie geht es den Frauen in der Bundeswehr? Rund ein Fünf-
tel der Soldatinnen klagte nach einer Studie des Sozialwissenschaft-
lichen Instituts der Bundeswehr über unfaires Verhalten männlicher
Kameraden und sexistische Witze. Gut fünf Prozent gaben an, sexuelle Übergriffe erlebt zu haben. Fast die Hälfte dieser Vorfälle zog laut
Aussage der Betroffenen jedoch keine Bestrafung nach sich, unter anderem, weil sie die Vorkommnisse gar nicht gemeldet hatten. Denn

ungefähr jede fünfte Frau war der Meinung, dass »ohnehin nichts da-bei herauskommen würde« oder ihre Situation dadurch »schlimmer würde«. Auch glauben viele Soldatinnen offenbar, sie müssten solche Verhaltensweisen »wegstecken« und damit zeigen, dass sie »männlicher als ein Mann« seien. Typische Antworten lauteten: »Weil es an der Tagesordnung ist und nichts bringen würde. Es wäre extrem sinnlos! Männer sind eben so.« Oder: »Man will sich nicht so anstellen, um die Frauen nicht als Zicken darzustellen.« Aus demselben Grund lehnte fast die Hälfte der Soldatinnen eine Frauenquote ab, eine Befragte nannte sie »Tittenbonus«. In diesem Punkt sind sie sich einig mit ihren männlichen Kollegen, denn etwa vier Fünftel der männlichen Befragten waren gegen eine Frauenquote. Etwa die Hälfte von ihnen stimmte außerdem dem Satz zu, die Bundeswehr habe sich durch die Frauen »zum Schlechteren verändert«. Ebenfalls rund die Hälfte glaubte, Frauen beeinträchtigten »den Zusammenhalt der militärischen Gruppe«.[101]

Und das, obwohl – oder weil – die weiblichen Rekruten dem neuen Leitbild der Bundeswehr scheinbar mehr entsprechen als die männlichen. Schließlich heißt es im »Weißbuch« der Bundeswehr über die Soldatinnen und Soldaten »in der neuen Bundeswehr«, sie seien »neben ihrer Funktion als Kämpfer auch Helfer, Schützer und Vermittler«.[102] Helfen und vermitteln, das sind »weibliche« Eigenschaften, die dem Bild vom »Sozialarbeiter in Uniform« entsprechen. Nach Einschätzung der Konfliktforscherin Cordula Dittmer versuchen Soldaten deshalb das alte Ideal des Kriegers zu verstärken, um dem drohenden Machtverlust entgegenzuwirken – was besonders in Auslandseinsätzen gilt. Soldatinnen werde hingegen die Aufgabe zugeschoben, für Frieden, Ausgleich und Zivilität zu sorgen, sie würden »zum Symbol für die Zivilbevölkerung stilisiert« und stärkten damit unfreiwillig die Männlichkeit des Militärs. Zum Beleg dafür zitiert sie unter anderen General a. D. Bernd Kiesheyer: »Soldatinnen wirken auch sehr beruhigend auf Soldaten.«[103]

Verfehlte Auslandseinsätze

Als Konsequenz aus der Vergangenheit wollen deutsche Politiker nur noch »Gutkriege« und »Gutkrieger« unterstützen, schreibt der Konfliktforscher Eric Chauvistré in seinem gleichnamigen Buch.[104] Doch jenseits der Frage, ob es »Gutkrieger« überhaupt gibt, gilt: »Gutkriegertum« schützt nicht vor Unfähigkeit. Müsste das Militär wie jede zivile Einrichtung Evaluierungen über sich ergehen lassen, wäre das Ergebnis wohl katastrophal. Obwohl – oder vielleicht auch weil – die Bundeswehr in den letzten Jahren massiv zu einer internationalen Interventionstruppe ausgebaut wurde, erfüllte keiner ihrer Auslandseinsätze die vorher deklarierten politischen Ziele.

Besonders dramatisch ist das Versagen im Kosovo – die Teilnahme am NATO-Krieg 1999 verantwortete die frühere rot-grüne Bundesregierung unter dem Diktum »nie wieder Auschwitz« – und in Afghanistan. In beiden Fällen war und ist die Bundeswehr fast ausschließlich damit beschäftigt, sich selbst zu schützen. Die Einsätze kosten Milliarden, doch die politischen Probleme können sie nicht lösen. 2009 belief sich der deutsche Wehretat auf über 31 Milliarden Euro, der größte Kostenfaktor dabei war der Afghanistaneinsatz mit gut einer halben Milliarde, gefolgt vom Kosovoeinsatz mit rund 158 Millionen.[105] In Afghanistan förderte die Bundeswehr den Warlordismus. Und im Kosovo konnte sie das politische Ziel, die »ethnischen Säuberungen« zu stoppen, nicht erreichen: Der neue Staat ist weit davon entfernt, multiethnisch zu sein; Serben und Roma wurden vertrieben; organisierte Kriminalität, Drogen-, Waffen- und Frauenhandel blieben weitgehend unangetastet; (Zwangs)prostitution und sexuelle Gewalt stiegen sogar erst seit der Stationierung der internationalen Truppen, zuerst im Kosovo selbst, dann auch im Nachbarland Mazedonien.

Das weist auf ein grundsätzliches Problem hin: Militärinterventionen kosten ein Vielfaches von zivilen Interventionen und können im allerbesten Falle einen politischen Prozess absichern, das Machtverhältnis zwischen Männern und Frauen aber beeinflussen sie in negativer und kontraproduktiver Weise. Es gab weltweit noch keine

Intervention, sei es von UN-Friedenstruppen oder vom US-Militär, von NATO, EU oder anderen Institutionen, die nicht mit Prostitution, Frauenhandel und sexueller Gewalt einherging, also mit der Verdinglichung und Erniedrigung von Frauen. Dies ist keinesfalls ein marginales Problem, denn es konterkariert alle Bemühungen um Frauen- und Menschenrechte. Und schafft eine pervertierte Form von Ökonomie, in der sexuelle Ausbeutung als Dauerzustand institutionalisiert wird.

Auch in Afghanistan floriert das Rotlichtmilieu, seitdem dort die ISAF stationiert ist. Der Nebeneffekt dieses Sexmarkts ist in allen Interventionsländern ähnlich: Einheimische Männer fühlen sich durch die internationale Konkurrenz um »ihre« Frauen gedemütigt, sie reagieren entsprechend feindselig. In Afghanistan sehen sich die Islamisten bestätigt, dass »die Ungläubigen« nur Unzucht und Sittenverfall in ihr Land bringen.

Dass mit militärischen Mitteln kaum politische Erfolge erzielt werden können, spricht niemand offener aus als die Offiziere selbst. Den Sozialarbeiter oder Entwicklungshelfer spielen, das können Soldaten nicht, nur die dafür Ausgebildeten. Der Beitrag des Militärs zu Sicherheit und Stabilität, so der deutsche NATO-General und Oberkommandeur der ISAF-Truppen in Afghanistan Egon Ramms, mache »vielleicht 20 oder 25 Prozent« aus. »Und dann sehe ich mich suchend um und suche denjenigen, der für die anderen 75 oder 80 Prozent zuständig ist. Leider muss man sehr oft sagen, der suchende Blick geht ins Leere.«[106]

Ein Grund für diese Leere ist, dass die hohen Militärkosten die Gelder für den zivilen Wiederaufbau schlicht auffressen. Die »80 Prozent«, die laut Ramms das Land aufbauen sollen, müssen mit 20 Prozent des Etats auskommen: Im deutschen Haushalt von 2008 waren fast 500 Millionen für Militärausgaben in Afghanistan vorgesehen und nur 125 Millionen für den zivilen Wiederaufbau. Das Missverhältnis ist kein Zufall, dem man mit einer anderen Politik entgegensteuern könnte, sondern ein systemimmanentes Problem von Militärinterventionen. Eine Aufbauhelferin braucht ein Büro, ein Auto und ihr Gehalt, sie wohnt und isst meistens bei Einheimischen. Ein Soldat aber benötigt eine riesige und teure Infrastruktur: neben seinem gepanzerten Fahrzeug und seinem Gehalt auch noch eine bewachte Kaserne, Panzer, Waffen, Ausrüstung und vieles mehr. Selbst Wasser und Klopapier werden extra aus Germany eingeflogen, und das gute deutsche Bier, das die Jungs und Mädels bei Laune halten soll, sowieso.

Eine vernichtende Bilanz der deutschen Auslandseinsätze zieht auch Andreas Heinemann-Grüder, Friedensforscher vom Bonn International Center for Conversion. Jenseits moralischer Probleme ist er der Überzeugung, dass bewaffnete Interventionen schier unlösbare strukturelle Dilemmata produzieren, weil das Militär eben nur das Fach »Krieg« beherrsche und nicht »Wiederaufbau«. Auch Aussagen wie die des Berliner Professors Herfried Münkler können seiner Meinung nach aus diesen Dilemmata nicht heraushelfen. Münkler bedauert gerne die »postheroische Attitüde« der Deutschen, die sich aus Konfrontationen mit »heroischen Gemeinschaften« wie den Afghanen heraushielten. »Im Klartext beklagt er als Nachteil, das Leben zu achten, statt ›heldenhaft‹ den Tod zu verachten«, kritisiert Andreas Heinemann-Grüder. Dass deutsche Militärs darauf wenig Lust hätten, »mag in Wirklichkeit dem Realitätssinn von Soldaten geschuldet sein, die nicht für konfuse Ideen von Politikern oder populärwissenschaftlichen Autoren geradestehen wollen«.[107] Die einzige positive Wirkung der grandios gescheiterten Militärinterventionen im Irak und Afghanistan ist vermutlich, dass keine Armee darauf erpicht sein dürfte, dieses Abenteuer so schnell zu wiederholen.

Postheroisch und postherkulanisch: zivile Konfliktbearbeitung

Eine vielversprechende Alternative zu den teuren und kontraproduktiven Militäreinsätzen wäre die Stärkung der zivilen Krisenprävention und Konfliktbearbeitung. Durch Diplomatie, Mediation, Menschenrechtsschutz und wirkungsvolle Entwicklungspolitik Krisen so zu bekämpfen, dass sie erst gar nicht gewaltsam ausgetragen werden, ist nicht nur wesentlich humaner, sondern auch wesentlich billiger.

Deutschland ist im Prinzip dafür gut aufgestellt. Die unter der rot-grünen Bundesregierung von 1998 bis 2005 errichtete »Landschaft der zivilen Konfliktbearbeitung« ist weltweit einmalig. Dazu gehören eine ganze Reihe von Institutionen: der 2004 verabschiedete »Aktionsplan zivile Krisenprävention, Konfliktlösung und Friedenskonsolidierung«, der von einem interministeriellen »Ressortkreis« umgesetzt werden soll; das Zentrum Internationale Friedenseinsätze, das zivile Fachkräfte für Auslandseinsätze ausbildet; die Deutsche Stiftung Friedensforschung; die Fachkoordination Frieden und Entwicklung (FriEnt) innerhalb der Entwicklungspolitik; die Koordinationsstelle zivik sowie der Zivile Friedensdienst, der die Arbeit von Anti-Gewalt-Projekten oder den Schutz von Menschenrechtsverteidigern beispielsweise durch unbewaffnete Freiwillige der *peace brigades* ermöglicht. Allerdings hätte das gesamte Konzept noch »weit besser verankert und verwirklicht werden können«, wenn es der damalige Außenminister Joschka Fischer unterstützt hätte, sagt der grüne Ex-Bundestagsabgeordnete Winfried Nachtwei offenherzig. Doch: »Letzteres war nicht zu erkennen.«[108] Vielleicht liebte sich Fischer zu sehr in seiner Rolle als großer Weltstratege, vielleicht war ihm Konfliktprävention zu popelig. Und weil sich sowohl in der rot-grünen als auch in der schwarz-roten Regierung kaum jemand für den neuen zivilen Ansatz starkmachte, blieb der in seinen Anfängen stecken – jenseits der öffentlichen Wahrnehmung.

Der frühere Krisenbeauftragte des Auswärtigen Amtes gab das Amt Anfang 2008 auf, weil er sich vom eigenen Ministerium nicht genügend unterstützt fühlte. Für jede akute Krisenintervention hätte er aufs Neue mühsam Personal und Geld zusammenkratzen müssen. Die Stelle wurde aufgelöst, die Aufgaben einem überlasteten Abteilungsleiter übertragen. Offiziell beteuert die Regierung zwar, den zivilen Ansatz weiter zu verfolgen, doch schon im »Weißbuch« galt er nur noch als kleiner »Baustein« der Sicherheitspolitik. 2009 wurden für den Rüstungsetat rund 31 Milliarden Euro ausgegeben – trotz Etaterhöhung für die zivile Konfliktprävention immer noch 30-mal mehr als für die zivile Konfliktbearbeitung.[109]

Und das, obwohl gerade höhere Militärs um die Begrenztheit

Mann, wir sind ja so hart in der Bundeswehr (Foto: Olaf Jandke/Caro)

bewaffneter Einsätze wissen und verstärkt auf zivile Maßnahmen pochen. »Wir können politische Lösungen im besten Falle stabilisieren, aber niemals herbeiführen«, so ein Oberst. »Streitkräfte sind nicht geeignet, die Ursachen von Konflikten zu beseitigen«, ergänzt Generalmajor Manfred Engelhard.[110] Winfried Nachtwei, langjähriger Mentor der zivilen Konfliktbearbeitung, konstatiert hier »Stillstand statt Fortentwicklung«, was angesichts des wachsenden internationalen Bedarfs an Zivilpersonal in Afghanistan und anderswo geradezu »alarmierend« sei. Ähnlich sahen es sechs renommierte Friedensforscher in einem Memorandum zur Bundestagswahl 2009: Deutschland brauche »eine Strategiediskussion über Inhalt und Format deutscher Friedens- und Sicherheitspolitik, in der der Präventionsgedanke einen zentralen Platz einnehmen muss« und die Strukturen der zivilen Konfliktbearbeitung gestärkt würden.[111]

Warum wird die zivile Krisenintervention kaum unterstützt? Erstens, sagt Nachtwei, habe das Konzept ein »Sichtbarkeitsproblem«: Wenn es funktioniert, wenn bewaffnete Konflikte also ausbleiben, dann gibt es auch keine mediale Aufmerksamkeit und Berichterstattung. Zweitens sähen manche Diplomaten im Auswärtigen Amt nicht das Neue des Ansatzes, »sie sagen, Krisendiplomatie machen wir doch schon seit Jahren«.[112] Aber es gibt noch einen dritten Grund: In den Augen vieler Politiker und Regierungsbeamter ist allein das Militär »wichtig«, es verleiht Stärke und Ansehen, ist machterhaltend und statuserhöhend. Besonders »wichtig« sind Atomwaffen, und Abrüstungsbemühungen in diesem Bereich werden schnell als »nukleare Selbstentmannung« verstanden.[113] Beamte, die zivile Konfliktbearbeitung fordern und fördern, erhalten wenig Anerkennung. Bezeichnenderweise hatte der Krisenbeauftragte des Auswärtigen Amtes ein vergleichsweise winziges Büro und nicht einmal ein Sekretariat.

Schade: Deutschland hätte der erste Staat der Welt sein können, der zivile Konfliktbearbeitung konsequent praktiziert. Es hätte sich weltweit als Friedensmacht profilieren können, die mehrheitlich pazifistisch eingestellte Bevölkerung hätte begeistert zugestimmt. Zivile Helden und zivilisierte Herkulaner, die nicht kämpfen, sondern retten und vermitteln, hätten viel Beifall gefunden. Diese Chance wurde bisher vertan.

Der Feind ist das, was du nicht kennst.

ARABISCHES SPRICHWORT

Kapitel 4
Mohammed Attas Vermächtnis

Der doppelte Atta

Der *war on terror* hat zwei Männer desselben Namens berühmt gemacht. Mohammed Atta, der aus Marokko stammende Anführer der Attentäter vom 11. September 2001, liegt heute in molekulare Einzelteile zerlegt im New Yorker *ground zero*. Mohammed Atta heißt aber auch ein quicklebendiger Warlord in der nordafghanischen Provinz Balkh, in der die deutsche Bundeswehr ihre Bastionen hat. Atta Nummer eins war der erklärte Feind des Westens, Atta Nummer zwei ist mit dem Westen verbündet – zumindest offiziell. Und doch haben beide mehr als ihren Namen gemeinsam: eine Weltsicht, die stark vom radikalen Wahhabismus beeinflusst wurde. Der Attentäter vertrat diese Ideologie in Reinform, der Warlord benutzt sie als Herrschaftstechnik.

Der Wahhabismus ist eine streng puritanische Wüstenversion des Islam, karg, schroff und extrem, eine Religion für knapp wirtschaftende Nomadenstämme. Er geht auf Mohammed ibn Abd al-Wahhab aus Saudi-Arabien zurück, der um 1740 unserer Zeitrechnung die Rückkehr zum »wahren« Islam predigte. Nach seiner Lehre sollte der Koran fortan buchstabengetreu befolgt werden, denn eine zeitgemäße Interpretation war für ihn Ketzerei. Sufis, Schiiten und Angehörige anderer Strömungen des Islam seien »Ungläubige«, so al-Wahhab, und wer sich nicht zu diesen Lehrsätzen bekenne, dürfe als Abtrünniger getötet werden. Die Wahhabisten wären eine winzige fanatische Sekte geblieben, hätte sich ihnen damals nicht der Stamm der Sauds angeschlossen, der im folgenden *dschihad* andere Stämme Arabiens besiegte und das Fundament für das Königreich Saudi-Arabien legte.[1]

Später trugen durch Öl reich gewordene saudische Stiftungen und Organisationen wie die Islamische Weltliga den Wahhabismus unter anderem nach Bosnien, Tschetschenien, Pakistan, Afghanistan. Um deutlich zu machen, was der islamischen Welt damit angetan wurde, benutzt der Islamwissenschaftler Bernard Lewis gerne einen Vergleich: »Stellen Sie sich vor, der Ku-Klux-Klan hätte die Kontrolle erlangt über den US-Bundesstaat Texas. Und sie hätten die gesamten Einnahmen aus dem Ölgeschäft zur Verfügung gestellt, um weltweit ein Netzwerk von Schulen und Colleges zu etablieren, um ihre Interpretation des Christentums zu verbreiten.«[2]

Nach dem Wahhabismus ist nicht nur alles verboten, was der Koran untersagt, sondern auch alles, was zu einer verbotenen Tat führen könnte: Musik, Tänze, Sinnesfreuden. Alkoholgenuss wird mit Peitschenhieben bestraft, Drogenhandel und Ehebruch mit der Todesstrafe. Am strengsten überwachen wahhabistische Männer ihre Frauen, die Botinnen verbotener Lüste. Diese müssen sich tief verschleiern, dürfen nicht Auto fahren und haben ihren Vätern, Brüdern oder Ehemännern blind zu gehorchen. »Für mich ist das Götzenverehrung, Ehemänner werden zu Halbgöttern«, kritisiert der islamische Menschenrechtsaktivist Khaled Abou El Fadl.[3] Die wahhabistische Ordnung zeichnet sich durch strikte Geschlechtertrennung und eine sich daraus ergebende Sexualphobie und Frauenangst aus. Die saudiarabische Sittenpolizei Mutawwa warnt vor »Versuchungen des Teufels«, wenn bei Frauen auch nur ein herausgerutschtes Härchen oder ein entblößter Knöchel zu sehen ist. In der ständigen Angst, eine Handlung oder auch nur ein Gedanke könnte zu etwas Verbotenem führen, neigen wahhabistische Männer dazu, sich als Opfer dunkler Mächte zu fühlen und überall Verschwörungen zu wittern.

Auch der Attentäter Atta muss eine regelrechte Panik vor Frauen und Sexualität gehabt haben – bis über den Tod hinaus. In seinem Testament, das nach dem 11. September gefunden wurde, verbot er »Schwangeren und anderen unreinen Personen« und überhaupt allen Frauen, »Beileid für meinen Tod zu bekunden« oder »zu meiner Beerdigung oder später an mein Grab zu kommen«. Die Person, »die den Bereich um meine Genitalien wäscht, soll ein guter Muslim sein und Handschuhe tragen, damit er meine Genitalien nicht berührt.«[4] Dass die Fetzen seines Phallus nun US-Boden düngen, daran dachte er vor dem Attentat wohl nicht.

Der afghanische Warlord Atta wiederum steckt hinter dem skandalösen Todesurteil gegen den Studenten Perwes Kambachsch, der angeblich eine feministische Kritik am Islam verfasst und verteilt hat. In dem Text heißt es: »Der Koran stellt Frauen dar, als seien sie nicht ganz richtig im Kopf. Der Islam ist eine Religion gegen die Frauen.«[5]

Besuchen wir zuerst den lebendigen Mohammed Atta. Er residiert im Zentrum der 800 000-Einwohner-Stadt Masar-i-Scharif hinter hohen Mauern in einem prunkvollen Gebäude. Der Gouverneur der Provinz Balkh nennt sich gerne General und befehligt rund 20 000 Bewaffnete. Sein Bart, den er in Mudschaheddin-Zeiten lang trug, ist nun gestutzt und sorgsam gepflegt. Seine Füße stecken in handgefertigten Lackschuhen, sein Handgelenk ziert eine teure Uhr. Auswärtige Gäste empfängt er, auf einem Thron mit goldener Lehne und rotem Samtpolster sitzend, in einem hallenartigen Audienzsalon, neben sich eine Weltkugel aus Lapislazuli. Je nachdem, wer ihm gegenübersitzt, gibt er sich weltmännisch-demokratisch oder streng islamisch.[6] Anfang April 2009 besuchten ihn Angela Merkel und Franz Josef Jung. »Ich habe schon viel über Sie gehört von unserem Verteidigungsminister; auch viel Gutes«, flötete die Kanzlerin im Staatssaal und überbrachte die frohe Nachricht, man wolle Projekte statt über Kabul zukünftig direkt über ihn abwickeln. Mohammed Atta dankte laut *FAZ* mit Worten »wie wonneweiche Wattebäuschchen«.[7]

Mohammed Atta Noor, der schon gegen die Sowjets gekämpft hat, ist Mitglied der tadschikisch dominierten und vom radikalen Wahhabismus beeinflussten Partei Jamiat-e-Islami. Als Mitglied der Nordallianz spielte er eine wichtige Rolle beim Sturz der Taliban. Human Rights Watch beschuldigte seine Milizen, immer wieder schwere Menschenrechtsverletzungen begangen zu haben.[8] Sein Gouverneursposten in Balkh brachte ihm nicht nur Macht, sondern auch eine Menge Besitztümer. Wie viel genau, das weiß niemand, denn Recherchen in seinem Herrschaftsbereich sind gefährlich. In Masar-i-

Scharif soll es etliche Hotels, Firmen und Tankstellen geben, die auf seinen Namen laufen. Angeblich soll Atta außerdem im Bereich Öl und Gas massiv investiert, sich Regierungsgrundstücke angeeignet und lukrativ weiterverkauft haben. Und täglich Tausende von Dollars Zoll kassieren, die auf der geostrategisch wichtigen, sein Herrschaftsgebiet durchziehenden Verbindungsroute von Tadschikistan über Afghanistan nach Pakistan anfallen.

Der Gouverneur rühmt sich gerne, dafür gesorgt zu haben, dass in »seiner« Provinz kein Mohn mehr angebaut wird, doch andere munkeln, Warlord Atta verdiene mit illegalen Geschäften so viel, dass er Opiumernten gar nicht nötig habe. Er sei daran beteiligt, dass Händler im tadschikischen Grenzgebiet Heroin gegen fabrikneue russische Kalaschnikow-Gewehre tauschten, die an Taliban in Helmand oder Kandahar verkauft würden oder an Al-Kaida in Pakistan. Außerdem wird der Tadschike für Morde, Vertreibungen und »ethnische Säuberungen« von Paschtunen verantwortlich gemacht, allein im Februar 2009 seien auf sein Geheiß 34 Gemeinde- und Klanchefs getötet worden.[9] Wenn das stimmt, dann ist es keine gute Idee der Deutschen, Atta weiter bedingungslos zu unterstützen.

Einer, der bestens Bescheid weiß, aber seine Zunge aus guten Gründen hütet, ist Sayed Yakub Ibrahimi, der Bruder des verurteilten Studenten Kambachsch. Er vermutet, dass sein Bruder nur deshalb verurteilt wurde, damit er selbst nicht mehr redet. Ibrahimi lebt extrem gefährlich, überlebte mehrere Mordanschläge, täglich wechselt er sein Versteck. Denn er recherchiert als Journalist für das Institute for War and Peace Reporting in London die schmutzigen Geschäfte afghanischer Warlords. »Ich kenne alle ihre Namen«, sagte er dem ARD-Rundfunkjournalisten Marc Thörner.[10] »Es sind die alten Kämpfer, die ehemaligen Mudschaheddin der 80er Jahre. Inzwischen sind sie zur Drogenmafia von Nordafghanistan mutiert. Aber nennen kann ich Ihnen diese Namen nicht. Sobald mein Bruder freigelassen ist, werde ich alle Fakten, die ich habe, auf den Tisch legen.«

Perwes Kambachsch wurde im Oktober 2007 verhaftet, obwohl er die inkriminierte Islamkritik offenbar gar nicht selbst verfasst hat. Nach Thörners Recherchen hat ein Professor an der Universität von

Masar aus gekränkter Eitelkeit vier Kommilitonen Kambachschs angestiftet, den gebildeten und belesenen Studenten »ein für allemal zu
diskreditieren – am besten als Gotteslästerer«, denn er sei ein »Besserwisser« und »Querulant«. Die vier brachten nach Aussage eines
Zeugen einen kritischen Islamkommentar einer iranischen Bloggerin
ins Seminar, ergänzten ihn um weitere Aussagen und versahen ihn
mit dem Namen Perwes Kambachsch. Anscheinend also eine plumpe
Fälschung.[11]

Der Anstifter alarmierte den Inlandsgeheimdienst. Dieser lud
den angeblichen Gotteslästerer vor, folterte ihn und brach ihm Hand
und Nase. Im Januar 2008 verhandelte ein Provinzrichter gegen den
Studenten. Weil der Misshandelte in seiner Not ein Geständnis unterschrieb, war für Richter Schamsurrahman Mohmand die Sache klar:
Todesstrafe wegen Abfallens vom Islam. Ein *Spiegel*-Reporter sah in
der Verhandlung nur einen tragischen Konflikt zweier Weltanschauungen.[12] Und deutsche Politiker kritisierten das Todesurteil, baten
aber um Verständnis für die »Eigenständigkeit« der afghanischen Justiz. Thomas Kossendey, damals Parlamentarischer Staatssekretär im
Verteidigungsministerium, warnte davor, den Afghanen »etwas überstülpen« zu wollen, »was weder zu deren Kultur noch zu deren Religion passt«. Später wurde das Urteil in 20 Jahre Gefängnis abgewandelt und im März 2009 vom Obersten Gerichtshof bestätigt, ohne
dass Kambachschs Anwalt Gelegenheit hatte, dort rechtliches Gehör
zu finden. Nachdem Radikalwahhabisten im Umkreis von Präsident
Karsai immer unverhohlener darauf drängten, den Studenten doch
noch zu exekutieren, eine von 100 000 Menschen unterzeichnete ausländische Petition aber gleichzeitig seine Freilassung erbat, zog der
Präsident im September 2009 die Notbremse und begnadigte ihn. Um
sein Leben zu retten, floh Kambachsch in ein unbekanntes Land.[13]

Der Provinzrichter, der ihn zum Tode verurteilt hatte, war aber
offenbar weniger durch »Kultur« und »Religion« motiviert als durch
schnödes Geld. 6000 Dollar habe er in einem anderen Fall kassiert,
um eine fingierte Anzeige wegen Körperverletzung niederzuschlagen,
fand Marc Thörner in seinem preisgekrönten Radiofeature heraus.
Gotteslästerung, plusterte Gouverneur Atta sich gegenüber dem

Reporter auf, sei ein überaus ernst zu nehmendes Verbrechen. Er selbst habe mit dem Prozess nichts zu tun. Nein? Obwohl das Wissen von Kambachschs Bruder eine Bedrohung für seine dunklen Geschäfte war?

Das letzte Todesurteil wegen Gotteslästerung in Afghanistan war im Jahr 1920 gesprochen worden, denn am Hindukusch wurde früher ein liberaler, von Sufis beeinflusster Islam praktiziert. Es waren erst die Mudschaheddin und Taliban, die den radikalen Wahhabismus importierten und die liberale islamische Praxis in einem 30-jährigen Krieg zerstörten. Also: Auf was für eine afghanische Tradition berufen sich der Warlord und sein Richter?

Bundesregierung und Bundeswehr wissen von nichts – zumindest offiziell. Der Norden, so wird allenthalben verkündet, sei dank des »vernetzten« Sicherheitskonzeptes deutscher Soldaten und Zivilisten weitgehend stabil. Man helfe dort, »Demokratie und Rechtsstaat« aufzubauen. Kambachschs Bruder Sayed Yakub Ibrahimi bringt diese Naivität der Deutschen zur Verzweiflung. Nach jahrelanger westlicher »Aufbauhilfe für Demokratie und Rechtsstaat« sei Afghanistan ein Land, schrieb er Anfang 2009 in einem Kommentar für die *Süddeutsche Zeitung*, »das von zwei fundamentalistischen und antidemokratischen Gruppen beherrscht wird«. Die eine seien die Taliban, die andere die Regierung. »In ihr herrschen Korruption, Warlords und islamische Fundamentalisten; sie verwandelt sich zusehends in eine politisch-religiöse Aristokratie, in der Kriegsverbrecher die Regeln bestimmen, korrupte Bürokraten und Mullahs, die nicht anders auftreten als die Taliban.«[14]

Nach über acht Jahren Militärintervention durch 42 beteiligte Nationen steht der »demokratiebringende« Westen am Hindukusch vor einem gigantischen Scherbenhaufen. Die Wahlfarce der Präsidentschaftswahlen 2009 beförderte den gesamten politischen Prozess in eine stockfinstere Sackgasse. Der Präsident hat sich durch massivste Wahlfälschungen faktisch selbst ernannt, die demokratische Legitimation für den Westen, ein solches Regime zu stützen, ist endgültig dahin. Alle Beteiligten sind bis auf die Knochen blamiert, die Wahlfälscher genauso wie die westlichen Regierungen und die UN, die mit skandalösen Manövern hinter den Kulissen ihren Ruf ruiniert haben. Die lachenden Dritten sind die Taliban.

Und der Westen ist dabei, an den Ausgangspunkt vor dem 11. September 2001 zurückzukehren: »Gemäßigte« Taliban sollen an der Macht beteiligt werden. Und das, obwohl die Bekämpfung der Koranschüler und der Aufbau eines demokratischen Staates stets als Hauptgrund für die Intervention genannt wurden und Taliban wie Warlords in der Bevölkerung verhasst sind. In Meinungsumfragen unterstützen 90 Prozent der afghanischen Befragten das, was die Wahhabisten am meisten bekämpfen: das Wahlrecht für Frauen und Schulbildung für Mädchen.[15] Die Zustimmung zu den Taliban erreichte in verschiedenen Umfragen hingegen nie mehr als zwischen vier und acht Prozent, die zu den Warlords weniger als ein Prozent.[16]

Demokratie? Rechtsstaat? Menschenrechte? War da was? Um den Widerspruch in der eigenen Argumentation zu übertünchen, behaupten hiesige Politiker und Kommentatorinnen gerne, die afghanische Bevölkerung sei einfach »noch nicht reif« für die Demokratie, ihre »Tradition« und ihr »Stammesdenken« seien zu rückständig. So nannte *Zeit*-Herausgeber Josef Joffe Afghanistan ein »Konglomerat von Völkern, Stämmen und Regionen«[17], und der damalige Bundesaußenminister Frank-Walter Steinmeier verkündete Anfang 2009, »eine Westminster-Demokratie mit Riester-Rente und Mülltrennung für Afghanistan ist unrealistisch«[18]. Als ob in Kabul Schreie nach Riester-Rente und Mülltrennung widerhallen würden. Die afghanische Bevölkerung nun selbst verantwortlich zu machen für das Desaster, das man ihr aufgezwungen hat – das ist so gerecht wie die Steinigung eines Vergewaltigungsopfers.

Der obszöne Wargasmus des Selbstmordattentäters

Kehren auch wir zum Ausgangspunkt des 11. September 2001 und zu Mohammed Atta Nummer eins zurück. Welche Motive hatte der Anführer der Attentäter, ein Flugzeug in das World Trade Center zu lenken? Gehörte dazu auch gekränkte Männlichkeit?

Geboren 1968 in einem ägyptischen Städtchen als jüngstes Kind eines ehrgeizigen Rechtsanwalts und einer Hausfrau, wuchs Atta in Kairo auf. Er war ein Muttersöhnchen mit einem weichen Gesicht, ordentlich und penibel gekleidet, schüchtern und höflich. Fahnder spekulierten später, er sei möglicherweise homosexuell gewesen, aber zu schamvoll und verklemmt, um sich dazu zu bekennen. Wahrscheinlich noch fragiler als seine sexuelle Identität war seine männliche. Seine beiden älteren Schwestern schlugen glänzende akademische Karrieren ein und überflügelten ihn scheinbar mit Leichtigkeit. Eine wurde Ärztin, die andere Universitätsprofessorin. Sein Vater erinnerte ihn andauernd daran, dass er endlich einen Doktortitel auch vor dem Namen seines Sohnes lesen wolle: »Wir sagten ihm, deine Schwestern sind Doktorinnen und ihre Gatten sind Doktoren, aber *du* bist der Mann in der Familie.«[19] Aber nach seinem Architekturstudium fand Atta in Kairo keine Arbeit geschweige denn Aufstiegsmöglichkeiten. Deshalb begann er 1993 an der Technischen Universität Hamburg-Harburg Stadtplanung zu studieren und gründete dort die radikalwahhabistische Islam AG. »Besiegt, erniedrigt, entmännlicht, eine Enttäuschung für seinen Vater und ein gescheiterter Rivale seiner Schwestern, zog sich Atta in eine zunehmend militante islamische Theologie zurück«, so fasst US-Soziologe Michael Kimmel Attas Radikalisierung zusammen. Dessen Wunsch, als islamischer Märtyrer zu sterben, könnte auch ein Versuch gewesen sein, seinem Vater und Gottvater die eigene Männlichkeit durch eine ultimative Tat zu beweisen.

1998 zog Mohammed Atta mit den beiden späteren Attentätern Ramsi Binalshibh und Marwan al-Shehhi in einer Harburger Wohnung zusammen. Anführer Atta zeigte kaum Emotionen, weinte nicht, lachte nicht, war offenbar stets überkontrolliert und angespannt. Er erstellte Kopiervorlagen mit abstrusen Anordnungen: Wer nicht oder nur unregelmäßig bete, sei ein »Abgefallener vom Glauben und muss getötet werden«. Fernsehen und Musik seien des Teufels, Gelatine ebenfalls, Selbstbefriedigung erst recht. Die Teilnehmer der Koranrunden attestierten ihm später ein »nationalsozialistisches Weltbild«, »die Juden« seien für ihn die Strippenzieher in Medien,

Banken und Politik gewesen, und das Zentrum ihrer Verschwörung
war in seinen Augen New York.[20]

In dem Motel in Florida, in dem zwei spätere Flugzeugentführer
während ihrer Ausbildungszeit in einer Flugschule wohnten, hing das
Bild einer Frau mit nackter Schulter. Sie verhängten es mit einem
Handtuch. Ein Detail, gewiss, aber es zeigt, als wie gefährdet sich diese
radikalen Wahhabisten selber empfanden. Frauen, so glaubten sie anscheinend, stürzen Männer in Raserei und Triebchaos. In der Nacht
vom 10. auf den 11. September 2001 zogen Mohammed Atta und seine
Mitverschwörer stundenlang in Spielhöllen und Prostituiertenklubs
umher. Offenbar wollten sie sich noch einmal gründlich vor Augen
führen, wie verderbt der Westen sei.

Die Einschläge in die exponierten, hoch aufragenden Zwil-
lingstürme wirken wie die Entmannung eines Riesen und waren wohl
auch so gemeint. Warum sonst brachten die Attentäter ausgerechnet
eines der höchsten Gebäude der Welt und nicht die Börse an der Wall
Street oder das Weiße Haus zum Einsturz, jene »Zentren des Bösen«?
Warum sonst ließ Al-Kaida-Mitglied Ramsi Ahmed Yousef schon
1993 einen Lastwagen voll Sprengstoff im Keller der Doppelhochhäu-
ser explodieren und tötete damit sechs Menschen und verletzte über
1000?[21] Die Angriffe auf das World Trade Center und das Pentagon
erinnern an einen obszönen *wargasm*, um einen Begriff zu übernehmen, der in eben jenem Gebäude erfunden wurde. Pentagon-Mitar-
beiter prägten ihn in den 1990er Jahren für eine Liste von russischen
Städten, die bei einem US-Atomangriff zerstört werden sollten.[22]

Archaische Heldenbilder gegen die eigene Angst

Die größte Supermacht der Welt, das mächtigste Militärimperium
der Menschheitsgeschichte, erlitt durch 19 Teppichmesser tragende
Männer eine tiefe traumatische Wunde. Es war der erste Angriff auf
das US-amerikanische Staatsterritorium seit dem japanischen Über-
fall auf Pearl Harbor im Zweiten Weltkrieg.

In Zeiten tiefster Verunsicherung haben archaische Bilder Hochkonjunktur. Man werde einen »monumentalen Kampf des Guten gegen das Böse« führen und nicht ruhen, bis es restlos vernichtet sei, versprach Präsident George W. Bush kurz nach dem Anschlag. Und: »Wer nicht für uns ist, der ist gegen uns.« Männliches Heldentum wurde beschworen: Die Nation solle sich ein Beispiel nehmen an den Feuerwehrleuten, die unter Lebensgefahr Menschen aus den Zwillingstürmen gerettet hatten. »Alle Helden der New Yorker Feuerwehr, die am 11. September starben, waren Männer«, hieß es in den Zeitungen. Oder: »Amerika hat seine Krieger wieder ins Herz geschlossen.« Und: »Dies ist die Stunde der echten Kerle.«[23] Politiker und Medienmacher verglichen ihr Land mit einem fiktiven nationalen Körper, der verwundet dalag, sich aber schon bald in aller Herrlichkeit wieder aufrichten werde. »Amerika ist stark, Amerika wird wieder auferstehen und stärker sein als je zuvor«, verkündete Bush. Um deutlich zu machen, dass sie sich als Teil dieses fiktiven Kollektivkörpers fühlte, zeigte die Bevölkerung buchstäblich Flagge, nämlich die der *Stars and Stripes* – um den Leib geschlungen, auf den Schreibtisch gestellt, aus dem Fenster gehängt.

Wie von Zauberhand verschwanden weibliche Journalisten aus den wichtigsten Zeitungen und Sendern, auch die Diskussionsrunden und Talkshows waren plötzlich Männern vorbehalten. In den ersten fünf Wochen nach dem Anschlag veröffentlichte das Leitmedium *New York Times* gerade mal zwei Kommentare von Frauen – von insgesamt 50 Meinungsartikeln.[24] *Showing some balls,* Eier zeigen, Rückgrat zeigen, kein Weichei mehr sein, das war der Schlachtruf von Politikern, Medienmachern und Militärs. Christliche Fundamentalisten der Southern Baptist Convention beteten 2003 demonstrativ vor Filmleinwänden, über die abwechselnd Bilder von den einstürzenden Zwillingstürmen und von sich küssenden Schwulen flimmerten. Für die christliche Rechte waren die Anschläge ein Weckruf, um die »Verschwulung und Verweiblichung« der US-Gesellschaft zu stoppen.

In den USA herrschte nackte Angst, gepaart mit patriotischem Trotz, mit dem man dann ab März 2003 in den Krieg gegen den Irak zog. Nicht nur Republikaner, auch Parteigänger der Demokraten wie Henry Kissinger forderten lauthals Maßnahmen zur »Demütigung der muslimischen Welt«. Später gab der ehemalige Außenminister zu, den Irakfeldzug unterstützt zu haben, »weil Afghanistan nicht genügte«.[25] »Wir schlugen Saddam aus einem einzigen simplen Grund: weil wir es konnten«, rechtfertigte der einflussreiche *New York Times*-Kolumnist Thomas Friedman den Feldzug in Anspielung auf die Schwächung des Irak durch das vorhergehende jahrelange UN-Embargo, als sich der vorgeschobene Kriegsgrund – angebliche Massenvernichtungswaffen – in Luft aufgelöst hatte. Und weil er wohl ahnte, wie dünn der Boden seiner Argumentation war, fügte er hinzu: »Unter radikalen Muslimen hatte sich der Glaube breitgemacht, dass sich das Machtgefälle zwischen der arabischen Welt und dem Westen durch Selbstmordattentate ausgleichen lässt, weil wir verweichlicht seien und ihre Leute bereit zu sterben. Diese Blase konnte man nur zerstechen, indem amerikanische Soldaten ins Herz dieser Welt vordrangen, von Haus zu Haus, und klarmachten, dass wir bereit sind, zu töten und zu sterben.«[26] Ein Wettbewerb militarisierter Männlichkeit also, ein Wettstreit, wer besser töten kann?

Es ist schwer auszumachen, ob die Kriege in Afghanistan und Irak eiskaltem Kalkül oder einem irrationalen Gemisch aus Angst, Rachsucht und Männlichkeitswahn entsprangen. Wahrscheinlich wirkten alle diese Motive zusammen. Die Bush-Regierung, schreibt die Globalisierungskritikerin Naomi Klein, habe mit ihrer *shock and awe*-Strategie bewusst extreme Ängste in der irakischen Bevölkerung produziert, um der irakischen Wirtschaft eine Schocktherapie der Privatisierung zu verpassen.[27] »Sicherheits«-Unternehmen wie Halliburton oder Blackwater, inzwischen umbenannt in Xe Services, verdienten Milliarden von Dollar an der privatisierten Kriegsführung im Irak, die US-Regierung schanzte ihnen jede Menge Aufgaben zu, die klassischerweise dem Militär zufallen. Blackwater-Gründer Eric Prince sehe sich »als christlicher Kreuzzügler mit dem Auftrag, Muslime und den islamischen Glauben von dieser Erde zu eliminieren«, behaupteten zwei ehemalige Blackwater-Mitarbeiter im August 2009 in einem US-Gerichtsverfahren. Man habe sich im Irak mit Codenamen verständigt, die aus dem Repertoire der Kreuzritter des Templerordens stammten. Der Chef habe persönlich Morde angeordnet und mit seinem Privatjet Waffen in den Irak geschmuggelt.[28] Fundamentalistische Organisationen verteilten unter den Augen des Pentagon jahrelang *freedom packages* an US-Soldaten im Irak und in Afghanistan, die Bibeln, Bekehrungshilfen auf Englisch und Arabisch sowie ein Computerspiel enthielten, in dem die Spieler als »Soldat Gottes« Feinde zur Strecke bringen sollten.[29]

Das Attentat als heilige Hochzeit?

Selbsttötung ist im Islam klar verboten. Laut Koran sind Selbstmörder dazu verdammt, den Akt des Suizids bis in alle Ewigkeit noch einmal zu erleben. Wie und warum hat es Al-Kaida geschafft, die Religion so radikal umzudeuten? Hängt auch das mit Männlichkeitswahn zusammen?

Eine Tradition des Märtyrertums kennen im Islam nur die Schiiten. Ihr Held ist Hussein, der Enkel des Propheten Mohammed, der im Jahr 680 nach unserer Zeitrechnung nahe Kerbela von der Armee des Tyrannen Yasid mitsamt seinen letzten Gefolgsleuten niedergemetzelt wurde. Weil sie überzeugt sind, jeder Schiit trage Mitschuld an dem Tod Husseins, halten die Gläubigen alljährlich im schiitischen Trauermonat Muharram Prozessionen ab, im Glauben, durch ihre blutigen Selbstgeißelungen und ihre Selbstaufopferung erwirkten sie Erlösung von Schuld und Trauer. Inspiriert von dieser Mythologie rief der iranische antikolonialistische Denker Jalal Al-e Ahmed in den 1950er und 1960er Jahren zum politischen Märtyrertum auf. Der iranische Revolutionsführer Khomeini schickte im Krieg zwischen Irak und Iran Hunderttausende iranischer Jungen als »Märtyrer« in die irakischen Minenfelder, um sie dort verbluten zu lassen. Seitdem sprudelt in Teheran ein »Blutbrunnen« mit rot gefärbtem Wasser. Das wiederum spornte die Hisbollah-Vorläufer im Libanon an, die ab 1982 Selbstmordanschläge auf Botschaften und US-Soldaten verübten.[30]

Von Massenmedien und später dem Internet überallhin transportiert, breitete sich binnen 25 Jahren das Selbstmordattentat in aller

Welt aus, übersprang religiöse und ethnische Grenzen, erreichte Sri Lanka, die Palästinensergebiete, Kaschmir, die Türkei, Tschetschenien, Afghanistan, Pakistan und weitere Länder. Zur Zeit des ersten palästinensischen Intifada-Aufstands konnte man in den armseligen Hütten im Gazastreifen unzählige Märtyrerbilder hängen sehen – direkt neben den Porträts von Palästinenserführer Yassir Arafat. Wenn ein Kämpfer starb, wurde die Trauerfeier wie ein kitschig-gruseliges Hochzeitsfest gefeiert. Der Tote, so glaubten die Trauernden, vereine sich symbolisch mit der »weiblichen Heimaterde« und nähre sie mit seinem Blut.

Inzwischen richtet die Hamas diese Art von Feiern aus. Junge Männer, die sich für Selbstmordattentate zur Verfügung stellten, wurden von hochzeitähnlichen Ritualen begleitet, hat der US-Soziologe Mark Juergensmeyer beobachtet: »Sie erwarten, dass die Explosion, bei der sie sterben werden, sie in ein himmlisches Bett befördern wird, wo die unglaublichsten sexuellen Attraktionen auf sie warten.«[31] Khalid Scheich Mohammed gab Al-Kaida-Mitgliedern auf, für geplante Anschläge das Codewort »Hochzeit« zu benutzen,[32] und das vereinbarte Schlüsselwort für die Anschläge vom 11. September hieß »Große Hochzeit«.[33]

Selbstmordattentäter waren lange Zeit fast ausschließlich männlich. Inzwischen aber sprengen sich auch etliche Frauen in die Luft, vor allem in Palästina und im Irak. Ihre Motive, sagen Forscher, die ihre Biografien untersucht haben, seien jedoch andere als die der Männer. Die meisten kommen aus säkularen Organisationen. Einige wollten ihre getöteten Väter oder Brüder rächen, andere wurden eines »unehrenhaften Lebenswandels« beschuldigt, einer Liebschaft oder eines unehelichen Kindes, und sahen keinen anderen Ausweg mehr, ihre »Ehre« wiederherzustellen. Im Irak wurde im August 2008 Samira Ahmed Jassim festgenommen, die rund 80 vergewaltigten Frauen eingeredet hatte, ein Selbstmordattentat sei der einzige Ausweg zur Rettung der Familienehre.[34]

Sind Selbstmordattentate wirklich nur orgiastische Akte sexuell Frustrierter? Das wäre zu einfach. Keineswegs jeder, der verklemmt und narzisstisch gestört ist, wird zum Attentäter – sonst würde die

Welt ja tagtäglich in Blut baden. In solchen Aktionen fließen viele Motive zusammen, auch biografische Zufälle, zum Beispiel die Begegnung mit radikalen Predigern. Forscher, die die Lebensläufe von Suizidattentätern untersucht haben, konnten jedenfalls keine klare »Täterpersönlichkeit« herausdestillieren, wohl aber einige gemeinsame Merkmale: Viele kommen aus bürgerlichen Familien, haben aber ihre traditionellen Bindungen verloren, haben keine väterlichen Vorbilder, sind unsichere Persönlichkeiten, labil, schnell kränkbar, narzisstisch gestört, manchmal auch traumatisiert, neigen zu Rachefantasien und Größenwahn.[35] Zusammengefasst: zu Männlichkeitswahn.

Eine weitere Gemeinsamkeit fand Terrorismusforscher Marc Sageman heraus: Laut seiner Studie wurden drei Viertel aller Kämpfer nicht in ihren Heimatländern zu Dschihadisten, sondern aufgrund von Ausgrenzungserfahrungen in westlichen Ländern. Um sich gegen Einsamkeit und den Zerfall ihrer männlichen Identität zu stemmen, hätten sie in Moscheen den Schulterschluss mit Gleichgesinnten gesucht und sich in eingeschworenen Zirkeln zusammengefunden. Solche engen Gruppen funktionieren wie Paranoia-Fabriken, vor allem dann, wenn ihre Mitglieder sich als auserwählte Elite sehen. »Die Ungläubigen haben uns die Armut gebracht und uns gezwungen, nach Europa auszuwandern«, hörten die späteren Attentäter des 11. September von dem marokkanischen Prediger Mohammed al-Fasasi in der Hamburger Al-Quds-Moschee. Und weiter: »Du hast die Aufgabe, die Herrschaft der Ungläubigen zu beseitigen, ihre Kinder zu töten, ihre Frauen zu erbeuten und ihre Häuser zu zerstören.« Heute allerdings hat al-Fasasi dem *dschihad* zumindest hierzulande abgeschworen: »Deutschland ist kein Kampfgebiet.« Ein Aussteiger aus einer islamistischen Bruderschaft berichtete damals jedoch: »Wir fühlten, dass Gott uns auserwählt hatte, diese Gesellschaft zu retten.«[36]

Der arabische Vater-Sohn-Konflikt

Was sind das für Verhältnisse, die solche Männer hervorbringen? Einer, der aufgrund seiner Herkunft, Tätigkeit und zahlreicher Aufenthalte in Nahost über einmalige Einblicke in die psychosoziale Befindlichkeit der arabischen Welt verfügt, ist Dr. Gehad Mazarweh. Der Psychoanalytiker, geboren 1941 in Palästina, betreibt seit 1976 eine Praxis in Freiburg, in der er fast ausschließlich arabische Folteropfer und Traumatisierte behandelt. Mazarwehs Behandlungszimmer ist dezent orientalisch eingerichtet, seine dunklen Augen strahlen Menschenkenntnis und Wärme aus.

Sie sind einer der ganz wenigen palästinensischen Psychoanalytiker und einer von nur 16 arabischen weltweit. Wie kommt das?

In arabischen Gesellschaften gilt allgemein, dass psychische Störungen nur bei anderen Kulturen zu suchen seien. Die Psychoanalyse sagt, psychische Krankheiten sind Produkte sozialer Verhältnisse, aber in der arabischen Welt wird jede Auseinandersetzung mit den herrschenden Verhältnissen abgelehnt. Dabei ist die psychische Beeinträchtigung in den letzten Jahren enorm gewachsen. Menschen, die noch vor einigen Jahrzehnten als Beduinen gelebt haben, sind überfordert von der Moderne und haben sich von ihren islamischen Wurzeln entfernt, die bis dahin immer die Grundlage und Orientierung für die Menschen dargestellt haben. Viele greifen zu Alkohol und Drogen. Vor allem in den Golfstaaten ist das Problem mit Rauschmitteln enorm gewachsen, gleichzeitig wird es aber verleugnet.

Sie sind 1941 in dem palästinensischen Städtchen Taibeh geboren, das ab 1948 zum neu gegründeten Israel gehörte. Wie lebte es sich als arabisches Kind in Israel?

Es war schwierig, meine Kindheit war geprägt durch eine immer präsente Diskriminierung. Ich stamme aus einer konservativ-liberalen Großfamilie, mein Vater war Geschäftsmann. Als Grundschüler erlebte ich, wie Tausende von Palästinensern vertrieben wurden, wie Armut, Elend und Verzweiflung sich aus-

breiteten. Ich habe auch erlebt, wie ein Polizist alle Araber in
einem Bus zwang, auszusteigen und sich in den Regen zu legen.
Er trat mit seinen Stiefeln auf unsere Finger. Ich war immer politisch aktiv, schon im Gymnasium. Unser Städtchen war früher
reich, Anfang der 1950er Jahre besaßen die Menschen dort noch
35 000 Hektar Land, jetzt sind es nicht mal mehr 3000 Hektar,
obwohl die Zahl der Einwohner von 5000 auf 46 000 stieg. Es ist
absehbar, dass die Benachteiligung der Palästinenser in Israel zunehmend zu Konflikten führt.

Warum gingen Sie weg?

Ich konnte die Diskriminierung der Araber in Israel als junger
Mann nicht ertragen. Eines der schlimmsten Erlebnisse für mich
war, wie mein Vater bei einer Polizeikontrolle gedemütigt und
geschlagen wurde. Da brach mein Weltbild zusammen. Und ich
merkte, wie aggressiv und kompromisslos ich wurde. Damals
fragte mich ein Schweizer, ob ich nicht in sein Land kommen
wolle. Ich nahm sein Angebot an, und meine Überraschung war,
dass Rassismus und Diskriminierung keine Grenze kennen. Ich
ging nach Freiburg und begann dort zu studieren. Aber ich habe
immer noch sehr enge Beziehungen zu meinem Zuhause in Pa-
lästina-Israel.

Warum haben Sie Ihren israelischen Pass nie abgegeben?

Das ist meine Heimat, ob der neue israelische Außenminister
Lieberman will oder nicht. Identität kann man nicht einfach
wechseln. Von daher behalte ich diese Staatsangehörigkeit – auch
mit Freude!

*Es dürfte nicht viele Palästinenser geben, die gleichzeitig Wut und
Freude formulieren können.*

Meine zwei Seelen kommen ganz gut miteinander aus. Ich war
zwar nie stolz, Araber zu sein, aber ich habe mich dessen auch nie
geschämt. Mich hat die Widersprüchlichkeit dieser beiden Gefühle lange zermürbt, bis ich merkte, dass eine Koexistenz dieser
Gefühle ein Vorbild sein kann für die Koexistenz zweier Kulturen.

*Sie gingen wegen der Erniedrigung Ihres Vaters ins Exil. Der Psychia-
ter Iyad Sarraj aus Gaza beobachtete im Gazakrieg, wie Jungen ihre*

Väter als Verdiener und Beschützer verloren. Er befürchtet deshalb, dass die nächste Generation noch militanter wird, denn »sie haben ihre Identität als Araber und Macho, und als starker Mann Leiden auszudrücken bedeutet Schwäche«. Wie sehen Sie das?

Auch ich bin sicher, dass sie noch militanter werden. Wir sind eine patriarchalische Gesellschaft, der Vater steht ganz oben. Ein funktionierendes Patriarchat bedeutet Einschränkung, aber auch Sicherheit, Schutz und Solidarität. Der Zerfall der sozialen Strukturen hat das Patriarchat geschwächt, dennoch fordern die Väter weiterhin Macht und Respekt und die Söhne weiterhin Schutz, sie wollen die Väter als Helden sehen. Wenn ihre verinnerlichten Vorbilder erniedrigt werden, ohne sich wehren zu können, ist das für Kinder eine große Bedrohung. Sie werden unberechenbar, reagieren mit Zorn. Diese massive narzisstische Kränkung und die stark verdrängte Wut führen zu einem explosionsartigen Protest. Die Menschen in der Westbank, in Kairo oder Amman schreien sich den Schmerz aus der Seele. Weil sie keine andere Möglichkeit haben, sich zu artikulieren. Die Spannung ist so groß, dass sie die Kontrolle über sich verlieren.

Wie wird aus einem arabischen Mann ein Selbstmordattentäter? Männer wie Mohammed Atta hatten ebenfalls strenge, misshandelnde Väter, die sie lieben und ehren sollten – und projizierten ihre kaputte Vaterbeziehung auf Allah.

Nicht auf Allah, sondern auf weltliche Autoritäten. Zwar sagen einige: Die 70 Jungfrauen, die im Paradies auf sie warten, haben sie motiviert. Aber die könnten sie doch im Leben leichter haben. Ich glaube weder an ein Hauptmotiv unterdrückte Sexualität noch an ein Hauptmotiv Religion – dann müsste es noch viel mehr solcher Täter geben. Ich bin fest davon überzeugt, es gibt einen Zusammenhang zwischen der Schwäche des Vaters und der daraus entstandenen Orientierungslosigkeit, dem Zerfall der patriarchalen Strukturen und den Tendenzen zur Selbstzerstörung. Meiner Ansicht nach ist die erste Intifada der Palästinenser nicht nur gegen die israelische Besatzung gerichtet gewesen, sondern auch gegen die eigenen Väter. Stellen Sie sich eine Familie mit sechs Kindern vor, die am Rande der Wüste von Jordanien in einer Blechhütte lebt, ohne Wasser, Kanalisation, abhängig von den Essensrationen der UN, ständig bedroht und gefährdet. Solche Menschen ertragen die Schmach der Erniedrigung irgendwann nicht mehr. Sie sind suizidgefährdet. Aber im Islam ist Suizid verboten. Deshalb bringen sie sich auf diese, wie sie glauben, ehrenhafte Weise um.

»Ehrenhafte« Erhöhung, um die Erniedrigung wettzumachen?

Ja. Vor einigen Jahren fuhr ich mit meinem Bruder durch die Westbank. Es herrschten über 40 Grad, und ich sah von Weitem Kinder wie eine Fata Morgana in dieser extremen Hitze stehen. Ich fragte sie: »Was macht ihr hier?« Sie antworteten: »Wir warten hier, bis die Siedler ihre Kühe gewaschen haben, damit wir Wasser zum Trinken mitnehmen dürfen.« Sie kamen in der Rangfolge nach dem Vieh. Ist es nicht verständlich, dass solche Kinder irgendwann nicht mehr leben wollen? Wenn sie sich in die Luft sprengen, sind sie plötzlich Helden, so widerwärtig das ist.

Der palästinensische Scheich Abdullah Assam, der Freund und Lehrer von Osama Bin Laden, war der Erste, der in den 1980er Jahren Märtyrertum und Selbstmordattentate propagiert hat.

Ja, aber das ist keine arabische und vor allem keine islamische Tradition, denken Sie nur an die japanischen Kamikazeflieger im Zweiten Weltkrieg. Bis heute gibt es darüber eine massive Auseinandersetzung zwischen islamischen Gelehrten. Die einen sagen, das ist verwerflich. Die anderen verweisen auf einen Vers im Koran, in dem es in etwa heißt: Vertreibt sie, wovon sie euch vertrieben haben. Bekämpft sie mit den gleichen Mitteln, mit denen sie euch bekämpft haben. Inzwischen werden die Täter immer jünger. Wenn im Gazakrieg knapp 400 Kinder auf grauenvolle Weise getötet wurden, bekommen das alle mit. Wenn ein Patient von mir seine Schwester verliert und fünf ihrer Kinder, was soll ich ihm erklären? Ich kann nur hoffen, dass er nichts Unvernünftiges tut.

Die arabischen Familienstrukturen sind anders als die westlichen – kann man die Psychoanalyse überhaupt auf sie übertragen?

Die Familienverhältnisse im Orient ähneln denen zu Zeiten Freuds in Europa: der enge familiäre Zusammenhalt, die Hierarchie, die klaren Vorstellungen von Macht. Ich habe in meiner Praxis viele Muslime, Männer und Frauen, die alle am Anfang der Therapie sehr verängstigt sind. Aber ihr Leidensdruck ist so groß, dass sie sich überwinden, um Hilfe zu bitten. Die arabischen Frauen erlebe ich als stark, die Männer, die zu mir kommen, nicht. In meiner 30-jährigen Praxis hat keine einzige Frau die Analyse abgebrochen, aber nur ein einziger Mann hat seine Therapie wirklich zu Ende geführt!

Wie erklären Sie sich das?

Ich will diese Männer nicht entwerten, ich bin ja selbst ein arabischer Mann. Aber es wird höchste Zeit, dass wir aufhören mit Selbstüberschätzungen und Unterlegenheitsgefühlen. Viele Männer, die sich unterlegen fühlen, werden ihren Frauen gegenüber gewalttätig. Wenn eine Frau mit blauen Flecken zu mir kommt, dann bitte ich sie, ihren Mann mitzubringen. Manche kommen. Und ich merke, wie schwach diese Männer sind! Ich sehe in der arabischen Frau eine sichere und stabile Zukunft, aber nicht im Mann. Der arabische Mann ist an den hohen Erwartungen seiner Gesellschaft gescheitert. Wir halten an einer Vorstellung von Männlichkeit und Tapferkeit fest, die seit langer Zeit nicht mehr existiert. Die Entfernung vom Islam und die Entfremdung von der eigenen Identität verstärken dies.

Was ist die Ursache dafür?

Viele Araber sind der Meinung, dass die Türken, die Engländer, die Franzosen für ihr Schicksal verantwortlich sind. Natürlich, sie waren unterdrückende Kolonisatoren. Aber der eigenen Verantwortung stellt man sich nur ungern. Die Türken waren vor über 100 Jahren in der arabischen Welt. Seltsam, dass wir uns seitdem ohne Türken nicht bewegt haben. Es ist beschämend, aber die Bevölkerung sehnt sich nach den kolonialen Zeiten zurück. Es gab damals wenigstens genug zu essen. Dann vertrieb man die Kolonisatoren und ersetzte sie durch arabische Führer, die in Wirklichkeit politisch impotent sind, leider unfähig, auch nur die

Hälfte dessen, was die Kolonialherren getan haben, zu leisten. Und der Westen unterstützt diese Marionetten.

Haben Sie dennoch Hoffnung?

Ja! Wir haben ein enormes Potenzial: In der jüngsten Zeit werden wir Zeugen davon, dass die neuen Generationen ein starkes arabisches und islamisches Bewusstsein entwickeln. Sie arbeiten aktiv auf Veränderungen hin. Zugleich gibt es bereits Tausende hochkarätige arabische Wissenschaftler, die außerhalb ihrer Länder leben und eines Tages zurückkehren werden. Egal wie sicher ein Regime sich wähnt, irgendwann wird es zusammenbrechen. Diese Leute wissen, dass sie vor einem Abgrund stehen.

Spätestens wenn das Öl zu Ende geht?

Schon vorher! Bisher wurden manche Regime zusammengehalten, weil mächtige US-Einheiten dort stationiert sind. Aber so wie der Westen jetzt versucht, moderat mit dem Iran zu sprechen, muss er irgendwann begreifen: Diese Herrscher sind das Allerschlimmste für eine gesunde Entwicklung der Bevölkerung und einen selbstbewussten Umgang des Orients mit dem Okzident. Hierbei ist es sehr wichtig zu betonen, dass nicht eine Demokratie nach westlichem Vorbild angestrebt werden kann, sondern dass ein politisches System in der Region etabliert werden muss, eine Art Rätedemokratie mit *schuras*, die die religiösen Grundlagen des Islam berücksichtigen.

Sie haben viele arabische Folteropfer als Patienten?

So schwierig und belastend die Arbeit mit Folteropfern ist – ich bin froh, das gewagt zu haben. Ich glaube, ich gehöre zu den Ersten, die Folteropfer mit Psychoanalyse behandelten. Das war kein Mut von mir. Ich musste etwas entwickeln, um diesen zerstörten Menschen, die zu mir kamen, zu helfen. Viele Folteropfer sind Menschen, die in ihren Ländern für ihre Rechte, ihre Würde und ihre Freiheit eingetreten sind. So zum Beispiel auch ein arabischer Dichter und Journalist, der nach schwerer Folter nicht mehr sprechen konnte.

Weil er den Lebensmut verloren hatte?

Ja. Er hat seine Familie verloren und unendlich viel Schmach und

Erniedrigung erlebt. Und dennoch war das eine meiner schönsten Psychoanalysen. Es kam ein Mann, der nicht sprach, und das einzige Instrument der Psychoanalyse ist das Sprechen! Ich sagte zu ihm: »Ich spreche, und Sie schreiben.« Und er schrieb und schrieb, und ich deutete. Das war sehr aufwühlend. Wissen Sie, nirgendwo sind die Menschen so kreativ wie bei der Entwicklung von Folterinstrumenten. Es gibt Tausende von Methoden! Zum Beispiel einen Bambusstab voller Ameisen in den After eines Opfers einführen ... Nein, ich führe das nicht weiter aus. Also, wir haben zusammen gearbeitet, und ich merkte, es bewegt sich etwas, aber ich wusste nicht, was. Eines Tages verabschiedete er sich von mir, und ich merkte, ich bin so depressiv, ich kann nicht mal mehr aufstehen. Und da wusste ich: Nächstes Mal spricht er. Er hat seine Depression bei mir deponiert und ist sie dadurch losgeworden. Und eine Woche später begrüßt er mich: »Salam alaikum!« Ich weiß, dass es ihm heute gut geht und er keine Gelegenheit versäumt, sich öffentlich für meine Geduld zu bedanken. Das ist ein wunderbares Gefühl. Bei mehreren Patienten ist mir solch ein Erfolg gelungen, obwohl ich weiß: Wer jemals die Schmach der Folter erlebt hat, wird niemals wieder in der Welt heimisch ...

... wie Jean Amery in seinem berühmten Essay über Folter schrieb ...

Genau. Ich habe jahrelang die Tochter eines orientalischen Generals behandelt, der in seinem Land zuständig war für die Folter. Er hat seine eigenen Kinder gefoltert! Er hatte eine Folterkammer zu Hause! Nirgendwo auf der Welt wird so viel gefoltert wie in der arabischen Welt und Israel – ich weiß das von meinen Kollegen dort. Syrien ist eine Folterzentrale. Im Irak wollten die Amerikaner die Demokratie einführen, sie haben alles zerstört, und gefoltert wird immer noch. Ich habe Protokolle, wie sie die Foltermethoden der Nazis kopierten.

Wie halten Sie das persönlich aus? Diese vielen grauenvollen Geschichten?

Der tiefe Glaube an eine Idee kann Menschen sehr stark machen. Ich kann meine Vorstellung vom Humanismus in meiner muslimischen Erziehung wiederfinden. Meine Arbeit ist meine Solidarität mit den Unterdrückten. Und es ist so wertvoll, wenn sich Patienten am Ende mit einem Lächeln verabschieden. Das ist nicht irgendein Lächeln. Daran merke ich, wie der Sonnenaufgang in einer Kultur aussehen kann.

Poetisch ausgedrückt …

Das gibt Mut und Kraft. Und so, wie diese Menschen dankbar sind für meine Hilfe, so verdanke ich ihnen den Zugang zu einer Welt, die mir jahrelang versperrt war. Ich habe eine Patientin, die unglaublich gefoltert und vergewaltigt wurde. Bei der Schilderung einer Folterszene merkte sie, dass mir Tränen in die Augen traten. Ich merkte: Sie ist stärker als ich. Ich habe kein Problem, das zuzugeben. Wissen Sie: Wir sind alle füreinander verantwortlich. Ich habe es von meiner Mutter gelernt. Meine Mutter ist bis heute mein Vorbild. In allem, was ich tue, verkörpere ich nur ein kleines Stück ihrer Menschlichkeit, Liebenswürdigkeit, Wärme, ihrer Zivilcourage. Ich bin ein Mann mit einem Mutterherzen. Und ein Mutterherz ist nicht nur weich. Mindestens wenn es um die eigenen Kinder geht, sind die Mütter in der Regel tapferer als die Väter.

Haben Sie unter Ihren Patienten auch welche von der Gegenseite kennengelernt?

Ich hatte auch mal einen Folterer als Patienten. Ich war dazu verpflichtet, seine Lebensgeschichte in aller Neutralität anzuschauen. Und hatte das Gefühl, er ist viel bedauernswerter als all die Menschen, die er folterte.

Ihr Kollege Fethi Banslama aus Paris schreibt: »Die Moderne bringt Muslime unwillentlich dazu, ständig ihre Grenzen zu überschreiten, etwa wenn sie überall, im Fernsehen oder auf Plakaten, leicht bekleidete Frauen sehen. Die Gläubigen haben permanent das Gefühl, etwas Verbotenes zu tun (…) Eine Möglichkeit, Schuld zu sühnen, kann ein Opfer des Gläubigen sein. Eine Frau, die sich schuldig fühlt, weil ihr Körper sexuell provoziert, kann sich verschleiern und so ihren Körper als Ziel des Begehrens opfern. Das extremste Beispiel sind die Selbstmordattentäter, die ihr eigenes Leben opfern.« Sehen Sie das auch so?

Nein. Natürlich – für Gläubige, aber auch für jeden Menschen mit Selbstrespekt sind diese Pornoshows im Fernsehen unerträglich. Ein Muslim sollte so etwas nicht anschauen. Es gibt den Versuch von westlichen Fernsehsendern, diese Filme in arabischen Ländern einzuführen. Und da entsteht massive Gegenwehr. Der Frauenkörper hat für Muslime einen besonderen Wert. Er ist kein Schaustück. Aber in der westlichen Industriegesellschaft wurde aus der Intimität eine Ware. Diese Diskriminierung ist absolut unislamisch. Männer haben sich nach dem Tod des Propheten neue Vorstellungen des Islam zusammengebastelt, der zu ihren männlichen Vorstellungen passte. Dazu kann auch die Benachteiligung von Frauen gehören. Ehrenmorde sowie Zwangsehen beispielsweise sind aber auf Schärfste verboten. Die Würde der Frauen muss unter allen Umständen geschützt werden. Frauen hatten zu Zeiten des Propheten das Recht, an Beratungsgesprächen teilzunehmen – heute gibt es Barbiepuppen, mit denen man die arabischen Frauen zu infantilisieren versucht. Aber sie sind auf dem besten Weg, als muslimische Frauen ihre eigene Emanzipation zu erkämpfen.

Obama hat in seiner umjubelten Rede an die arabische Welt in Kairo mehr Respekt für die Muslime versprochen. Glauben Sie, dass das Wirkung hat?

Nein. Solange die Araber sich so untertänig verhalten, werden sie von keinem Volk und keinem Führer dieser Welt Respekt bekommen. Wenn sich die arabischen Außenminister treffen, kommt es zu keiner Übereinkunft geschweige denn zu einem Beschluss für gemeinsames Handeln. Es gibt 380 Millionen Araber, schauen Sie doch, wie die miteinander umgehen. Auch Obamas Bereitschaft für mehr Achtung und Anerkennung der arabisch-muslimischen Welt wird sehr wenig ausrichten, wenn es in den betreffenden Ländern von innen her keine Veränderung gibt.

Die Privatisierung des Heiligen Kriegs

In eine Märtyrerrolle zu schlüpfen, bedeutet, eine Rolle voller Passion und Pathos auf einer imaginären Weltbühne zu spielen. Das zeigen nicht nur die Bekennervideos, in denen Anhänger von Al-Kaida oder der Islamischen Bewegung Usbekistan mit gruselig-kitschigem Mummenschanz verkünden: »Der Märtyrertod ist das Ziel der Gläubigen.«[37] Sondern auch die unzähligen Märtyrergeschichten, die in den drei Weltreligionen Judentum, Christentum und Islam durch Jahrhunderte überliefert wurden. Das Deutungsmuster des Märtyrers komme immer dann zum Einsatz, schreibt die Literaturwissenschaftlerin Sigrid Weigel, wenn es darum gehe, »Opfer in Helden zu verwandeln, Ohnmacht in Macht, Schmerz in Lust, Leiden in Leidenschaft, Askese in mystische Ekstase – und den (realen) Tod in ein (imaginäres) Leben«. Und sie fährt fort: »Wo sich für Menschen das irdische Leben als entwertet darstellt, wird offenkundig eine vollständige Negation des Irdischen attraktiv, mit der das Sterben in einen geheiligten Tod umgemünzt wird.«[38]

Bevor die Bush-Regierung die Kriegsführung ökonomisch privatisierte, haben die Dschihadisten den Heiligen Krieg symbolisch privatisiert. Nach der klassischen Lehre ist *dschihad* in erster Linie als innere Anstrengung für gläubige Moslems zu verstehen, den rechten Weg einzuschlagen. In den echten Krieg zu ziehen und zu töten, ist nach dem Koran nur erlaubt, wenn Gläubige zuvor angegriffen wurden und wenn Zivilisten, Frauen und Kinder verschont werden. Die Propagandisten von Al-Kaida aber drehten die Argumentation für ihre privaten Zwecke um, indem sie behaupteten, die *umma,* die weltweite Gemeinschaft der Rechtgläubigen von Mekka über Jerusalem bis Bagdad, werde durch »Juden« und »Kreuzzügler« angegriffen.

Dieser fiktive Kollektivkörper der *umma* ist rein und gut, und ihn gilt es zu schützen und von Unmoral zu reinigen, und zwar mit dem heiligsten aller Säfte, mit Blut. Zur Reinheit gehört auch die Selbststilisierung von Al-Kaida als Opfer, als vom Westen Verfolgte, als Märtyrer.

Ein Bekennervideo von Al-Kaida, nach dem 11. September fertiggestellt und vom arabischen Sender Al-Dschasira ausgestrahlt, zeigt das Selbstbild der Täter: Wie einst Mohammed, so reiten sie bewaffnet durch die Wüste, um die Ungläubigen von der arabischen Halbinsel zu vertreiben. Dazwischen geschnitten sind apokalyptische Bilder von den brennenden Zwillingstürmen, von Feuer und schwarzem Himmel. Die Botschaft des Videos: Der Feind, das sind die USA, Israel und die verräterischen Herrscher Saudi-Arabiens, die fremde Truppen auf ihrem Territorium dulden. Die *umma* ist eine Leidensgemeinschaft, geeint durch das Blut der Märtyrer in Palästina, im Libanon und anderswo. Die Brüder von Al-Kaida »schützen und verteidigen die muslimische Identität«, raunt der Kommentator.[39]

Mit solchen Bildern versuchen die Dschihadisten, junge Männer zu rekrutieren, die sich über die in ihren Ländern herrschende Armut und Unterdrückung empören. Die Geschichte der Terroristen sei die »eines individuellen Heldensprungs zur Rettung der *umma*, der religiösen Gemeinschaft aller Muslime, vor der westlichen Barbarei. Die Religion spielt keine besondere Rolle in dem Prozess individueller Radikalisierung«, kommentiert der französische Islamwissenschaftler Olivier Roy. Und weiter: »Wir sollten diesen Heroismus delegitimieren, indem wir die Geschichte vom Helden entlarven.«[40]

Der scheinheilige Krieger Osama Bin Laden

Auch Osama Bin Laden inszeniert sich als Nachfolger von Mohammed. Als er an den Hindukusch übersiedelte, erklärte er seinen Anhängern, diese Reise sei mit der *hidschra* vergleichbar, der Flucht des Propheten von Mekka nach Medina, wo er den Kampf gegen die »Ungläubigen« aufnahm. In diesem Sinne sei Afghanistan das moderne Medina.[41] In den Videos von Al-Kaida tritt Bin Laden bevorzugt in weißer Kleidung und mit weißem Turban auf, er redet sanft und leise, er lächelt gerne. Auf den Plakaten und Websites seiner Anhänger wird er als strahlender heiliger Krieger auf einem weißen Pferd dargestellt, der dem Licht entgegenreitet. Ein Befreier. Ein Gottgleicher.

Westliche Medien interpretieren das genau andersherum. »Blü-

tenweiß«, schreibt der *Spiegel,* »sind die Gewänder des hoch gewachsenen, selbstverliebten Heilands der Berghöhlen, weich und fließend
die Gebärden seiner schönen Hände, sinnlich die Lippen, die den
Hass verströmen.«[42] Weich, schön, sinnlich – das sind »weibliche«
Eigenschaften. Bin Laden werde Weiblichkeit und Hypermaskulinität
gleichzeitig zugeschrieben, und diese »Uneindeutigkeit« und »Täu-
schung« werde als besonders gefährlich wahrgenommen, hat die Me-
dienanalytikerin Andrea Nachtigall beobachtet: »Sein feminisiert
dargestelltes Äußeres evoziert Vorstellungen von weiblicher Verführung. Hinter der sanftmütigen und sinnlichen Fassade lauert eine
grausame, archaische Männlichkeit.«[43] Der Wissenschaftlerin fiel die
Parallele zum Stereotyp des »ewigen Juden« auf: auch er ein Täuscher
und Betrüger und gleichzeitig ein Vergewaltiger und kastrierter
Weichling.

Über den realen Osama Bin Laden jenseits der Al-Kaida-Videos
wissen wir nicht viel. Er wurde wahrscheinlich 1957 als Sohn eines
schwerreichen jemenitischen Bauunternehmers und dessen vierter
Ehefrau Alia im saudi-arabischen Riad geboren. Womöglich plagten
den jungen Osama Minderwertigkeitsgefühle und ein daraus resultie-
render Geltungsdrang, weil er »Sohn einer Sklavin« genannt wurde
und nur das 17. Kind unter mehr als 50 Halbgeschwistern war – was
nicht zum Idealbild des überlegenen Mannes passen wollte.[44] Sein
Vater, ständig auf Geschäftsreisen und somit ungreifbar, war offenbar
kein Vorbild. Ungefähr 1961 verstieß der Vater Osamas Mutter Alia
und arrangierte eine neue Ehe zwischen ihr und einem seiner Angestellten.[45] Osamas persönliches Gottesideal erinnert an seine geschei-
terte Vaterbeziehung: Allah ist fern, allmächtig und grausam strafend;
Macht und Bedeutung kann nur erlangen, wer sich ihm bedingungslos unterwirft und seine Gebote exekutiert.

Osama Bin Laden zeigte sich lange Zeit als gehorsamer Sohn: Er
studierte Betriebswirtschaft und Bauingenieurswesen, führte die Geschäfte seines Vaters fort und zeugte mit sechs Ehefrauen mindestens
24 Kinder. In einem Ende 2009 erschienenen Buch schildern sein
Sohn Omar und dessen Mutter Najwa den Terroristen als extrem
autoritären Mann, der mindestens so viele Frauen und Kinder wie der

Prophet Mohammed haben wollte. Er habe seine Söhne als Selbstmordattentäter rekrutieren wollen, sie bestraft, wenn sie lachten oder
lächelten, ihnen Spielzeug und jede Vergnügung verboten und sie zu
Wüstenmärschen ohne Wasser gezwungen. Omar begann sich von
seinem Vater abzuwenden, weil er Tiere liebte – und einer von Osama
Bin Ladens Männern sein Äffchen überfuhr, mit der Begründung, es
sei ein Jude, den Allah zur Strafe verwandelt habe.[46]

Noch in Dschidda las Osama Bin Laden die Schriften des ägyptischen Radikalen Sayyid Qutb und interessierte sich für den Heiligen
Krieg. An der Universität lernte er in den 1970er Jahren den palästinensischen Scheich Abdullah Assam kennen, der in seinen Schriften
den Wahhabismus politisch radikalisierte, indem er den *dschihad*
als Kriegspflicht für jeden Gläubigen propagierte und das Märtyrertum als seine höchste Stufe pries. Seine Bücher galten als Bibel der
Mudschaheddin und waren auch in der Hamburger Islam AG von
Mohammed Atta Pflichtlektüre. Im Buch *Die Liebhaber der Paradies-
jungfrauen* heißt es: »Der *dschihad* hat Vorrang vor allen religiösen
Handlungen, auch vor dem Gebet.« Die Politisierung des Wahhabismus zum Dschihadismus – das ist das bleibende Produkt der Män-
nerfreundschaft zwischen Bin Laden und Scheich Assam.[47]

Motivierte die in Saudi-Arabien grassierende gesellschaftliche
Heuchelei Bin Laden und die Attentäter des 11. September? Nicht wenige saudische Familienväter predigen Wasser und trinken Whisky,
zwingen ihre Frauen und Töchter zu Keuschheit und Verhüllung und
besuchen selbst Bordelle in Bahrein, fordern Verzicht und tragen dia-
mantenbesetzte Rolex-Uhren, geißeln den Westen als Sumpf voll Sex
und Sünde und betreiben Geschäfte mit den Ungläubigen. Machten
die Söhne mit ihrer Teilnahme am Heiligen Krieg also wahr, wovon
ihre Väter nur träumten? Reiche Geschäftsmänner aus den Golfstaaten unterstützen jedenfalls bis heute Dschihadisten und Taliban mit
großen Summen – offenbar als Ablasszahlung für ihren lasterhaften
Lebenswandel.[48]

Auch die Mudschaheddin sind ein Produkt der Doppelmoral –
in diesem Fall des Westens. Als die Sowjetunion 1979 Afghanistan
besetzte, finanzierten US-Politiker ein gigantisches Züchtungspro-

Charles Wilson: früherer US-Kongressabgeordne-
ter, Partylöwe, Förderer der Mudschaheddin und
der verdeckten CIA-Aktivitäten in Afghanistan,
präsentiert sich stolz vor einem Dschihadisten-
porträt (Foto: Marcy Nighswander/AP).

gramm für islamistische Gotteskrieger, wohl wissend, dass diese die
»westlichen Werte« von Demokratie und Menschenrechten mit Füßen traten. Zbigniew Brzezinski, Berater von US-Präsident Jimmy
Carter und Sohn eines von den Kommunisten vertriebenen Polen,
legte sechs Wochen nach der sowjetischen Invasion einen filmreifen
Auftritt am Khyberpass hin. »Die Vereinigten Staaten teilen mit der
muslimischen Welt einen tiefen religiösen Glauben, das kann die Basis für unsere Freundschaft sein«, rief er und fuchtelte wild mit einer
Kalaschnikow.[49] Später rühmte er sich, seine Regierung habe die Sowjets bewusst in die »afghanische Falle« gelockt, um den Realsozialismus durch immer höhere Rüstungs- und Besatzerausgaben zu Fall zu
bringen.

Die Mudschaheddin und später die Taliban wurden in Pakistan von der US-Regierung bewaffnet, von saudi-arabischen Regierungskreisen finanziert und vom pakistanischen Geheimdienst ISI militärisch trainiert. Die US-Agency for International Development (USAID) ließ auf Kosten der Steuerzahler dschihadistische Bücher drucken und als Unterrichtsmaterial in pakistanischen Koranschulen verteilen.[50] Insgesamt mehr als 100 000 Gotteskrieger aus 43 islamischen Ländern wurden in den 1980er und 1990er Jahren in pakistanischen Koranschulen und afghanischen Trainingslagern ausgebildet.[51] Sie hatten offenbar keine moralischen Probleme damit, von schnapstrinkenden Ungläubigen vom Stamme der CIA unterstützt zu werden.

Zusammen mit Scheich Abdullah Assam, dem Theoretiker des politischen *dschihad*, gründete Osama Bin Laden 1984 im pakistanischen Peschawar ein Büro für Mudschaheddin-Dienste, das neue Gotteskrieger rekrutierte und Spendengelder an afghanische Flüchtlinge verteilte. Hohe Summen vom saudischen Geheimdienst, der Muslimischen Weltliga und von saudischen Prinzen flossen durch das Zentrum. 1986 ließ Bin Laden im Auftrag der CIA Höhlen im pakistanisch-afghanischen Grenzgebiet zu einem riesigen Tunnelkomplex mit Waffendepot, Feldlazarett und Trainingslager ausbauen.[52] Scheich Assam kam wenig später bei einem mysteriösen Attentat ums Leben. Unter den Augen des US-Geheimdienstes wurde Al-Kaida schließlich 1988 in Peschawar gegründet: als Militärbasis für Afghano-Araber.[53]

Nach einem überaus blutigen Krieg zogen die Sowjets 1988/89 geschlagen aus Afghanistan ab. Die saudischen Medien feierten Bin Laden für diesen Sieg über eine Weltmacht, was dessen narzisstischen Größenwahn nochmals genährt haben dürfte. Als die irakische Armee 1990 Kuweit überfiel, bot er dem saudischen Königshaus an, das besetzte Land mit Hunderttausenden Mudschaheddin zurückzuerobern. Doch König Fahd lehnte ab und erlaubte stattdessen die Stationierung von mehr als einer halben Million US-Soldaten, die 1991 die irakischen Streitkräfte aus Kuweit vertrieben. Dass Ungläubige im »heiligen Land« standen, war für Osama Bin Laden der Anlass zum Bruch mit »seinem« König und den USA. Er zog mit seinen Getreuen in den Sudan und später, als die Taliban dort 1996 ihren Gottesstaat errichteten, nach Afghanistan.

1998 verfasste er hier mit seinem Stellvertreter Aiman al-Sawahiri ein Manifest zur Gründung einer »Internationalen islamischen Front für den *dschihad* gegen Juden und Kreuzritter«. Darin heißt es, es sei »die individuelle Pflicht jedes Muslims, Amerikaner und deren Alliierte, Zivile und Soldaten, zu töten, in jedem Land, in dem dies möglich ist«.[54] Ziel der Organisation sei die Vertreibung der US-Truppen, der Sturz des saudischen Königshauses und die »Befreiung« der islamischen Heiligtümer in Mekka und Jerusalem.

Die Heilige und die Hure

Es war kein Trauma und kein Kriegserlebnis, das Osama Bin Laden dazu brachte, die politischen Fronten zu wechseln, sondern die für ihn offenbar unerträgliche Vorstellung, US-Soldatinnen könnten Mekka bewachen. »Und wir glauben«, formulierte er damals, »dass wir Männer sind, muslimische Männer, die die wichtigste Stätte im Universum, die verehrungswürdige Kaaba, schützen müssen, dass wir die Ehre haben, sie zu beschützen, statt dass jüdische und christliche amerikanische Soldatinnen kommen.« Offenbar war er besessen von der Vorstellung, ungläubige, bewaffnete, unverschleierte Frauen – eine dreifache Provokation also – könnten vor dem größten islamischen Heiligtum stehen: »Die Regierungen jener Region haben vielleicht ihre Männlichkeit verloren und meinen, die Leute seien Frauen. Und, bei Gott, selbst die würdigsten Frauen der Muslime wehren sich dagegen, von amerikanischen und jüdischen Huren verteidigt zu werden.«[55] Bin Ladens klare Schlussfolgerung: »Sie wollen uns unsere Männlichkeit rauben.«

Terroristische Gewalt, kommentiert der US-Soziologe Mark Juergensmeyer, trete auch als »eine Art symbolische Machtaneignung von Männern« auf, wenn ihnen ihre Männlichkeit als gefährdet erscheine: »Ihre Aversionen richten sich gegen sogenannte sexuelle Irrwege – worunter unangebrachte Geschlechterrollen fallen, wie etwa Frauen, die tragende Positionen im öffentlichen Leben übernehmen –, die als Beispiele eines unkontrollierten Geschlechtslebens gelten. Für viele Männer sind solche Phänomene Indizien für eine größere soziale Unordnung: Es sind Beispiele der vorrückenden Macht des Bösen, Demonstrationen des vorherrschenden Moralverlusts.«[56] Dies bekamen auch die US-Soldatinnen zu spüren: Auf Druck der Saudis sollten sie in der Öffentlichkeit einen Tschador tragen. Eine Pilotin wusste das jedoch per Klage und Gerichtsurteil zu verhindern.[57]

Rache für Folter und Entmännlichung

Sind die Al-Kaida-Führer allein von Frauenphobie getrieben? Auch das wäre zu einfach. Es scheint noch ein weiteres Motiv zu geben: Eine ganze Reihe dieser Männer wurde erst nach Folter und Erniedrigung zu Terroristen. Der Jordanier Al-Sarkawi und der Ägypter Al-Sawahiri waren in den 1980er Jahren in ihren Heimatländern gefoltert worden, fand der Terrorismusforscher Chris Zambelis heraus.[58] Ihre Hinwendung zur Gewalt war womöglich auch ein Racheakt und eine Spätfolge der erlittenen Traumatisierung.

Seit Jahrzehnten unterstützt der Westen mit Geld und Waffen Regime wie Saudi-Arabien, Ägypten, Jordanien und andere, die nach der offiziellen Lesart »gemäßigt« sind, deren Herrscher ihre Macht faktisch jedoch auf Folter, grausame Körperstrafen und Menschenrechtsverletzungen stützen. Folter und Unterdrückung aber produzieren mehr als alles andere Nachwuchs für die Dschihadisten. Nichts bestätigt sie mehr in ihrem Selbstbild, ein unschuldiges Opfer böser Mächte zu sein, und in vielen islamistischen Chatrooms im Internet führen sie die erlittene Gewalt als Beweis für den »Opfergang« der islamischen »Märtyrer« an.[59] Doch in der zensierten politischen Öffentlichkeit dieser Gesellschaften ist der Zusammenhang zwischen Folter und Radikalisierung absolut tabu – mit der Folge, dass Empörung und Rachegefühle in den politischen Untergrund verbannt werden.

Folter ist staatlicher Terror, der neuen Terror gebiert. Israelische

Forscher haben herausgefunden, dass viele palästinensische Selbstmordattentäter zuvor gefoltert wurden; andere wollten misshandelte
und getötete Familienmitglieder rächen.[60] Die Taliban, die im Februar 2009 am Tag vor der Ankunft des neuen US-Sonderbotschafters
Richard Holbrooke einen blutigen Anschlag in Kabul verübten, wollten nach eigener Auskunft Rache üben für die Folter, die ihre Gesin-
nungsbrüder im berüchtigten Gefängnis Pol-e-Scharchi erleiden
mussten.[61]

Die Einrichtung von Foltergefängnissen wie Guantánamo oder
Bagram ist deshalb nicht nur extrem unmoralisch, sondern auch extrem kontraproduktiv. Weil zu dortigen Methoden Vergewaltigung
und sexuelle Demütigung gehörten – so mussten die Gefangenen sich
vor weiblichen Soldaten ausziehen oder Frauenschlüpfer und Büsten-
halter anziehen –, setzten die dort Misshandelten alles daran, die erlittene Ohnmacht in einem Akt der absoluten Allmacht wieder abzu-
schütteln. Abdullah Ghulam Rasoul, der sechs Jahre gefoltert worden
war, ließ nach seiner Freilassung aus Guantánamo Sprengfallen an
afghanischen Straßenrändern aufstellen, die 44 Briten das Leben kosteten. Der einstige Guantánamo-Insasse Al-Adschmi sprengte sich
nach seiner Rückkehr in den Irak in Mosul in die Luft. In einem Pro-
pagandavideo wird er gefeiert als »ein Mann in einer Zeit, in der es
keine Männer mehr gibt«.[62] Gewalt, glauben die Dschihadisten, mache einen Entmännlichten wieder zum Mann.

Erinnert sei an den Superhelden Herakles, der schwer traumatisiert nach Jahren des Kampfes seine eigene Familie umbrachte. Und
an die Erkenntnisse der Gewaltforschung: Gepeinigte, gedrillte, gefol-
terte Körper bringen peinigende Gedanken hervor. Opfer werden zu
Tätern, um ihre innere Ohnmacht zu besiegen. Eine Ohnmacht, die
sie im Kontext ihrer patriarchalischen Kultur mit »Verweiblichung«
gleichgesetzt haben.

Und ganz abgesehen davon führt Folter zu falschen Geständnis-
sen. Der angeblich hochrangige Al-Kaida-Führer Abu Subaida aus
Palästina, in Guantánamo mindestens 83-mal per *waterboarding* und
simuliertem Ertränken gefoltert, alarmierte die Sicherheitsbehörden
mit der Information, Al-Kaida wolle eine »schmutzige« radioaktive

Bombe in einer US-City zünden. Doch die Fahnder fanden – nichts. »Wir warfen Millionen Dollar wegen falschen Alarms zum Fenster heraus«, ärgerte sich ein früherer US-Geheimdienstmann. Auch Ex-FBI-Direktor Robert Mueller bestätigte, dass durch die »harschen Methoden« keine Informationen gewonnen werden konnten, um Terroranschläge zu verhindern.[63]

Kein Kampf der Kulturen

Statt in den endlosen und nicht zu gewinnenden *war on terror* zu ziehen, wäre es wahrscheinlich effektiver, humaner und billiger gewesen, die Selbstzerstörungskräfte von Al-Kaida zu fördern. Interne Querelen und der Ausstieg früherer Kämpfer haben den Dschihadisten inzwischen schwerer zugesetzt als alle Waffen. Ein Beispiel von vielen: Scheich Salman al-Oadah, ein ehemaliger Freund von Bin Laden, fragte demonstrativ vor laufender Kamera: »Bruder Osama, wie viel Blut wurde vergossen?«[64] Und ein internes Dokument aus dem irakischen Zweig von Al-Kaida beklagte, es sei den Dschihadisten aus dem Ausland nicht gelungen, die irakische Bevölkerung zu verstehen, viele hätten nicht einmal gewusst, dass dort auch Schiiten leben. Offenbar um sich gegenseitig ihre immense Wichtigkeit zu beweisen, hätten die Gotteskrieger stattdessen immer neue Hierarchien und Titel für sich erfunden, irgendwann habe es einen »Emir für Gas«, einen für Zelte und einen für Granaten gegeben.[65]

Zudem geht die Zustimmung zum Dschihadismus weltweit kontinuierlich zurück.[66] Eine überwältigende Mehrheit aller Muslime macht Al-Kaida für das schlechte Image des Islam und für die immensen Schäden in islamischen Ländern verantwortlich. Ein Hauptgrund dafür dürfte sein, dass Al-Kaida – entgegen der Wahrnehmung westlicher Medien – mindestens achtmal mehr Muslime als Nichtmuslime getötet hat.[67] In Jordanien hatten 2003 bei einer Umfrage noch 60 Prozent der Befragten angegeben, »Vertrauen« zu Bin Laden zu haben. Nachdem ein Selbstmordattentäter zwei Jahre später

38 Hochzeitsgäste mit in den Tod gerissen hatte, hielten 87 Prozent Al-Kaida für eine Terrororganisation.[68] Der größte Feind von Al-Kaida ist eindeutig Al-Kaida selbst.

Auch sind die Unterschiede zwischen christlicher und islamischer Welt geringer als gemeinhin angenommen. 2008 sprachen sich in einer Gallup-Umfrage 85 Prozent der Befragten im Iran, 90 Prozent in Indonesien und 61 Prozent in Saudi-Arabien für gleiche Rechte für Männer und Frauen aus. 93 Prozent aller Befragten aus 35 islamischen Ländern stuften sich selbst als politisch moderat ein, nur 7 Prozent befürworteten die Anschläge vom 11. September. 50 Prozent wünschten sich mehr politische Demokratie, aber gleichzeitig glaubten ebenfalls 50 Prozent nicht, dass die USA wirklich Demokratie in die islamische Welt bringen wolle.[69] Das Resümee des Gallup-Instituts lautete deshalb auch: Es gebe keinen *clash of civilizations*, keinen Kampf der Kulturen, sondern einen *clash of ignorance*, einen Zusammenprall der gegenseitigen Ignoranz. »Sie hassen uns wegen unserer Freiheiten«, hatte Bush nach den Terroranschlägen behauptet, doch der Autor der Studie, John L. Esposito, sah das genau andersherum: »Sie hassen uns nicht wegen unserer Freiheiten, sie wollen unsere Freiheiten.«

Muslime lehnten Gewalt als politisches Mittel laut einer weiteren Umfrage sogar stärker ab als Nichtmuslime. In London verurteilten 81 Prozent der Moslems Gewalt, aber nur 72 Prozent der Nichtmoslems; in Berlin war der Unterschied mit 94 zu 75 Prozent sogar noch deutlicher. In den USA war der Prozentsatz der Gewaltbefürworter in der Gesamtbevölkerung hingegen wesentlich höher: Nur 46 Prozent der Befragten glaubten, dass »Bomben und andere Attacken auf Zivilisten niemals gerechtfertigt sind«, während 24 Prozent Angriffe auf Zivilisten durchaus befürworteten.[70]

Der *war on terror* schuf oft erst die Zustände, die der Westen beklagt. Das machte eine Umfrage von World Public Opinion in zahlreichen islamischen Staaten deutlich: Die massive US-Präsenz in etlichen Ländern führte dazu, dass immer mehr Menschen Attacken auf die US Army guthießen, auch wenn die meisten Befragten solche Methoden ablehnten. Und auf die Frage des Gallup-Instituts, was der

Westen tun sollte, antworteten die meisten Moslems schlicht: »Hört endlich auf, auf die Muslime herabzusehen!«[71]

US-Präsident Obama schien das bei seinem Auftritt am 4. Juni 2009 in Ägypten beherzigt zu haben. »Ich bin nach Kairo gekommen, um einen Neuanfang zwischen den USA und den Muslimen überall auf der Welt zu beginnen, einen Neuanfang, der auf gemeinsamen Interessen und gegenseitiger Achtung beruht«, sagte er. Seine Rede machte ihn nach einer Umfrage des Pew-Instituts in 25 Ländern von Kanada über Japan bis nach Nigeria zum angesehensten Politiker weltweit. Unter der so oft enttäuschten palästinensischen Bevölkerung stieg das Ansehen der USA nach der Rede allerdings nur mäßig von 13 auf 15 Prozent, und in Israel sank es.[72]

Afghanistan: Bewaffnete Kämpfe um den Körper der Frau

Afghanistan ist ein Land der Extreme. Wild, unzugänglich, karg und staubig, unter einem meist blauen Himmel und einem betörenden Licht. Nicht nur seine Natur, auch seine Männer gelten als unbezähmbar – und sind damit eine Projektionsfläche für die Sehnsüchte mancher westlicher Machos nach Kampf und Kriegertum, Freiheit, Abenteuer und Lagerfeuer. Afghanische Frauen machen schließlich keine Zicken und lesen keine *Emma*.

Ein Grund für das extreme Patriarchat ist ein eigentlich höchst unschuldiger Faktor: die Geografie. Die zerklüftete Berglandschaft hat eine Staatenbildung mit einer starken Zentralmacht wie in Europa lange Zeit verhindert und stattdessen überall kleine autarke Gemeinschaften entstehen lassen, die angesichts der mageren Böden auf Gedeih und Verderb aufeinander angewiesen sind. Bewaffnete Männer behandeln dort ihre Frauen als persönlichen Besitz und verbitten sich, zur Not mit Gewalt, jede Einmischung von außen. Das macht die Frauenfrage hochexplosiv.

Und Einmischungen gab es ständig, von innen und außen, von der Zentralregierung in Kabul, von Kolonialherren und westlichen

»Ungläubigen«. Afghanistan, in seiner heutigen Form 1747 gegründet, wurde nie von fremden Truppen erobert und erlebte nie einen Machtwechsel ohne Putsch, Truppenbestechung und Desertion. Das bekamen im 19. Jahrhundert die britischen Kolonisatoren zu spüren, deren Heere in drei verlustreichen Kriegen aufgerieben wurden, im 20. Jahrhundert die Sowjets und nun die NATO-Soldaten. Erbittert kämpfen männliche Klanführer, Warlords und Islamisten von jeher um ihre Autonomie und ihr Zugriffsrecht auf weibliche Körper, das sie durch die Männer fremder Mächte gefährdet sehen.

Vielleicht nirgendwo anders auf der Welt ist die Emanzipation der Frau so oft zum Symbol für die Moderne erklärt worden und hat so oft militante Aufstände hervorgerufen wie in diesem kargen Land der Extreme. Das musste schon der Reformerkönig Amanullah in den 1920er Jahren erleben, als er eine geschriebene Verfassung und ein fortschrittliches Strafrecht einführte, Sklaverei und Kinderheiraten verbot, Koedukationsschulen und europäische Kleidung anordnete und den Frauenschleier abschaffte. Die Mullahs schäumten – erst recht, nachdem sie Pressefotos von Amanullahs unverschleierter Frau Suraja entdeckt hatten. 1928 hatte das Paar, umjubelt von Zehntausenden Berlinern, der deutschen Hauptstadt einen Besuch abgestattet, und Suraja hatte sich im fernen Berlin ohne Schleier gezeigt. Mit britischer Unterstützung brach im paschtunischen Osten ein blutiger Aufstand los, der Reformerkönig wurde schließlich ins italienische Exil vertrieben. Sein Nachfolger wurde 1933 ermordet.[73]

Danach bestieg Mohammed Sahir Schah den Thron. Als er 1933 mit gerade mal 18 Jahren gekrönt wurde, regierten an seiner Stelle seine Onkel und ließen jegliche Art von Opposition brutal niederschlagen. In den 1960er Jahren, von manchen verklärend das »goldene Zeitalter Afghanistans« genannt, löste er sich jedoch aus ihrem Einfluss und wagte einige Verbesserungen. Die Verfassung von 1964 gestand Frauen zum ersten Mal die gleichen Rechte wie Männern zu. Zumindest im städtischen Kabul arbeiteten sie nun als Sekretärinnen, Lehrerinnen und Ärztinnen und gingen unverschleiert oder sogar im Minirock durch die Straßen. Im Kabinett des Königs saßen drei Ministerinnen – das einzige Problem war, dass ihre Macht kaum über

Kabul hinaus reichte. Einer Bäuerin irgendwo in einem Tal zwischen unüberwindbaren Dreitausender-Bergen nutzte es nichts, dass eine Frau Ministerin in Stöckelschuhen den Gang der Geschichte vorgab. Sie erfuhr davon nicht einmal, denn Fernsehen gab es nicht, ihr Dorf-Mullah verschwieg es ihr, und Gott hatte vergessen, durchsichtige Berge zu erfinden. Gott hatte sie überhaupt vergessen.

1973 putschte der autoritäre Daud Khan gegen den König, 1978 fegte ihn selbst der nächste Putsch hinweg. Die prosowjetische Demo-kratische Volkspartei übernahm die Macht. 1979 marschierten die Sowjets ein, angeblich um die »Volksrevolution« vor den »reaktionä-ren Feudalherren« zu schützen. Die Kommunisten »befreiten« die Frauen, indem sie das Brautgeld verboten und somit die einzige so-ziale Absicherung in den ländlichen Gebieten kappten. Sie befahlen per Dekret die Abschaffung »ungerechter, feudaler, patriarchalischer Beziehungen zwischen Mann und Frau«, erklärten den Schleier für reaktionär und die Koedukation zur Pflicht. Diese Emanzipation von oben mit Brechstange, Hammer und Sichel war nicht die einzige Ur-sache jener verheerenden Gewaltspirale, die in den folgenden Jahr-zehnten das Land restlos verwüstete, aber sie nährte den Hass Tau-sender empörter Mullahs und Klanchefs gegen die »Ungläubigen«.

Der Abzug der Sowjets katapultierte die islamistischen Mu-dschaheddin an die Macht, die sich schnell gegenseitig bekriegten. Im Bürgerkrieg um Kabul starben zwischen 1992 und 1996 rund 60 000 Menschen, unzählige Frauen wurden vergewaltigt, entführt, zur Prostitution gezwungen oder in arabische Ölstaaten verkauft. Gleichzeitig gaben sich die nun herrschenden Radikalwahhabisten unter Präsident Rabbani – die spätere Nordallianz, der auch Warlord Mohammed Atta angehörte – als Tugendwächter aus. Ihr Oberstes Gericht ließ 16 Gebote verkünden: Frauen durften nur noch leise sprechen, ihre Kleider nicht rascheln lassen, kein Parfüm benutzen und nicht mehr laut lachen. Zu lachen hatten die afghanischen Frauen nun ohnehin nichts mehr.[74]

Der Krieg spülte Millionen afghanischer Flüchtlinge in pakista-nische Lager, darunter viele Waisenjungen. Sie wurden in den wahha-bistischen Koranschulen Pakistans zu Taliban herangezüchtet und in

Trainingslagern zu Kampfmaschinen gedrillt. Die Mullahs lehrten ihre Zöglinge, Frauen seien unrein und schmutzig, verführerisch, dämonisch, satanisch. Wie Frauen aussehen, denken, handeln, wie sie sprechen, lachen oder gar sich anfühlen – das wurde für die Koranschüler zu einem bedrohlichen Geheimnis. Die Frau, das unbekannte Wesen, Symbol der Sünde und des Schmutzes, wurde weggesperrt und strengstens kontrolliert. Die Burka sollte die Männer abhalten von der Sünde, vom Bösen. »In den Madrassas waren die Kontrolle über die Frauen und ihr praktischer Ausschluss ein starkes Symbol von Männlichkeit«, schreibt der pakistanische Journalist Ahmed Rashid.[75] »Der Feind ist das, was du nicht kennst«, dieses arabische Sprichwort hätte das Motto der Taliban sein können – wenn sie denn Arabisch verständen hätten.

Es war ein beispielloses Menschenexperiment: Was passiert mit Jugendlichen, die in einer strafenden männlichen Monokultur aufwachsen, in steinzeitlichem Unwissen gehalten und gleichzeitig mit den modernsten Waffen ausgestattet werden? Das Ergebnis: Sie errichten das frauenfeindlichste Regime der Welt.

Gefördert und finanziert wurde das Experiment von den Saudis und vom mächtigen pakistanischen Geheimdienst ISI, der damals Premierministerin Benasir Bhutto unterstand. Pakistan gehörte bis 1947 zu Indien, und seine herrschende Elite wird bis heute von der »indischen Angst« verfolgt, von dem Wahn, dass ihr Land eines Tages vom großen Nachbarn geschluckt werden könnte. Diese Angst ist nicht nur die Ursache für den Konflikt zwischen Indien und Pakistan um die Provinz Kaschmir, sondern auch für die anhaltende pakistanische Einmischung in Afghanistan, um den vermeintlichen oder tatsächlichen indischen Einfluss dort zurückzudrängen. Aus Sicht der pakistanischen Militärelite war eine Machtergreifung der Taliban in Afghanistan eine äußerst erfreuliche Angelegenheit, die ihre strategischen Interessen beförderte. Und die US-Regierung unter Präsident Bill Clinton hatte nach dem Abzug der Sowjets wenig Interesse am Schicksal Afghanistans und ließ die militanten Koranschüler gewähren. Immerhin garantierten diese die nötige »Ruhe und Ordnung«, um eine vom US-Konzern Unocal geplante Pipeline zwischen den turkmenischen Öl- und Gasfeldern und Pakistan bauen zu lassen. Niemand gebot also den Taliban Einhalt, als sie 1994 Kandahar im Süden eroberten und zwei Jahre später Kabul.

Sie errichteten ein Regime des Psychoterrors, mit öffentlichen Hinrichtungen, Handabhacken, Auspeitschungen oder Steinigungen, mit allgegenwärtigen Spitzeln des »Ministeriums zur Förderung der Tugend und zur Verhinderung des Lasters«. Auffällig war die Hyperbetonung der Geschlechtsunterschiede: Die Männer hatten möglichst lange Bärte zu tragen, die Frauen die Burka.

Musik, Tanz, Kino, Fernsehen, Bücher, Kinderspielzeug, Drachensteigen, Lebewesen zeichnen, Vogelzucht – alles, was ein bisschen Lebensfreude ausmacht, wurde verboten. Frauen, predigten die Mullahs der Taliban, machten das Gebet ungültig. Sie durften sich nicht auf Balkonen aufhalten, keine Stöckelschuhe tragen, das Haus ohne männliche Begleitung nicht verlassen, nicht mit fremden Männern sprechen oder ihnen die Hand geben, keinen Antrag vor Gericht stellen, nicht öffentlich Wäsche waschen, nicht verhüten, nicht Fahrrad oder Motorrad fahren, nicht laut lachen, keine bunten Farben tragen, Frauenbäder nicht mehr benutzen, keinen Sport treiben, nicht gefilmt oder fotografiert werden, nicht im Radio sprechen, nicht von männlichen Schneidern Maß nehmen lassen, sich nicht zu festlichen Anlässen zusammentun, sich nicht schminken, keinen Schmuck tragen, nicht mit männlichem Verkaufspersonal verhandeln, selbst beim Zahnarzt oder Arzt die Burka nicht mehr anheben. Selbstverständlich durften sie weder zur Schule noch einer Erwerbsarbeit nachgehen.[76] Ziel dieser bizarren Anweisungen war es, das weibliche Geschlecht vollständig vom Erdboden oder zumindest aus der männlichen Wahrnehmung verschwinden zu lassen. Das Fußballstadion von Kabul wurde zum Hinrichtungsort für vermeintliche Ehebrecherinnen. Eine kollektive Sexualphobie wurde zum Staat.

Einig in der Ablehnung alles Weiblichen, entdeckten viele Taliban – ähnlich wie deutsche Männerbündler oder Mudscheheddin – ihre homosexuellen Neigungen. In vielen Orten entführten die Koranschüler kleine Jungen, vergewaltigten sie und versuchten aus ihnen neue Taliban zu machen.[77] Nach deren Sturz tauchten bei

*Dieses und weitere Fotos von Taliban
wurden nach deren Sturz in Kandahar
gefunden (Foto: Collection T. Dworzak/
Magnum Photos/Agentur Focus).*

Fotografen in Kandahar unzählige Bilder auf, auf denen Taliban vor der Kamera posierten: geschminkt, mit kajalumrandeten Augen und knallroten Lippen. Vielleicht handelt es sich nur um enge Männerfreundschaften und nicht um Homosexuelle, auch wenn afghanische Websites diese Bilder so gedeutet haben.

Beeinflusst vom Sufismus und den Liebeshymnen des afghanisch-persischen Dichters Maulana Rumi an seinen Geliebten, hatte es in Afghanistan und Pakistan eine lange Zeit homo- und bisexueller Libertinage gegeben, doch die sittenstrengen britischen Kolonialherren hatten dieser im 19. Jahrhundert ein Ende gesetzt.[78] Radikalwahhabistische Taliban, denen diese Einflüsse ein Gräuel gewesen sein mussten, begannen sich wegen homosexueller Neigungen gegenseitig zu verfolgen; besonders ihr Anführer Mullah Omar inszenierte immer wieder öffentliche Prozesse und Bestrafungen. Einige Männer wurden in bizarren Verfahren von einstürzenden Mauern sprichwörtlich gesteinigt.[79]

Nach dem 11. September 2001 gingen Brandbomben, Streubomben, Raketen und Dollars auf Afghanistan nieder, um die Taliban zu beseitigen. In den ersten Kriegswochen hatte die US-Regierung das frustrierende Gefühl, »nur Sand« zu bombardieren, schrieb der Journalist Bob Woodward, der einst Watergate enthüllt hatte. Kein Wunder: Durch die vorhergehenden Kriege war das Land ja schon komplett zerstört. Am Ende waren es keineswegs die Hightechwaffen, die das Kriegsglück zugunsten der Bush-Regierung und der mit ihr verbündeten Nordallianz wendeten, sondern die Bestechungsgelder an pakistanische Taliban-Kommandanten. Eine Faustregel von Afghanistan-Kennern besagt, dass die »Eroberung« einer Provinz etwa eine Million Dollar kostet. Insgesamt 70 Millionen Dollar, so Woodward, hätten CIA-Sonderkommandos auf Eselsrücken gepackt und an die Führer der Taliban verteilt, damit sie die Fronten wechselten. Präsident Bush habe das als eines der günstigsten »Schnäppchen« aller Zeiten gefeiert.[80] Mitte November 2001, gerade mal sechs Wochen nach Beginn der Intervention, war das Taliban-Regime wie von Geisterhand gestürzt. Wenn das nach dem 11. September so einfach ging, warum hatte man dem Regime, das der Westen offiziell verdammte, dann nicht schon viel früher per »Schnäppchen« ein Ende gesetzt?

Wir gehen mal eben die afghanischen Frauen befreien

Folgt man westlichen Medienberichten, dann intervenierte der Westen in Afghanistan nur, um die Frauen dort zum Lachen zu bringen. Kaum waren die Taliban gestürzt, zeigten Fernsehreporter und Fotografen wieder und wieder dasselbe Bild, als hätten sie sich auf geheimnisvolle Weise verabredet: afghanische Frauen, die das Gesichtsgitter ihrer Burka hochheben, um ihre Befreier mit einem glücklichen Lächeln zu begrüßen. »Befreite afghanische Frauen« oder: »Ein Blick, ein Lächeln: Die himmelblaue Burka zurückgeschoben …«, lauteten unisono die Bildunterschriften im *Spiegel* oder *Focus*. Die Botschaft von Bildern und Texten war in vielen – nicht allen – Medien ebenso gleichförmig: Hier kämpft die abendländische Zivilisation einen gerechten Krieg gegen die morgenländische Barbarei, um die Frauen aus dem Gefängnis der Burka zu erlösen. »Die schönen Töchter Afghanistans – Taliban-Krieger vergewaltigen Flüchtlingsmädchen«, lautete eine *Bild*-Schlagzeile kurz vor Kriegsbeginn. »Erleichtert sehen wir die Bilder aus Kabul, wo Afghanen ihre Befreiung feiern. Männer lassen sich rasieren, Frauen lockern ihr Kopftuch«, schrieb *Focus*-Chef Helmut Markwort eine Woche nach der Einnahme Kabuls durch die mit US-Truppen verbündete Nordallianz. Und noch im Juni 2008 titelte die *Welt*: »Deutsche führen Afghanistan aus dem Mittelalter«.[81]

Dabei haben westliche Medienmänner und afghanische Radikalwahhabisten eines gemeinsam: die Besessenheit, mit der sie um die Schleier der afghanischen Frau kämpfen. Der Unterschied ist nur, dass die einen sie *ent*schleiern und die anderen sie *ver*schleiern wollen. Der westliche Kampf gegen den Schleier hat Tradition: Das Christentum versteht sich als Religion der Entschleierung, da hier im Gegensatz zu Judentum und Islam Gott gemalt und sichtbar gemacht werden darf. Die Dominanz des Sehens bestimmt laut der Kulturwissenschaftlerin Christina von Braun daher die westliche Gesellschaft: »Erkenntnis heißt hier sehen können.« Und so kämpften schon britische Kolonialisten wie Lord Cromer Ende des 19. Jahrhunderts in Ägypten gegen Schleier, weil diese in ihren Augen die einheimische Bevölkerung daran hinderten, »die Höhe des Denkens und Charakters zu erreichen, die mit dem westlichen Denken einhergehen«. Cromer, der in Ägypten als strammer Vorkämpfer der Frauenbefreiung auftrat, war in seiner Heimat Mitbegründer und zeitweiliger Vorsitzender der Männerliga gegen die Einführung des Frauenstimmrechts.[82]

Im 19. Jahrhundert war der Orient dem Okzident »schleierhaft«; er galt als sinnlicher, erotischer Fremdkörper, der von weiblichen Geheimnissen und männlicher Triebhaftigkeit erzählt, als »Schoß der Welt«. Die Fantasien der westlichen Kolonisatoren kreisten wie besessen um den Harem, um Bauchtänze und Schleierspiele. Viele Franzosen schickten aus dem kolonialisierten Maghreb Fotos halbnackter Frauen ins Mutterland.[83] Heute glauben viele im Westen, allein das Abendland kenne die Befreiung der Lüste, während es im Morgenland ausschließlich Frauenunterdrückung gebe.

Doch das Kampfbild Verschleierung versus Entschleierung spielt den Radikalislamisten in die Hände, statt sie zu schwächen. Denn sie sehen ihr Weltbild unter umgekehrten Vorzeichen bestätigt. Für sie

Karikaturist: Turhan Selcuk/Türkei

verkörpern der Westen und insbesondere die westliche Frau die nackte Schamlosigkeit der Gottlosen. In ihren Augen verursacht die unverschleierte Frau im öffentlichen Raum Zwietracht und Chaos *(fitna)*. Das Abendland steht für Sittenverfall, Dekadenz, Drogen- und Alkoholexzesse, für Pornografie, für die hüllenlose Anbietung von Frauenkörpern im Fernsehen und in der Werbung. Der Westen, so glauben sie, dringe mit seinem Entschleierungsdiktat in die Kapillare der islamischen Gesellschaften ein und greife den weiblichen Körper an. »Wisst ihr, dass auf Kabuls Straßen junge Burschen und Mädchen ungeniert Sex haben?!«, donnerte ein Mullah in der Provinz Ghasni einem Journalisten entgegen. »Unser geliebtes Kabul ist in einen Sumpf der Morallosigkeit verwandelt worden, in ein Stück von Europa!«[84]

Zu Beginn der Intervention in Afghanistan gebärdeten sich westliche Politiker, allen voran George W. Bush, als Kämpfer gegen die Verschleierung und glühende Feministen. US-Außenminister Colin Powell befand: »Die Rechte der Frauen in Afghanistan sind nicht verhandelbar.« Auch sein deutscher Amtskollege Joschka Fischer beklagte sich bitterlich über die »Entwürdigung der Frau« in Afghanistan.[85] Und Bundeskanzler Gerhard Schröder verband gar sein politisches Schicksal mit den afghanischen Frauen: Er nötigte die rot-grüne Mehrheit im Bundestag zu einer deutschen Beteiligung an der Militäraktion, indem er sie mit der »Vertrauensfrage« verknüpfte. »Wer die Fernsehbilder von den feiernden Menschen in Kabul nach dem Abzug der Taliban gesehen hat – ich denke hier vor allen Dingen an die Bilder der Frauen, die sich endlich wieder frei auf den Straßen begegnen dürfen –, dem sollte es nicht schwerfallen, das Ergebnis der Militärschläge im Sinne der Menschen dort zu bewerten«, so der Kanzler im Parlament. Fast acht Jahre später wiederholte Schröder das Argument in einem Essay für den *Spiegel*: »Oft werde ich bei Diskussionen – gerade mit jungen Menschen – gefragt, ob ich den Einsatz deutscher Soldaten in Afghanistan für gerechtfertigt und für erfolgreich halte. Ich antworte, indem ich von meinem Besuch in Kabul im Mai 2002 erzähle. Damals, kurz nach dem Sturz der Taliban, besichtigte ich eine neu eröffnete Schule, in der mich junge, unverschleierte Mädchen begrüßten.«[86] Das »Mädchenschulen-Argument« führt inzwischen jeder Interventionsbefürworter im Munde.

»Die USA haben ein Recht auf Vergeltung«, bekannte Außenminister Fischer im Herbst 2001 mit maskulinem Pathos.[87] Als der Bombenkrieg in vollem Gange war und die Grüne Claudia Roth in Kabul mit den Tränen kämpfend eine Feuerpause forderte, damit sich die Zivilbevölkerung in Sicherheit bringen könne – übrigens im Gleichklang mit der späteren afghanischen Frauenministerin Sima Samar –, machten sich Kanzler und Kommentatoren über die »Heulsuse« lustig. So wie in »archaischen« Gesellschaften Knaben ein schmerzhaftes Initiationsritual durchlaufen müssen, um zu Kriegern zu werden, so reifen nach Meinung männlicher Medienmacher auch »moderne« Politiker offenbar nur dann zum echten Manne von Kimme und Korn, wenn sie ihre Politik militarisieren. »Als Neuling und Getriebener auf der Weltbühne begann Schröder zu verstehen, dass international nur der ernsthaft mitreden kann, der auch bereit ist, sich militärisch zu engagieren«, befand etwa der *Spiegel*. Und: »Heute nennt der Kanzler diesen Erfahrungsgewinn einen Prozess des Erwachsenwerdens – persönlich und politisch.«[88] Einige Zeit später ließ sich der britische Prinz Andrew während seines Militärdienstes nach Afghanistan versetzen, um an der Front demonstrativ »zum Mann« zu werden. Viele Männer in Politik und Medien schienen dem dumpfen Klang einer Kriegstrommel zu folgen. Was für eine Archaik zu Beginn des 21. Jahrhunderts! Die Steinzeit-Barbaren, das waren keineswegs nur die Taliban, das waren auch wir selbst.

Warum lassen sich Medien vor oder in Kriegen so leicht missbrauchen? Sie seien »strukturell militarisierbar« und gingen eine symbiotische Beziehung zum Krieg ein, so der Medienforscher Thomas Dominikowski. Sie seien auch »ökonomisch militarisierbar«, weil sie durch Quoten- und Auflagensteigerung wirtschaftlichen Nutzen aus Konflikten zögen. Und sie seien »politisch militarisierbar«, weil sie sich entgegen ihren eigenen Ansprüchen mehrheitlich auf die Seite der Mächtigen stellten und nur dann kritisch berichteten, wenn die Mehrheit der politischen Elite und der Bevölkerung gegen den Krieg sei – wie beim Irakkrieg in Deutschland.[89]

Doch was hat die Intervention den Frauen in Afghanistan gebracht? Ihre Lage hat sich zunächst ein wenig verbessert, seit etwa 2005 aber wieder massiv verschlechtert. Zwar fand eine winzige Schicht gebildeter Frauen neue Jobs, doch die riesengroße Mehrheit lebt weiter in unvorstellbarer Armut und Gewalt. Die politischen und rechtlichen Rückschläge stiegen parallel zur Anzahl der Anschläge und der sich verschlechternden Sicherheitslage. Mädchen und Frauen werden heute erneut daran gehindert, in die Schule oder zur Arbeit zu gehen, ihnen wird wieder verboten, die Häuser ihrer Familie zu verlassen und um ihre Rechte zu kämpfen. Fakten, die Schröder und alle anderen »Mädchenschulen-Argumentatoren« regelmäßig »vergessen«.

»Gegen Frauen gibt es sogar mehr Gewalt als vorher«, sagt Mobinah Khairandesch, Leiterin des Frauenradios in Masar-i-Scharif. »Dass sich viele ihrer neuen Rechte bewusst sind, bewirkt wütende Gegenreaktionen auf Seiten der Männer. Hinzu kommt eine wachsende Kriminalität, ein Problem, das es vorher so nicht gegeben hat.«[90] Viele neu gegründete Frauenprojekte mussten wieder schließen.

Dschihadisten und Taliban haben ein klares Ziel: analog zur »ethnischen Säuberung« eine »Geschlechtersäuberung« im öffentlichen Raum. Deshalb ermorden sie gezielt prominente und beruflich exponierte Frauen: in Kandahar die Polizeichefin Malalai Kakar sowie die Frauenbeauftragte des Provinzrats Safia Amadschan und ihre Nachfolgerin Sitara Achaksai oder die Journalistinnen Schakiba Sanga Amadsch und Sakia Saki, um wenige zu nennen. Insgesamt hat das UN-Menschenrechtskommissariat bis Oktober 2008 227 politi-

sche Morde gezählt.[91] Die Botschaft der Täter an die noch lebenden
Frauen ist: Wehe, ihr wagt euch aus dem Haus! Unzählige Frauen, die
Abgeordnete oder Provinzrätinnen sind, die bei der Regierung oder
in internationalen Organisationen arbeiten, werden per Telefon oder
per »Nachtbrief« mit dem Tod bedroht, und wenn nicht sie, dann ihre
Familien. Radikalwahhabistische Mullahs geißeln Frauen in öffentlichen Ämtern und Berufen als »unislamisch«, als »Huren« oder
»Kommunistinnen«. Unzählige Ärztinnen, Lehrerinnen und Richterinnen, die das Land dringend braucht, gaben resigniert auf.[92]

Dass Frauen wieder ins Haus gesperrt und mundtot gemacht
werden, bedroht nicht nur den Rest ihrer Menschenrechte, sondern
auch den gesamten politischen und ökonomischen Wiederaufbau.
Aber die westlichen Interventionisten, die die Frauen noch vor wenigen Jahren zur Wahrnehmung ihrer Rechte ermuntert haben, kümmern sich nicht um die Sicherheit der Afghaninnen. Der Islam weise
der Frau eine untergeordnete Stellung zu, wird im Einsatz-»Leitfaden«
der Bundeswehr für ihre am Hindukusch stationierten Angehörigen
behauptet. Die kulturrelativistische Schlussfolgerung der deutschen
Armeeführung: »Den gesellschaftlichen Wandel in Afghanistan zu
beschleunigen ist nicht Aufgabe von ISAF.«[93]

Auf dem Petersberg: Warlords im Chefsessel, Frauen am Katzentisch

»Aus einer trüben Quelle wird nie ein klarer Fluss«, besagt ein afgha-
nisches Sprichwort. Im Dezember 2001 richteten die UN zusammen
mit der Bundesregierung als Gastgeber eine internationale Konferenz auf dem Petersberg bei Bonn aus, die den Fluss der Ereignisse
entscheidend getrübt und in eine völlig falsche Richtung gelenkt hat.
Auch wegen der Konferenz auf dem Petersberg wird Afghanistan bis
heute von trüben islamistischen Warlords regiert. Als Dank für ihre
Hilfe beim Sturz der Taliban belohnte die Bush-Regierung die
Kriegsverbrecher der Nordallianz mit Posten als Minister oder Provinzgouverneur, anstatt sie zu verhaften. Bushs Leute sahen die

Nordallianz als »Gruppe heldenhafter und gemäßigter Regional-kommandeure«, und entsprechend wurden sie im Petersberger Abkommen als »Helden des *dschihad*« bejubelt, die sich »für ihr geliebtes Vaterland Afghanistan geopfert« hätten.[94] Was für eine abenteuerliche Zuschreibung: Die früheren Mudschaheddin – Rabbani, Dostum, Khalili, Khan, Sayyaf, Mohammed Atta und wie sie alle heißen – haben genauso viel Blut an den Händen wie die Taliban, doch sitzen sie bis heute unbehelligt in ihren Chefsesseln.

Hätte man die Warlords nicht befriedet, dann hätten sie sich die Posten gewaltsam genommen, argumentieren Realpolitiker. Das mag zutreffen. Es wäre jedoch durchaus möglich gewesen, genauso viele Demokraten und Menschenrechtlerinnen in die Übergangsregierung einzuladen, um ein Gegengewicht zu den Radikalislamisten zu schaffen. Mit der Unterstützung der internationalen Gemeinschaft im Rücken wären sie nicht so leicht zur Seite zu drängen gewesen. Man hätte sie auch in den Folgejahren demonstrativ fördern können. Man hätte demokratische Parteien unterstützen können. Man hätte den afghanischen Staat föderal von unten aufbauen können, statt – ein weiterer Kardinalfehler – auf eine autoritär-zentralistische Präsidialherrschaft zu setzen, die in diesem zerklüfteten Land schon aus geografischen Gründen nicht funktionieren kann.

Und man hätte einen Präsidenten einsetzen können, der es ernst meint mit Menschen- und Frauenrechten. Politische Unterstützung an der Spitze eines Staates, sagt Monika Hauser, Trägerin des Alternativen Nobelpreises, sei das A und O jeden Engagements. Die von ihr gegründete Frauenhilfsorganisation medica mondiale ist in Afghanistan tätig, aber auch im afrikanischen Liberia, dem die Feministin Ellen Johnson Sirleaf als Präsidentin vorsteht. »Was für ein Unterschied«, meint Monika Hauser. Beide Länder seien zwar ungefähr gleich lang von grausamen Kriegen heimgesucht worden, doch herrsche in Liberia trotz unvorstellbarer Armut und grauenhafter Rahmenbedingungen eine optimistische Aufbruchsstimmung. Dort zeigt die Präsidentin den politischen Willen, mit dem *old boy network* zu brechen. In Kabul hingegen seien Frauen wie Männer depressiv und hoffnungslos.[95]

Ausschlaggebend dafür, dass Afghanistan in einem endlosen Krieg unterzugehen droht, sind vor allem die gravierenden Fehlentscheidungen der Anfangszeit: Das Rückzugsgebiet der Dschihadisten im benachbarten Pakistan blieb unangetastet, weil der pakistanische Diktator Perwes Muscharraf bei der Bush-Regierung als »befreundet« galt. Die afghanische Polizei wurde viel zu zögerlich aufgebaut. Die Gewalt in Familien und Klans wurde nicht bekämpft und breitete sich von dort aus erneut in der Gesellschaft aus, indem männliche Heranwachsende das schlechte Vorbild von Vätern und Klanchefs nachahmten. Das faktische Gewaltmonopol der Nordallianz-Warlords wurde nie gebrochen, die ISAF-Truppen erhielten keinen Auftrag zur Entwaffnung der Milizionäre, das entsprechende UN-Programm wurde nur halbherzig durchgeführt. Noch immer gibt es rund 5000 Milizen mit geschätzten 120 000 bis 200 000 männlichen Kombattanten, die – teilweise von der NATO und der US Army mit Millionen von Dollars bezahlt – die Sicherheit der ausländischen Militärbastionen garantieren sollen, aber die Sicherheit der Bevölkerung und besonders die der Frauen bedrohen.[96] Die afghanische Nationalarmee hat bislang deutlich weniger Soldaten. Aber ohne die Entwaffnung illegaler Milizen kann keine Demokratisierung gelingen.

Doch statt diese radikalwahhabistische Mafia zu entmachten, wurde sie sogar mit demokratischer Legitimation versehen: durch die vom Westen im September 2005 völlig überhastet durchgezogenen Parlaments- und Provinzratswahlen. Im Vorfeld sorgte die Bush-Regierung dafür, dass eine vom UN-Menschenrechtskommissariat zusammengestellte Namensliste mit Kriegsverbrechern und Warlords nicht veröffentlicht wurde – die Herren sollten schließlich kandidieren und sitzen seither als ehrenwerte Abgeordnete im Parlament.[97] Drohungen, Einschüchterungen, Bestechungsgeschenke sorgten zusätzlich dafür, dass die Menschen ihr Kreuzchen an der »richtigen« Stelle machten; außerdem wählten viele Männer für ihre Frauen. Bei den Präsidentschaftswahlen im August 2009 potenzierte sich das in dramatischer Weise: Bis zu einem Drittel aller Stimmen waren gefälscht – vor allem zugunsten des mafiösen Präsidenten Karsai, aber auch zugunsten Abdullah Abdullahs von der kriegsver-

brecherischen Nordallianz, der Karsai unterlag und Anfang November durch seinen Rücktritt als Präsidentschaftskandidat eine neuer-
liche Stichwahl verhinderte.

Nach dem Ende von Kriegen stehen gemeinhin die Fenster der
Möglichkeiten für eine Neuverhandlung der Gesellschaftsordnung
sperrangelweit offen. Die herkömmlichen Herrschaftsstrukturen und
Geschlechterverhältnisse sind zerstört, neue konnten sich noch nicht
entwickeln. Doch bei den Diplomaten auf dem Petersberg stand die
Frauenfrage schlicht nicht auf der Tagesordnung, und es waren nur
zwei Frauen von der Fraktion des Königs und der Nordallianz am
Katzentisch der Konferenz zugelassen. Im Schlussdokument hieß es
vage, die künftige Regierung solle »sensibel« für die Gleichberechtigung der Geschlechter sein und ein Frauenministerium errichten.

Sima Samar und andere afghanische Frauen hatten den UN-Son-
derbeauftragten für Afghanistan Lakhdar Brahimi zuvor bestürmt, sie
nicht zu vergessen – er hatte jedoch nicht reagiert. »Nirgends auf der
Welt werden Frauen so unterdrückt wie in Afghanistan«, sagte sie auf
einem Kongress der Frauenrechtsorganisation Terre des femmes im
Oktober 2001 in Berlin. Aber auch: »Ich bin stolz, eine Frau zu sein
und als Frau gegen Gewalt in der Welt zu kämpfen.«[98] Die 1957 geborene Ärztin hatte 1989 im pakistanischen Exil die Hilfsorganisation
Schuhada gegründet, die in Afghanistan und Pakistan fast 50 Schulen,
vier Krankenhäuser und zwölf Arztpraxen betrieb. Während der Pe-
tersberg-Konferenz nahm Sima Samar in Kanada einen Menschen-
rechtspreis entgegen und wurde in Abwesenheit, für sie völlig überra-
schend, zur Vize-Premierministerin und Frauenministerin ernannt.
»Niemand hat mich gefragt, ob ich das überhaupt wollte«, berichtete
sie später. »Ich flog zurück nach Afghanistan, denn sonst hätte es geheißen: ›Die leistet nur Lippenbekenntnisse!‹ Ich erhielt die Telefon-
nummer des neuen Regierungschefs Karsai von einem Journalisten
und rief ihn an: ›Hallo, ich bin eine ihrer Minister, was soll ich tun?‹«

Als Erstes habe sie zwei Monate lang versucht, einen Sitz für ihr
Ministerium zu finden. »Doch niemand unterstützte mich dabei. Die
anderen Minister sagten: ›Bei mir ist noch Platz. Du kannst bei mir
einziehen.‹ Ich sagte: ›Nein, ich will mein eigenes Ministerium. Ich

will nicht eure Korridore!‹ Schließlich fand ich ein Gebäude. Mitte Februar 2002 hatte ich dort genau einen Tisch, einen Stuhl und einen Computer, aber leider keinen Strom.«[99] Während und nach der Außerordentlichen Ratsversammlung im Juni 2002 erhielt die Frauenministerin wegen ihrer mutigen Stellungnahmen Todesdrohungen und wurde zum Rücktritt gezwungen.

Viele westliche Hilfsorganisationen waren damals ganz auf die Entburkaisierung fixiert. Schnelle Erfolge zählten, aber nicht langfristiges Engagement. »Im Westen kann man sich nicht vorstellen, dass eine Frau in Afghanistan noch andere – und schwerwiegendere – Probleme hat, als die Burka zu tragen. Und dass es Frauen noch nicht gleich zu freien Menschen macht, wenn sie die Burka ablegen«, sagt die Menschenrechtsaktivistin Weeda Ahmad. »Zum Beispiel verhindert die Burka auch, dass Männer auf eine Frau aufmerksam werden. So laufen Frauen weniger Gefahr, jemandem zu gefallen, der sie dann nachts mit Waffengewalt aus ihrem Haus holt und ihnen sonst etwas antut.«[100]

In den ersten Jahren nach der Intervention wurde das Land und vor allem die Hauptstadt Kabul mit »Gender Workshops« geradezu überschwemmt, in denen jedoch »Geschlecht« kaum erklärt, sondern faktisch mit Frauenförderung gleichgesetzt und letztlich nicht verstanden wurde – eine Strategie, die kaum Wirkung zeigte. Das ist bis heute so geblieben, wie das Beispiel von »Cathlyn« zeigt. Die US-Amerikanerin war eine der wenigen zivilen Helferinnen im US-Wiederaufbauteam in der Provinz Farah, ihr Vertrag mit der Entwicklungsorganisation USAID war gerade mal für 72 Tage gültig. In dieser kurzen Frist sollte sie als »Geschlechterexpertin« möglichst viele Projekte auf den Weg bringen, die die Positionen der afghanischen Frauen stärken – eine unlösbare Aufgabe.[101]

Die afghanische Autorin Lina Abirafeh kritisierte in einer 2005 veröffentlichten Studie, dass die westlichen Gender Workshops sich faktisch nur an Frauen richteten, die Männer hingegen außen vor ließen und daher oberflächlich und kontraproduktiv seien. Viele afghanische Männer glaubten, Gender diene nur dazu, dass »Frauen über Männer« herrschen sollten. Zudem hätten viele Männer und sogar

Warlords schnell gelernt, mit angeblichen Gender-Projekten an internationale Hilfen zu kommen. Auch habe sich eine regelrechte »Proliferation von Gender-Beraterinnen« entwickelt: Es werde viel Geld verschleudert, um eine winzige Minderheit gebildeter afghanischer Frauen (»die sogenannten üblichen Gender-Verdächtigen«) zu aufwendigen Geschlechter-Trainings ins westliche Ausland zu fliegen, ohne dass diese das dort Gelernte zu Hause umsetzen könnten.

Viele Afghaninnen, so Lina Abirafeh weiter, fühlten sich durch aufgepfropfte »Befreiungs«-Konzepte entwürdigt und entmündigt, weil niemand sie frage, wie sie selbst leben wollen, und weil westliche Entwicklungshelfer und Medien sie ausschließlich als Opfer und nicht als Akteurinnen sähen. »Es ist problematisch, anzunehmen, dass afghanische Frauen befreit, entwickelt und ermächtigt werden müssten«, schreibt die Autorin und zitiert eine afghanische Frauenrechtlerin mit den Worten: »Unsere Leute akzeptieren Dinge nicht, die ihnen aufgezwungen werden.« Ein afghanischer Mann sekundiert: »Durch Zwang akzeptieren die Leute gar nichts. Sie kämpfen dagegen und gehen in den Widerstand. Nur wenn du dich ihnen angemessen näherst, hören sie zu.«[102] Eigensinn, Stolz und Unbezähmbarkeit – wenn man diese Eigenschaften überhaupt pauschal *den* Afghanen zuschreiben kann, dann Männern *und* Frauen.

Bis heute gibt es in Afghanistan keine größere internationale Organisation, die *zusammen* mit afghanischen Frauen und Männern und nicht über ihre Köpfe hinweg eine belastbare Strategie ausgearbeitet hat, um den weiblichen Alltag zu verbessern, ohne neue Ängste und Aggressionen bei den Männern auszulösen. Dabei wäre so vieles denkbar: zum Beispiel Entwicklungsprojekte, die Männer mit Jobs versorgen, wenn sie ihre Frauen Lesen und Schreiben lernen lassen. Oder Medienprogramme, in denen männliche Rollenvorbilder zeigen, was Gleichberechtigung ist und wie sie selbst davon profitieren.

Wie so etwas konkret aussehen kann, zeigt die Seifenoper *Noor,* die zum erfolgreichsten TV-Drama in arabischen Ländern avancierte: Mehr als die Hälfte aller erwachsenen arabischen Frauen, rund 51 Millionen, soll sie gesehen haben. Die Geschichte: Muhannad – jung, charmant und natürlich extrem attraktiv – behandelt seine Frau

Noor als gleichberechtigte Partnerin und unterstützt trotz unzähliger Hindernisse und Schicksalsschläge ihre Karriere. »Nimm dir ein Vorbild an Muhannad«, sollen nach den Sendungen viele Gattinnen von ihren Männern gefordert haben, es gab sogar Scheidungen, weil Frauen ein Foto von sexy Muhannad auf ihr Handy geladen hatten.[103]

Eine der wenigen Errungenschaften, die Afghaninnen im Bündnis mit progressiven Männern durchsetzen konnten, war eine Frauenquote im Parlament: 25 Prozent der Posten im Unterhaus und 33 Prozent im Oberhaus müssen weiblich besetzt werden. Doch die wenigsten Parlamentarierinnen verstehen sich als Frauenrechtlerinnen, nach den verfälschenden Wahlen von 2005 agieren viele als Abgesandte ihrer Klans oder Warlords. Interviews der Politikwissenschaftlerin Andrea Fleschenberg mit 76 weiblichen und 21 männlichen Abgeordneten in Kabul zeigten außerdem, dass die Männer die Frauen ausgrenzen und nicht ernst nehmen – so wie im Übrigen das gesamte Abgeordnetenhaus von der Regierung übergangen wird.[104] Die fraktionsübergreifende Zusammenarbeit weiblicher Abgeordneter spielte eine Schlüsselrolle bei der Durchsetzung progressiver Gesetze in Südafrika, Ruanda, Argentinien, Chile und anderswo, doch unter afghanischen Politikerinnen lässt der Zusammenhalt zu wünschen übrig.

Besonders tragisch ist: Obwohl sexuelle Gewalt in Afghanistan die Ausmaße einer Pandemie hat, obwohl Warlords, Milizionäre, Staatsbedienstete und andere Männer sehr oft auch Kinder vergewaltigen, zum Teil ohne jedes Unrechtsbewusstsein, schafften es die weiblichen Abgeordneten nicht, ein eindeutiges Gesetz dagegen auf den Weg zu bringen. Im afghanischen Strafgesetz ist Vergewaltigung nirgendwo explizit verboten. Bestraft wird nur *zena*, Unzucht, aber das Gesetz macht keinen Unterschied zwischen freiwilligem oder erzwungenem Sex, sodass die »Schande« am Opfer und nicht am Täter hängenbleibt. Viele Vergewaltigungsopfer, die Anzeige erstatten wollten, haben erlebt, dass sie in Polizeiwachen oder Gefängnissen noch einmal vergewaltigt wurden, andere wurden aus ihrer Familie ausgestoßen, mit dem Täter verheiratet oder gar getötet.[105]

Strategische Fehler

Ein ganzes Bündel an westlichen Eigeninteressen sowie Ignoranz und Unfähigkeit führten also zur heutigen desaströsen Lage in Afghanistan und Pakistan. Genauso fatal wie die Vernachlässigung des Taliban-Aufmarschgebiets Pakistan und des Polizeiaufbaus war der radikale neoliberale Privatisierungskurs. Sämtliche ökonomischen Bereiche und Dienstleistungen wurden auf Druck von US-Beratern privatisiert – Land, Bodenschätze, Wasser, Kanalisation, Strom, Telefon- und Handynetze, Bildungseinrichtungen, Medien, Banken, Versicherungen, Gesundheits- sowie Sicherheitsdienste. Das Prinzip funktioniert überall ähnlich: Die für den Wiederaufbau vorgesehenen Gelder aus den USA werden nicht an afghanische Ministerien vergeben, sondern an US-Privatfirmen, die ihrerseits Subunternehmen oder sogar Sub-Subunternehmen beauftragen. Ein profitables System für alle Beteiligten, nur nicht für die afghanische Bevölkerung. Sie geht leer aus.

Und: »Wenn ich das Problem Taliban mittel- und langfristig lösen will«, sagt der ehemalige Bundeswehrarzt Reinhard Erös, der in Südafghanistan Wiederaufbauprojekte leitet, »muss ich dafür sorgen, dass ein paschtunischer Bauer, ein paschtunischer Tagelöhner in Pakistan oder in Afghanistan nicht mehr gezwungen ist, seinen Sohn auf eine Koranschule zu schicken, weil er eine säkulare Alternative hat. Das ist unser Vorschlag seit Jahren: Baut neben jede Koranschule eine säkulare Schule hin, die ebenfalls kostenlos ist wie die Koranschulen, wo die Kinder ebenfalls kostenlos verpflegt werden, wo die Kinder ebenfalls kostenlos eingekleidet werden, dann wird das Problem Taliban in fünf Jahren erledigt sein. Militärisch wird das nicht funktionieren, militärisch wird es immer mehr in einer Eskalationsstufe enden.«[106]

Aber statt afghanische Lehrer zu bezahlen und öffentliche Schulen zu bauen, finanzierte die Entwicklungsorganisation USAID private Alphabetisierungsprogramme für Erwachsene. Die Folge: Afghanische Lehrer verließen massenhaft die öffentlichen Schulen, weil die privaten besser zahlten. Die Unterminierung des öffentlichen Bildungssektors war politisch gewollt. Die rund 1000 Schulgebäude, die das US-Unternehmen Louis Berger Group plante und konzipierte, kosteten 274 000 Dollar pro Schule – ein um das Zehnfache überhöhter Preis.[107] Die Dollars der US-Steuerzahler wandern also in die Taschen privater Kriegsgewinnler, unter anderem in die der Louis Berger Group, die Dienstleistungen von Energie bis Wasser verkauft, und in die des berüchtigten Sicherheitsunternehmens DynCorp International, das afghanische Polizisten trainiert.

DynCorp International und andere US-Sicherheitsfirmen sind in Afghanistan, wo es noch immer kaum funktionierende Polizei gibt, für das Polizistentraining sowie für den Schutz von Personen, ausländischen Firmen und Privatbanken zuständig. Sie sind so etwas wie ein Schattenheer. Im Irak ist diese Schattenarmee mit etwa 200 000 *corporate warriors* größer als die regulären, 160 000 Angehörige umfassenden US-Streitkräfte; in Afghanistan waren 2009 rund 58 000 reguläre Army-Angehörige und etwa 62 000 private Sicherheitskräfte stationiert. Wie ernst die Schattensoldaten ihren Job nehmen, zeigt der Skandal um die US-Botschaft in Kabul: Ein Teil der 450 Wachmänner, die die Botschaft beschützen sollten, fiel durch peinliche Sexpartys auf.[108]

Die Privatisierungen führten dazu, dass der afghanische Staat nicht aufgebaut, sondern ausgehöhlt wurde – mit verheerenden Folgen: Bis heute funktionieren Wasserversorgung und Müllabfuhr in Kabul nicht; Warlords bekamen eigene Fernsehanstalten geschenkt; 30 von 35 Hochschulen wurden auf Kosten der Studierenden privatisiert; ausländischen Investoren wird 100 Prozent Steuerfreiheit garantiert; der globalisierten Konkurrenz nicht gewachsene afghanische Firmen gehen reihenweise pleite; Jobs werden vernichtet statt geschaffen; in den landwirtschaftlichen Sektor, der rund 70 Prozent der Bevölkerung ernährt, fließen nur vier Prozent aller Mittel, und auch das nur für die Förderung von Exportprodukten; die Menschen sehen sich zu Mohnanbau und Drogenschmuggel gezwungen; beides wiederum finanziert die Taliban. Die Menschen am Hindukusch wurden in den Widerstand getrieben.

Aber es sind nicht allein US-Gesellschaften, die sich bereichern.

Ein Großteil der Aufbaumittel – laut der Agentur für Entwicklungskoordination Acbar rund 40 Prozent – landet über den Umweg von Projektkosten und Gehältern am Ende wieder bei der internationalen Gemeinschaft, ein anderer Teil der Gelder – die Schätzungen schwanken zwischen 10 und 60 Prozent – geht an Regierungsmitglieder und Warlords. Diese bis in die obersten Etagen des Staates reichende Korruption lässt die Bevölkerung weiter verarmen und untergräbt jeden Glauben an Demokratie und Rechtsstaatlichkeit.

Frauenrechtlerinnen contra Warlords

Erschöpft und blass sitzt Malalai Dschoya auf einem Rasen in Berlin-Kreuzberg. Nur ihre großen Augen brennen. Die frühere afghanische Abgeordnete brennt von innen. Im Oktober 2007 wurde die damals 28-Jährige von der Bundestagsfraktion der Linken eingeladen; deutschen Journalisten sagte sie bei ihrem Besuch, die Situation im heutigen Afghanistan sei »schlimmer« als unter den Taliban. Die Zivilbevölkerung stecke »wie in einem Sandwich« zwischen den Taliban im Süden und den Warlords im Norden, die aber »längst das gefährlichere Übel« seien, »denn die sitzen in der Regierung«.

Obwohl noch so jung, ist Malalai Dschoya Afghanistans bekannteste Frauenrechtlerin. Weltberühmt wurde sie, als sie bei der Großen Ratsversammlung, der Loya Dschirga, im Dezember 2003 die Strafverfolgung von Warlords und Kriegsverbrechern forderte und wegen der prompt folgenden Todesdrohungen unter UN-Personenschutz gestellt werden musste. Seitdem überlebte sie vier Mordanschläge. Nur unter der Burka kann sie sich im Land bewegen, stets bewacht von einem Dutzend Leibwächter. Nachdem sie radikalwahhabistische Parlamentarier im Mai 2007 indirekt mit Eseln und das Parlament mit einem Stall verglichen hatte, beschimpften diese sie als »Hure«, die man gleich im Abgeordnetenhaus vergewaltigen sollte. Sie entzogen ihr das Mandat, leiteten ein Verfahren gegen sie ein und beschränkten ihre Reisefreiheit. Ihre Begleiterinnen erzählen, sie habe oft Angstzustände. »Ich bin die Stimme der Stimmlosen«, sagt sie –

immer wieder, wie von einem inneren Tonband abgespielt. »Die Warlords und Drogenbarone werden mich töten, früher oder später. Dann habe ich mich wenigstens für mein armes geliebtes Volk geopfert.« Die Sätze klingen ein wenig zu einstudiert. Auch Malalai Dschoya nutzt das Märtyrertum als Vehikel für ihre politische Botschaft.

Spätestens seit Anfang 2005, sagt sie und sagen die meisten politisch engagierten Afghaninnen, sei die Verfügungsgewalt patriarchalischer Männer über die Frauen wieder hergestellt. Die Zahlen bestätigen sie: Fast 90 Prozent aller Mädchen und Frauen erleben häusliche Gewalt, die Hälfte davon sexuelle Gewalt. Gut drei Viertel aller Jungen, aber nur etwa ein Drittel der Mädchen kann zur Schule gehen. 70 bis 80 Prozent aller Ehen sind Zwangsheiraten, mehr als die Hälfte der Bräute ist unter 16 Jahre. Weibliche Gefängnisinsassen sitzen mehrheitlich ein, weil sie versucht haben, vor ihrem Mann zu fliehen, oder wegen anderer »moralischer Verbrechen«. Das Land hat die weltweit zweithöchste Sterblichkeitsrate bei Müttern, auch weil viele schon als Teenager schwanger werden und die Becken zwölfjähriger Mädchen für das Gebären viel zu eng sind.[109]

Die Taliban hätten Frauen geschlagen und gekidnappt, sagt Malalai Dschoya, »aber die Warlords an der Macht vergewaltigen und töten zusätzlich«. Sie nennt ein Beispiel nach dem anderen: In Kabul sei ein fünf Monate altes Mädchen missbraucht worden, es habe nur knapp überlebt. Die Miliz des früheren Nordallianz-Führers Rabbani habe eine Frau vor den Augen ihrer Kinder vergewaltigt. Ein elfjähriges Mädchen sei unter den Augen der ISAF-Schutztruppe gekidnappt, vergewaltigt und gegen einen Hund ausgetauscht worden. Malalai Dschoya redet ununterbrochen, als müsse sie einen gewaltigen inneren Druck loswerden, und ihre Augen schauen groß und erschrocken. »Unter den Taliban gab es Friedhofsruhe, die Menschen waren wenigstens in ihren Häusern sicher. Jetzt nicht einmal mehr das. Die internationale Gemeinschaft wird keinen Erfolg haben, wenn sie eine Fraktion von Terroristen gegen eine andere in den Kampf führt.«

Die ehemalige Abgeordnete sieht keinen Unterschied mehr zwischen islamistischen Warlords und Taliban. Für Malalai Dschoya sind sie alle gleichermaßen *dschihadis*, Gotteskrieger. Alle, die versuchten, die Warlords und Drogenbarone vor Gericht zu bringen, riskierten ihr Leben, kritisiert sie, zumal sich diese »selbst vergeben« hätten. Dschoya spielt auf das von Parlamentariern erlassene Amnestiegesetz vom März 2007 an, das allen Kriegsverbrechern innerhalb und außerhalb von Abgeordnetenhaus und Regierung Straflosigkeit für die letzten 30 Jahre garantiert. Damit ist gesichert, dass Massaker und Massenvergewaltigungen durch Sowjetanhänger, Mudschaheddin und Taliban ungesühnt bleiben. Straflosigkeit aber zersetzt die Moral, beschleunigt den Zyklus der Gewalt, nimmt den Opfern die Lebenskraft und lädt Täter dazu ein, weitere Verbrechen zu begehen.

Entsprechend heftig waren die Proteste gegen das Gesetz in der afghanischen Bevölkerung. In Herat gab es sogar einen Aufstand der Gefängnisinsassen, die nicht einsehen wollten, dass sie als kleine Kriminelle weiter einsitzen sollen, während die großen frei bleiben. Präsident Karsai ließ das Gesetz deshalb ändern, aber nur in einem unwichtigen Punkt: Privatpersonen dürfen nunmehr vor Gericht Anklage gegen mutmaßliche Kriegsverbrecher erheben. So mutig wird derzeit in Afghanistan eh niemand sein.

Das Amnestiegesetz hat die Hoffnung weiter Teile der Bevölkerung auf Gerechtigkeit vollends zerstört. Wenn die Warlords weiter ungestraft Gewalt ausüben dürfen und die internationale Gebergemeinschaft darüber hinwegsieht, dass die Amnestie ein Bruch mit dem Völkerrecht ist, was soll dann das Gerede von Demokratie und Rechtsstaatlichkeit, fragen sich viele. »Seit das Parlament das Amnestiegesetz verabschiedet hat, sehe ich keine Möglichkeit mehr, unsere Stimmen erneut zu erheben«, sagte eine afghanische Mitarbeiterin von medica mondiale der Autorin.

Dennoch demonstrierte eine mutige Gruppe namens Soziale Assoziation der Gerechtigkeitssuchenden mehrfach gegen das Amnestiegesetz. In einer Resolution, die sie am 10. Dezember 2007, am Internationalen Tag der Menschenrechte, vor dem UN-Sitz in Kabul verteilte, forderte die Soziale Assoziation die Entlassung all jener, die Kriegsverbrechen und sexuelle Gewaltakte begangen haben, ihre Verurteilung vor einem internationalen Gericht, eine Untersuchung aller Massengräber und die Errichtung eines Denkmals für die Verschwundenen.

Ernste Besorgnis über die anhaltende »Kultur der Straflosigkeit« äußerte auch UN-Menschenrechtskommissarin Navanethem Pillay in ihrem Afghanistan-Bericht vom Januar 2009. »Das Versäumnis, Täter vergangener Verbrechen und andauernden Machtmissbrauches strafrechtlich zu verfolgen«, schrieb sie darin, »unterminiert in gravierender Weise die Legitimität der afghanischen Rechtsinstitutionen und zerstört das Vertrauen der Bevölkerung in den Rechtsstaat.« Besonders schlimm sei die Situation für das weibliche Geschlecht, weil es kaum Zugang zur Justiz habe und weiterhin diskriminierenden Gesetzen oder Praktiken ausgesetzt sei – »Vergewaltigung, ›Ehrenmorde‹, frühe und erzwungene Verheiratung, sexuelle Sklaverei (besonders wenn Mädchen verheiratet werden, um Familienzwiste zu beenden), sexueller Missbrauch in Haft«.[110]

Von der Härte, ein afghanischer Mann zu sein

Sarandsch, Provinz Nimros, im Frühjahr 2004. Wenn die Hitze des Tages nachlässt und die Dunkelheit das staubige Elend der Hütten schluckt, verwandelt sich das Provinznest Sarandsch in eine Sehnsuchtslandschaft. Zwischen schwarzen Palmen-Silhouetten liegt die Mondsichel am Himmel, orangefarben, schwer und melancholisch, als wiegte sie sich in tausendundeinem Traum. Jeden Tag um diese Zeit, gegen sechs Uhr abends, treffen sich Gouverneur Abdelkarim Barahawi, Doktor Karotin und weitere einstige Kämpfer der legendären Nimrosfront im Garten des Gästehauses, palavern über die neuesten politischen Entwicklungen und genießen die Kühle. Denn die Provinz Nimros im Südwesten Afghanistans, nahe der Grenze zum Iran und zu Pakistan, ist eine heiße Wüstenregion. Nicht selten machen Sandstürme jeden Atemzug zur Qual, und vor allem die Kinder husten sich die Eingeweide aus dem Leib. Deshalb ist die Gegend nur dünn besiedelt, auch die Hauptstadt Sarandsch zählt bloß etwa 70 000 Einwohner.

Provinzgouverneur Barahawi wirkt mit seinem kurzen plüschigen Bart wie ein freundlicher Teddybär. Der 53-Jährige ist ruhig und zurückhaltend, fast scheu, und als echter afghanischer Gentleman schaut er Frauen aus Höflichkeit kaum in die Augen. Was für ein Unterschied zu den aggressiven Warlords! Dabei kämpfte auch Barahawi jahrzehntelang als Kommandeur der Nimrosfront – zuerst gegen die Sowjets, später gegen die Taliban. Unter den Einwohnern von Nimros ist er beliebt, auch wenn manche seinen Regierungsstil für »zu sanft« halten. Der Gouverneur setzt auf Kooperation, Aushandeln, Kompromisse, und auch deshalb palavert er jeden Abend mit »seinen« Männern, den früheren Kämpfern.

Die Nimrosfront, die Kommandant Barahawi anführte, war eine besondere Widerstandsgruppe. Anders als die Mudschaheddin lehnte sie den Dschihadismus ab und begriff sich als Sammelbewegung für antisowjetische Linke und verfolgte Demokraten. Afghanistan solle seinen eigenen Weg finden, »den dritten Weg« zwischen Kapitalismus und Kommunismus, formulierte ihr später ermordeter Gründer und Vordenker Gol Mohammed Rahimi. Deshalb bewahrte die Front über Jahrzehnte hinweg ihre Autonomie gegenüber Pakistan, Iran und den USA. Der Geburtsort von Gouverneur Barahawi mit dem romantischen Namen Vier Türmchen ist – neben dem legendären Pandschirtal – der einzige Fleck in ganz Afghanistan, der weder von den Sowjets noch von den Taliban jemals erobert wurde. Aber der Blutzoll der Nimrosfront war furchtbar: Von einst über 1000 Männern überlebten nur etwa 50.

Doktor Karotin sitzt unter den leise rauschenden Dattelpalmen. Der 50-jährige Händler hat zwar keinen Posten inne, doch als einziger noch lebender Mitbegründer der Nimrosfront gehört er zum engen Beraterkreis des Gouverneurs. Schmal und dunkel ist er, wie die meisten Afghanen, er trägt ein weißes Hemd, Pluderhose und Weste, und es bleibt sein Geheimnis, mit welchem Rasierer er mitten in der Wüste einen so perfekten Dreitagebart trimmt. Eigentlich heißt er Mohammed Ismael Saifi, aber seine früheren Mitkämpfer rufen ihn nur »Doktor Karotin«. Ein richtiger Doktor ist er allerdings nicht, sein Medizinstudium in Kabul musste er abbrechen, als die Sowjets einmarschierten.

»An der Front war ich zuständig für den Einkauf«, grient er, »und weil Karotten billig waren und Karotin gesund ist, nannten sie mich halt Doktor Karotin.«

Doktor Karotin winkt den Bediensteten des Gästehauses heran, um eine neue Kanne grünen Tee zu ordern. Er will seine Geschichte erzählen. Es ist die leidvolle Biografie eines Afghanen, der so gar nicht dem westlichen Medienklischee vom wilden Krieger entspricht. Geboren wurde Ismael Saifi 1958 als Sohn eines bäuerlichen Wollhändlers und einer Hausfrau in einer Lehmhütte am Fluss Helmand. Von insgesamt 13 Kindern starben neun an Kinderkrankheiten und Epidemien, nur vier überlebten. Das war »normal«, genauso »normal« wie der Feudalismus, der die Bauern unterjochte. Damals war Nimros noch fruchtbar, seine Bewässerungskanäle noch nicht verwüstet durch den Krieg, doch die Ländereien gehörten nur wenigen. Die Menschen mussten ausschließlich für die Großgrundbesitzer arbeiten und ihnen fünf von sechs Anteilen der Ernte abgeben.

Zum Glück hatte der kleine Ismael einen Onkel, der der Überzeugung war, dass nur Bildung die Bauernkinder retten könne. Er setzte den Bau einer Grundschule in Vier Türmchen durch, und als er sieben war, wurde Ismael dort eingeschult. Bald schon war er der Klassenbeste, wie auch später in der Oberschule von Sarandsch. Noch als Oberschüler wurde er verheiratet, mit einer drei Jahre jüngeren Cousine. Inzwischen haben sie vier Kinder. »Ich kann mir mein Leben ohne meine Frau nicht vorstellen. Sie ist eine gute Kameradin für mich«, sagt er. »Aber auch bei Nichtgefallen hätte ich sie geheiratet. Eine Frau lehnt man nicht so einfach ab. Das verletzt ihre Würde. Das tut kein Ehrenmann einer Frau an.« Er trinkt einen Schluck Tee. »Die meisten Männer bei uns machen sich kaum Gedanken, ob eine Frau sie vielleicht nicht liebt. Ich wäre darüber sehr unglücklich gewesen. Ich hätte mir sehr viel Mühe gegeben, damit sie mich lieben lernt. Zum Glück ist uns das erspart geblieben.«

Als Medizinstudent musste Ismael Saifi erleben, wie sich die Sowjets – angeblich angetreten, um »verfaulende« Systeme wie Feudalismus und Kapitalismus auf den Müllhaufen der Geschichte zu werfen – mit den örtlichen Feudalherren in einer bizarren Allianz verbündeten, um Demokraten und Freidenker zu verfolgen. Nach ihrem Einmarsch in Nimros holten sie als einen der Ersten seinen Lieblingsonkel ab, der für Schulen und gegen die Feudalherren gekämpft hatte.

Zusammen mit Freunden gründete Ismael Saifi die Nimrosfront. Bald stießen Kommandeur Barahawi und andere Studenten und Akademiker zu ihnen, auch sie voller Empörung, dass die Freunde des »Sowjetreiches der Arbeiter und Bauern« willkürlich Tausende von armen Bauern verhaften ließen. »Wir hatten von Anfang an ein politisches und soziales Programm, das ohne Einfluss von außen entstanden war«, erzählt Doktor Karotin. »Und mit der Zeit schlossen sich uns andere kleine Fronten oder Einzelpersonen an, die weder mit den Sowjets noch mit den islamistischen Mudschaheddin einverstanden waren. Die Front, die ursprünglich nur aus Nimroser Belutschen bestand, wurde multiethnisch. Wir lernten Toleranz und Solidarität mit anderen Ethnien.«

Doktor Karotin organisierte etwas ganz Besonderes: wöchentliche »Kulturschulungen«, um die Kämpfer vor Verrohung zu schützen. »Wir nahmen uns fest vor«, erzählt er, »uns stets freundlich und korrekt gegenüber der Bevölkerung zu benehmen, Häuser niemals zu betreten, ohne vorher zu klopfen, niemals Menschen zu schlagen oder zu beschimpfen, niemals Frauen zu vergewaltigen, niemals fremdes Eigentum zu plündern. Wir redeten über all das, und wir lasen viele politische Schriften und diskutierten darüber. Wir wollten uns bewusst machen, warum wir kämpfen. Die Befreiung Afghanistans war ein gutes Motiv, Rache für einen getöteten Angehörigen ein schlechtes. Wir machten uns klar, dass uns dieser Krieg aufgezwungen wurde. Niemand von uns tötet gern. Wenn wir aus einem erfolgreichen Einsatz zurückkehrten, feierten wir den Umstand, dass wir noch am Leben waren. Es war ein Triumph über den Tod, aber nicht über den getöteten Feind.«

In Nimros konnten sich die Taliban niemals richtig festsetzen, die Nimrosfront leistete immer wieder Widerstand. Und dann kamen der 11. September und die US-geführte Militärintervention. »Die Amerikaner warfen zwei Raketen auf die Antennen der örtlichen Taliban-

Radios«, erzählt Doktor Karotin. Das war alles. Noch bevor die Nordallianz Herat und Kandahar einnahm, fiel die Provinz zurück in die Hände der Nimrosfront und einiger verbündeter Widerstandsgruppen. Barahawi übernahm erneut den Gouverneursposten wie schon nach dem Abzug der Sowjets. Einige Zeit nach dem 2004 geführten Interview wurde er als Minister in die Zentralregierung von Kabul berufen, zunächst für Grenzfragen, dann für Flüchtlingsfragen.

Ist Doktor Karotin repräsentativ für die Männer in Nimros? Ein gutes Dutzend von ihnen steht 2007 in Interviews Rede und Antwort. Ihre Meinungen zeigen deutlich, wie zerrissen sie sind zwischen Tradition und Moderne, zerrissen auch von den Gewalterfahrungen des Kriegs.[111]

»Stolz, ein Mann zu sein« – das sind fast alle, die man fragt. Warum? »Ich konnte als Mann im Befreiungskampf meine Aufgabe erledigen und trotz großer Schwierigkeiten vernünftige Kinder großziehen«, meint Doktor Karotin. »Ich bin als Mann in der Lage, auf eigenen Füßen zu stehen, meine Familie zu ernähren und mich in der Gesellschaft zu engagieren«, sagt ein 45-jähriger Geschäftsmann. Ein 23-jähriger Soldat antwortet: »Als Mann kann ich meinem Land, der Gesellschaft und meiner Familie dienen.« »Ein Mann ist arbeitsam und fleißig, ernährt seine Familie, hat Ehre und ist mutig«, glaubt ein anderer junger Soldat. Und ein Staatsanwalt befindet: »Ich bin stolz, ein Mann zu sein, weil ein Mann Verantwortung hat, er verteidigt die nationale Freiheit und ernährt seine Familie.«

Steht die westliche Moderne im Widerspruch zur Ehre eines afghanischen Mannes? »Die westliche Kultur lässt sich mit der islamischen nicht vereinbaren«, meint ein Behördenmitarbeiter. »Wir wünschen uns auch Fortschritt, jedoch sind wir gegen alles, was dem Islam widerspricht«, antwortet ein Journalist. Auch ein Mitarbeiter bei einer Nichtregierungsorganisation meint: »Das steht im Widerspruch zueinander«, und er fährt fort: »Ein westlicher Lebensstil heißt: kein Kopftuch für Frauen, sich von seinem Glauben entfernen, übertriebene Freizügigkeit. Aber eine an afghanische Tradition angepasste westliche Denkweise, die die Sitten und Gebräuche nicht verletzt, wäre mit dem Begriff der Ehre durchaus vereinbar.« Und ein

Soldat glaubt: »Das ist nicht miteinander vereinbar. Die westlichen
Menschen sind freizügig. Wenn eine Tochter mit einem fremden
Mann geht, sagen sie, es ist eben ihr Wunsch. Bei uns verfügen Eltern
und Brüder über sie.«

Eine Frau zu sein, das kann sich deshalb auch kaum einer der
Männer vorstellen: »Unsere Gesellschaft ist repressiv gegenüber dem
weiblichen Geschlecht«, gibt der Geschäftsmann zu. »Die Frauen sind
von Bildung ausgeschlossen und müssen in einem sehr engen Rahmen leben.« Und einer der Soldaten ergänzt: »Frauen müssen immer
zu Hause sein und sind unfrei.« Dass Frauen unterdrückt werden, ist
den Männern also durchaus bewusst, aber selbst im vergleichsweise
liberalen Nimros ziehen die meisten aus dieser Erkenntnis keine Konsequenzen. Gefragt, was mit Frauen passieren sollte, die die »Ehre
ihrer Familie beflecken«, also mit fremden Männern flirten oder
einem gewalttätigen Ehemann davonlaufen, schlagen viele repressive
Maßnahmen vor. »Sie muss gesetzlich belangt werden«, sagt ein Mitarbeiter der Direktion für Kultur. »So eine Frau muss von ihrer Familie verstoßen werden«, befindet ein älterer Journalist. Der junge
NGO-Mitarbeiter fordert: »Sie muss nach islamischem Recht bestraft
werden.« Ein junger Soldat verlangt: »Sie muss getötet werden«, und
er ergänzt: »Ich würde auch meine Schwester töten, egal ob ich danach selbst verurteilt werde. Die eigene Ehre zu bewahren, ist wichtiger.« »Ehre« meint offensichtlich das Ansehen in den Augen anderer
Männer.

Wenn man aber genauer wissen will, was Ehre und Gewalt miteinander zu tun haben und ob ein Mann seine Ehre mit Gewalt verteidigen darf, dann weisen die meisten Befragten das vehement zurück. »Ehre ist, einem am Boden Liegenden die Hand zu reichen.
Gewalt hat mit Ehre nichts zu tun«, sagt Doktor Karotin. »Gewalt hat
mit Unterdrückung zu tun, während Ehre bedeutet, die eigene Familie zu beschützen«, befindet auch sein Freund, der Geschäftsmann.
Fast die gleiche Antwort gibt ein junger Soldat: »Aggression bedeutet,
andere zu unterdrücken, Ehre bedeutet, den Schwachen helfend die
Hand zu reichen.« Nur ein anderer Soldat gibt zu: »Ein Mann von
Ehre kann leicht reizbar sein, eine Kleinigkeit kann seine Ehre verlet-

zen. In unserer Gesellschaft ist es üblich, das eigene Recht durch Aggression und Gewalt zu erkämpfen.«

Vielleicht auch deshalb schätzen die befragten Soldaten das Tragen von Waffen. »Einem Mann, der seine Waffe unter Kontrolle hat, vermittelt diese ein gutes Gefühl«, meint einer von ihnen. Und ein anderer sagt: »Ich schütze mit meiner Waffe meine Heimat. Ohne sie kann ich nichts machen.« Anders die Männer, die schon gegen Sowjets und Taliban gekämpft haben: Sie sind froh, ihr Gewehr abgelegt zu haben. »Weil uns der Krieg aufgezwungen wurde, musste ich eine Waffe tragen, aber von Anfang an war ich daran nicht interessiert«, sagt Doktor Karotin. »Ich empfinde Freude, dass ich keine Waffe mehr tragen muss«, sagt der Geschäftsmann und gibt zu: »Solange ein Mann bewaffnet ist, fühlt er sich erhaben. Er wird auf Dauer überheblich, die Verführung ist sehr groß, diese Macht gegenüber Schwachen und Unschuldigen zu missbrauchen.«

Seine Aussage wird untermauert von der Beobachtung dieser Männer, dass das hohe Gewaltniveau in der afghanischen Gesellschaft vor allem ein Produkt des Kriegs sei. »Das feudalistische System vor dem Krieg war ebenfalls gewalttätig. Aber durch 30 Jahre Krieg haben Aggression und Gewalt zugenommen«, sagt Doktor Karotin. »Früher gab es auch Gewalt in den Familien, aber nicht in diesem unbändigen Ausmaß«, bestätigt sein Freund, und weiter: »Eine ganze Generation von Männern ist im Krieg und mit der Waffe in der Hand aufgewachsen, Familien sind auseinandergebrochen. Diese Kriegsgeneration glaubt, sie könne alles durch Gewalt erreichen. Es hat sich eine Kultur der Gewalt etabliert.« Ganz ähnlich antwortet einer der jungen Soldaten: »Früher gab es auch häusliche Gewalt, aber durch den Krieg ist sie gewachsen. Weil die Menschen traumatisiert sind, haben Aggression, Mord und Blutvergießen zugenommen.« Dass sich die Aggressionen verstärkt haben, bestätigt auch der Staatsanwalt; als Grund dafür sieht er aber die mangelnde Bildung der Menschen: »Während des Kriegs waren fast alle Schulen geschlossen, die Jugend konnte weder Bildung noch Erziehung genießen.«

Die Meinungen gehen auseinander, als die Männer gefragt werden, was denn dran sei am westlichen Medienklischee der wilden, unbeugsamen und blutrünstigen Afghanen. »Mutig, kriegerisch und unbeugsam«, diese Eigenschaften träfen tatsächlich auf afghanische Männer zu, sagen die beiden Soldaten und der Staatsanwalt. Doch Doktor Karotin antwortet sehr differenziert: »Wir Afghanen geben für die Medien eine gute Projektionsfläche ab. Aggressiv, erbarmungslos, wild, kriegerisch – das sind Eigenschaften, die uns im Krieg aufgezwungen wurden. Wir haben aber keinen Krieg angefangen, sondern uns gegen Eindringlinge verteidigt. Zutreffend ist jedoch, dass wir tapfer sind und nicht in Unfreiheit leben können. *Das* bedeutet für mich Ehre.« Sein Freund, der Geschäftsmann, sieht das ähnlich: »Gegen Eindringlinge und für die Freiheit zu kämpfen, gehörte schon immer zum Kulturgut der Afghanen, denn sie wurden von allen Mächten der Geschichte überfallen. Leider wurden diese Eigenschaften durch Fremde in unterschiedliche Richtungen geleitet: Die einen machten aus uns Kommunisten, die anderen Mudschaheddin, die dritten Taliban. Die Eigenschaften, von denen westliche Medien berichten, sind in unserer Gesellschaft durchaus vorhanden. Denn eine ganze Generation ist im Krieg aufgewachsen. Aber der Westen ist daran nicht unschuldig!«

Mädchenträume

Mit locker um den Kopf geschlagenen bunten Tüchern sitzt ein Dutzend Elf- und Zwölfklässlerinnen aus Nimros im Kreis um die Besucherinnen aus dem fernen Alemanya. Nur eine von ihnen ist strenger gekleidet, ganz in schwarz. »Wir freuen uns, dass wir von zwei Stunden Chemie und Mathe befreit sind, ihr könnt das Gespräch also gerne in die Länge ziehen«, sagt die 17 Jahre alte Saida und lacht.

Welchen Berufswunsch habt ihr?
    Shakila: Ich will Ärztin werden.
    Shabnam: Ich Pilotin.
    Malalai: Ingenieurin.
    Sima: Archäologin.

Mariam: Ingenieurin.

Jalda: Polizistin.

Saida: Literatin. In Nimros heiraten Mädchen normalerweise sehr früh, mit 14 oder 15, weil ihre Familien das so wollen. Aber von uns hier ist niemand verlobt, und nur eine ist verheiratet. Wir sind also alle frei und sauber. Und haben keine Zeit, über Kinderwünsche nachzudenken.

Golmakay: Literatin und Journalistin. Ich bin in der zwölften Klasse und bin selbst schon als Lehrerin tätig, ich unterrichte hier morgens vor Schulbeginn Englisch, und nachmittags bilde ich mich im Lehrerkolleg weiter.

Gibt es Ehemänner, die ihren Frauen eine Erwerbsarbeit erlauben?

Saida: Meine Brüder. Ihre Frauen arbeiten.

Mariam: Mein Mann sagt, er würde mich überallhin begleiten, auch zum Studium nach Kabul.

Shakila: Solchen Männern sind wir noch nicht begegnet.

Jalda: Ich bin 19 und in der zwölften Klasse. In der Mittagspause der Schule von 12 bis 13 Uhr bringe ich Erwachsenen das Lesen und Schreiben bei, am Nachmittag arbeite ich als Sprecherin im Radio. Frauen sind stark, sie können vieles miteinander vereinbaren.

Malalai: Auch in der Provinzregierung gibt es Frauen, die in Männerberufen arbeiten, zum Beispiel in der Direktion für Verbrechensbekämpfung oder in der Verwaltung.

Saida: Ich bin als kleines Kind mit meinen Eltern in den Iran geflüchtet. Ich hatte große Angst, zurückzukehren, aber dann merkte ich, dass auch hier Menschen fortschrittlich denken und hart am Aufbau des Landes mitarbeiten. Mein Ziel ist es, meinem Land zu dienen. Wenn man Ziele hat, hat man Hoffnung im Leben. In Nimros gibt es viele fortschrittliche Männer, mit denen es sich leben lässt. Es gibt hier Frauen und Männer, die Familie und Beruf miteinander vereinbaren.

Wie haltet ihr es mit der islamischen Kleiderordnung?

Saida: Es ist nicht wichtig, was du trägst, sondern was du glaubst. Glaube liegt im Herzen, nicht auf dem Kopf.

Shakila: Unsere Eltern und viele traditionell Denkende beeinflussen uns. Es wird Zeit, dass wir Jungen unsere eigenen Vorstellungen entwickeln. Es gibt junge Männer, die nur »sittsame« Mädchen heiraten. Das ist eine Art von Sanktion: Wenn du frei lebst, kriegst du keinen Mann ab. Aber wir wollen eh nicht so schnell heiraten.

Golmakay: Wenn Menschen über andere schlecht reden, haben sie selbst ein schmutziges Herz.

Sima: Eine Frau sollte die jetzige Freiheit nicht ausnützen und immer ein Kopftuch tragen. Es sollte nicht wieder so werden wie unter den Sowjets. Damals haben die Frauen kein Kopftuch getragen, dafür Miniröcke. Wir wollen unsere Beine nicht zeigen, wir sind Moslems.

Saida: Persönliche Freiheit bedeutet nicht, sich wie Ausländer zu kleiden. Die afghanische Kultur gebietet, dass wir islamische Kleidung tragen. Sie verlangt aber nicht den schwarzen Tschador oder lange Mäntel. Jedes Land hat seine eigene Kultur. Der Tschador gehört nicht zu unserer Kultur. Ich habe im iranischen Exil mitverfolgt, wie eine Delegation nach Deutschland fuhr, zu einem Kongress im Berliner Haus der Kulturen der Welt. Eine iranische Frau saß dort im Publikum mit Tschador, eine andere ohne Ärmel und Kopftuch. Der Mullah auf dem Podium wies auf die Frau im Tschador hin: »Seht, so wollen wir die Frauen bekleidet wissen.« Sie aber stellte sich auf einen Tisch, warf den Tschador ab, und darunter trug sie nur einen Bikini. Sie rief: »Ihr seid auf den Trick reingefallen, auf Äußerlichkeiten. Ich trage Bikini, und die Frau mit den kurzen Ärmeln betet dafür fünfmal am Tag.« (Die Mädchen lachen.)

Wie habt ihr die Zeit unter den Taliban erlebt?

Saida: Alle afghanischen Frauen beweisen, dass sie dem Einfluss der Taliban nicht erlegen sind. Auch als sie im Haus eingesperrt waren, haben sie versucht, sich weiterzubilden und ihre Würde zu bewahren.

Malalai: Einmal verrichtete ein Mann sein Abendgebet in der Moschee, und als er sie verließ, wurde er von den Taliban aufgegriffen und wieder in die Moschee zurückgeschickt. Das geschah insgesamt fünfmal. Beim fünften Mal sagte der verzweifelte Mann zum Mullah: »Jetzt schreibst du aber auf, dass ich schon hier war!« (Die Runde lacht.)

Shakila: 1998 wollten wir unbedingt die Fußball-Weltmeisterschaft im Fernsehen gucken, aber die Taliban haben ja das Fernsehen verboten. Also verklebten wir alle Fensterschreiben, einer musste Wache schieben. Aber niemand wollte das, denn alle wollten fernsehen.

Golmakay: Unsere einzige Beschäftigung während der Herrschaft der Taliban war, iranisches Fernsehen zu gucken.

Torpekay: Natürlich brauchte man dafür immer sieben Schlösser und viele Vorhänge und Wachposten.

Mariam: Einmal wollten wir nach Herat fahren und mussten an der Provinzgrenze einen Passierschein vorlegen. Die Wachposten der Taliban waren natürlich alle Analphabeten. Sie fragten: »Was steht denn auf dem Schein?« Wir antworteten: »Diese Familie soll unversehrt Herat erreichen.« (Die Mädchen lachen.)

Torpekay: Einmal predigte der Mullah in der Moschee: »Ihr dürft nicht fernsehen, das ist Teufelswerk, sonst werdet ihr wie die Titanic untergehen!« Die Leute fragten erstaunt: »Woher weißt du denn etwas über die Titanic?« Er wurde ganz verlegen. Natürlich aus dem Fernsehen.

Shakila: Wir wurden einmal beim Fernsehen erwischt, und die Taliban wollten das Gerät beschlagnahmen. Meine Cousins bauten ganz schnell die Innenteile aus und gaben ihnen das nackte Gehäuse mit. Sie haben es nicht bemerkt. (Die Runde lacht.)

Habt ihr Angst vor der Zukunft, Angst, dass die Taliban wiederkehren?

Golmakay: Wenn wir Afghanen uns einigen würden, dann könnten wir eine gute Gesellschaft aufbauen. Aber wenn wieder alle um die Macht kämpfen, wäre das schrecklich, und die Taliban kämen vielleicht wieder. Die Angst ist latent da. Deshalb brauchen wir eine Regierung der nationalen Einheit.

Sima: Wenn fremde Mächte sich in Zukunft aus Afghanistan

heraushalten, habe ich Hoffnung, dass Afghanistan zur Ruhe kommt.

Malalai: Wir haben keine Vorstellung, wie die Zukunft aussieht. Seit ich geboren bin, gibt es ständig Veränderungen.

Habt ihr langsam genug von all den Verschleierungen, die man euch aufzwingt?

Golmakay: Der Islam ist nicht gegen den Fortschritt. Vieles, was der Islam sagt, wird heute von der Wissenschaft bestätigt. Zum Beispiel führt wahlloser Geschlechtsverkehr zu Krankheiten, Aids und anderem. Im Koran steht jedoch nicht, dass Frauen nicht arbeiten und lernen dürfen. Gott sagt, sämtliche Gebote sind kein Muss. Im Islam gibt es keinen Zwang. Man muss nur die Konsequenzen selbst tragen und wird unter Umständen im Jenseits bestraft. Wenn der Schleier zum Zwang wird, ist das falsch. Wir wollen Selbstbestimmung.

Jalda: Dass uns manchmal das Kopftuch runterrutscht, ist nicht der Grund für 23 Jahre Krieg. Unter den Taliban war Afghanistan islamischer als jemals zuvor. Und ist am meisten zerstört worden.

Zerstörte Großfamilien, entwurzelte Patriarchen

Der 55-jährige Delawar Paschtun (Name geändert) lebt in einer deutschen Großstadt, seine Großfamilie in Afghanistan, Europa, Nordamerika und Australien. Die Geschichte seiner Verwandten ist ein Beispiel dafür, wie afghanische Klans durch den Krieg in alle Welt zerstreut wurden. Viele ihrer Mitglieder sind entwurzelt und zerstritten, besonders Männer sind in ihrer neuen Heimat nie wirklich angekommen.

Sein Großvater und dessen zehn Brüder hätten am Hindukusch allesamt mehrere Frauen geehelicht und zahllose Kinder gezeugt, erzählt der frühere Widerstandskämpfer Delawar Paschtun, genau wie sein Vater und dessen Brüder. Einer seiner Onkel heiratete einmal »am Anfang der Woche eine Frau und am Ende eine zweite«. Die Kinder, Mädchen wie Jungen, seien ausschließlich zwangsverheiratet, und

90 Prozent der Mädchen zur *baad*, zur Streitschlichtung, in andere Familien getauscht worden. Zu seiner Familie, oder besser gesagt zu seinem Klan, gehören 300 bis 400 Personen, die genaue Zahl kennt er selbst nicht.

Sie waren privilegierte Großgrundbesitzer. Viele Männer erhielten Posten als Generäle, Kommandeure oder hohe Polizisten, und in ihrer Abwesenheit fungierten ihre Frauen als Feudalherrinnen. Dennoch sahen es die Männer als völlig normal an, Frauen und Kinder wegen geringster Vergehen zu verprügeln, erzählt Delawar Paschtun: »Der Mann sieht es als Teil seiner Ehre an, die Frau zu beschützen und zu ernähren, dafür verlangt er von ihr absoluten Gehorsam. Der ist so absolut, dass die Sklaven in Amerika es wohl besser hatten als eine afghanische Frau.« Selbst Akademiker hätten geglaubt, ihre Frauen wegen Lappalien ermorden zu dürfen: »Das ist in meiner Familie mehrfach vorgekommen.« Ein Onkel habe seine Frau in einem Heuschober verbrannt, weil diese seiner Meinung nach zu den Bediensteten zu sozial gewesen sei, ein anderer habe in den USA seine Gattin ermordet, weil sie sich von ihm scheiden lassen wollte. Delawar Paschtun selbst ist stolz darauf, seine Einstellung zu Frauen gründlich geändert zu haben. Im Exil wurde es für ihn selbstverständlich, sich mit seiner berufstätigen Frau die Hausarbeit zu teilen.

Die Töchter und Frauen der Bauern hätten in den Feudalhäusern arbeiten müssen und seien »regelmäßig von unseren Männern zum Sex und im Falle einer ungewollten Schwangerschaft zur Abtreibung gezwungen worden«, berichtet er weiter. Die von ihnen ausgebeuteten Bauern seien so arm gewesen, dass sie bei Dürre »ihre Kinder verkauften«. Als eine Art afghanischer Robin Hood plünderte der junge Delawar deshalb Ende der 1960er Jahre eine überquellende Scheune seiner Familie, um das Getreide unter den hungernden Bauern zu verteilen. Einige Familienmitglieder zeigten ihn an, er musste fliehen. Doch noch schmerzhafter für ihn war der Bruch innerhalb der Familie, als die prosowjetischen Parteien die Macht ergriffen: Ein Teil seiner Familie passte sich an und erhielt hohe Positionen, ein anderer Teil emigrierte, er selbst ging in den bewaffneten Widerstand.

Etliche seiner männlichen Verwandten im Exil, sagt Delawar

Paschtun, beherrschten die Sprache des Landes bis heute nicht, sie seien Alkoholiker oder depressiv und hätten sich von ihren eigenen Kindern entfremdet. Nur die Männer, die mit gebildeten Frauen verheiratet waren, hätten sich erfolgreich integriert, weil die Ehefrauen einen Job und Anschluss fanden und auf die Schulbildung der Kinder achteten. Auf den seltenen Familientreffen oder in Telefonaten habe man sich kaum etwas zu sagen. Die in Afghanistan Gebliebenen empfingen die Exilanten mit Kälte, »sie werfen uns vor, sie in den schwersten Zeiten des Kriegs alleingelassen und ein gutes Leben im Ausland bevorzugt zu haben«.

Der Krieg hat die afghanischen Klanstrukturen zerstört, die ein Minimum an sozialer Absicherung garantierten, ohne dass der rudimentäre afghanische Staat dafür Ersatz schaffen konnte. Dafür aber, so sagt Delawar Paschtun, hätten einige seiner Verwandten nach Jahren des Exils nun erneut Posten in der Regierung angenommen. »Und in Wirklichkeit sind sie damit beschäftigt, die eigenen Taschen mit den Hilfsgeldern zu füllen. Damit setzen sie die Tradition unserer Väter bei der Ausbeutung der Schwachen fort.«

Männliche Ehre und weibliche Scham

»Stammestraditionen« für die grassierende Gewalt und Frauenunterdrückung verantwortlich zu machen, ist in den Augen der afghanischen Soziologin Mariam Notten, die in Berlin lebt und in Nimros Schulen baut, eine unverantwortliche Vereinfachung westlicher Medien. Das Beispiel von Delawar Paschtun zeige doch, dass die Klanstrukturen durch Krieg, Globalisierung und Exilerfahrung vielfach gebrochen, manchmal auch zerstört seien. Durch solche Begriffe werde eine gefährliche Ethnisierung geschürt und von den eigentlichen Ursachen abgelenkt. Schließlich gebe es auch in den westlichen Ländern »Ehren«morde und Zwangsheiraten, hier aber gehe die Justiz gegen die Täter vor. In Afghanistan jedoch säßen die Rechtsverbieger auf den höchsten Posten und manipulierten die Rechtsprechung im wahhabistischen Sinn. Die »Traditionen« würden von Kriegsherren und Klanchefs, von Radikalwahhabisten und Dschihadisten immer neu reaktiviert oder gar erfunden. Und der wahhabistische Islam sei eh ein Fremdimport aus Kriegszeiten.

Im Übrigen seien die Afghanen »die größten Individualisten«, die sie auf der Welt getroffen habe, sagt die weit gereiste Soziologin, viele besäßen »ausgesprochen rebellische Charaktere« und hätten sich bewusst von den vorherrschenden kulturellen Praktiken am Hindukusch abgewandt. Das Klanwesen sei auch eine Überlebensreaktion. Wenn ein Staat seine Bevölkerung nicht vor Krieg, Armut und Elend beschütze, müsse dies eben der Klan tun. »Und woher sollen Frauen, die extreme Gewalt erlebt haben oder ihre Kinder vom Hungertod bedroht sehen, die Kraft haben, der von den Klanpatriarchen geforderten Unterwerfung zu widerstehen?«

Diese Unterwerfung, erklärt die Paschtunin Mariam Notten, habe ein Doppelgesicht: Ein paschtunischer Patriarch definiere seine »Ehre« über die Schamhaftigkeit seiner Frauen und Töchter. »Scham« und sexuelle »Tugendhaftigkeit« werde jedoch nur von den Frauen gefordert, nicht von den Männern. Das Wort für Geschlechtertrennung *(purdah,* gesprochen »pardah«) bedeute übersetzt Vorhang, Kopftuch, Schleier oder Zelt, aber auch Jungfernhäutchen. Die Jungfräulichkeit der eigenen Töchter zu bewahren, bedeute, die Kontrolle über sie zu erhalten. Ein »ehrenvolles« Leben nach dem Konzept der *purdah* zu führen, heiße, dass Frauen sich zu verstecken und zu verschleiern hätten, wenn Besucher kämen. Ein einziger Blick auf einen fremden Mann sei für manches junge Mädchen bereits das Todesurteil. Die rigide Trennung der Geschlechter wirke auf westliche Besucher wie eine gigantische Sexualphobie, sei aber auch ein probates Mittel für Patriarchen, sich das Zugriffsrecht auf Frauenkörper zu sichern.

Für jene Patriarchen, erklärt die Soziologin, sei eine Frau ein Mittelding zwischen einem Menschen und einer Sache, könne sie doch vererbt oder als *baad,* als eine Art Tauschmittel oder Blutgeld, zur Beilegung von Streitigkeiten genutzt werden. Der »Handel« mit Frauenkörpern innerhalb paschtunischer Klans funktioniere ähnlich wie der Handel mit Geld. Wenn ein Ehemann stirbt, werde die Witwe nicht selten an dessen Brüder »vererbt«, und wenn diese noch Kinder seien, habe die Frau eben zu warten, bis sie erwachsen sind. Sobald ein Mädchen oder eine Frau in eine Familie hineingeheiratet habe, dürfe sie diese nie mehr verlassen. Töchter und Ehefrauen solcher Klanführer dürften ohne Erlaubnis ihrer Väter, Ehemänner oder Söhne das Haus nicht verlassen, nicht alleine reisen, nicht ohne Burka und männliche Begleitung auf die Straße gehen. Eine Frau sei der Besitz von Vater oder Ehemann, und wenn sie fremdgehe, sei ihr der Tod sicher.

Solche Patriarchen empfänden Frauenrechte als direkten Angriff auf ihre Macht und ihren Status, andere Afghanen mit und ohne Auslandserfahrung sähen das hingegen oft ganz anders. Der wahre »Kampf der Kulturen«, meint Mariam Notten, finde in Afghanistan selbst statt, das nicht nur geografisch, sondern auch ideologisch extrem zerklüftet sei zwischen Frauen und Männern, Stadt und Land, Traditionalisten und Progressiven, Islamisten und Säkularen. In der Tat findet man unter den männlichen Afghanen nicht wenige »Feministen«, die sich für den in ihrem Land üblichen Umgang mit Frauen schämen und ihn als »Schande« sehen. Solche Männer als Bündnispartner zu gewinnen, wäre nicht schwer – doch so gut wie keine westliche Organisation hat sich bisher darum bemüht.

Das bedeute alles nicht, fährt Mariam Notten fort, dass das Leben eines paschtunischen Mannes einfach wäre. Ganz im Gegenteil: Stehe er in der sozialen Hierarchie unten, sei er ständig der Gewalt anderer Männer ausgesetzt – der seines Vaters, seines Feudalherren oder anderer Klanführer. Wenn er es geschafft habe, selbst Klanführer zu werden, ein hegemonialer Mann also, müsse er ständig fürchten, von anderen entthront oder umgebracht zu werden. Sein ganzes Leben lang sei er verpflichtet, seine »Ehre« zu wahren, indem er seine Frauen, seine Familie, seinen Klan und sein Land gegen Zugriffe jeder Art verteidige. Wenn er seine Familie nicht ernähren könne oder sich seine Frauen »unehrenhaft« benähmen, verliere er in den Augen der anderen Männer jedes Ansehen und bringe »Schande« über die Familie. Um die zu tilgen, gehe ein paschtunischer Patriarch sehr weit und opfere manchmal sogar das Leben seiner Töchter oder sein eigenes.

Die Taliban seien zwar mehrheitlich Paschtunen, aber »kein Produkt der afghanischen Kultur«, sondern »ein Produkt des jahrzehnte-langen Kriegs«, ergänzt die frühere afghanische Frauenministerin Sima Samar. »Viele junge Männer haben sich den Taliban angeschlossen, weil sie ihre Familie ernähren mussten. Die sind nicht gegen Frauen, aber natürlich deren Kommandeure und Mullahs.«[112] Interviews des Londoner Institute for War and Peace Reporting mit sogenannten Teilzeit-Taliban in Farah bestätigen das. »Ich bin der Einzige in unserer Acht-Personen-Familie, der etwas verdient«, berichtet ein 22-Jähriger, der von seinem Taliban-Kommandeur wöchentlich einen Lohn von rund 1000 Afghani erhält. »Ich kämpfe nur für das Geld. Wenn ich eine andere Arbeit finde, gebe ich diese so schnell wie möglich auf. Aber es gibt keine anderen Jobs, außer Stehlen und Entführungen. Ich denke, das hier ist besser als Stehlen. Wenn wir getötet werden, dann sind wir Märtyrer. Sagen jedenfalls die Mullahs. Sie sagen uns, dass wir den Heiligen Krieg führen.« So wie der 22-Jährige verhalten sich nach Schätzungen rund 70 Prozent der jungen Männer in den Aufstandsprovinzen: Sie kämpfen für Geld, nicht für Ideologien, aber solange es wegen der andauernden Gewalt keine zivilen Jobs in diesen Regionen gibt, sind sie in einem Teufelskreis gefangen.[113]

Auf Erkenntnisse wie diese reagierten US-Offizielle, indem sie sich eine besonders attraktive Bezahlung einfallen ließen. Ende 2008 wurde bekannt, dass die CIA im Kampf gegen die Taliban ihre bislang schärfste Waffe einsetzte: Viagra. Die Potenzpille bewirke wahre Wunder, berichtete die *Washington Post*. So habe ein 60-jähriger Warlord, verheiratet mit vier jüngeren Frauen, nach vier Tagen Nachschub verlangt und als Gegenleistung Informationen über Bewegungen der Taliban angeboten.[114]

»Die passen nur auf sich auf«:
Die Bundeswehr in Afghanistan

Was wollen und sollen die deutschen Soldaten in Afghanistan vor diesem Hintergrund erreichen, was tun sie eigentlich? Seit Juni 2006 dürfen sie auf Patrouille aus Sicherheitsgründen nicht einmal mehr ihre gepanzerten Wagen verlassen, sodass die meisten von ihnen kaum jemals Kontakt zur Bevölkerung haben. 70 bis 80 Prozent der Bundeswehrsoldaten, so General a. D. Klaus Reinhardt, verließen während ihres gesamten Einsatzes niemals die Kaserne.[115] 90 bis 95 Prozent ihrer Tätigkeiten scheinen aus Eigensicherung zu bestehen.

Soldaten in Käfighaltung, die nur sich selber schützen? »Der größte Teil der unter ISAF-Mandat eingesetzten Soldaten verlässt in den vier Monaten seiner Stationierung in Afghanistan kein einziges Mal das befestigte Lager oder seine unmittelbare Umgebung«, schreibt der Journalist Eric Chauvistré. »Die Bundeswehr schützt vor allem sich, trainiert, wie man selbst gebaut Sprengkörper erkennt, und ist froh, wenn eine Handvoll Soldaten es heil von einem Lager zum anderen schafft.«[116] »Die Bundeswehr ist vor allem mit Eigensicherung beschäftigt«, bestätigt Aimak K., ein junger Aufbauhelfer aus Kundus, der im Sommer 2009 zu einer Fortbildung nach Berlin eingeladen wurde. »Ich weiß nicht, was die Bundeswehr für die Sicherheit tut«, ergänzt Monisara S., die dort Frauenprojekte organisiert. »Es ist nicht sichtbar. Wir spüren davon nichts. In unseren Zusammenkünften sind sie nicht dabei. Sie machen ihre Arbeit auch nicht transparent. Wir wünschen uns mehr Straßenpräsenz, neben afghanischen Soldaten. Ich reise viel zwischen Kabul und Kundus, sehe aber nirgendwo Patrouillen. Die passen nur auf sich auf.«

Das wurde inzwischen tragisch durch das »Selbstmordattentat« der Bundeswehr in Kundus bestätigt. Um einen Anschlag auf seine Soldaten zu verhindern, ließ Kommandeur Georg Klein im September 2009 zwei von Taliban entführte Tanklaster durch US-Kampfjets bombardieren. Nach Angaben einer afghanischen Untersuchungskommission starben dabei 69 Taliban und 30 Zivilisten. Just zuvor hatte der von Obama neu eingesetzte US-General Stanley McChrystal einen militärischen Strategiewechsel verkündet und die Schonung von Zivilisten zum obersten Ziel erklärt – der Schaden war immens. Und zwar nicht nur in Afghanistan, sondern auch in Deutschland. Wegen der mangelnden Aufklärung der Öffentlichkeit mussten später der frühere Verteidigungsminister Franz-Josef Jung, sein Staatssekretär und der Bundeswehr-Generalinspekteur zurücktreten.

Die von je einem Militär und einem Zivilisten geleiteten *provincial reconstruction teams* der Bundeswehr sollen den Wiederaufbau demonstrieren, indem sie Brunnen bohren oder Schulen bauen. Soldaten vor Ort geben jedoch zu, dass die Hilfsprojekte Teil der psychologischen Kriegsführung seien und dem Eigenschutz dienten, indem man sich bei der örtlichen Bevölkerung beliebt mache.[117] Afghanische Experten kritisieren seit Jahren, ihr Land brauche keine Brunnen und Brünnlein, sondern große Bewässerungsprojekte, und fordern, die alten Staudämme und Kanalsysteme sollten wieder instand gesetzt werden. Das würde dringend benötigte Jobs für Bauarbeiter und Bauern schaffen, Fortschritt demonstrieren und den Dschihadisten im wahrsten Sinne des Wortes das Wasser abgraben. Wenn die Bundeswehr beispielsweise das zerstörte Wasserwerk in der Region Kundus instand gesetzt hätte, sagt der junge Aufbauhelfer aus Kundus, »dann wäre Kundus unabhängig von den Stromlieferungen aus Tadschikistan«. Aber Militärinterventionen scheinen selbstreferenzielle Systeme zu sein, bei denen es vor allem um Eigensicherung und Eigenbestätigung des Militärs geht und nicht um wirksame Aufbauhilfe.

Auch die zivilen Hilfsorganisationen gehen hart ins Gericht mit dem von der Bundesregierung hochgelobten Konzept der »vernetzten Sicherheit« und der »zivil-militärischen Zusammenarbeit«. Die Vermischung von Aufbauhilfe und Militäreinsatz sei »ein Sündenfall«, monierte der Generalsekretär der Welthungerhilfe, Wolfgang Jamann, im Sommer 2009. Schon in den Jahren zuvor hatten Welthungerhilfe, Caritas, Malteser, medico, medica mondiale und Misereor in gemeinsamen Stellungnahmen die Strategie scharf kritisiert: Sie gefährde ihre Arbeit und die Sicherheit ihres Personals, weil eine unabhängige Hilfe nicht mehr möglich sei.[118]

Die Folge der vollkommen verfehlten, weil militärisch dominierten Strategie: Die Zustimmung in der deutschen Bevölkerung zum Einsatz am Hindukusch sinkt und sinkt. Im Herbst 2007 sprachen sich in fünf verschiedenen Umfragen zwischen knapp der Hälfte und fast zwei Dritteln der Befragten gegen diesen Einsatz aus. Im Juli bzw. Dezember 2009 waren 69 Prozent der Befragten für einen möglichst raschen Abzug.[119]

Diese Werte sind auch eine Reaktion darauf, dass deutsche Politiker die Ziele des Einsatzes immer verschwiemelter definieren. Es gibt keine klar formulierten politischen und militärischen Zielmarken, bis wann man was geschafft haben will, und keine Exit-Strategie. Kanzler Schröder hatte 2001 die Intervention mit der Durchsetzung von Frauenrechten begründet – doch die Lage der afghanischen Frauen verschlimmert sich weiter. Der damalige SPD-Verteidigungsminister Peter Struck wollte »Deutschlands Sicherheit im Hindukusch verteidigen« – doch neun Jahre Militärintervention haben Afghanistan und Pakistan unsicherer gemacht denn je, und auch die Sicherheit der Bundesrepublik ist gefährdeter als zuvor. Außenminister Joschka Fischer wollte 2001 dafür sorgen, die Taliban von der Macht zu vertreiben – doch nun sollen sie an der Regierung beteiligt werden. Kanzlerin Merkel will, dass deutsche Soldaten so lange bleiben, bis Afghanistan selbst für seine Sicherheit sorgen kann – doch dazu ist es weniger denn je in der Lage.

Wofür also sind deutsche Soldaten in Afghanistan gestorben? Ein Oberstleutnant der Bundeswehr bekannte bei einer Podiumsdiskussion 2008 in Bonn offen: »Ich kann die Frage nicht beantworten.«

Wo die Frauen das Sagen haben, leben die Männer besser.

RICARDO COLER

Kapitel 5
Schöner leben durch Gleichberechtigung –
Schlussfolgerungen für eine neue Politik

One Man Can

Bafana Khumalos Herz sank in die Hose, als sich ein älterer Mann zu
Wort meldete. Es war am dritten Tag seines Workshops zu »Aids und
Geschlecht« in einer ländlichen Gemeinde in Südafrika. Workshop-
leiter Khumalo erwartete eine Tirade, dass die Gleichheit zwischen
Frauen und Männern nicht der afrikanischen Kultur entspreche.
Und weil Alte unter den Schwarzen Südafrikas hohen Respekt ge-
nießen, rechnete er damit, dass der Mann seine ganze Veranstaltung
platzen lassen würde.

»Gestern, als ich heimkam«, begann der Teilnehmer, »rief ich
meine Söhne zusammen, meine Frau, und ich erklärte ihnen, was wir
in diesem Workshop machen.« Er sagte seinen Kindern, dass die
Dinge sich von nun an ändern müssten. Es gehe nicht an, dass die
Mutter müde von der Arbeit heimkomme und dann kochen, putzen,
abwaschen müsse. Das sei schlicht unfair. Von jetzt an müssten alle
mithelfen.

In diesem Moment spürte Bafana Khumalo, dass seine Anstrengungen auf fruchtbaren Boden gefallen waren. Der frühere Anti-
Apartheids-Aktivist und Pastor hatte 2006 das Sonke Netzwerk für
Geschlechtergerechtigkeit mitgegründet, eine Nichtregierungsorganisation (NGO), die Männer für einen anderen Umgang mit Frauen
und Sexualität zu gewinnen versucht. Sonke – ein Nguni-Wort für
»zusammen« oder »alle von uns« – gilt als eine der besten und pro-
duktivsten NGOs für emanzipative Männerarbeit weltweit. Sie wird
unterstützt von mehreren Stiftungen, UN-Organisationen und der

südafrikanischen Regierung. Die rund 30 Hauptamtlichen organisieren zusammen mit 20 *peer educators* Workshops und Kampagnen in den Slums von Kapstadt, Pretoria und Johannesburg, in Kirchengemeinden und abgelegenen ländlichen Gebieten. Die Resonanz ist überwältigend. Binnen zweier Jahre wuchs Sonke explosionsartig und arbeitet inzwischen zusammen mit Partnerorganisationen im ganzen südlichen Afrika – in Mosambik, Namibia, Sambia, Kenia, Uganda, Burundi und Ruanda.

Und überall erzählt Bafana Khumalo, der Mann mit dem strahlenden Lachen unter dem schmalen Schnurrbart, nun die Geschichte von dem Alten, der das Abwaschen gelernt hat.[1] Studien bestätigen die Erfolge der Sonke-Workshops: Teilnehmer arbeiten danach signifikant häufiger im Haushalt, sind weniger gewalttätig, benutzen öfter Kondome und senken so die Ansteckungsrate mit dem Aids-Virus.[2] Südafrikas Traditionen führten dazu, sagt Khumalo, dass Männlichkeit »mit Dominanz und Aggression, sexueller Eroberung und Furchtlosigkeit« verwechselt werde. Um das zu ändern, müssten alle Aspekte von Ungerechtigkeit zwischen den Geschlechtern angesprochen werden. Er glaubt, dass es dazu eine hohe Bereitschaft in der südafrikanischen Gesellschaft gebe. Das extrem hohe Gewaltniveau beunruhige auch viele Männer, sie hätten Angst um sich selbst, um ihre Frauen und Töchter.

Die nackten Zahlen sind in der Tat schockierend. Alle sechs Stunden wird in Südafrika eine Frau von ihrem Intimpartner getötet, das ist die höchste Rate, die jemals in der Welt ermittelt wurde.[3] Das Land weist weltweit die höchste Vergewaltigungsrate und gleichzeitig mit rund sechs Millionen Infizierten die höchste HIV-Rate auf – und beide Epidemien sind untrennbar miteinander verknüpft. Einer von vier südafrikanischen Männern hat nach eigenen Angaben mindestens einmal im Leben eine Frau vergewaltigt, so lautete das Ergebnis einer Mitte 2009 veröffentlichten repräsentativen Umfrage.[4] Fast die Hälfte der anonym befragten Männer gab zu, schon mehrfach vergewaltigt zu haben. Beinahe drei Viertel von diesen Tätern sagten, sie hätten ihren ersten sexuellen Angriff schon als Teenager begangen. Fast neun Prozent waren nach eigenen Angaben an *gang rapes* beteiligt, an Vergewaltigungen zusammen mit anderen Tätern. Viele ihrer Opfer waren bei der Tat noch minderjährig: Beinahe zehn Prozent der vergewaltigten Mädchen waren jünger als zehn Jahre, über 16 Prozent waren 10 bis 14 Jahre, fast die Hälfte 15 bis 19 Jahre. Signifikant viele Vergewaltiger übten auch andere riskante Praktiken aus: wechselnde Sexualpartnerinnen, Sex mit Prostituierten, keine Kondome, schwerer Alkoholkonsum.

Männer werden aber auch selbst viel häufiger als angenommen Opfer sexualisierter Gewalt. Zehn Prozent der in dieser Studie Befragten gaben an, schon einmal zum Sex mit einem Mann gezwungen worden zu sein, die Täter aber nicht angezeigt zu haben, weil Homosexualität in Südafrika ein Tabu ist. Knapp drei Prozent sagten, sie hätten andere Männer oder Jungen vergewaltigt. Fast alle Täter waren früher selbst einmal Opfer: Vergewaltiger waren als Kinder oftmals traumatischen Erlebnissen in ihren Familien ausgesetzt, sie hatten Hänseleien und Mobbing erlebt, ihre Eltern waren lieblos oder nicht existent.

Bei Vergewaltigungen und unfreiwilligem Sex stecken sich Frauen oft mit dem Aids-Virus an oder geben es weiter, sodass gewalttätige Männer doppelt so häufig HIV-positiv sind wie nicht gewalttätige. Sexualisierte Gewalt verursacht bei vielen Opfern Wunden im Genitalbereich, sodass das Virus ins Blut gelangen kann. Weibliche Gewaltopfer infizieren sich fast doppelt so oft wie Frauen in nichtgewalttätigen Partnerschaften. Und: Frauen sind in mehr als zwei Drittel aller Haushalte diejenigen, die Aidskranke pflegen müssen, oftmals können sie deshalb Schule und Ausbildung nicht abschließen.

Die hohe Gewaltrate ist ein Erbe des extrem gewalttätigen Apartheid-Systems. Schwarze Männer wurden infantilisiert, indem sie von Weißen nur als *boys* angesprochen wurden. In Minen und Fabriken mussten sie fern von ihren Familien schuften. Während sie ihre Frauen nicht sehen durften, nahmen sich weiße Farmer gegenüber ihren Töchtern das »Recht der ersten Nacht« heraus. Nun versuchen die einst Gedemütigten ihre Männlichkeit wiederherzustellen, indem sie ihrerseits weiße und schwarze Frauen demütigen.

Unter der neuen Regierung von Nelson Mandela erließ das Parlament 1996 zwar die progressivste Verfassung der Welt, in der Menschenrechte im umfassenden Sinne garantiert werden. Jede(r) habe »das Recht auf Freiheit und Sicherheit«, heißt es darin, »einschließlich des Rechts, frei zu sein von allen Formen der Gewalt aus öffentlichen wie aus privaten Quellen«. Auch eine Kommission für Geschlechtergleichheit wurde eingerichtet. Aber: »Wir haben gemerkt, dass wir die Schlacht verlieren, wenn wir nicht die Männer als Partner gewinnen«, befand ein Mitglied der Kommission sechs Jahre nach ihrer Gründung.

Trainer Khumalo stellt in seinen Workshops deshalb heraus, dass Gewalt für Frauen *und* Männer gefährlich ist, dass in Südafrika siebenmal mehr Männer als Frauen getötet werden – fast immer von ihren Geschlechtsgenossen. Für den weißen Ko-Direktor von Sonke, Dean Peacock, der jahrelang in Nicaragua und den USA Männerarbeit betrieben hat, ist das ebenfalls eine »Form von geschlechterbasierter Gewalt«: »Wenn Männer verstehen, dass sie aufgrund derselben Gewalt in großer Zahl sterben, dann suchen sie alternative, friedlichere Wege, um ihre Männlichkeit auszudrücken.« Allerdings fürchtet Peacock, dass der neue Präsident Jacob Zuma ein extrem schlechtes Vorbild für die südafrikanischen Männer ist. Zuma, bekennender Polygamist, stand wegen Vergewaltigung vor Gericht und wurde freigesprochen; draußen sangen seine Unterstützer: »Verbrennt die Hexe, verbrennt die Hexe.« Zahlreiche Männer sagten nun, »wenn Jacob Zuma viele Frauen haben kann, dann kann ich viele Freundinnen haben«, beobachtet der Ko-Direktor von Sonke. »Diese hypermaskuline Rhetorik der Zuma-Kampagne gefährdet unsere Arbeit.«[5]

Umso wichtiger ist es für Sonke, die Multimedia-Kampagne *One Man Can* weiterzuführen. Der Startschuss für das »Flaggschiff« aller Sonke-Kampagnen fiel am 25. November 2006, am Internationalen Tag gegen Gewalt an Frauen. Inzwischen läuft die Kampagne in vielen Ländern des südlichen Afrika – in Form von Musik, Plakaten, T-Shirts, Videos, Buttons, Fußballturnieren, Wandmalereien und Kulturveranstaltungen. Die Botschaft ist bewusst positiv formuliert: »Männer können lieben – leidenschaftlich, respektvoll und sensibel.«

One Man Can richtet sich an Junge und Alte, Väter und Söhne, religiöse und weltliche Führer, Lehrer und Schüler. Väter werden aufgefordert, »ein positives Rollenmodell« für ihre Söhne zu sein, Zeit mit ihnen zu verbringen, ihnen zuzuhören, ihnen beizubringen, wie man Ärger ausdrückt, ohne Gewalt anzuwenden. Lehrer sollen bei ihren Schülern und Schülerinnen darauf achten, ob sie im Unterricht nicht mitkommen, weil sie vielleicht durch häusliche Gewalt traumatisiert sind. Pfarrer und religiöse Führer werden gebeten, Gemeindegruppen zu bilden, in denen Männer sich aussprechen und Frauen einander beistehen können. Jugendliche werden animiert, männliche Stärke zu zeigen, indem sie gegen Gewalt an Frauen kämpfen. »Man bringt uns bei, dass Männer sich nicht kontrollieren können, wenn sie ärgerlich oder wütend sind«, heißt es in einem Text der Kampagne. »Das ist eine Beleidigung für Männer. Wir sind keine Tiere. Wir sind menschliche Wesen mit der Fähigkeit zu entscheiden, wie wir reagieren.«[6]

Auf Deutschland übertragen hieße das, direkt vor der *Tagesschau* einen Film zu zeigen, der Zuschauer auffordert, sich als starke Männer zu erweisen, indem sie Gewaltopfern helfen. Unvorstellbar?

Ein weltweites Netzwerk engagierter Männer

Sonke ist nur eines von unzähligen Projekten für emanzipative Männerarbeit. Wer nach Männern Ausschau hält, die ihre traditionellen Rollen hinterfragen, wird vor allem in Afrika fündig. In Kenia begeben sie sich jeden Herbst auf eine Wanderkonferenz über Dörfer und Märkte, zu Fußballklubs, Ältestenräten und Schulen, wo sie Jungen und Männer zum Palaver herausfordern. »Männer für Gleichberechtigung sofort!« heißt ihre Gruppe, zu der Sozialarbeiter und Erweckungsprediger, Automechaniker und Studenten gehören. In der Demokratischen Republik Kongo, wo sexualisierte Gewalt eine Pandemie ist, haben sich Väter zusammengeschlossen, um ihre Töchter zu schützen: »Ne touche pas à mon fille«, »Rühr meine Tochter nicht an«, ist ihre Devise. In der liberianischen Hauptstadt Monrovia kulminierte eine sechsmonatige Anti-Vergewaltigungs-Kampagne unter der resolut feministischen Präsidentin Ellen Johnson Sirleaf in einem zehnstündigen *Stop Rape*-Konzert, in das im Juli 2008 die Massen strömten. Tänzer, Trommler, Sänger, Akrobaten, Comedians, Filmschauspieler, religiöse Führer, Minister, sie alle traten zusammen auf. »Real men?«, fragten die auf der Bühne. »Don't rape!«, brüllte die Menge.

Viele dieser Initiativen vernetzen sich miteinander und helfen sich gegenseitig. In Deutschland immer noch schier undenkbar, in Afrika gang und gäbe: Feministische Gruppen wie die südafrikanischen Safeminists ermuntern Männeraktivisten, an ihren Diskussionen teilzunehmen, und diese laden umgekehrt Frauenaktivistinnen zu ihren Veranstaltungen ein. Ein Beispiel von vielen: Mitarbeiter der Makalele-Universität erarbeiteten eine *Gender against Men*-Ausstellung, die im Sommer 2009 in der ugandischen Hauptstadt Kampala eröffnet wurde. Sie zeigt, wie verheerend Vergewaltigungen als Kriegswaffe auch auf Männer wirken. Denn ihre Identität und Integrität wird zerstört, wenn sie ihre Frauen, Mütter, Schwestern und Töchter nicht beschützen können oder sogar selbst zu sexueller Gewalt gegen ihre Liebsten gezwungen werden.

2006 initiierten das schwedische Entwicklungsministerium und die Oak Foundation eine weltweite Vernetzung von rund 300 emanzipativen Männerinitiativen unter dem Namen Men Engage (www.menengage.org). Im Frühjahr 2009 trafen sich im brasilianischen Rio de Janeiro rund 450 Engagierte aus 80 Ländern zum ersten Weltgipfel dieser *engaged men*. Sie diskutierten über Gewaltverhütung, Männergesundheit, Aidsprävention, fürsorgliche Vaterschaft, Kampf gegen Homophobie, sexuelle und reproduktive Rechte, werteten bisherige Kampagnen aus und knüpften internationale Kontakte. Sonke war selbstverständlich mit dabei und auch das 1997 gegründete brasilianische Instituto Promundo, das zahlreiche Materialien zur Arbeit mit Männern in Slumvierteln und anderswo erarbeitet hat. Auch Lateinamerika ist ein wichtiges Feld für Männerarbeit: Jugendliche Latinos halten ihre Gesundheit laut einer Promundo-Studie für weniger wichtig als ihre Virilität, worunter sie frühe und viele sexuelle Erfahrungen, Sex ohne Kondom und wenig Intimität mit Partnerinnen verstehen.[7]

Mit von der Partie war in Rio auch die 1991 gegründete internationale White Ribbon Campaign. Ihre Aktivisten tragen eine weiße Schleife und zeigen damit, dass sie gegen Gewalt an Frauen kämpfen. Die Nichtregierungsorganisation mit Hauptsitz in Kanada hat mittlerweile in über 55 Ländern Anti-Gewalt-Kampagnen initiiert oder mit unterstützt – von Argentinien bis zu den USA, von Südafrika bis Marokko, von Spanien bis Estland, von Neuseeland bis nach Indien und China.

Am Ende der Tagung verabschiedeten die Teilnehmenden eine wegweisende Erklärung, die sogenannte Deklaration von Rio. »Was uns vereint«, heißt es darin, »ist unsere starke Wut auf Ungleichheit, die das Leben von Frauen und Mädchen verpestet, und die selbstzerstörerischen Anforderungen, die wir Jungen und Männern zumuten. Aber was uns hier noch mehr zusammenbringt, ist ein mächtiges Gefühl von Hoffnung, Erwartung und Möglichkeiten, weil wir gesehen haben, wie fähig Männer und Jungen zur Veränderung sind, zum Wechsel, zur Fürsorglichkeit, zu Gefühlen, zu leidenschaftlicher Liebe, zur Arbeit an Gerechtigkeit für alle.«

Die Erklärung zählt »die hohen Kosten« auf, die Männer und Jungen durch die rigide gesellschaftliche Definition von Männlichkeit zu zahlen hätten: Jungen lernten, »ihre Humanität zu verleugnen«, wenn sie nach »gepanzerter Männlichkeit« suchten. Die Mächtigen in politischen, ökonomischen und religiösen Schlüsselstellungen opferten junge Männer in Kriegen als Kanonenfutter. Und viele Männer fügten sich selbst immense Verletzungen oder Schäden zu, weil sie ihre physischen und psychischen Bedürfnisse verleugneten. In der Tat kann man an der weltweit grassierenden Trunk- und Drogensucht von Männern ablesen, wie hoch der Leidensdruck ist, den die Gewaltkultur der hegemonialen Männlichkeit auslöst.

»Zu viele Männer leiden«, so heißt es weiter, weil Gruppen von Männern über Frauen *und* Männer herrschten. »Zu viele Männer, genauso wie zu viele Frauen, leben in fürchterlicher Armut, in Erniedrigung oder werden zu Arbeiten gezwungen, die ihnen an Leib und

Seele schaden, um ein wenig Nahrung auf den Tisch zu bringen. Zu viele Männer tragen tiefe Narben davon bei dem Versuch, die unmöglichen Anforderungen an Männlichkeit zu erfüllen, und finden schrecklichen Trost durch riskantes Verhalten, Gewalt, Selbstzerstörung oder durch Alkohol und Drogen, aus denen andere Nutzen ziehen. Zu viele Männer erfahren Gewalt durch andere Männer. Zu viele Männer werden stigmatisiert und bestraft, nur weil sie andere Männer lieben, begehren und mit ihnen Sex haben.« Aber nun wachse eine weltweite Bewegung heran, die Millionen Männer erreiche.[8]

Die Deklaration endete mit einem Aktionsplan, der sich an Individuen, Gemeinden, Nichtregierungsorganisationen, Regierungen, Unternehmen, Medien, Stiftungen und die UN wendet. Im Steuerungskomitee der globalen Allianz von Men Engage mit ihren 300 Partnerorganisationen sitzen NGO-Vertreter aus Brasilien, Großbritannien, Schweden und den USA; im Beratungskomitee findet man neben Sonke auch UN-Organisationen, denn Men Engage fühlt sich verpflichtet, an der Erfüllung der UN-Milleniumsziele mitzuarbeiten, zu denen die Reduzierung weltweiter Armut und mehr Geschlechtergleichheit gehören.

Die Voraussetzungen dafür sind nicht schlecht, denn gerade in Afrika, dem von Armut und Kriegsgewalt am stärksten betroffenen Kontinent, finden sich die meisten aktiven Ländernetzwerke von Men Engage – in Südafrika, Tansania, Äthiopien, Namibia, Kenia und Ruanda. Jedes dieser Netze wird von ein bis zwei Organisationen koordiniert. Auch in Asien gibt es Netzwerke, so in Bangladesch, Nepal, Pakistan, Indien, Afghanistan und Sri Lanka. In Nordamerika existiert bisher noch keines, aber die bestehenden in Brasilien, Mexiko, Nicaragua und Chile haben sich über die Jahre hinweg konsolidiert. Men Engage Europe wiederum wurde im Januar 2009 durch mehr als 70 Delegierte aus 30 europäischen Ländern in Stockholm gegründet. Aus Deutschland waren Vertreter des Gunda-Werner-Instituts der Heinrich-Böll-Stiftung, des Kinderschutz-Zentrums Oldenburg und des Dissens-Männerprojekts angereist.

Eine vielversprechende weltweite Bewegung also, die unzählige erfolgreiche Projekte initiiert hat. Eine Fundgrube dafür ist der im

Dezember 2008 erschienene UN-Bericht *The Role of Men and Boys in Achieving Gender Equality*.[9] Emanzipative Männerprojekte fehlen in arabischen Ländern jedoch fast völlig, sowohl bei Men Engage als auch bei der White Ribbon Campaign. Ausgerechnet dort, wo die Erosion des traditionellen Patriarchats die wohl gefährlichsten Spielarten von männlichem Terrorismus hervorgebracht hat, scheint es zu wenige zu geben, die Manns genug sind, sich dem entgegenzustemmen.

Konkurrenz, Karriere und Kollaps oder: Das Patriarchat schadet Ihrer Gesundheit

Die Versammlungshalle beim Männergipfel sei »voller Energie« gewesen, berichtete der kanadische Soziologe Michael Kaufman, Mitbegründer der White Ribbon Campaign und UN-Berater, in einem »Brief aus Rio«.[10] Kaufman – verheiratet, Vater zweier Kinder, lockige graubraune Haare und Brille – hat im Laufe seiner akademischen Karriere erkannt, dass es genau die scheinbaren Privilegien sind, die dem männlichen Geschlecht am meisten schaden.

Er und andere Wissenschaftler machen das auch an der Lebensspanne und der Lebensqualität fest. Je ausgeprägter ein Patriarchat, je größer also die Privilegien für Männer, desto geringer ist die männliche Lebenserwartung, haben sie herausgefunden. Klas Hyllander von der schwedischen Initiative Männer für Geschlechtergleichheit zeigte in einem Workshop in Rio anhand von Statistiken, dass Männer weltweit signifikant öfter an Selbstmord, Unfällen, Gewalt, Krebs, Alkohol- oder Drogenmissbrauch, Mord und allgemeinem Risikoverhalten sterben – oder weil sie einfach nicht zum Arzt oder Psychologen gehen. »Männliche Gewalt gegen sich selbst fängt nicht beim Selbstmord an, vielmehr hört sie dort auf«, schreibt auch die Journalistin Claudia Heine. »Drei Viertel aller Selbstmörder, 80 Prozent aller Suchtkranken, zwei Drittel aller Notfallpatienten, über 90 Prozent aller Häftlinge in Strafanstalten sind Männer. Gewalt gegen andere hat etwas mit Gewalt gegen sich selbst zu tun. Sie wird als Kompensation benutzt.«[11] Und der US-Soziologe Michael Kimmel ist sich sicher: »Die Ideen, die uns glauben machen, wir seien ›wirkliche Männer‹, sind genau die Dinge, die unsere Gesundheit gefährden.« Er zitiert eine 1994 erschienene Studie über US-Jugendliche, wonach diese glauben, besonders »männlich« zu sein, wenn sie von der Schule suspendiert werden, trinken, auf der Straße Drogen nehmen, viele Sexualpartnerinnen haben, keine Kondome benutzen, von der Polizei aufgegriffen werden oder jemanden zum Sex zwingen. »Echte Männer«, sagte ein Mann aus Simbabwe zu Kimmel, »werden nicht krank.«[12] Dass Männer früher sterben als Frauen, hat größtenteils keine biologischen Gründe. Das belegen Studien in Klöstern: Mönche werden nämlich genauso oder fast genauso alt wie Nonnen.[13]

»Viele Männer«, hat auch der Bielefelder Gesundheitswissenschaftler Klaus Hurrelmann beobachtet, »betrachten ihren Körper funktional, als eine Art Leistungsmaschine, die nur dann gewartet werden muss, wenn sie völlig aus dem Takt geraten ist. Sie betrachten ihren Körper häufig als einen inneren Gegner, der kämpft und besiegt werden muss, um übergeordnete, insbesondere auch berufliche Ziele zu erreichen.« Männer hielten ihren Körper für einen Besitz, mit dem sie »wuchern können«, und seien verärgert, wenn er nicht funktioniert: »Am Ende des Lebens summiert sich diese Kombination aus Verdrängung und Ignoranz zu der höheren Todesrate.« Die drei »K« des Mannes seien »Konkurrenz, Karriere und Kollaps«. Hurrelmann fügt hinzu: »Hier schimmert das alte Muster durch, das immer noch in Erziehung und Sozialisation vorherrscht: Ein Mann ist Indianer, und ein Indianer kennt keinen Schmerz. Entsprechend sind Anspannungen und Belastungen im körperlichen und psychischen Bereich heroisch zu ertragen. Wenn Jungen vor Schmerzen weinen, dann riskieren sie ihren Platz in der männlichen Hierarchie. Frauen werden hingegen schon im Jugendalter dazu angehalten, mit ihrem Körper pfleglich und sorgsam umzugehen.«[14]

Womöglich ist die Lebenserwartung der Geschlechter ein guter Indikator für Egalität. In Schweden nähern sich die Lebensspannen von Männern und Frauen einander an: Männer sterben hier seltener durch Rauchen, Alkohol, Unfälle oder Selbstmord, weil sie mehr Verantwortung für die Familie übernehmen und seltener sinnlose Risiken eingehen. In Deutschland und Österreich leben sie hingegen im Schnitt sechs Jahre kürzer als Frauen, in Frankreich acht und in Russland sogar 10 bis 13 Jahre.[15] Der wichtigste Grund für die kürzere Lebenserwartung russischer Männer ist Trunksucht: Sie verursacht nach einer 2009 veröffentlichten Studie die Hälfte der Todesfälle bei Männern zwischen 15 und 54 Jahren. Der Autor der Analyse, David Zaridze, schätzt, dass exzessiver Alkoholkonsum seit 1987 etwa drei Millionen Russen getötet hat: »Dieser Verlust ist ähnlich wie der eines Kriegs.« Die Lebenserwartung der Russen sank direkt nach dem Zusammenbruch der Sowjetunion, die der Russinnen blieb hingegen gleich.[16] Offensichtlich ertränken viele russische Männer ihren Statusabsturz im Alkohol, während die weniger statusbewussten Frauen besser damit zurechtkommen – wiewohl sie oft genug auch noch die Familie durchfüttern müssen.

Allerdings: Männer mit unsicherem Status oder von niedriger sozialer und ethnischer Herkunft sterben wesentlich früher als ihre privilegierten Geschlechtsgenossen. Erick Savoye, Direktor des *European Men's Health Forum*, wies auf dem Treffen von Men Engage Europe in Stockholm darauf hin, dass schwarze Männer in Washington eine durchschnittliche Lebenserwartung von nur 63 Jahren hätten, weiße in Montgomery County jedoch im Schnitt 80 Jahre alt würden.[17]

Das weltweit vielleicht dramatischste Beispiel für eine geradezu tödlich wirkende Männerherrschaft ist das autoritäre, extrem patriarchalische Swasiland. Dort regiert König Maswati III., der 13 Frauen ehelichte, was im Vergleich zu seinem Vorgänger mit seinen 120 Gattinnen sogar noch eine gewaltige Reduzierung war. Der König verbot durch Dekrete jede Form von politischer Betätigung und ließ für sich und seine Frauen Luxuspaläste bauen, die Mehrheit seiner 1,2 Millionen Untertanen muss hingegen von weniger als einem Dollar pro Tag leben. Die Lebenserwartung der gesamten Bevölkerung ist zwischen 2000 und 2009 auf die Hälfte gesunken: von durchschnittlich 61 auf 32 Jahre. Ursache: die höchste HIV-Ansteckungsrate der Welt. Rechnet man Alte und Kinder heraus, beträgt sie 63 Prozent. Das traditionelle männliche Sexualverhalten, sich mit möglichst vielen Frauen zu paaren, keine Kondome zu benutzen und viele Kinder zu zeugen, verbreitet Aids mit tödlicher Geschwindigkeit. »Swasis glauben, dass Frauen kontinuierlich Kinder gebären und Männer viele Partnerinnen schwängern sollten«, kommentiert der dort arbeitende Jugendberater Joseph Dlamini. »Deshalb ist die Polygamie hier so stark – als Institution und in den Köpfen junger Männer, die womöglich niemals heiraten, aber viele Kinder von verschiedenen Freundinnen haben.« Die Frauen hätten jedoch nichts zu sagen. Entscheidungen, auch über die Familienplanung, würden traditionell nur von Männern gefällt. Wenn eine Frau nur Töchter zur Welt bringe, werde sie meist gezwungen, weiter Kinder zu gebären, bis endlich der ersehnte Sohn komme. Stirbt der Ehemann – womöglich an Aids –, werde die Witwe an dessen Brüder »weitervererbt« und trage so das Virus weiter. Die bittere Ironie der Geschichte: Männliches Sexualverhalten, das eigentlich eine schnelle Vermehrung der Bevölkerung zum Ziel hatte, führt nun zu einer dramatischen Bevölkerungsreduktion. Wenn sich nichts ändert, wird der Staat Swasiland bald zusammenbrechen.[18]

Dass das Leitbild der hegemonialen Männlichkeit Männer tötet oder mindestens ihrer Gesundheit schadet, fanden auch britische Wissenschaftler heraus. 1995 verglichen sie 51 Länder in Asien, Amerika, Europa und Australien – Afrika ließen sie außen vor, weil ihnen die Datenbasis zu unzuverlässig erschien. Ihr, wie sie selbst zugaben, nicht ganz optimaler Indikator für ein starkes Patriarchat war die Anzahl der getöteten Frauen in den jeweiligen Ländern. Das Ergebnis: In Russland, Kasachstan, Lettland, Moldawien und Kirgisien war die Mordrate an Frauen am höchsten, gleichzeitig lebten die Männer dort am kürzesten. Studienleiter Alex Scott-Samuel ist sich sicher, die Ursache für das kurze Leben der Männer sei ihr stressiger Lebensstil: Statusstreben und Alkohol, Unfälle aufgrund riskanten Verhaltens, Gefühlsunterdrückung und Gewalt gegen den eigenen Körper. Dieselben Praktiken, mit denen Männer Frauen niederhielten, zerstörten sie selbst. Scott-Samuels Fazit: Die Unterdrückung schadet auch dem Unterdrücker.[19] »Das Patriarchat gefährdet Ihre Gesundheit, es tötet Frauen *und* Männer«, könnten Gesundheitsminister als Warnbanderole auf Zigarettenschachteln und Bierflaschen kleben.

Die Schleusenformel oder:
Gleichheit verhindert Kriege

Immer mehr schält sich also das scheinbare Paradox heraus: Dort, wo Frauen gestärkt werden, leben auch Männer und Kinder besser.[20] Dort aber, wo männliche Privilegien geschützt und verteidigt werden, schadet das allen – Frauen, Männern und Kindern. Mehr noch: Vorteile für Männer sind ein Entwicklungshindernis für ganze Nationen. Man könnte das auch auf eine Art Schleusenformel bringen: Wenn es Frauen besser geht, hebt sich das Niveau der ganzen Gesellschaft und das Schiff namens Entwicklung kann seinen Kurs fortsetzen. Wenn aber Männer bessergestellt werden, verstärkt sich das schon bestehende gesellschaftliche Gefälle, viele rutschen vom Schiff und ertrinken.

Nicht nur für die eigene Aggressionsbereitschaft, auch für die ihrer Länder zahlen Männer einen hohen Preis. Das gilt besonders für Sicherheitskräfte, die ständig Mut und Gewaltbereitschaft demonstrieren müssen, die verletzt, traumatisiert und getötet werden. Das gilt aber auch für unbewaffnete Bürger: Sie leben unfrei, weil ihnen Spielräume für das Ausleben ziviler oder dissidenter Männlichkeit genommen werden. »Angesichts der ausgeprägten Risiken, die eine Kultur männlicher Dominanz mit sich bringt, erscheint eine konsequente Politik der Frauenemanzipation weltweit dringend geboten«, zu diesem Schluss kommt auch der Kriminologe Christian Pfeiffer. »Am sichersten leben wir, wenn Frauen und Männer gleichberechtigt sind.«[21]

Das scheinen auch die Studien der US-Konfliktforscherin Mary Caprioli zu bestätigen. Sie zeigen einen engen Zusammenhang zwischen Gleichstellung, innerem und äußerem Frieden. In einer statistischen Analyse von 159 Ländern zwischen 1960 und 1992 fand Caprioli zusammen mit ihrem Kollegen Marc A. Boyer heraus: Staaten verfolgen eine friedliche Außenpolitik, wenn viele Frauen in ihren Parlamenten vertreten sind, wenn diese schon lange das Wahlrecht haben, wenn ein hoher Prozentsatz von ihnen bezahlt arbeitet und die Geburtenrate niedrig ist. Die USA sind als Supermacht die berühmte Ausnahme von der Regel.

Capriolis Ergebnisse gelten anscheinend aber auch umgekehrt: Länder mit wenigen oder keinen weiblichen Parlamentariern, ohne ein schon länger geltendes Frauenwahlrecht, mit wenig bezahlten Jobs für Frauen und einer hoher Geburtenrate neigen dazu, Konflikte mit anderen Staaten gewaltförmig auszutragen. Das Ausmaß an innerer Gewalt, so könnte man zusammenfassen, drückt sich früher oder später auch außenpolitisch aus.

In einer weiteren Studie kam Caprioli 2005 zu dem Ergebnis, dass Bürgerkriege in einem Staat umso wahrscheinlicher seien, je größer das Machtgefälle zwischen Frauen und Männern sei, je mehr Kinder auf die Welt kämen und je weniger Frauen bezahlter Arbeit nachgehen könnten.[22] Je weiblicher, desto friedlicher? Auch wenn die Ergebnisse dieser Studien in den Ohren der Autorin schön und logisch klingen, sei einschränkend darauf hingewiesen, dass viele Krisenländer weder willens noch in der Lage sind, harte Zahlen über die Lebensumstände ihrer Bevölkerung zu liefern, und die Statistiken oft auf fragwürdigen Schätzungen beruhen. Diese möglichen Verzerrungen betreffen tendenziell alle Statistikanalysen. Friedensforscherin Simone Wisotzki vom Hessischen Institut für Friedens- und Konfliktforschung ist deshalb der Meinung, man müsse solche quantitativen Analysen durch qualitative ergänzen.[23]

Dasselbe trifft auch auf die verschiedenen internationalen Rankings zu – so beliebt sie heutzutage auch sind. Dennoch kann man ihnen Tendenzen entnehmen, deshalb seien die für unser Thema wichtigsten vier vorgestellt.

Das Weltwirtschaftsforum veröffentlicht jedes Jahr einen *Gender Gap Report,* eine Rangordnung von Ländern in Sachen (Un-)Gleichberechtigung. Gemessen werden die ökonomische Partizipation von Frauen, ihre Teilhabe an Bildung, ihre Lebenserwartung, ihre politische Beteiligung im Parlament und an der Regierung sowie die Amtszeit weiblicher Staatschefs. 2009 standen Island, Finnland, Norwegen, Schweden und Neuseeland auf dem Siegertreppchen, hier war die Geschlechtergleichheit am größten. Deutschland lag 2006 zwar auf Platz fünf, fiel aber 2009 trotz Kanzlerin Merkel auf Platz zwölf zurück. Ausschlaggebend dafür waren die großen Unterschiede zwischen

weiblichem und männlichem Einkommen und die geringe Zahl von
Frauen in Führungspositionen hierzulande. Das Land mit der größten Kluft zwischen Männern und Frauen war nach Wertung des Welt-
wirtschaftsforums der Jemen, gefolgt vom Tschad, Pakistan, Benin
und Saudi-Arabien.

Frauen sind weltweit im politischen Bereich massiv unterreprä-
sentiert. In nur 24 Staaten erreichen sie in den Parlamenten die »kri-
tische Masse« von über 30 Prozent, die sie zu einem messbaren Einfluss auf die nationale Gesetzgebung befähigt. Die meisten weiblichen
Abgeordneten zählt nach einer Aufstellung der Interparlamentari-
schen Union vom Herbst 2009 Ruanda, gefolgt von Schweden, Südafrika, Kuba, Island, Argentinien, Finnland, den Niederlanden, Dänemark, Angola, Costa Rica, Spanien, Andorra, Belgien, Mosambik,
Neuseeland, Nepal und Deutschland. Das zeigt: Westliche Staaten
sind keineswegs so eindeutig die Vorkämpfer für Frauenrechte, für die
sie sich gerne ausgeben. Ruanda, das als Konsequenz aus dem Völkermord von 1994 Frauen gezielt fördert und mit 48,8 Prozent den Weltrekord beim Parlamentarierinnen-Anteil hält, taucht im *Gender Gap
Report* allerdings gar nicht auf.[24] Überhaupt ist der Bericht umstritten, unter anderem weil die Berechnung verschiedener Indizes fragwürdig ist. Beispielsweise geht der Lebenserwartungs-Index davon
aus, dass Frauen »von Natur aus« fünf Jahre älter werden als Männer.

Auf den ersten Plätzen des *Gender Related Development Index*
wiederum standen 2009 Norwegen, Australien, Island, Kanada und
Irland; Deutschland landete trotz seines materiellen Wohlstands vergleichsweise abgeschlagen auf Rang 22.[25] Das von der UN-Entwicklungsorganisation UNDP erstellte Ranking misst, wie verschieden für
Frauen und Männer die Lebensqualität in einem Land ausfällt. Es ist
eine Erweiterung des *Human Development Index*, der Lebenserwartung, Bildungsstandard und reale Kaufkraft in seine Bewertung einbezieht; wie der *Gender Gap Report* geht jedoch auch dieser Index
davon aus, dass die Lebenszeit der Frauen biologisch bedingt höher
sei als die der Männer. Sein Ergebnis: In keinem Land der Welt haben
Frauen die gleichen Chancen auf ein »gutes Leben« wie Männer.

Ergänzend dazu hat die UNDP das *Gender Empowerment Mea-*

sure entwickelt. Es misst den Anteil von Frauen in Parlamenten, auf den Führungsebenen der Wirtschaft, in der Facharbeiterschaft und am nationalen Privateinkommen. Hier belegten 2009 folgende Länder die ersten Plätze: Schweden, Norwegen, Finnland, Dänemark und die Niederlande; Deutschland folgte auf Rang neun. Von 109 untersuchten Ländern wiesen nur die skandinavischen eine hohe Gleichstellungsrate auf. Dabei fördert ein hohes Volkseinkommen nicht automatisch Geschlechtergerechtigkeit: Trinidad und Tobago landeten mit Rang 14 noch vor Großbritannien und einige reiche Ölstaaten auf den letzten Plätzen. Die Vereinigten Arabischen Emirate belegten dank ihrer vergleichsweise progressiven Frauenförderungspolitik aber einen relativ guten Platz 25, gefolgt von Südafrika, Costa Rica und Griechenland.[26]

Der *Global Peace Index* schließlich misst – dem eigenen Anspruch nach – die friedlichsten Länder der Welt und kam 2009 zu dem Ergebnis, dass dies Neuseeland, Dänemark, Norwegen, Island und Österreich seien. Deutschland landete auf Platz 16. Schlusslichter der Tabelle sind der Sudan, Israel-Palästina, Somalia, Afghanistan und der Irak.[27] Das Friedensranking wird vom Institute for Economics and Peace erstellt, einem *think tank*, den der australische Unternehmer Steve Killelea gegründet hat. In den Index fließen 24 Faktoren ein, unter anderem die Anzahl der inneren und äußeren bewaffneten Konflikte, der Kleinwaffen und der gewalttätigen Demonstrationen, die Höhe des Militäretats, das Ausmaß von Korruption und einige Demokratie-Indikatoren. 4 der 24 Faktoren betreffen das Geschlechterverhältnis, einer misst den Anteil junger Männer an der Gesamtbevölkerung. Sind die Index-Ersteller Anhänger der männerfeindlichen *youth bulge*-Theorie?

Unterm Strich zeigt sich: In allen Rankings liegt Skandinavien weit vorn, also jene Region, in der Frauen und Männer am weitesten gleichgestellt sind. Trotz aller Schwächen dieser Zahlenwerke bestätigt sich erneut, dass ein hohes Maß an Gleichheit in einem Land Frieden und das menschliche Wohlergehen *beider* Geschlechter fördert.

Skandinavien – das Paradies der Gleichberechtigung?

Die nordischen Länder belegen gleichzeitig die ersten Plätze bei einigen weltweiten Umfragen zu Lebensqualität und Glück. Gleichheit und Geschlechterdemokratie scheinen dabei wesentliche Faktoren zu sein, weil sie den dort lebenden Männern und Frauen helfen, Arbeit und Familie besser auszubalancieren. Eine schwedische Studie ergab bereits 1996: Wenn ein Paar eine gute Balance zwischen Arbeit und Familie aushandelt, hat das positive Effekte auf die Gesundheit und das Glücksgefühl aller Familienangehörigen – von Müttern, Vätern und Kindern.[28]

Davon ist auch Lars Jalmert zutiefst überzeugt. Und er scheut sich nicht, sich selbst – auf gut Schwedisch – einen *feminister* zu nennen. Der Stockholmer mit dem schütteren Haar hatte schon viele Berufe: Pädagogikprofessor, Kinderpsychologe, Männerforscher, Herausgeber eines Wissenschaftsjournals, Anti-Gewalt-Aktivist und Regierungsberater in der schwedischen Kommission für die Balance von Arbeit und Leben. Männer, so sagt Lars Jalmert, gewännen Liebe und Lebenszeit, wenn auch sie Verantwortung in Familie und Haushalt übernähmen. Dass die Schweden immer älter werden, spricht dafür: Männer sterben später, seit sie sich verstärkt um ihre Kinder kümmern. Und: »Fast alle Ehen werden deshalb geschieden, weil das Kräftegleichgewicht unausgeglichen ist«, sagt Jalmert. »Wenn Männer das nicht ändern, wollen Frauen sich trennen. Daher haben Männer bessere Beziehungen zu gewinnen, wenn sie sich für Gleichberechtigung engagieren.«[29]

Dass Schweden heute so viele aktive Väter habe, ergänzt er, sei auch dem früheren Ministerpräsidenten Olof Palme zu verdanken. Der setzte bereits 1974 ein Gesetz durch, wonach Eltern nach der Geburt eines Kindes 80 Prozent ihres Gehalts vom Staat bekommen und es beliebig teilen können. »Das war damals eine sehr mutige Entscheidung«, sagt Lars Jalmert. »Die Regierung hatte die öffentliche Meinung nicht auf ihrer Seite, aber sie realisierte, dass Gleichberechtigung ohne eine aktivere Rolle der Väter im Leben nicht existieren konnte. Diese Politiker waren Visionäre.«[30]

Viele der Männer, die für einen politischen Kurswechsel sorgten, waren Söhne von emanzipierten Müttern, die sich schon vor einem halben Jahrhundert für Frauenrechte engagierten. Allen voran Alva Myrdal – Professorin, UN-Direktorin der Abteilung Soziales, Nobelpreisträgerin und Mutter von drei Kindern. Sie spielte in den 1960er Jahren eine wichtige Rolle dabei, dass die schwedische Politik lange vor Resteuropa und der ganzen Welt umsteuerte: weg von Ganztagsmuttis und Halbtagsschulen, weg von der Ehe zwischen Alleinverdienern und Hausfrauen, weg von der Produktion gut ausgebildeter Frauen, die mangels Krippen und Karrieremöglichkeiten dann doch zu Hause Kinder hüten müssen. Das schwedische Regierungskabinett ist inzwischen traditionell fast zur Hälfte weiblich. Europaweit nimmt Schweden bei der Frauenerwerbsquote einen Spitzenplatz ein und hat gleichzeitig eine wesentlich höhere Geburtenrate als Deutschland.[31] Und es besteuert seine Bewohner individuell, nicht nach Ehe- und Familienstand. Staatsgelder, die hierzulande über das Ehegattensplitting in die Hausfrauenzüchtung fließen, kommen dort direkt Krippen, Kitas, Horten und Ganztagsschulen zugute.

Weil aber auch die schwedischen Väter noch in den 1990er Jahren zögerten, Babypausen einzulegen, entschied das Parlament 1995, einen Vatermonat einzurichten, der nicht auf die Mutter übertragen werden konnte. 2002 wurden daraus zwei Monate. Wiewohl zunächst als »schwedischer Staatsfeminismus« gescholten, macht das Erfolgsmodell seitdem in immer mehr Ländern Karriere. Und befördert einen massiven Mentalitätswandel. Schon 2004 gingen über 43 Prozent der schwedischen Männer in die Babypause. In Norwegen geraten nicht mehr die Väter unter Rechtfertigungszwang, die zu Hause bleiben, sondern jene, die das nicht tun. Und Island, das eine je dreimonatige Elternzeit zuerst für den Vater, dann für die Mutter und anschließend für beide vorschreibt, hält mit 90 Prozent aktiver Väter inzwischen den Weltrekord.[32]

Aktive Vaterschaft stärkt nach den Forschungsergebnissen von Lars Jalmert Söhne und Töchter gleichermaßen – und die Männer selbst, weil sie lernen, sich emotional zu öffnen. Das wiederum, führte der Professor 2002 auf einem Kongress an der Universität Leipzig aus, reduziere Aggressionen, denn solche Männer hätten es nicht nötig, mit roher Gewalt auf Ehrerbietung zu drängen. Politiker hätten die Verpflichtung, befand er, männliche Gewalt zu verurteilen: »Wenn ein Spitzenmann das sagt, hören andere Männer zu.«[33]

Ist Schweden also ein Paradies der Gleichberechtigung? Nein, sagen Arbeitsmarktforscher. Die Arbeitsteilung der Geschlechter sei hier genauso strikt wie anderswo: Frauen arbeiten im eher schlecht bezahlten öffentlichen Sektor, Männer machen im gut bezahlten Privatsektor Karriere; die Männerdominanz im Geschäftsleben, in Wissenschaft, Kirche und Militär ist ungebrochen. Nein, befindet auch Kira Cochrane vom *New Statesman* am Ende eines Jubelartikels über das schwedische Modell. Und warum? Die Steuern seien zu hoch und die Schnapspreise erst recht.[34]

Also nicht Schweden. Aber welches Land dann? In matriarchalischen Gesellschaften leben beide Geschlechter am besten, behauptet der argentinische Arzt, Journalist und Fotograf Ricardo Coler, der zu diesem Thema diverse Bücher und Fotoreportagen veröffentlicht hat. Bei der chinesischen Minderheit der Mosuo traf er nach eigener Aussage auf die »reinste Form des Matriarchats« und schrieb nach längerem Aufenthalt darüber ein Buch. Dort gebe es keine Ehen, keine Kleinfamilien und keine Gewalt, dafür ein freies Liebesleben und viele faulenzende Männer, berichtet er. Sein Fazit: »Wo die Frauen das Sagen haben, geht es auch den Männern besser.« Eine argentinisch-chinesische Märchenstunde? Nein, sagt er, denn auch bei den Mosuo gebe es Entsetzliches: Buttertee. »Das ist, als ob du Tee aus Fett trinken musst.«[35]

Mädchenbildung ist fruchtbarer als Dünger

Menschen in Ländern mit hoher weiblicher Analphabetenrate und starkem Gefälle zwischen den Geschlechtern leiden stärker unter Hunger als Menschen in Ländern mit größerer Gleichberechtigung, hat das Washingtoner International Food Policy Research Institute herausgefunden, das auch einen *Global Hunger Index* veröffentlicht.

»Geschlechtergleichheit ist ein Schlüsselfaktor, um das Hungerproblem zu lösen«, sagt sein Forschungsdirektor Suresh Babu und nennt zwei Beispiele aus Afrika: Im Tschad sei der Hungerindex extrem hoch; hier könnten nur 13 Prozent der Frauen lesen im Vergleich zu 41 Prozent der Männer. In Botswana hingegen, wo alle Kinder zehn Jahre die Schule besuchen könnten und die Geschlechterkluft wesentlich kleiner sei, sei die Situation vergleichsweise gut. Am schlimmsten aber wüte der Hunger in der ebenso streng patriarchalischen wie kriegszerrütteten Demokratischen Republik Kongo.[36]

Wissenschaftler und Entwicklungspolitikerinnen verweisen schon seit Längerem darauf, dass Gleichberechtigung ein Schlüsselfaktor für die Entwicklung von Nationen und Wohlstand ist. »Frauen sind entscheidend für die ökonomische Entwicklung, eine aktive Zivilgesellschaft und eine gute Regierungsführung, vor allem in Entwicklungsländern«, schreibt die US-Professorin Isobel Coleman in *Foreign Affairs*. Der Status von Frauen habe sich zwar in etlichen Ländern verbessert, aber vor allem in Südasien, Nahost und im subsaharischen Afrika sei er weiterhin sehr niedrig. Doch gelte gerade für diese Länder: »Sich auf Frauen zu konzentrieren, ist oft der beste Weg, Geburtsraten und Kindersterblichkeit zu reduzieren, Gesundheit, Ernährung und Bildung zu verbessern, die Ausbreitung von HIV und Aids aufzuhalten, robuste und sich selbst erhaltende Gemeindeorganisationen aufzubauen und eine Demokratie von unten zu ermöglichen.«[37]

Ironischerweise scheint Mädchenbildung die Fruchtbarkeitsrate der Menschen zu senken und die der Felder zu steigern. Eine Faustregel laut Coleman: Wenn Mädchen drei Jahre länger zur Schule gehen, sinkt die Geburtenrate um ein Kind. Mädchenbildung könne sogar fruchtbarer sein als Dünger: »Weltbankstudien sagen aus, dass es in Gegenden mit geringer Frauenbildung produktiver ist, sie ein Jahr länger zur Schule zu schicken, als ihnen den Zugang zu Dünger zu ermöglichen.«

Mädchenbildung gehöre zu den Investitionen, die sich in südlichen Ländern »am meisten auszahlen«, zitiert Coleman den früheren Chefökonom der Weltbank, Lawrence Summers. Gebildete Frauen haben nämlich weniger Kinder, ernähren diese aber besser und kümmern sich mehr um ihre Gesundheit und Bildung: »In sie zu investieren, schafft eine Positivspirale für die Gemeinden.« Studien aus so verschiedenen Ländern wie Bangladesch, Brasilien, Kanada, Äthiopien und Großbritannien ergäben, dass Frauen von ihrem Haushaltsgeld mehr ihren Kindern zugutekommen lassen, Männer dagegen mehr für Alkohol und Zigaretten ausgeben. Wenn das Einkommen der Mütter steige, erhöhe das die Überlebensrate von Kindern 20-mal mehr als Steigerungen im Einkommen der Väter.

Zudem hilft Mädchenbildung Ländern, schneller aus der Armut herauszukommen. Ein Bericht der Kinderhilfsorganisation Plan International kam im Herbst 2009 zum Ergebnis, dass eine nur einprozentige Steigerung der Anzahl höher gebildeter Mädchen einer Nation zu einem Wachstum von 0,3 Prozent pro Kopf und Jahr verhelfe. Begründung: »Ein Extrajahr Bildung steigert das Einkommen eines Mädchens um 10 bis 20 Prozent; es ist ein wichtiger Schritt, um den Armutszyklus zu brechen.« Und: »Frauen reinvestieren 90 Prozent ihres Einkommens in ihren Haushalt, während Männer nur 30 bis 40 Prozent reinvestieren.«[38]

Mary Iskenderian, Chefin der Women's World Bank, bestätigt: »Wenn Sie Frauen wirtschaftlich stärken, reinvestieren diese das Geld in die Versorgung ihrer Kinder und deren Ausbildung. Das ist ein lang anhaltender, generationenübergreifender Nutzen. Wir als Kreditgeber können so sehr effizient die Situation aller Familienmitglieder verbessern, die Frau fungiert als Multiplikator unserer Hilfen. Unsere Erfahrung zeigt auch: Läuft das Geschäft der Frau erfolgreich, wird also ihr Einkommen relevant, steigt irgendwann auch der Mann mit ein – und so stärkt das die ganze Familie.« Wenn man Männern aber direkt Kredite gebe, funktioniere das nur bedingt, weil viele ihr Geld für Prostitution, Glücksspiel, Alkohol und Softdrinks ausgäben. Mit Blick auf die Finanzkrise fügt Mary Iskenderian hinzu: »Hätten wir nicht nur Lehman Brothers, sondern auch Lehman Sisters gehabt, wäre uns die Krise mit dem jetzigen Ausmaß erspart geblieben.«[39]

Bildung ist das beste Verhütungsmittel

Catherina Hinz von der Deutschen Stiftung Weltbevölkerung bestätigt den Zusammenhang zwischen Bildung und Geburtenrückgang, kommt aber zu etwas anderen Zahlen: Ein starker Geburtenrückgang lasse sich in vielen der ärmsten Länder erst ab einer siebenjährigen Mädchenbildung beobachten. Ungebildete Frauen hätten in einer Reihe von Ländern etwa doppelt so viele Kinder wie Frauen mit einer mindestens zehnjährigen Bildung. Aber auch Hinz konstatiert, dass Bildung das beste Verhütungsmittel sei. Mehr noch: »Grundschulbildung für Mädchen ist der Schlüssel für eine nachhaltige wirtschaftliche Entwicklung, die Verringerung der Armut, die Gleichstellung der Geschlechter und die Verlangsamung des Bevölkerungswachstums.« Alarmierenderweise aber nimmt die weibliche Sekundärbildung in vielen Ländern Asiens, Afrikas, Lateinamerikas und Osteuropas ab.[40]

So gesehen, ist die Strategie der Taliban, afghanische und pakistanische Mädchenschulen niederzubrennen, Schulgebäude mit Giftgas und Schulmädchen mit Säure zu attackieren, doppelt katastrophal. Sie raubt nicht nur den Betroffenen die Zukunft, sondern auch ihren Ländern. »Attacken auf Mädchenschulen sind Teil der Langzeitstrategie der Taliban, die Gesellschaft in dunkle Zeiten zurückzustoßen«, schreibt der indische Konfliktforscher D. Suba Chandran. »Welchen besseren Weg gibt es, eine Gesellschaft von Ungebildeten heranzuzüchten, als die Mädchenerziehung zu stoppen? Die Taliban wissen ganz genau, dass jeder Fortschritt Richtung moderner und liberaler sozialer Werte nicht in ihrem Interesse liegt.« Eines der mit Säure verätzten afghanischen Mädchen gab jedoch im Klinikbett kund: »Ich werde weiter zur Schule gehen, auch wenn sie mich töten.«[41]

All diese Erkenntnisse scheinen inzwischen auch in höchste politische Ebenen vorzudringen. US-Präsident Obama betonte in seiner Rede in Kairo, wie wichtig Frauenrechte und Mädchenbildung seien: »Es ist kein Zufall, dass in Ländern, in denen die Frauen gut gebildet sind, die Wahrscheinlichkeit weitaus höher ist, dass die Länder selbst erfolgreich sind. (...) Unser gemeinsamer Wohlstand wird gefördert,

wenn alle Menschen – Frauen und Männer – ihr volles Potenzial aus-
schöpfen können.« Inzwischen hat der Vater zweier Töchter ein *White
House Council on Women and Girls* eingerichtet. Es soll sicherstellen,
dass die US-Behörden bei allen Gesetzen die Auswirkungen auf
Frauen und Mädchen beachten.

Die Einsicht, dass Frauenrechte zentral für die Entwicklung von
Individuen und Nationen sind, ist auch dem Nobelpreisträger Amartya Sen zu verdanken. Der indische Wirtschaftswissenschaftler, an der
Entwicklung des *UN-Human Development Index* beteiligt, war der
Entdecker von Millionen »vermisster Frauen«. 1990 bezifferte er in
einem Artikel in der *New York Review of Books* die Anzahl der Mädchen und Frauen, die sterben mussten, weil ihr Leben als unwichtig
galt, weil sie kaum Zugang zu Nahrung, Medizin und sozialen Diensten hatten, weltweit auf rund 100 Millionen.[42] Eine Studie von 2003
schätzte die Rate »vermisster Frauen« weltweit auf 5,7 Prozent – Spitzenreiter waren dabei Afghanistan (9,3 Prozent), Indien (7,9), Bangladesch (7,8) und China (6,7). Nach weiteren Recherchen korrigierten
die UN die Zahl 2005 nach oben: Rund 200 Millionen Mädchen und
Frauen galten nun als »vermisst«.[43] Die Wissenschaftlerinnen Siwan
Anderson und Debraj Ray fanden 2009 die Hauptgründe für das
»Verschwinden« heraus. Im subsaharischen Afrika sei die Hauptursa-
che Aids: 57 Prozent aller HIV-Infizierten sind dort mittlerweile
weiblich. In China und Indien würden nach Ultraschall-Unter-
suchungen viele weibliche Föten abgetrieben, entsprechend groß sei
dort inzwischen der Frauenmangel. Zugleich sei China das einzige
Land, in dem Frauen sich öfter umbringen als Männer – oft indem sie
Pestizide schlucken. Und in Indien sterben unzählige junge Bräute bei
sogenannten »Küchenfeuern« – als Unfälle getarnte häusliche Morde,
weil ihre Eltern die Mitgift nicht bezahlen konnten.[44]

Mädchenbildung und die Beseitigung von Gewalt gegen Frauen
seien »strategische Investitionen«, die »unmittelbar, langfristig und
über Generationen hinweg positive Veränderungen« bewirkten, heißt
es auch im Weltbevölkerungsbericht der UN von 2005, der dem »Versprechen der Gleichberechtigung« gewidmet ist. »Der Stopp der Gewalt gegen Frauen ist der Schlüssel, um Armut zu beseitigen«, so die

Autoren. Und weiter: »Die Gleichbehandlung der Geschlechter senkt
die Armut, rettet Leben und verbessert die Gesundheit.« Doch gibt es
gerade in Südasien und in den subsaharischen Ländern Afrikas noch
gewaltige Defizite: Hier beendeten nur 69 bzw. 49 Prozent der Mädchen die Grundschule. Der landwirtschaftliche Ertrag dieser Regionen könne um rund 20 Prozent steigen, wenn Frauen genauso viel
Kontrolle über Einkommen, Dienstleistungen und Land hätten wie
Männer. Doch obwohl Frauen zwischen 60 und 80 Prozent der Lebensmittel produzierten, sei es ihnen oft verboten, ohne Erlaubnis
ihres Mannes Land zu erwerben oder es als Witwen zu erben. Der
Bericht schließt unmissverständlich: Um Gleichberechtigung zu erreichen, müssten die Männer mit einbezogen werden. »Einschrän-
kende Geschlechternormen und Stereotype beschränken die Möglichkeiten für beide Geschlechter, und von der Gleichberechtigung
profitieren beide: Frauen und Männer.«[45]

Ohne Frauen keine Renaissance
in der arabischen Welt

Ähnlich sahen es die arabischen Verfasser des *Arab Human Development Report*, der 2005 der Frauenfrage gewidmet war. »Der soziale
Aufstieg der Frauen, sowohl in intellektueller als auch in gesellschaftlicher Hinsicht«, bleibe »eine Grundkoordinate des arabischen Pro-
jekts für eine menschliche Renaissance«, schreiben sie nicht ohne
Pathos. Der UN-finanzierte Bericht basiert unter anderem auf Feld-
forschungen in Marokko, Ägypten, dem Libanon und Jordanien und
sah in der Diskriminierung des weiblichen Geschlechts eine wesentliche Ursache für die enormen Probleme der arabischen Länder.[46]
  Araberinnen seien einem »inakzeptabel hohen Risiko ausgesetzt,
bei der Schwangerschaft und bei der Geburt zu erkranken und zu
sterben«, heißt es in dem Report, auch deshalb hätten sie eine »erheb-
lich niedrigere Lebenserwartung als Männer«. Die Region habe weltweit eine der höchsten Analphabetenraten unter der weiblichen Bevölkerung, wiewohl eine überwältigende Bevölkerungsmehrheit der

Meinung sei, Frauen hätten genauso ein Anrecht auf Bildung wie Männer. Nirgendwo partizipierten Frauen weniger am Wirtschaftsleben als in der arabischen Welt: Im Weltdurchschnitt betrage die Frauenerwerbsquote knapp 56, hier jedoch nur rund 33 Prozent. Zugleich gehöre der Anteil abhängiger Familienangehöriger zu den höchsten der Welt: Jeder Erwerbstätige müsse im Schnitt mehr als zwei Nichterwerbstätige mit versorgen. »In beträchtlichem Umfang«, heißt es im Report, »werden Energien und Investitionen vergeudet, die sonst zu einer stärkeren wirtschaftlichen Entwicklung aller beitragen könnten.«

Noch düsterer als in der Wirtschaft sieht es laut Report in der Politik aus: Der Frauenanteil in arabischen Parlamenten liege unter zehn Prozent. Auch sei das Ausmaß von Gewalt und sexuellen Übergriffen beträchtlich. Diese Mentalität lasse zu, dass »Mädchen lebendig begraben werden«, kritisieren die Autoren. Und kommen zu einem Schluss, der vor der Wirtschaftskrise formuliert wurde, aber womöglich ihre Folgen beschreibt: »Der auf den Frauen lastende Druck nimmt in Krisenzeiten an Heftigkeit zu, denn dann werden Frauen stärker überwacht. Umso eklatanter wird das Recht des Mannes erkennbar, über den Körper der Frau zu verfügen, ihn zu überwachen, zu gebrauchen, zu verhüllen, zu verleugnen und zu bestrafen.«

Die politische Ökonomie der Frauenrechte

Man muss schon eine große Idealistin sein und starke Nerven haben, um einen so undankbaren Job zu machen wie Yakin Ertürk. Die türkische Soziologieprofessorin – kurze dunkle Haare mit einem Schimmer Henna, kluge Augen hinter einer randlosen Brille, ruhig und geduldig – ist UN-Sonderberichterstatterin über Gewalt gegen Frauen. Und Weltbürgerin: aufgewachsen in der Türkei, Studium in Saudi-Arabien, Promotion in den USA. Seit sie 2003 das UN-Ehrenamt übernommen hat, gehört es zu ihren Pflichten, in der Welt herumzufliegen, mit Gewaltopfern zu reden und danach Berichte zu verfassen über den Horror, den sie gesehen und gehört hat. Alle erdenklichen Krisenherde hat sie schon bereist: Guatemala, Palästina, Darfur, Russland, Afghanistan, die Demokratische Republik Kongo und viele andere. Sie hat nach Kriegen mit den Überlebenden, Gefolterten, Vergewaltigten und Verstümmelten gesprochen. Und sie weiß, dass sie nur eine schwache Waffe hat: ihre Berichte an den UN-Menschenrechtsrat, mit denen sie das Gewissen der Weltöffentlichkeit aufzurütteln versucht.

Es gehe ihr nicht allein darum, Fakten zusammenzutragen, sagte sie der Autorin im September 2008, sondern auch um die politische Analyse, woher die Gewalt stamme, damit man sie wirksamer bekämpfen könne. Deshalb hat sie einen besonderen Bericht verfasst: *Political Economy Of Women's Human Rights* war im Mai 2009 fertig. Trotz seines kühl-sachlichen Tons ist er eine leidenschaftliche Abrechnung mit dem Neoliberalismus. »Die gegenwärtige ökonomische Ordnung, die zu oft in der Analyse der Menschenrechte von Frauen vernachlässigt wurde, beeinflusst zutiefst die Gewalt gegen Frauen und die Anstrengungen, sie zu beseitigen«, heißt es darin.[47]

Die neoliberale Form der Globalisierung habe Frauen weltweit ärmer gemacht und sie Gewaltstrukturen stärker ausgeliefert, schreibt Ertürk. Wolle man »private« Gewalt beseitigen, dann müsse man drei Schlüsselelemente angehen. Erstens die Arbeitsteilung der Geschlechter, die Frauen unbezahlte Familienarbeit aufbürde und sie aus dem öffentlichen Raum heraushalte. Zweitens die globale Makroökonomie, die lokale Wirtschaftsformen zerstöre und Frauen in schlecht bezahlte, unsichere Jobs oder in die sexuelle Ausbeutung dränge, die Armut feminisiere, öffentliche Dienste und soziale Netze privatisiere. Beides treibe Frauen in die Arme traditioneller Patriarchen und stärke tribale Strukturen sowie fundamentalistische Ideen. Drittens die Ökonomie bewaffneter Konflikte, die Gewalt normalisiere, in der gesamten Gesellschaft verbreite und die Straflosigkeit der Täter im politischen und häuslichen Bereich fördere. In Nachkriegsländern könne der Wiederaufbau nicht gelingen, wenn Staat und Gesellschaft durch die Privatisierung zentraler Dienstleistungen destabilisiert würden.

Yakin Ertürk fordert deshalb, die politischen Menschenrechte nicht von den sozialen und ökonomischen zu trennen. Flüchtlinge hätten ein Recht auf angemessenes Wohnen, das ihnen auch in Lagern und Camps Sicherheit vor sexuellen Attacken gewährt. Und auch das Recht auf Gesundheit, Bildung, Eigentum, Land und Erbrechte, auf Nahrung und Wasser müsse gewährleistet werden.

Die Kosten der Gewaltkultur

UN-Generalsekretär Ban Ki-moon war »geschockt« und »extrem wütend«, »so sehr, dass ich es kaum ausdrücken kann«. Der Grund seines Zorns: das unglaubliche Ausmaß sexueller Gewalt in der Demokratischen Republik Kongo. Auf seiner Reise durch den Kongo war er im März 2009 mit einer jungen Frau zusammengetroffen, die im Krankenhaus der Hilfsorganisation Heal Africa in Goma behandelt wurde. Das Mädchen war, wie Zehntausende andere im Ostkongo, von Milizionären brutal vergewaltigt worden, als sie aus ihrem zerstörten Dorf fliehen wollte. »Sie leidet nicht nur an ihren physischen Wunden«, berichtete der Generalsekretär nach dem Gespräch mit ihr, »sondern auch darunter, dass sie aus Gründen falscher Scham aus ihrem Dorf und ihrer Familie verbannt wurde.« Allein an dem Tag, an dem er zu Besuch im Hospital war, seien dort zehn vergewaltigte Frauen angekommen. »Vergewaltigung«, so die deutlichen Worte des Koreaners, »ist ein Verbrechen gegen die Menschlichkeit.« Er habe Präsident Kabila in einem Gespräch mitgeteilt, dass er als Führer einer souveränen Nation für solche Akte sexualisierter Gewalt verantwortlich gemacht werde und die »Kultur der Straflosigkeit« für die Täter zu beenden habe.[48]

Ban Ki-moons Reise fand nur wenige Tage vor dem Internationalen Frauentag statt, den die UN im Jahr 2009 unter das Motto »Frauen und Männer vereint zur Beendigung der Gewalt gegen Frauen und Mädchen« stellten. »Gewalt gegen Frauen stellt nicht nur eine krasse Missachtung der Menschenrechte dar, sondern verursacht enorme soziale und wirtschaftliche Schäden«, so das UN-Informationszentrum in Wien.[49]

Ein Jahr zuvor, zu Beginn einer mehrjährigen UN-Kampagne zur Beendigung der Gewalt gegen Frauen, hatte der UN-Generalsekretär auf Statistiken verwiesen, wonach jede dritte Frau unter Schlägen, erzwungenen sexuellen Handlungen und anderen Formen des Missbrauchs leide. Erst in 89 von 193 UN-Staaten sei häusliche Gewalt gesetzlich verboten, Vergewaltigung in der Ehe in bislang nur 104 Ländern und Frauenhandel in bloß 93 Nationen. Die gesellschaftlichen Kosten für diese Gewalt sind enorm: Eine Studie des American Institute on Domestic Violence fand heraus, dass durch die Folgen häuslicher Gewalt jährlich an fast acht Millionen Arbeitstagen nicht gearbeitet werde – umgerechnet sind das 32 000 Vollzeitjobs.[50] Und für Großbritannien schätzte eine 2004 veröffentlichte Studie die direkten und indirekten Kosten der Gewalt auf 440 Pfund pro Kopf und Jahr.[51]

Häusliche Gewalt ist nach einer weltweiten Umfrage der Weltgesundheitsorganisation WHO von 2005 sowohl Ursache als auch Folge von Ungleichheit zwischen den Geschlechtern und bedingt viele chronische Krankheiten körperlicher und seelischer Art. Die WHO hatte rund 24 000 Frauen in Brasilien, Peru, Äthiopien, Namibia, Tansania, Bangladesch, Thailand, Japan, Samoa und Serbien-Montenegro befragt. Ergebnis: Zwischen 50 und 71 Prozent der Frauen in Bangladesch, Äthiopien, Peru und Tansania gaben an, im vergangenen Jahr körperlich oder sexuell misshandelt worden zu sein; nur in Japan lag die Quote unter 20 Prozent. Die meisten Opfer resignierten und suchten nie Hilfe, weder bei der Polizei noch bei Frauenhäusern oder Nichtregierungsorganisationen. Das Risiko für Frauen, geschlagen und missbraucht zu werden, sei in fast allen Ländern der Welt gleich hoch, heißt es in der Studie. In reichen Ländern sei häusliche Gewalt keineswegs weniger verbreitet, doch hätten die Frauen dort wegen ihrer größeren ökonomischen Freiheiten eher die Chance, aus gewaltsamen Beziehungen auszubrechen.

Es reicht jedoch nicht aus, dass UN-Mitarbeiter sich um »Frauenundkinder« paternalistisch kümmern, um eine ironische Formulierung der US-Autorin Cynthia Enloe aufzugreifen – sie müssten endlich auch einmal die zwischenmännliche Gewalt untersuchen, diesen elementaren Baustein des Gewaltsystems der hegemonialen Männlichkeit. Die Misshandlungen, Erniedrigungen und Demütigungen, die Jungen und Männern angetan werden – körperlich, sexuell, psychologisch, sozial, politisch – sind niemals systematisch erforscht worden. Doch auch männliche Opfer verursachen Gesundheitskosten, behindern die Entwicklung von Nationen und verlängern den Teufelskreis der Gewalt über Generationen hinweg – dann nämlich, wenn sich die Gepeinigten an ihren Peinigern rächen oder die erlittene Gewalt durch Brutalität in ihrer Familie weitergeben.

Kein Frieden für Frauen durch Blauhelme

Im Juni 1999 übergab die Vereinigung der Lagerinsassinnen von Bosnien-Herzegowina dem UN-Sondertribunal zu Ex-Jugoslawien brisante Unterlagen. Zeuginnen, die während des Bosnienkriegs in serbischen Lagern als Zwangsprostituierte gefangen gehalten worden waren, warfen hochrangigen Kommandeuren der UN-Friedenstruppen vor, sie vergewaltigt zu haben.

»Ein ausländischer Offizier kam mit zwei Eskorten in den Raum. Ich erkannte den kanadischen General Lewis McKenzie, der mir mit ausgestrecktem Arm entgegenkam und mich auf Englisch mit ›Miss‹ anredete«, behauptete eine junge Bosnierin aus Zenica, die im Hotel »Sonja« in Vogošća bei Sarajevo eingesperrt worden war. General McKenzie habe ihr auf Englisch gesagt: »›Ich bin hier, um Ihnen zu helfen. Das ist in Ihrem Interesse, und Sie sind hier, um mir zu helfen. Das ist mein Interesse. Liebe, die durch Interesse geleitet wird, ist die stärkste Liebe.‹ Ich realisierte, wie es um mich stand. Gefangen, getrennt von meinem neun Monate alten hilflosen Baby. Wir beide waren hilflos und gefangen. Jeder Widerstand wäre verrückt gewesen. (…) Unter den Klängen kitschiger serbischer Musik aus dem Radio befriedigte der General sein Verlangen, und ich verteidigte mein gefangenes Baby. Mit zusammengebissenen Zähnen und zusammengezogenem Herzen. (…) Das ging mit kleinen Unterbrechungen mehr als zwanzig Tage so. Der General besuchte mich sieben bis acht Mal.«[52]

Fünf Zeuginnen sagten laut US-Journalist und Pulitzer-Preisträger Roy Gutman aus, sie seien in dem Zwangsbordell »Sonja« in Vogošća durch Blauhelmsoldaten zum Sex gezwungen worden. Und ein Reporter des italienischen Corriere della Sera ließ sich 1999 in Vogošća von einem bosnischen Polizisten erklären, was es mit jenem »Hotel des Horrors« auf sich habe. Serbische Milizen hätten bosnische Mädchen gefangen genommen und regelrecht selektiert, berichtete dieser: In das Hotel »Sonja« seien »Jungfrauen und die Jüngsten« für die Blauhelmsoldaten einschließlich General McKenzie geschickt worden, die anderen seien an die Soldaten des Serbenkommandanten Ratko Mladić geliefert und »nach Gebrauch« ermordet worden. »Keine Zeugin durfte überleben«, so der Polizist. Auch der bosnische Ministerpräsident Hasan Muratović beschuldigte UN-Kommandeur McKenzie 1999 öffentlich, in Vergewaltigungen verwickelt zu sein; dieser sei in besagtem Bordell nahe Sarajevo gesichtet worden und später Lobbyist für die serbische Sache geworden. Doch jahrelang scheiterten alle Bemühungen, Licht in den Fall zu bringen. 2006 berichtete eine bosnische Tageszeitung, der Kantonalstaatsanwalt von Sarajevo ermittle wegen der Vergewaltigungen in Vogošća gegen den General. Dieser aber verstecke sich hinter seiner Immunität als Blauhelmkommandeur, und die kanadischen Behörden verweigerten seine Auslieferung.[53]

Das Vergewaltigungshotel in Bosnien war keine Ausnahmeerscheinung. Männliche Friedenstruppen sind oft genug das Problem, dessen Lösung sie vorgeben. Bei jeder UN-Mission der letzten 15 Jahre haben die Soldaten massive sexuelle Gewalt gegen jene ausgeübt, die sie doch eigentlich beschützen sollten.[54]

Skandalöses Verhalten von Blauhelmträgern wurde auch aus Angola, Bosnien, Kambodscha, Kongo, Osttimor, Mosambik, Kosovo, Sierra Leone und Somalia berichtet. UN-Blauhelme haben aus dem bis dahin fast aidsfreien Kambodscha eine Hochburg von Aids gemacht und einen rapiden Anstieg von Frauenhandel, Prostitution und HIV-Infektionen verursacht. In Sierra Leone, Bosnien, Kroatien und im Kosovo entstanden durch ihre Anwesenheit riesige Sexmärkte. Ein UN-Untersuchungsbericht über das Verhalten von Blauhelmsoldaten in der Demokratischen Republik Kongo listete etwa 150 Beschuldigungen auf – einschließlich Pädophilie und Vergewaltigung. »Im Kongo wurden viele Fälle von Sex mit Kindern als Prostitution deklariert«, schreibt der Journalist Nicolas Richter. Es habe sich aber eher um Vergewaltigungen gehandelt, »die als Prostitution getarnt waren«. Im Kosovo kamen nach einer Studie von amnesty international von 1999 rund 80 Prozent der Freier aus den Reihen der KFOR-Soldaten und UN-Mitarbeiter. Inzwischen ist dort durch das »Angebot« an neu errichteten Bordellen auch die heimische »Nachfrage« extrem gestiegen. Viele der teilweise noch minderjährigen Mädchen stammen aus Moldawien oder Bulgarien, sie wurden vergewaltigt, verschleppt und ins Kosovo zum »Stückpreis« zwischen 50 und 3500 Euro verkauft.[55]

In Westafrika machte sich offenbar eine regelrechte »Beutesexkultur« rund um Flüchtlingslager breit: Zivilpersonal von UN und rund 40 Hilfsorganisationen tauschte dort Nahrung oder Seife gegen Sex.[56] Eine interne Untersuchung des UN-Flüchtlingskommissariats und der britischen Hilfsorganisation Save the Children im Jahr 2002 zwang die UN-Führung zum Handeln. Der damalige UN-Generalsekretär Kofi Annan verkündete eine »Null-Toleranz-Politik«, und seit 2003 verbieten neue »Verhaltensregeln« – die für jede UN-Mission präzisiert werden – ausbeuterische sexuelle Kontakte zwischen Blauhelmsoldaten und Einheimischen.

Eine löbliche Maßnahme, doch wenig hilfreich, denn UN-Militärpersonal genießt Immunität und kann nur durch Gerichte aus den Herkunftsländern der Blauhelmsoldaten verurteilt werden. Zwar wurden immer mal wieder einige Militärs suspendiert und nach Hause geschickt – unter anderem ein ganzes Kontingent von 734 Marokkanern, das 2007 in der Elfenbeinküste stationiert war, oder 114 aus Sri Lanka stammende UN-Soldaten, die Ende 2007 wegen sexueller Ausbeutung von Minderjährigen in Haiti heimgeschickt wurden.[57] Doch bisher wurden nur wenige strafrechtlich zur Rechenschaft gezogen.

»In vielerlei Hinsicht weichen die Aktivitäten dieser Männer wenig von Sextouristen ab«, so der britische Konfliktforscher und ehemalige Militär Paul Higate.[58] Als Ursache für dieses Verhalten sieht er unter anderem die militärische Ausbildung: Soldaten lernten, »die Feinde« oder »die anderen«, also auch Frauen, zu dehumanisieren.

Doch nicht nur UN-Soldaten, auch das Führungspersonal ziviler Hilfsorganisationen stellte das vermeintliche männliche Recht auf den Gebrauch einer Frau lange Zeit nicht infrage. »Ich kann meinen Männern doch nicht unter die Bettdecke schauen«, sagte der Chef einer großen deutschen Hilfsorganisation zu Monika Hauser, als die Gründerin von medica mondiale ihn auf das Gebaren seiner Mitarbeiter in Liberia ansprach. Hauser kritisierte: »Wenn einer seiner Mitarbeiter sich monatelang eine junge Einheimische als Freundin hält, ihr die Ausreise nach EU verspricht und sie sich dann vom Halse schafft, wenn sie ihm lästig geworden ist, nenne ich das die Ausnutzung einer Zwangslage.« Inzwischen haben einige Hilfsorganisationen, darunter die deutsche Welthungerhilfe (DWHH), Verhaltensrichtlinien für ihr Personal erlassen. »Sexuelle Verhältnisse zwischen DWHH-MitarbeiterInnen und Zielgruppenangehörigen sind zu unterlassen«, heißt es darin, »weil sie naturgemäß auf ungleichen Machtverhältnissen und Abhängigkeitsbeziehungen beruhen.«[59]

Was diese Art von sexuellen Beziehungen für die Männer im Interventionsland bedeutet, ist bisher kaum untersucht worden. Fest steht aber: Viele von ihnen reagieren aggressiv auf Blauhelme und sehen sich in ihrer eigenen Männlichkeit bedroht – sei es, weil sie glauben, keine Frau zum Heiraten zu finden, oder weil sie um die »Ehre« ihrer Töchter fürchten. Zudem erregt auch das protzige Auftreten von Soldaten ihren Zorn: Diese brausen nicht selten in dicken Jeeps heran und zeigen, wie gut sie im Vergleich zu den Einheimischen verdienen. In Sierra Leone, berichtet die Ethnologin Rita Schäfer, habe es in den 1990er Jahren Konflikte zwischen einheimischen Männern und nigerianischen Blauhelmsoldaten gegeben, deren »Potenzgehabe« sei als Affront wahrgenommen worden. Da sich die Soldaten vor allem in den Strandbars von Freetown aufhielten, wo sie jungen Mädchen Geld oder Nahrungsmittel gegen Sex anboten, hießen sie bald nur noch »Beachkeeper«.[60]

Frauen und Männer baden gemeinsam im Fluss

Weder die UN-Menschenrechtserklärung noch die Genfer Abkommen haben bisher solche Praktiken bannen können und auch die von 189 UN-Mitgliedsländern verabschiedete »Aktionsplattform« der UN-Frauenkonferenz 1995 in Peking nicht. Letztere schreibt vor, dass Frauen in Konfliktgebieten »insbesondere vor Angriffen auf ihre Ehre, vor allem vor erniedrigender und entwürdigender Behandlung, Vergewaltigung, Nötigung zur Prostitution und jeder anderen unzüchtigen Handlung zu schützen sind«.

Die UN-Mitgliedsstaaten haben sich auf der Weltfrauenkonferenz auch auf eine Strategie zur Gleichstellung verpflichtet, die bis heute – zumindest in Deutschland – eher belächelt oder politisch bekämpft statt umgesetzt wird: das Gender Mainstreaming. Viele beklagen, damit sei ein bürokratisches Monster geschaffen worden. Doch ist damit nur eine einfache Regel gemeint: Vor jedem Gesetz oder Programm ist zu prüfen, welche Auswirkungen es auf Frauen und Männer hat. Werden Frauen benachteiligt, soll dafür ein Ausgleich geschaffen werden, das Gleiche gilt, wenn Männer diskriminiert werden. Die Voraussetzung für solche korrigierenden Maßnahmen ist allerdings ein funktionierendes Staatsgebilde – und genau daran mangelt es in vielen Ländern des Südens.

Zudem war es ein strategischer Fehler, dass sich in vielen UN-Mitgliedsstaaten niemand die Mühe gemacht hat, Gender Mainstreaming in die einheimische Sprache zu übersetzen oder nach einem anderen guten Begriff zu suchen. Die Folge: In deutschen Beamtenstuben und Kantinen wird eifrig über das »Geschlechterhauptströmen« gelästert. Und in Kambodscha sorgte das Wort gar für Heiterkeit. Die Teilnehmenden an einem Workshop hätten sich »kaputtgelacht«, erzählte ein UN-Mitarbeiter der Aktivistin Sanam Anderlini, weil die Dolmetscher für Gender Mainstreaming keine bessere Übersetzung ins Khmer wussten als »Männer und Frauen springen zusammen in den Fluss«.[61] Männer und Frauen, die zusammen im Strom schwimmen – eigentlich ein schönes Bild.

Auch Sanam Anderlini, Mitarbeiterin der Friedensorganisation

International Alert, stößt sich an der »Gender-Terminologie« oder »Genderologie«, die seit den 1990er Jahren im internationalen Entwicklungsdiskurs um sich gegriffen habe, ohne dass die Begriffe klar definiert wurden. Werde über »Gender« oder »Gender-Perspektive« gesprochen, seien fast immer nur Frauen gemeint, kritisiert sie. Oft werden die Begriffe »Frauen« und »Gender« sogar synonym benutzt, was nicht im Sinne der Erfinderinnen sei.

Wenn aber Gender Mainstreaming nicht beide Geschlechter einbezieht, sondern nur eines, dann stellt die Bürokratie wieder her, was Frauengruppen auf der politischen und normativen Ebene bekämpfen: die Wahrnehmung des weiblichen Geschlechts als Sonderform des Menschen. Anderlini hat beobachtet: »So werden Politikerinnen, insbesondere aus Kriegsgebieten, gerne nicht nur über ihr politisches Fachgebiet befragt, sondern auch über ihre Erfahrungen als Frau in einer Entscheidungsposition und über die Lage, den Status und die Erfahrungen von Frauen allgemein.« Das werde zwar »›eine Gender-Perspektive ermitteln‹ genannt, ist aber in Wirklichkeit ausschließlich eine weibliche Perspektive. Ein männlicher Politiker wird selten über die Situation oder Bedürfnisse von Männern in seiner Gesellschaft befragt.« Damit aber würden die Ursachen des Problems erneut unsichtbar gemacht: »Vernachlässigen wir die Frage, (…) welchem gesellschaftlichen Druck, welchen Gefahren und Verwundbarkeiten Männer ausgesetzt sind, gelangen wir nie an die Wurzel des Problems. In Konfliktsituationen müssen wir uns mit dem Status und den Erfahrungen von Männern auseinandersetzen.«

1325 + 1820 = Frieden?

Anfang 2000 berieten sich in New York anlässlich des fünften Jahrestags der Pekinger Konferenz (»Peking+5«) fünf Menschenrechtsorganisationen: amnesty international, die Internationale Frauenliga für Frieden und Freiheit, International Alert, The Hague Appeal for Peace und die Women's Commission for Refugee Women and Children. Sie gründeten eine Arbeitsgruppe zu Frauen, Frieden und

Sicherheit und forderten eine deutliche Stellungnahme des Sicherheitsrats zum selben Thema. Um die Chancen für eine solche Resolution zu erhöhen, nahm die Arbeitsgruppe Kontakt zu den Botschaftern von Ländern auf, die damals als nichtständige Mitglieder im Sicherheitsrat saßen.

Es war ein Mann aus einem der ärmsten Staaten der Welt, der sich dort als Erster die Sache der Frauen zu eigen machte: Anwarul Karim Chowdhury, damals Bangladeschs Botschafter bei den UN. Er sorgte am 8. März 2000 mit einer Erklärung des Sicherheitsrats für den politischen Durchbruch. In der Folge lud die Regierung von Namibia im Mai 2000 zu einem internationalen Seminar, das die *Declaration of Windhuk* verabschiedete. Zusammen mit der Erklärung des Sicherheitsrats bildete sie die Grundlage für eine umfassende Resolution, an deren Formulierung in den Folgemonaten weltweit Nichtregierungsorganisationen und verbündete Diplomaten feilten.

Am 31. Oktober 2000 verabschiedeten die Mitglieder des Sicherheitsrats unter dem Vorsitz von Namibia einstimmig die Resolution 1325, die die Einbeziehung von Frauen auf allen Ebenen von Friedensprozessen forderte. Die Resolution war eine Revolution im Sicherheitsrat. Denn zum ersten Mal erkannte der Herrenklub damit an, dass Sicherheitspolitik kein geschlechtsneutrales Gebiet ist, dass die Rollen von Frauen und Männern friedliche oder kriegerische Zustände auf der Welt entscheidend mitprägen. Frauen müssen »in den nationalen, regionalen und internationalen Institutionen und Mechanismen zur Verhütung, Bewältigung und Beilegung von Konflikten auf allen Entscheidungsebenen« stärker vertreten sein, lautet ein zentraler Satz. Die Resolution lässt sich mit drei »P« zusammenfassen: **P**rävention neuer Kriege, **P**rotektion vor sexualisierter Gewalt und **P**artizipation von Frauen. Botschafter Chowdhury, von vielen auch der »Vater von Resolution 1325« genannt, formulierte in seiner Rede drei neue Aufgabengebiete für den Sicherheitsrat: den Einfluss bewaffneter Konflikte auf Frauen und Mädchen zu untersuchen, den Frauenanteil in den UN-Organen und -Friedensmissionen zu erhöhen und Frauen in Friedens- und Wiederaufbauprozesse einzubeziehen.[62]

Zwei dem Sicherheitsrat später vorgelegte Studien – *Women, Peace, and Security,* verfasst im Auftrag des UN-Generalsekretärs, und *Women, War, and Peace,* erstellt im Auftrag des UN-Frauenfonds UNIFEM – bestätigen: Wenn Frauen nach einem Konflikt von den Verhandlungen ausgeschlossen werden, wenn sie kaum Posten in Regierung, Parlament, Justiz und anderen Bereichen bekommen, steigt die Gefahr, dass der ganze Friedensprozess scheitert. Ein Land kann sich nicht stabilisieren, wenn die Bedürfnisse und Interessen der Hälfte seiner Bevölkerung nicht wahrgenommen werden. Aber: »Wenn Frauen anwesend sind, verändert sich die Natur des Dialogs«, schrieben die finnische Ex-Verteidigungsministerin Elisabeth Rehn und die jetzige liberianische Präsidentin Ellen Johnson Sirleaf in *Women, War, and Peace,* nachdem sie zahlreiche Gespräche mit Überlebenden und Aktivistinnen in 14 Kriegs- und Nachkriegsländern geführt hatten. »Wenn wir Frauen auf Camp David gehabt hätten, hätten wir ein Abkommen erreicht«, seufzte auch ein frustrierter US-Präsident Bill Clinton nach dem Scheitern der Verhandlungen zwischen Israelis und Palästinensern im Sommer 2000. Die UNIFEM-Studie formuliert es umgekehrt: Die Ergebnisse von Friedensverhandlungen, an denen Frauen beteiligt waren, seien schneller erzielt worden und hätten sich als dauerhafter erwiesen.[63]

Rund um Resolution 1325 entstanden in den Folgejahren weltweit unzählige Aktivitäten: 1325-Freundeskreise, Websites oder Newsletter sowie zahlreiche lokale, nationale oder regionale Initiativen. Sobald irgendwo auf dem Globus Friedensverhandlungen anstanden oder Abkommen geschlossen werden sollten, beriefen sich Frauenorganisationen auf die Resolution und forderten Sitze am Verhandlungstisch. Auch die weltumspannende Initiative »1000 Friedensfrauen weltweit« mit Hauptsitz in Bern, die 1000 meist auf Graswurzelebene arbeitende Friedensfrauen aus über 150 Ländern für den Friedensnobelpreis nominierte, bezieht sich auf Resolution 1325.[64] Die meisten der Nominierten teilen indes die frustrierende Erfahrung, von Politikern, Militärs und UN nach wie vor nicht ernst genommen zu werden.

Viele Aktivistinnen laufen gegen eine Gummiwand – auch, weil die Resolution zahnlos ist. Zwar ist sie völkerrechtlich verbindlich und muss von den UN-Mitgliedsstaaten umgesetzt werden. Aber sie kennt keine Fristen, keine Quoten, keine regelmäßigen Überprüfungen und keine Sanktionen bei Verstößen. Kein Land muss fürchten, dass Friedenstruppen einmarschieren, wenn es die Resolution 1325 missachtet. Die Frauenorganisationen, die jeweils zum Jahrestag ihrer Verabschiedung vom Sicherheitsrat zum informellen Austausch eingeladen werden, waren von Jahr zu Jahr wütender über die mangelnde Umsetzung. In insgesamt 22 Friedensprozessen seit 1992 – in Afghanistan, Bosnien, Burundi, Darfur und Uganda, im Kongo, Kosovo oder anderswo – waren nach einer UNIFEM-Studie nur 7,5 Prozent der Unterhändler und bloß zwei Prozent der Mediatoren weiblich. Und in 14 Friedensgesprächen gehörten zu den Unterzeichnern der Schlussdokumente nicht mal drei Prozent Frauen. Aber »die Männer an den Tischen«, empört sich die Friedensaktivistin Leslie Abdela, »sind meistens Warlords, Mafia, Männer, die Geld und Macht abgreifen wollen, und religiöse Führer, die ihre eigene Machtagenda haben«.[65]

Umso überraschter waren viele von Resolution 1820, die der Sicherheitsrat am 19. Juni 2008 verabschiedete. Darin erkannte er – und auch das war ein Durchbruch – zum ersten Mal in der UN-Geschichte an, dass »Vergewaltigung und andere Formen sexueller Gewalt ein Kriegsverbrechen, ein Verbrechen gegen die Menschlichkeit oder eine die Tatbestandsmerkmale des Völkermordes erfüllende Handlung darstellen können«. Unter Bezugnahme auf die Aktionsplattform von Peking und Resolution 1325 forderte der Sicherheitsrat die umgehende und vollständige Beendigung aller sexualisierten Gewalthandlungen gegen Zivilpersonen, »vor allem gegen Frauen und Kinder« – Männer wurden leider nicht explizit genannt. Die Resolution verlangt zudem neue Anstrengungen zur Umsetzung einer »Null-Toleranz-Politik« gegenüber sexuellen Übergriffen von UN-Personal sowie ein besseres Training vor Friedenseinsätzen, ein Ende der Straflosigkeit für Täter und nachhaltige Hilfe für Opfer. Und droht nichtkooperativen Staaten sogar mit Sanktionen.

Die Resolution hatte ausgerechnet »Miss Guantánamo« eingefädelt, die frühere US-Außenministerin Condoleezza Rice. Spötter lästerten, sie habe sich damit einige freundliche Zeilen im finsteren Geschichtsbuch über die Bush-Regierung sichern wollen. Und Kritiker behaupteten, die mit Sanktionsmöglichkeiten »bewaffnete« Resolution sei nur ein weiteres Einfallstor für die Legitimierung militärischer Interventionen. Der größte Teil der Menschen- und Frauenrechtsorganisationen aber begrüßte die Resolution als »neues Instrument des Völkerrechts«, zumal der Sicherheitsrat im Herbst 2009 mit den Resolutionen 1888 und 1889 seine Verpflichtungen in dieser Hinsicht noch einmal bekräftigte.

Doch: Die Umsetzung der Resolution sei »schwach«, kritisierte ein Jahr nach Verabschiedung von Resolution 1820 die NGO Working Group On Women, Peace And Security, die einst Resolution 1325 angestoßen hatte. Sexualisierte Gewalt habe sich in vielen Ländern fortgesetzt, unter anderem in Burundi, Sierra Leone und der Elfenbeinküste, im Irak, in Afghanistan, Haiti, Liberia, Birma, Somalia, Nepal und Osttimor.[66] In der Demokratischen Republik Kongo, im Sudan, Tschad und der Zentralafrikanischen Republik habe sie sogar zugenommen. Bisher seien nur gegen drei Männer im Kongo Sanktionen verhängt worden: Ihr Vermögen sei eingefroren und gegen sie ein Reisebann verhängt worden. Aber niemand sei verhaftet worden, obwohl dem Sicherheitsrat die Namen einiger Beschuldigter bekannt seien. Die kongolesische Regierung zeige keinerlei Bereitschaft, die Verantwortlichen vor Gericht zu stellen und der grassierenden Kultur der Straffreiheit ein Ende zu machen. Das einzige positive Zeichen sei die Aburteilung von fünf Milizionären vor einem Militärgericht. Sie wurden im Juni 2009 wegen sexueller Verbrechen zu 30 Jahren Haft und zu Reparationszahlungen an über 135 Opfer verurteilt.

Auch dem Sicherheitsrat stellte die Arbeitsgruppe Frauen, Frieden und Sicherheit ein schlechtes Zeugnis aus: Er könne sehr viel mehr tun als bisher, um zu zeigen, dass er es ernst meint. Es fehle an Daten, Überwachungsmechanismen und Sonderbeauftragten, die innerhalb des UN-Systems das Thema ansprechen, aber auch an kohärenten Strategien, um während Friedensmissionen, Friedensverhandlungen und Aufbauprozessen sexualisierte Gewalt zu bekämpfen und

Schutz für Zivilpersonen zu organisieren. Vor allem aber fehle der politische Wille, sexuelle Verbrechen zum Dauerthema zu machen, unter anderem, indem man den dafür politisch Verantwortlichen droht, sie vor den Internationalen Strafgerichtshof zu bringen.

Das Groucho-Marx-Syndrom

»Madam«, sagte einst der US-Komiker Groucho Marx, »ich würde ja meinen Sitz für Sie aufgeben, wäre da nicht die Tatsache, dass ich selbst darin sitze!« Dass Männer ihre Sitze und Machtpositionen nicht zugunsten von Frauen aufgeben wollen, könnte man als Groucho-Marx-Syndrom bezeichnen. Die Vereinten Nationen, das muss man im zehnten Jahr nach der Verabschiedung der Resolution 1325 konstatieren, sind befallen vom Groucho-Marx-Syndrom.

Denn die UN setzen die eigenen Resolutionen 1325 und 1820 kaum um und besetzen Schlüsselpositionen nicht mit Frauen. In ihrer über 60-jährigen Geschichte gab es nie eine Generalsekretärin und gerade mal sieben Frauen als »Sondergesandte des Generalsekretariats«. Wenn das so weitergehe, empörte sich der frühere UN-Sondergesandte Stephen Lewis, sei das Ziel, die Hälfte der UN-Posten mit Frauen zu besetzen, in der Genfer UN-Abteilung erst im Jahr 2072 und in der New Yorker Abteilung Friedensmissionen im Jahr 2100 erreicht.[67]

Auch in der rund 115 000 Personen umfassenden UN-Abteilung für *peacekeeping* sind Frauen weiterhin rar. Nur etwa vier Prozent der UN-Militärs, acht Prozent der UN-Polizisten und 30 Prozent des Zivilpersonals waren 2009 weiblich. »Noch immer gibt es zu wenig weibliche Blauhelme«, kritisierte auch UN-Generalsekretär Ban Ki-moon im Frühjahr 2009. Dabei seien Frauen »oft besser in der Lage, mit einheimischen Frauen zu kommunizieren und ein größeres Sicherheitsgefühl zu vermitteln. Gleichzeitig sind sie selbst ein Beispiel weiblicher Emanzipation.« Der Generalsekretär forderte die Staaten auf, den UN mehr weibliches Personal zur Verfügung zu stellen. Denn verantwortlich für den Frauenmangel sind die truppenstellenden

Länder, und die Haupttruppensteller Pakistan, Bangladesch, Indien, Nigeria und Nepal zeigen bisher wenig Neigung, mehr Frauen auszubilden. Nicht einmal das Versprechen, bei allen Friedensmissionen Geschlechterberaterinnen und -berater einzusetzen, wurde bisher realisiert: 2008 gab es nur 13 derartige Vollzeitstellen in Friedensmissionen.[68]

Dabei zeigen Beispiele, wie wichtig Frauen auf solchen Posten sein können. Ein sehr handfestes ist die rein weibliche indische Polizeieinheit, die im Rahmen einer UN-Friedensmission seit Anfang 2007 für Sicherheit in der liberianischen Hauptstadt Monrovia sorgt. Die 125 Polizistinnen, die bei Unruhen in Indien Erfahrungen gesammelt haben und vor Körpereinsatz nicht zurückschrecken, bewachen das Außenministerium, in dem vorübergehend auch Präsidentin Ellen Johnson Sirleaf ihr Büro hatte, unternehmen Patrouillen und werben dafür, dass mehr liberianische Frauen in den Polizeidienst eintreten. »Obwohl Frauen genauso rau wie Männer sein können, werden sie als weniger bedrohlich angesehen«, sagt Truppenkommandantin Seema Dhundia. »In Konfliktsituationen gelten sie als ansprechbarer, weswegen sich Frauen und Kinder in ihrer Nähe sicherer fühlen.« Der Einsatz von Polizistinnen in den Missionen erhöhe die Sicherheit der Opfer und ermögliche diesen, nach sexualisierten Gewaltakten Hilfe zu erhalten, kommentierte auch UN-Generalsekretär Ban Ki-moon am Internationalen Tag der Friedenssicherungskräfte.[69]

Ein weiteres Beispiel ist die Arbeit der schwedischen Offizierin Charlotte Isaksson als Geschlechterberaterin während des Einsatzes von EUFOR-Blauhelmen, die 2006 die Wahlen in der Demokratischen Republik Kongo beschützen sollten. Der deutsche General Karlheinz Viereck und andere hohe Militärs waren später voll des Lobes, wie hilfreich Isakssons Kontakte zur Zivilbevölkerung gewesen seien und wie sehr sich dadurch die »Effizienz« des Militäreinsatzes erhöht habe.[70] Ihre Arbeit allein daran zu messen, ob Militärinterventionen dadurch »effizienter« werden, ist allerdings problematisch.

Vom Groucho-Marx-Syndrom befallen sind aber nicht nur die Vereinten Nationen, sondern auch ihre Mitgliedsstaaten. Trotz flammender Appelle des früheren UN-Generalsekretärs Kofi Annan, nationale Aktionspläne zur Umsetzung von Resolution 1325 aufzulegen, sind bislang nur 16 von 193 UN-Mitgliedsstaaten dieser Aufforderung gefolgt – nicht einmal acht Prozent aller Länder. Es sind dies: Belgien, Dänemark, Chile, die Elfenbeinküste, Ghana, Großbritannien, Island, Liberia, die Niederlande, Norwegen, Österreich, die Philippinen, Schweden, die Schweiz, Sierra Leone und Spanien. Während einige arme südliche Länder mit gutem Beispiel vorangehen, fehlt so mancher selbst ernannte Vorkämpfer der Menschenrechte aus dem reichen Norden – auch Deutschland. Nachdem sich schon die rot-grüne Regierung unter Kanzler Schröder verweigert hatte, zeigten auch die rot-schwarze und die schwarz-gelbe Koalition unter Kanzlerin Merkel Desinteresse. Man habe schon zwei Aktionspläne, den zur zivilen Konfliktbearbeitung und den gegen Gewalt an Frauen, das sei genug, heißt es seit Jahren im Kanzleramt und im Auswärtigem Amt.[71]

Kaum besser sieht es bei den EU-Missionen aus. In einer Studie für den Rat der Europäischen Union untersuchte die Konfliktforscherin Johanna Valenius, ob die EU bei ihrer militärischen und zivilen Mission in Bosnien seit 1995 geschlechtersensibel vorgegangen sei, und kam zu einem vernichtenden Ergebnis. Erstens habe die Anwesenheit der »Internationalen« die Sexindustrie zum Blühen gebracht – eine ziemlich eigenwillige Interpretation von Frauenförderung. Zweitens seien kaum weibliche Militärs oder Polizisten eingesetzt worden, sodass die EU die Chance verpasst habe, der Bevölkerung neue Rollenmodelle vorzuleben. Von der Forscherin befragte männliche Kommandanten begründeten das mit dem Fehlen getrennter Waschräume oder mit der »Gefährdung« des Zusammenhalts der Truppe durch Frauen. Oder sie behaupteten, Soldatinnen würden in muslimischen Gesellschaften nicht akzeptiert – obwohl viele Heere in islamischen Ländern auch Frauen aufnehmen. Zudem hätten viele Frauenorganisationen das Auftreten des zumeist männlichen EU-Personals als »arrogant« und »kolonial« empfunden. Aber, so schreibt Valenius: »Wenn die EU selbst nicht praktiziert, was sie predigt, verliert sie Glaubwürdigkeit und Effektivität.«[72]

Ähnliche Erfahrungen machte offenbar auch die Bevölkerung im Kosovo. Leslie Abdela, die für die UN und andere internationale Organisationen im Kosovo, in Sierra Leone, Afghanistan und im Irak gearbeitet hat, erlebte auf dem Balkan, wie einträchtig internationale und kosovarische Männer Frauen von der politischen Macht ausschlossen und das mit der Rücksichtnahme auf »kulturelle Empfindlichkeiten« begründeten. Bernard Kouchner, damals UN-Sondergesandter für den Kosovo und heute französischer Außenminister, ernannte nicht eine einzige Frau für den 17-köpfigen UN-Übergangsrat im Kosovo (UNMIK). Abdela nennt das das »Wir-dürfen-die-lokale-Kultur-nicht-stören-Syndrom«.[73]

»Erst die UN haben das Patriarchat in den Kosovo gebracht«

Igballe Rogova, temperamentvolle Mitbegründerin des 85 Frauenorganisationen umfassenden Kosova-Frauennetzwerks, hätte Grund genug, darüber wütend und verbittert zu sein. Aber dann wäre sie nicht Igo, wie alle sie nennen. Die ehemalige Fernsehjournalistin – graue Igelfrisur, Brille, blitzende Augen – ist Energie pur. Sie lacht, sie strahlt, zieht ihr Publikum in Bann, indem sie eine Geschichte nach der anderen erzählt. Bei ihrem Auftritt auf einem Frauenkongress 2003 in Zürich trägt sie ein T-Shirt mit der Aufschrift: »Wenn ich nicht tanzen darf, will ich nicht an deiner Revolution teilnehmen.«

Während der Kriege im ehemaligen Jugoslawien war Igballe Rogova Teil eines subversiven Netzwerks von Frauen, das über die ethnischen Grenzen des Balkans hinweg arbeitete, Angehörige bedrohter Ethnien versteckte und Flüchtlinge rettete. Dazu gehörten auch die serbischen »Frauen in Schwarz«. Die Albanerin Rogova besuchte 1993 eines ihrer Treffen in Belgrad. »Das gab mir große Kraft«, erzählt sie. »In unseren Tageszeitungen erschienen Artikel: ›Rogova ist eine Verräterin‹, aber es war mir egal. Die Treffen halfen mir, die serbischen Menschen nicht zu hassen.«

Als die NATO-Bomben auf den Kosovo fielen, floh sie nach Mazedonien. Bei ihrer Rückkehr hoffte sie, wie viele Kosovarinnen, dass die UNMIK als Übergangsverwaltung des Kosovo sich um höhere

Standards für Geschlechtergerechtigkeit kümmern, Frauen vor Ort konsultieren und deren Ratschläge für den Wiederaufbau einholen würde. »Aber die meisten UN-Organisationen realisierten nicht Einmal, dass wir albanischen Frauen überhaupt existieren. Sie hörten uns einfach nicht zu, sie hatten ihre eigenen *ready-made*-Programme im Kopf. Wir wollten Prostitution und Frauenhandel verhindern und trafen uns mit verschiedenen UN-Chefs. Am Ende eines langen zweistündigen Gesprächs sagte uns einer dieser Chefs: ›Boys are boys, you better educate your daughters.‹ Das war die Hilfe der UN.« Die Einzigen, die bereit gewesen seien, kosovarische Frauen zu treffen und ihnen zuzuhören, seien Kofi Annan und Botschafter Anwarul Karim Chowdhury gewesen, der »Vater von Resolution 1325«.[74]

Die Organisation für Sicherheit und Zusammenarbeit in Europa (OSZE), berichtet sie, sei genauso ignorant gewesen. 1999 gab es ein Treffen zwischen OSZE-Personal und der kosovarischen Zivilgesellschaft. Auf die Frage, warum dazu keine einzige Frau eingeladen worden sei, habe ein Top-Mann der OSZE-Delegation geantwortet: »Der Kosovo ist eine patriarchalische Gesellschaft.«

Damals habe das Kosova-Frauennetzwerk Gelder für Versöhnungsarbeit abgelehnt. »Wir sagten: ›Sorry, Versöhnung kann man nicht kaufen.‹ Stattdessen haben wir kleine Projekte gestartet. Ein ganz kleines hatte einen großen Effekt. Es gab einen kleinen serbischen Jungen, der fast taub war und ein Hörgerät brauchte, aber seine Eltern konnten das nicht finanzieren. Ich sammelte Geld von albanischen und serbischen Familien. Dass dafür auch Albaner gespendet hatten, hat die Eltern des Jungen sehr beeindruckt. Sie erzählten diese Geschichte überall weiter, sie hat sich im ganzen ethnisch geteilten Kosovo verbreitet. Ich bekam danach unzählige Anrufe von Serben, die sich bedankten.«

Später habe sie versucht, Autos für serbische Nichtregierungsorganisationen zu besorgen. »Ohne Jeeps kann man in unserem Land nicht arbeiten, viele Dörfer liegen unzugänglich in den Bergen. Die UN und die internationalen Hilfsorganisationen lehnten das sechs Monate lang ab, das passte nicht in ihre engen Bestimmungen. Die UNMIK glaubt, sie hätte das alleinige Recht, die ethnischen Grenzen zu überwinden. Sie wollte keine Eigeninitiative. Die Anstrengungen der Frauen bei der Friedens- und Versöhnungsarbeit wurden ignoriert.« Und sie erzählt einen Witz, der in der kosovarischen Hauptstadt Priština kursiert: »Was ist der Unterschied zwischen den UN und der Mafia? Die Mafia ist besser organisiert.«

Aber die Frauen gaben nicht auf. »Ganz wichtig war, dass wir von unseren Männern unterstützt wurden. Wir haben eine Kampagne gegen häusliche Gewalt entworfen, und wir forderten sie auf, mitzumachen. Es erschienen Plakate mit dem Spruch: ›Kosovarische Jungen und Männer gegen Gewalt‹. Als ich vom Fernsehen interviewt wurde, sagte ich: ›Wir haben feministische Männer in Kosovo.‹ Das war der Durchbruch.« Danach habe es ein Treffen mit der UNMIK gegeben, und einer der UN-Offiziellen habe sie wegen einer anderen Sache zur Strafe öffentlich demütigen wollen. »Er sagte verächtlich: ›Du bist doch eine Feministin.‹ Daraufhin stand einer der anwesenden kosovarischen Männer auf und bekannte: ›Ich bin ebenfalls Feminist.‹ Und noch einer stand auf und noch einer. Der UN-Mann war völlig blamiert.«

Geschlechtergerechtigkeit habe im Kosovo nie geherrscht, sagt Igballe Rogova, aber vor dem Krieg 1999 hätten sich Frauen und Männer politische, soziale und ökonomische Verantwortlichkeiten geteilt. »Erst die UN haben das Patriarchat zu uns gebracht!«

Das mag übertrieben sein, aber Rogovas Ärger ist verständlich. Schließlich musste sie erleben, wie die UNMIK sogar Resolution 1325 als Waffe gegen das politische Engagement von Frauen einsetzte. Mit großen Mühen, berichtete die Aktivistin 2007 auf der Berliner Konferenz Roadmap to 1325, hätten sie Ende 2002 ein Treffen mit UN-Verantwortlichen organisieren können. »Während des Treffens begannen wir über den endgültigen Status von Kosovo zu diskutieren. Der UN-Botschafter unterbrach uns: ›Status ist ein Thema für politische Parteien. Lassen Sie uns über Frauendinge reden. Zum Beispiel über Resolution 1325.‹« Frauendinge! Der Botschafter sei unfähig gewesen zu begreifen, dass die Resolution Frauen das Recht gibt, bei den Statusverhandlungen und allen politischen Angelegenheiten mitzureden.[75] Aber der Mann nahm nur vorweg, was später auf höchster Ebene

stattfand: Als die Statusverhandlungen zwischen Serben und Kosova-
ren im September 2007 in New York begannen, durfte sich daran
keine einzige Frau beteiligen.

Natürlich ist die Teilnahme *irgendwelcher* Frauen allein keine
Garantie, dass Friedensprozesse erfolgreich sind. Frauen sind keine
besseren Menschen, auch sie hängen oftmals nationalistischen oder
fundamentalistischen Ideologien an. Aber es zeugt von extremer Kurz-
sichtigkeit, ausgerechnet Vertreterinnen von Organisationen auszu-
schließen, die über »Feindesgrenzen« hinweg arbeiten, wie es das
Kosova-Frauennetzwerk und viele andere Frauenfriedensgruppen getan haben und weiterhin tun.

Eine neue UN-Frauenorganisation

Im September 2009 hatte eine internationale Koalition von über
300 Frauen- und Menschenrechtsorganisationen einmal mehr einen
Erfolg zu verzeichnen: Die UN-Generalversammlung stimmte ihrem
Vorschlag zu, 2010 eine neue UN-Frauenorganisation mit einem an-
gestrebten Jahresetat von einer Milliarde Dollar zu gründen. Dafür
sollen vier bisherige Frauenabteilungen zusammengelegt werden:
der Frauenfonds UNIFEM, das Büro der Sonderberaterin des Gene-
ralsekretärs OSAGI, die Abteilung für Frauenförderung DAWN und
das Internationale Forschungs- und Fortbildungsinstitut für Frauenförderung INSTRAW.

Die Gründungsinitiative wäre wohl nicht zustande gekommen,
hätte hinter den Kulissen nicht ein ehemaliger UN-Spitzenfunktionär
drei Jahre lang für diese Lösung gekämpft. Auf den ersten Blick wirkt
der Kanadier Stephen Lewis – Anzug, graues Haar, Brille – wie ein
Biedermann, auf den zweiten aber entdeckt man einen Humanisten
mit heißem Herzen, rhetorisch brillant, ebenso temperament- wie hu-
morvoll. »Ich bin stolz, nie einen akademischen Titel erworben zu
haben«, griente er 2008 die versammelten Doktoren in einer Aids-
Konferenz an. Der langjährige UN-Sonderbeauftragte zur Bekämpfung von HIV und Aids in Afrika und Gründer der Stephen Lewis

Foundation, die zum selben Thema arbeitet, wurde durch seine fachliche Tätigkeit zum Frauenrechtler. Bei der Bändigung der Aids-Pandemie seien Frauen der Schlüssel zum Erfolg, sagte er immer wieder, sie seien »die Triebkraft des sozialen Wandels«. Aber es fehlten weltweit Gesetze gegen sexuelle Gewalt und Vergewaltigung. »Es ist unvorstellbar, wie langsam das in Gang kommt«, empörte sich Lewis, weil Männer unfähig seien, »Macht und Autorität zu teilen«.[76]

Stephen Lewis weiß, was durch die Aids-Pandemie auf die Welt zukommen wird. Er weiß, dass man für die Pflege einer Aids-kranken Person pro Tag rund 24 Eimer Wasser braucht – um sie zu waschen und zu bekochen, um Erbrochenes und Durchfall zu beseitigen. In Gegenden ohne fließendes Wasser bedeutet das eine immense Mehrarbeit. Und Lewis weiß, dass Aids Millionen von Waisenkindern hinterlässt, die ohne den »unbesungenen Heroismus« von Großmüttern und weiblichen Verwandten zum Sterben verurteilt wären.[77]

Seine flammenden Reden und Artikel machten Furore – auch, weil viele fast schon resignierte UN-Frauen erfreut waren, endlich wieder kämpferische Töne zu hören. »Die Leistungen der UNO zur Unterstützung von Frauen sind entsetzlich, sie waren 60 Jahre lang entsetzlich«, wetterte Lewis am Welt-Aids-Tag Ende 2006 in Dublin. »Intern wie extern haben die Vereinten Nationen kontinuierlich gegenüber den Frauen der Welt versagt.« Eine neue, gut ausgestattete Frauenorganisation sei dringend notwendig, sie sei aber »eine Idee, die 60 Jahre zu spät kommt«. Die Strategie des Gender Mainstreaming sei völlig gescheitert, weil zwar alle behaupteten, Geschlechterfragen einzubeziehen, diese dann aber im *mainstream* ihrer täglichen Arbeit völlig untergingen. Das Resultat sei, dass die Diskriminierung der Frauen so weitergehe wie bisher. Das Gleiche gelte für Resolution 1325: »Frauen waren nirgendwo an den Friedenstischen. Es ist, als ob die Resolution überhaupt nicht existieren würde.« Nun drohe Resolution 1820 ein ähnliches Schicksal. »Wenn etwas aufs Papier gebracht wird, fühlt niemand mehr die Verpflichtung, es umzusetzen«, so Lewis. »Würde so etwas passieren, wenn das Männer wären? Die Antwort ist Nein. Man kann sich so ein Vorgehen nur erlauben, weil es sich um Frauen handelt.«[78]

Der Kampf um Gleichberechtigung sei »der wichtigste Kampf auf dem Planeten«, bekannte er in einem Kommentar für den *Independant,* denn »die kontinuierliche Marginalisierung von 52 Prozent der Weltbevölkerung ist schlicht inakzeptabel«. Das UN-Kinderhilfswerk UNICEF habe jährlich einen Etat von etwa einer Milliarde Dollar, der UN-Entwicklungsorganisation UNDP stünden rund zwei Milliarden zu, der UN-Frauenfonds UNIFEM verfüge mit seinen wenigen Mitarbeiterinnen dagegen pro Jahr gerade mal über ein paar Millionen. »Mehr als die Hälfte der Weltbevölkerung bekommt also zur Unterstützung eine Art Almosen von den UN.« Dabei, fährt Stephen Lewis fort, liege eine Verbesserung der Lage der Frauen im Interesse aller: »Der niedrige und marginalisierte Status von Frauen und das brachliegende weibliche Potenzial straft die Hälfte der Weltbevölkerung und schwächt uns alle.«[79]

Lewis' flammende Kritik wurde durch den UNIFEM-Fortschrittsbericht zur »Halbzeit« der Milleniumsziele bestätigt: Zwar habe es auf dem Papier große Fortschritte bei den Frauenrechten gegeben, doch diese würden nicht umgesetzt, so sein Fazit. In vielen Bereichen herrschten »Skandale der Verantwortungslosigkeit« – in der Politik, bei den sozialen Diensten, auf den Märkten, in der Justiz, bei der Entwicklungshilfe und im Bereich Sicherheit.[80] Stephen Lewis und zahlreiche Frauenorganisationen setzen nun einige Hoffnungen in die neue UN-Frauenorganisation.

Eine stehende UN-Sicherheitstruppe könnte die weltweite Abrüstung einleiten

Stephen Lewis' Vergleich im *Independant* klingt, als ob anderen UN-Organisationen riesige Summen zur Verfügung stünden. Das ist nicht der Fall, und nach jahrzehntelanger politisch gewollter Vernachlässigung der UN vor allem durch den säumigen Hauptzahler USA unter der Bush-Regierung ist das kein Wunder. Ein Besuch im UN-Hauptquartier in New York genügt, um sich davon zu überzeugen – es befindet sich in einem erbarmungswürdigen Zustand. Die

Heizungs- und Klimaanlage des Hochhauses ist völlig veraltet, die Brandgefahr ist hoch, die räumlichen Arbeitsbedingungen mies, vieles ist verrostet, das Personal atmet Asbest-Luft. Der Etat für das UN-Sekretariat betrug in den Jahren 2008 und 2009 jeweils gerade mal 2,1 Milliarden Dollar – weniger, als das US-Militär 2008 an zwei Tagen kostete.[81]

Hinzu kommen etwa 6,1 Milliarden für die UN-Friedensmissionen – etwa sechs Promille der weltweiten Militärausgaben, die inzwischen die Eine-Billion-Dollar-Grenze überschritten haben. Und doch haben UN-Krisendiplomaten und Blauhelme, trotz Fehlplanungen und Fehlverhalten, mit diesem vergleichsweise winzigen Etat weltweit viele Konflikte beendet und zahllose Menschenleben gerettet.

Die Journalisten Grefe und Schumann nennen es »das UN-Paradox«, dass die UN durch einige Mitgliedsstaaten fortwährend geschwächt wurden, während ihr gleichzeitig immer mehr Aufgaben übertragen wurden. Die Bush-Regierung hat Zahlungen verweigert oder von der Erfüllung politischer Bedingungen abhängig gemacht, und sie hat die gesamte internationale Sicherheitsarchitektur – inklusive Abrüstungsverträgen und dem Vertrag zur Nichtweiterverbreitung von Atomwaffen – so stark beschädigt, dass selbst die gutwilligste Nachfolgeregierung Jahre brauchen wird, um diesen Schaden zu reparieren. Auch auf wirtschaftlichem und sozialem Gebiet sind die UN schwach gehalten worden, den Ton gaben stattdessen westlich gelenkte Gremien wie Weltwährungsfonds, Weltbank oder G-8 an. »Nie in der Menschheitsgeschichte war die Welt so stark miteinander vernetzt – und nie wurde sie so wenig regiert«, kommentiert der langjährige UN-Mitarbeiter Mark Malloch Brown.[82]

Gleichzeitig sollen die Vereinten Nationen mit einer wachsenden Zahl von Hilfsprogrammen und Koordinationstätigkeiten Aids, Malaria, Wassermangel, Hunger, Bildungsnot, Wohnungsmangel und Artensterben bekämpfen sowie die globale Armut, die Weltwirtschaftskrise und die Klimakatastrophe in den Griff bekommen. Die Friedensmissionen, ihre traditionelle Aufgabe, leiden ebenfalls an chronischer Unterfinanzierung und Desorganisation. Für jeden einzelnen Einsatz müssen die UN die Mitgliedsstaaten um Truppen anbetteln; auch müssen Umfang, Ausstattung und Mandat in langwierigen Verhandlungen festgelegt werden. Die UN seien »die einzige Feuerwehr, die erst ihre Leute zusammensuchen und Ausrüstung beschaffen muss, um ausrücken zu können«, kritisierte der frühere UN-Generalsekretär Kofi Annan diesen Zustand.[83] Und wenn die Mitgliedsländer an einem Einsatz nicht interessiert sind, kann das Hunderttausende Menschenleben kosten – wie 1994 in Ruanda während des Völkermordes.

Es gäbe eine elegante und vergleichsweise preiswerte Lösung für dieses Dilemma: eine eigene stehende UN-Sicherheitstruppe aus Militär und Polizei. Dies wäre der Beginn der Gewaltmonopolisierung zugunsten einer Weltregierung und würde tendenziell alle Großmächte und Nationalarmeen delegitimieren – sowohl die bestehenden als auch die Möchtegerns, die weltweit Panzer und Militärjets einkaufen. Aber die den Sicherheitsrat dominierenden Großmächte blockieren dieses Vorhaben seit Jahren. Und als der frühere UN-Generalsekretär Boutros Boutros-Ghali vor Jahren UN-eigene Truppen befürwortete, weil er in seiner Amtszeit den ruandischen Genozid erlebt hatte, verhinderte die US-Regierung seine zweite Amtszeit.

Auch die Nachfolger von Boutros-Ghali scheiterten an den Großmächten. In seinem UN-Reformvorschlag regte Kofi Annan unter anderem eine Veränderung der ungerechten Kräfteverhältnisse im Sicherheitsrat an – vergeblich. Die fünf ständigen Mitglieder des UN-Sicherheitsrats – USA, Russland, China, Großbritannien und Frankreich – sind neben Deutschland die fünf größten Waffenhändler der Welt. Zusammen mit Rüstungsgütern exportieren sie indirekt auch Kriege aus dem Norden in den Süden: 85 Prozent aller bewaffneten Konflikte seit 1945 fanden in armen Ländern statt. Über 600 Millionen Kleinwaffen kreisen derzeit um die Welt, eine für jeden zehnten Menschen, und verursachen jedes Jahr eine halbe Million Tote und mehrere Millionen Verletzte. In vielen Ländern Afrikas, in Nahost, im Iran, in Bosnien und Darfur werden Kriege mit geschmuggelten oder lizensierten Waffen *made in Germany* geführt, unter anderem aus dem Hause Heckler & Koch. »Durchschnittlich alle 14 Minuten stirbt ein weiterer Mensch durch die Kugel aus dem Lauf einer H&K-Waffe.

Damit ist Heckler & Koch Deutschlands tödlichstes Unternehmen«, sagt der Rüstungskritiker Jürgen Grässlin.[84] In Uganda kostet eine russische Kalaschnikow so viel wie ein Huhn, in Mosambik so viel wie ein Sack Mais. Nach Artikel 51 der UN-Charta darf Waffenexport nur für Verteidigungszwecke stattfinden und keine existierenden Konflikte anheizen oder Menschenrechtsverletzungen verursachen, doch die Rüstungsexportländer verstoßen täglich gegen die UN-Charta.[85]

Auch einer anderen Verpflichtung haben sich die »Veto-ranen«, die ständig mit Veto drohenden Großmächte im Sicherheitsrat, bislang verweigert. Als oberstes Organ zur Erhaltung des Weltfriedens hat der Rat laut Artikel 26 der UN-Charta die Pflicht, dafür zu sorgen, »dass von den menschlichen und wirtschaftlichen Hilfsquellen der Welt möglichst wenig für Rüstungszwecke abgezweigt wird«. Dieser Aufgabe ist er in seiner über 60-jährigen Geschichte so gut wie nie nachgegangen.[86] Der UN-Sicherheitsrat ist in seiner bisherigen Form eher ein Unsicherheitsrat, der Unsicherheit und Unfrieden in Form von Waffen aus den nördlichen in südliche Länder exportiert.

Andreas Zumach, Journalist in Genf und einer der besten UN-Kenner, plädiert deshalb für »eine strategische Koalition der willigen Multilateralisten«, damit die Vereinten Nationen die gigantischen Aufgaben des 21. Jahrhunderts bewältigen können. Diese Koalition der Willigen, die bisher jedoch nicht in Sicht ist, sollte dafür kämpfen, dass die UN finanziell besser ausgestattet werden und neue Handlungskompetenzen in den Bereichen Wirtschaft, Soziales und Umwelt erhalten. Zudem sollte sich die Koalition auf neue Normen und Konzepte zur Verhinderung von Völkermord und gravierenden Menschenrechtsverletzungen verständigen, die UN-Generalversammlung stärken und verbesserte Partizipationsmöglichkeiten für die Zivilgesellschaft schaffen.[87]

Auch Zumach tritt für die Schaffung einer UN-eigenen Sicherheitstruppe ein, die seiner Meinung nach eine Militäreinheit von 30 000 und eine Polizeieinheit von 20 000 Mitgliedern umfassen sollte. In einem *taz*-Artikel entwickelte er ein Szenario, wie dadurch – durch die entstehende politische Dynamik – in rund 20 Jahren das Militär weltweit abgeschafft werden könnte. Gelder, die bislang für nationale Rüstung ausgegeben werden, könnten fürderhin für Ernährung, Bildung, Gesundheitsvorsorge und grüne Energiesysteme verwendet werden sowie für die konsequente Geschlechterquotierung der neuen Sicherheitstruppe. Ein System von *checks and balances* zur gegenseitigen Kontrolle der UN-Organe lieferte der Journalist gleich mit: Entscheidungen über Einsätze der UN-Armee sollte der Sicherheitsrat mit einer Zweidrittelmehrheit fällen, Vetomöglichkeiten sollte es nicht mehr geben, eine Zweidrittelmehrheit der Generalversammlung sollte Beschlüsse des Sicherheitsrats jedoch wieder aufheben können.[88]

Eine große Mehrheit der Weltbevölkerung würde einem solchen Vorhaben vermutlich begeistert zustimmen beziehungsweise tut es schon heute. Laut einer internationalen Umfrage vom Mai 2007 in 15 Ländern unterstützten knapp zwei Drittel aller Befragten die Idee einer stehenden UN-Friedenstruppe. In den angeblich so traditionell UN-skeptischen USA sind es überraschenderweise sogar 72 Prozent.

Überhaupt weicht der Wille der Bevölkerung doch sehr von dem der nationalen Regierungen ab. Weltweit 64 Prozent der Befragten finden, dass die UN autorisiert werden sollten, Menschenrechtsverletzungen nachzugehen, in den USA sind es sogar genau drei Viertel. 55 Prozent geben zu Protokoll, dass den UN die Macht gegeben werden sollte, den internationalen Waffenhandel zu kontrollieren, im Waffenexportland Frankreich sagen das sogar 77 Prozent. Und insgesamt 45 Prozent meinen, ihre Länderregierung sollte UN-Beschlüsse auch dann befolgen, wenn ihr diese nicht passen. In Israel waren sogar 54 Prozent dieser Ansicht, obwohl etliche UN-Resolutionen zum Nachteil der israelischen Regierung ausfielen.[89]

Die schlechte Nachricht: Systemkrisen und Zukunftsfraß

Die weltweiten Krisen im Bereich Ökonomie und Ökologie scheinen sich zu einer globalen Systemkrise zu vereinigen. Die Kluft zwischen Arm und Reich wird durch die Weltwirtschaftskrise noch tiefer; Spekulationen und Steuerflucht werden weitergehen und die nächsten »Blasen« auf dem globalen Kapitalmarkt produzieren; die Konflikte um Ressourcen und Rohstoffe drohen härter zu werden; die Klimakatastrophe beschleunigt die Ausbreitung von Hunger und Elend sowie das Artensterben; EU- und US-Militärplaner entwerfen schon jetzt Szenarien, wie Energieressourcen militärisch gesichert und Millionen von Umweltflüchtlingen aus dem reichen Westen ferngehalten werden können.[90]

Andreas Zumach hält es für möglich bis wahrscheinlich, dass rund um das Kaspische Meer Kriege um die reichen Öl- und Gasreserven ausbrechen könnten. Konfliktforscher Harald Müller sieht im wachsenden Energiebedarf von Industrie- und Schwellenländern sogar die »größte Gefahr« für den Weltfrieden, zumal sich die meisten Ressourcen im instabilen Nahen Osten konzentrieren. Aber: »Würde es je zur militärischen Konfrontation der großen Mächte im Kampf ums Öl kommen, wäre das Hauptziel schon nicht mehr erreichbar, bevor der erste Schuss gefallen ist. Der globale Ölmarkt und mit ihm das System der weltweiten Arbeitsteilung würden zusammenbrechen«, prognostizieren Schumann und Grefe. »Der Wohlstand wäre schon verloren, bevor er ›verteidigt‹ werden kann.«[91]

Das Streben nach einer ausschließlich national definierten Energiesicherheit, schreiben Schumann und Grefe weiter, sei hochgradig irrational: Die militärische Sicherung der Ölländer am Persischen Golf verschlinge jährlich knapp 138 Milliarden Dollar US-Steuergelder, was jedes Fass Öl um 18 Dollar teurer mache. Ein Betrag, mit dem die USA »leicht binnen einer Dekade ihr Energiesystem auf regenerative Quellen umstellen könnten«.[92]

Mit dieser Summe hätte auch der Hunger in der ganzen Welt längst besiegt werden können. Und nur wenig mehr würde die Verwirklichung der im Jahr 2000 beschlossenen acht UN-Milleniumsziele kosten: die Bekämpfung von extremer Armut und Hunger, Primärschulen für alle, Bildungsförderung für Mädchen, Senkung der Kinder- und Müttersterblichkeit, Bekämpfung von Seuchen wie Aids und Malaria, ökologische Nachhaltigkeit und Aufbau einer globalen Partnerschaft für Entwicklung.

Doch schon jetzt ist absehbar, dass die Milleniumsziele bis 2015 nicht erreicht werden. Die Zahl der Hungernden stieg nach Schätzung der UN-Ernährungsorganisation FAO 2009 erstmals auf über eine Milliarde, weltweit wird jeder sechste Mensch nicht satt. Vor allem die städtische Bevölkerung der südlichen Länder hungert. In Asien haben rund 640 Millionen kaum etwas zu essen, in Afrika 265, in Lateinamerika 53, in Nahost und Nordafrika 42 und in den Industrieländern 15 Millionen. Unzählige werden erneut in die absolute Armut zurückgeworfen, weil Betriebe schließen und Transferzahlungen von Verwandten im Ausland ausbleiben. Besonders betroffen sind Frauen und Mädchen, weil sie zu den Ärmsten der Armen zählen.[93]

Wie sich Armut, Gewalt und Bildungsmangel zu einem Teufelskreis verbinden, erklärt Taina Bien-Aimé von der Frauenrechtsorganisation Equality Now: »Frauen verlieren ihre finanzielle Unabhängigkeit und geraten tiefer in die Armut. Zugleich nimmt mit den ökonomischen Engpässen die häusliche Gewalt zu. Und bei den dann aufkommenden Fragen nach Bildung für die Kinder sind es die Mädchen, die aus der Schule genommen, zur Arbeit gezwungen, wenn nicht gar als moderne Sklaven verkauft werden.«[94] Die Fortschritte der letzten Jahre drohen zu zerrinnen, vor allem bei der strategisch so wichtigen Frage der Mädchenbildung.

Ein Beispiel von vielen sind die mehr als 50 000 kambodschanischen Näherinnen, die bisher für H&M, adidas und andere internationale Marken Jeans und T-Shirts hergestellt haben und im Laufe des Jahres 2009 entlassen wurden. »Das Gesicht der Krise ist in Kambodscha weiblich«, sagt Sukti Dasgupta von der UN-Arbeitsorganisation ILO. Die meisten Näherinnen seien gezwungen, in ihre Heimatprovinz zurückzukehren, wo sie von kärglicher Subsistenzwirtschaft leben müssten. Die Folge: Mangelernährung, Kinder- und Müttersterblichkeit nehmen zu.[95]

Europäischen Rindviechern steht nach Berechnung einer Ökonomin aus Sambia mehr Geld zur Verfügung als weltweit 2,5 Milliarden Menschen. Diese müssen mit zwei Dollar pro Tag auskommen, während in der EU jede Kuh täglich mit 2,5 Dollar subventioniert werde, wettert Dambisa Moyo gegen den Wahnwitz der europäischen Subventionierungspolitik: »Afrika verliert jedes Jahr 500 Milliarden durch Handelsembargos.«[96] »Lasst Afrikas Bauern in Ruhe!«, forderte auch der nigerianische Politikwissenschaftler Charles Ukeje beim Friedenskongress der Grünen 2008 in Berlin. Die beste europäische Hilfe für Afrika sei, endlich den Export von subventionierter Milch und Hühnchen zu stoppen, der die nicht konkurrenzfähige kleinbäuerliche Landwirtschaft Afrikas zerstöre.

Der dramatische Zustand der Welt zu Beginn des 21. Jahrhunderts ist ein gewaltiger Zukunftsfraß, eine Beeinträchtigung und Zerstörung des Lebens zukünftiger Generationen. Die Vernichtung von Regenwäldern und Arten, die Ausbeutung von Rohstoffen und Wasserreservoirs, die Vergiftung fruchtbarer Böden, die eine Million Jahre strahlenden atomaren Abfälle – das alles macht für lange Zeit die Freiheit und ein gutes Leben von Millionen oder gar Milliarden Menschen unmöglich.

Auch die internationalen Klimaforscher sind pessimistisch. Sie sind sich einig, dass der Anstieg der globalen Temperatur bis zum Ende des Jahrhunderts unbedingt auf maximal zwei Grad Celsius beschränkt werden muss, damit die Klimakatastrophe gerade noch beherrschbar bleibt. Wird dieser Wert überschritten, setzen nach ihrer Prognose unumkehrbare Prozesse ein: Das Polareis wird komplett abschmelzen, die Permafrostböden in Sibirien werden auftauen und Milliarden Tonnen Methangas freisetzen, die Himalaja-Gletscher, die das Trinkwasser für über eine Milliarde Menschen in Indien und China liefern, werden verschwinden.

Doch sei die Begrenzung des Treibhauseffektes kaum mehr zu erreichen, heißt es in einem »Synthese-Report« für die am Ende gescheiterten Klima-Verhandlungen im Dezember 2009 in Kopenhagen, der die Ergebnisse von Hunderten Studien bündelt. Die Dynamik des Klimawandels sei schon jetzt größer als befürchtet, so die zwölf Autoren, darunter der Londoner Umweltökonom Nicolas Stern und der Direktor des Potsdam-Instituts für Klimafolgenforschung, Hans Joachim Schellnhuber. Der Ausstoß von Treibhausgasen, der Anstieg des Meeresspiegels und die Erwärmung der Ozeane bewegen sich am oberen Rand ihrer bisherigen Prognosen. Und das alles, obwohl das Tempo der Erderwärmung bislang noch durch Schmutzpartikel in der Atmosphäre gebremst werde. Die Klimaveränderungen von heute, sagen die Forscher, »werden unsere Nachfahren noch lange in der Zukunft beeinflussen«.[97] Der Klimawandel trifft also diejenigen am härtesten, die ihn überhaupt nicht verursacht haben: die nachfolgenden Generationen und die Armen des Südens.

Der Internationale Klimarat IPCC hat 2007 in einer Studie die Folgen für verschiedene Weltregionen abzuschätzen versucht. Danach werden in zehn Jahren zwischen 75 und 250 Millionen Menschen in Afrika nicht mehr genug Trinkwasser haben, in einigen Regionen werden die Ernten um die Hälfte zurückgehen. In Asien könnten bis 2050 mehr als eine Milliarde Menschen an Trinkwasserproblemen und an Wetterextremen wie Trockenheit und Überflutungen leiden, im dicht besiedelten Bangladesch dürften sich Überschwemmungen und Choleraepidemien häufen. Australien leidet schon jetzt unter Dürre und Wasserproblemen. In Lateinamerika würde der Rückgang des Amazonas-Regenwalds den Klimawandel massiv verstärken, zudem sind dort 77 Millionen Menschen von Wassermangel bedroht, wenn die Gletscher der Anden schmelzen. Weltweit sind mehrere Inselparadiese, darunter die Malediven und Tuvalu, vom Untergang bedroht. Nur Europa und Nordamerika, die Hauptverursacher der Erderwärmung, dürften die nötigen ökonomischen und politischen Kapazitäten besitzen, um die Folgen der Klimakrise zu begrenzen.[98] Die Regierungen von Küstenstaaten wie den Niederlanden werden sich wohl rechtzeitig mit neuen Dämmen gegen den Meeresanstieg zu schützen wissen – Mosambik oder Bangladesch wird das nicht möglich sein.

Die meisten Opfer der Klimakatastrophe werden vermutlich weiblich sein. In den Szenarien der Klimaforscher wird das jedoch nicht berücksichtigt, und auch der Sozialwissenschaftler Harald Welzer hat diesen Aspekt in seinem Buch *Klimakriege* ausgeklammert. Dafür legte die Global Gender & Climate Alliance, ein internationaler Zusammenschluss von UN-Organisationen, Frauen- und Umweltgruppen, 2009 schockierende Zahlen vor. Nach ihren Berechnungen sterben bei Naturkatastrophen wesentlich mehr Frauen als Männer. So waren 55 bis 90 Prozent der Todesopfer des Tsunami 2004 in Asien Frauen, und die Überflutungen im Jahr 1998 in Bangladesch forderten zu 90 Prozent weibliche Opfer. Laut Alliance-Koordinatorin Rebecca Pearl lernen asiatische Frauen in der Regel nicht schwimmen, ihnen ist oftmals verboten, das Haus ohne Begleitung ihrer Männer zu verlassen. Während der Katastrophen hätten sie mit ihren Kindern zu Hause ausgeharrt und seien kläglich ertrunken.[99]

Eine Studie der London School of Economics, die unter der Leitung von Eric Neumayer und Thomas Plümper rund 4600 Naturkatastrophen in 141 Ländern analysiert hat – darunter Dürren, Erdbeben, Epidemien, Hungersnöte, Feuer, Überschwemmungen und Stürme –, kam 2006 zu einem ähnlichen Ergebnis. Die Zahl der weiblichen Opfer korreliert direkt mit der Verweigerung von Frauenrechten: Männer und Jungen werden in patriarchalischen Ländern zuerst gerettet und mit Medikamenten und Essen versorgt.[100] Moralisch ist es gewiss nicht von Belang, ob Todesopfer weiblich oder männlich sind, wohl aber ökonomisch und sozial: Denn in den Ländern des Südens sind vor allem Frauen für den Anbau von Nahrungsmitteln zuständig.

Und für die Beschaffung von Wasser. Auch die zu erwartende Wasserknappheit wird deshalb Frauen und Mädchen am härtesten treffen. In einigen Teilen Kenias sind sie schon heute täglich bis zu acht Stunden damit beschäftigt, Wasser zu holen. Nach Berechnungen des UN-Entwicklungsprogramms UNDP geht dadurch bereits jetzt 80 Prozent der weiblichen Arbeitskraft verloren.[101] Wie sollen diese Frauen und Mädchen mit noch größeren Belastungen fertig werden?

Schon heute leben rund zwei Milliarden Menschen in gescheiterten und unsicheren Staaten oder in Ländern, die zu scheitern drohen. Globalisierung und Privatisierungen staatlicher Dienstleistungen haben diese Länder entscheidend geschwächt. Je fragiler Staaten sind, je weniger ökonomische Ressourcen sie haben und je schlechter ihre Verwaltung funktioniert, desto hilfloser sind sie Katastrophen ausgeliefert. Der vom Fund for Peace und der US-Zeitschrift *Foreign Policy* gemeinsam geführte Index der gescheiterten Staaten umfasste 2009 insgesamt 60 extrem instabile Länder. An der Spitze standen Somalia,

Simbabwe, der Sudan, der Tschad und die Demokratische Republik
Kongo, gefolgt von Irak, Afghanistan, der Zentralafrikanischen Republik, Guinea, Pakistan, der Elfenbeinküste, Haiti, Birma, Kenia, Nigeria, Äthiopien, Nordkorea, dem Jemen, Bangladesch und Osttimor.
Um aus der langen Liste nur ein Beispiel herauszupicken: Dem Jemen,
am piratengeplagten Roten Meer gegenüber von Somalia gelegen,
droht der baldige Kollaps. Die Wasserreserven gehen zu Ende, die Regierung ist schwach und unfähig. »Viele befürchten, der Jemen sei das
nächste Afghanistan: ein globales Problem, eingepackt in einen gescheiterten Staat«, heißt es in der Analyse.[102] Schon die Supermacht
USA war mit dem Katastrophenmanagement nach dem Hurrikan
Katrina überfordert, New Orleans wurde in den Untergang gerissen – wie sollen da erst kollabierende Staaten mit Naturkatastrophen
fertig werden?

Harald Welzer und andere Wissenschaftler sehen den schleichenden Völkermord im sudanesischen Darfur als Menetekel, als ersten
Klimakrieg des 21. Jahrhunderts. Der zunehmende Mangel an Wasser
und fruchtbaren Böden führte dort zur Verknappung von Ressourcen, um deren Nutzung ein tödlicher Streit zwischen sesshaften Bauern und arabischstämmigen Reiternomaden entbrannte. »Konflikte,
die ökologische Ursachen haben, werden als ethnische wahrgenommen – und zwar von den Beteiligten selbst«, so Welzer. Das stimmt
und stimmt auch wieder nicht – bei genauerem Hinsehen ist der Darfurkonflikt noch viel komplexer. Und auch hier gibt es Indizien, dass
sich die Haupttäter auf allen Seiten aus »hohl« gewordenen Patriarchen rekrutieren, die heiß laufen, weil sie fürchten, ihre traditionellen
Lebensgrundlagen zu verlieren. Büßen müssen das beide Geschlechter – wenn auch in unterschiedlicher Form: Drei Viertel der Todesopfer in Darfur sind Männer, sodass sich das demografische Gleichgewicht inzwischen dramatisch verschoben hat. Frauen hingegen
werden vor allem vergewaltigt. Wenn ihre Männer tot sind, bleiben sie
allein mit den Kindern zurück, müssen sich um den Lebensunterhalt
der Familie und um das Vieh kümmern, Getreide anbauen und
Brennholz sammeln – und sind bei diesen Arbeiten oft genug erneut
sexueller Gewalt ausgesetzt.[103]

Schon heute soll es nach Schätzungen des Internationalen Roten Kreuzes weltweit etwa 25 Millionen Umweltflüchtlinge geben – genaue Zahlen zu bekommen, ist schwierig. Wird die Klimakatastrophe wie vorausgesagt eintreten, dann sind nach Prognose der Internationalen Organisation für Migration im Jahr 2050 bis zu 200 Millionen Umweltflüchtlinge zu erwarten. Die internationale Hilfsorganisation Oxfam kommt indirekt sogar auf wesentlich höhere Zahlen: Bis zum Jahr 2015 sind nach ihrer Prognose jährlich 375 Millionen Menschen von Dürre und Überflutungen betroffen. Allein im asiatisch-pazifischen Raum könne der Klimawandel in den nächsten 40 Jahren 75 Millionen Menschen zu Flüchtlingen machen.[104]

Millionen armer Menschen werden sich also in Bewegung setzen, weil reiche Menschen ihre Lebensgrundlagen zerstört haben. Aber wohin sollen sie gehen? Wer wird sie aufnehmen? Werden die Industrienationen ihre historische Schuld anerkennen und ihnen Asyl und Bleiberecht gewähren? Oder werden sie ihre Länder noch besser befestigen? Wird der zwei Milliarden teure Hightechgrenzzaun zwischen Mexiko und den USA noch höher gezogen? Werden dort weiterhin jedes Jahr mehr Menschen sterben als an der Berliner Mauer?[105] Wird die Frontex-Agentur zur Bewachung der EU-Außengrenzen eine unüberwindliche Front an oder vor der nordafrikanischen Küste hochziehen, wird es noch mehr jener grauenhaften Internierungslager für Schwarzafrikaner geben, die der libysche Diktator Muammar al-Gaddafi mit italienischen Steuergeldern in der Wüste bauen ließ?[106] Wie viele Tausend Arme werden bei der Flucht aus der von ihnen nicht verschuldeten Lage sterben?

Und wann wird der Moment kommen, wo nicht länger die Armut bekämpft wird, sondern die Armen? Wo es eine neue Selektion zwischen »Überflüssigen« und vom Schicksal Begünstigten geben wird, wie es der Öko-Vordenker Carl Amery prophezeite?[107] In der Nazizeit hätten sich die moralischen Vorstellungen, wer leben dürfe und wer sein Lebensrecht verwirkt habe, nicht mit einem Ruck verschoben, sondern peu à peu, Monat für Monat, Jahr um Jahr, daran erinnert auch Harald Welzer.[108] *Shifting baselines* wird das Phänomen genannt, dass Menschen immer jene Lebensumstände für normal halten, in denen sie sich gerade befinden, und sich damit auch an verrutschende Moralvorstellungen geschwinde anzupassen wissen. Wird die EU im Jahr 2050 also die Parole »Europa den Europäern« ausgeben und alle anderen zum Abschuss freigeben?

Reicher Norden gegen armen Süden – diese Kategorien muss man allerdings differenzieren. Denn auch der Süden kennt Reiche – politische, wirtschaftliche und militärische Eliten, die nicht selten Staatskassen plündern und sich die Ressourcen ihres Landes privat aneignen. Meist sind sie männlich, aber in ihrem Schlepptau befinden sich jede Menge Ehefrauen und andere Damen, die mit geraubten Reichtümern protzen und sich kaum minder gewalttätig benehmen als ihre Gatten oder Gönner. So wie Grace Mugabe, die Ehefrau von Simbabwes Staatschef, die Anfang 2009 vor einem Hongkonger Luxushotel einen italienischen Fotografen blutig prügelte. Die Diamantringe an ihren Fingern benutzte sie als Schlagringe.[109]

Die obszön reichen Mugabes aus dem obszön armen Simbabwe gehören heutzutage zur globalen Elite der Reichen und Superreichen, auch wenn ihr Vermögen im Vergleich zu den Multimilliardären Bill Gates oder Warren Buffett lächerlich erscheinen mag. Ein Prozent der Menschheit verfügt mittlerweile über 40 Prozent des gesamten Anlagevermögens, während die Hälfte der Weltbevölkerung nicht mal ein Prozent besitzt.[110]

Superreiche und Reiche machen zusammen die weltweite Verbraucherklasse aus, die etwa 1,7 Milliarden Menschen umfasst und den größten Teil der Ressourcen für sich beansprucht. Die global Bessergestellten sind laut Wolfgang Sachs vom Wuppertal Institut für Klima, Umwelt und Energie zu 80 Prozent in Nordamerika, West- und Osteuropa sowie in Japan zu Hause, die restlichen 20 Prozent leben verstreut über die südliche Hemisphäre. Ein Viertel der Menschheit, so hat er ausgerechnet, beansprucht beim Ressourcenverbrauch einen ganzen Planeten für sich. Und: »Indem die Konsumentenklasse über die globale Reichweite transnationaler Unternehmen diese Ressourcen vereinnahmt, trägt sie zur Marginalisierung jenes Drittels der Weltbevölkerung bei, das seinen Lebensunterhalt direkt durch den freien Zugang zu Land, Wasser und Wäldern erhält.«[111]

Zudem fliegt die globale Mittelklasse gern und fährt nach Her-
zenslust Auto. Schlimmer noch als ihr unstillbarer Kerosin- und Ben-
zindurst sind die Klimafolgen ihrer Fleischeslust: 18 Prozent der weltweiten Treibhausgase gehen auf den Fleischkonsum zurück, das ist
mehr, als im gesamten Transportsektor anfällt. Die industrialisierte
Landwirtschaft ist ein echter Klimakiller. Brasiliens Urwälder werden
abgeholzt, um – teilweise genmanipuliertes – Soja anzubauen, das an
industriell gehaltene Kühe und arme Schweine verfüttert wird, die
wiederum westliche Wohlstandsbäuche formen. In jeder Hinsicht
also eine extrem ungesunde Angelegenheit, zumal Turbozuchtkühe
das globale Treibhaus mit ihren Methan-Pupsereien anreichern.[112]

Nur »ressourcenleichte Lebensstile« könnten das Klima retten,
glaubt Wolfgang Sachs deshalb. Folgt man Umfragen, sind dazu
angeblich breite Mehrheiten auch in Deutschland bereit. In Wirklichkeit sind es aber wohl nur Minderheiten, die aufs Auto oder
Schnitzel verzichten. Diese Öko-Elite ist eher weiblich: Frauen fahren öfter mit Rad, Bus oder Bahn und ernähren sich häufiger vege-
tarisch. In Deutschland fährt eine Frau pro Jahr durchschnittlich
rund 10 000 Kilometer mit dem Auto und bucht 0,8 Flüge, ein Mann
hingegen legt jährlich im Pkw fast 18 000 Kilometer zurück und
fliegt fast dreimal. Und nur 18 Prozent junger Frauen, aber fast
50 Prozent junger Männer konsumieren täglich Teile toter Tiere.[113]
Das mag am Heißhunger liegen, aber auch ein Produkt von Ge-
wohnheit, Gedankenlosigkeit und unbewussten Zuschreibungen
sein: Fleisch wird mit Stärke, Potenz und Macht assoziiert. Fleisch
auf dem Teller bedeutet, aus dem Kampf mit der Natur als Sieger
hervorgegangen zu sein – auch wenn dieser heutzutage nur noch
ein Krieg moderner Don Quichottes um die Tiefkühltruhen der Su-
permärkte ist.

Das Geschilderte mag sich apokalyptisch anhören, und wenn in
nächster Zeit nicht grundlegende Änderungen erfolgen, wird es das
auch. Dann wird der Kampf um die verbleibenden Lebensgrundlagen
wohl mit brutalster Gewalt ausgetragen – vielleicht sogar in einem
neuen Weltkrieg. Uns bleiben nach Aussage aller Fachleute weniger
als 15 Jahre, um eine radikale Wende in der Umwelt- und Wirtschafts-

politik zu vollziehen. Wenn die gelingen soll, müssen auch die Außen-, Sicherheits-, Entwicklungs- und Gleichstellungspolitik dabei mitziehen.

Die gute Nachricht:
Es gibt Lösungen für alle Probleme

Und hier folgt nach all den schlechten Nachrichten endlich die gute: Die Lösungen für sämtliche Weltprobleme sind vorhanden. Sie müssen nur politisch durchgesetzt werden. Die größten Blockierer sind dabei die patriarchalischen Vertreter des »alten Denkens«, die die Vorstandsetagen der Energiemultis, der Agro- und Autoindustrie, der Rüstungs- und Sicherheitskonzerne bevölkern und sich in Regierungen, Parteien und Militärführungen breitgemacht haben.

Das erste und oberste Prinzip aller Veränderungen muss lauten: Alle Menschenrechte für alle. Schluss mit der Doppelmoral des Westens, aber auch mit der des Ostens und Südens. Das würde auch Islamisten wie Osama Bin Laden den Boden entziehen, der dem Westen vorwarf: »Eure Freiheiten gelten nur für euch!«, und damit Anhänger rekrutieren konnte.

»Alle Menschen sind frei und gleich an Würde und Rechten geboren«, heißt der erste, wunderschöne, verheißungsvolle Satz der Allgemeinen Erklärung der Menschenrechte von 1948. Ohne einen Ausgleich von Ungleichheit und Ungerechtigkeit im Lebensstandard und Status der Menschen, ohne deutliche Signale der Privilegierten, dass sie diesen Ausgleich anstreben, wird es ein Zeitalter neuer Kriege und Konflikte geben. Die unter dem Eindruck der Verheerungen des Zweiten Weltkriegs von der UN-Generalversammlung verabschiedete Menschenrechtserklärung enthält neben den politischen und juristischen Bürgerrechten auch die sozialen Rechte auf Leben, Sicherheit, Arbeit, Bildung, Gesundheit, Wohlbefinden, Nahrung, Kleidung, soziale und medizinische Versorgung. Die Menschenrechtserklärung ist das schönste, aber auch das utopischste internationale Dokument. Denn sie beharrt weiter auf ihrer Umsetzung in allen Weltregionen und Bevölkerungsgruppen »ohne irgendeinen Unterschied, wie etwa nach Rasse, Hautfarbe, Geschlecht, Sprache, Religion, politischer und sonstiger Überzeugung, nationaler oder sozialer Herkunft, nach Eigentum, Geburt oder sonstigen Umständen«, wie es in Artikel zwei heißt.

Alle Menschenrechte für alle. »Es ist genug für alle da«, rufen globalisierungskritische Gruppen zu Recht. Tatsächlich ist die Menschheit heute so reich an materiellen Gütern, kulturellen Möglichkeiten und sozialen Freiheiten wie nie zuvor in ihrer Geschichte. Das Problem ist »nur« die Verteilung. Würde man die Summe der Einkommen weltweit gleichmäßig verteilen, käme man auf durchschnittlich 10 000 Dollar pro Kopf und Jahr, genug, damit kein Mensch mehr hungern oder existenzielle Not leiden müsste. Hinzu kämen, zumindest theoretisch, die ungeheuren Gelder, die auf Bankkonten und in Steueroasen schlummern. Die Summe dieses »steuerflüchtigen« Geldes schätzte das Tax Justice Network im Jahr 2005 auf mindestens zehn Billionen Dollar – wesentlich mehr als genug für alle.[114]

Die Kosten für die Verwirklichung der Milleniumsziele machen nur einen Bruchteil dessen aus: Sie werden auf 50 bis 100 Milliarden Dollar jährlich geschätzt, das sind ganze 0,3 Prozent der Wirtschaftsleistung der wohlhabenden OECD-Länder. Die weltweiten Rüstungsausgaben betragen derzeit nach Schätzung des Konfliktforschers Lothar Brock durchschnittlich 187 Dollar pro Jahr und Kopf – nur 10 bis 20 Dollar davon würden für die Verwirklichung der Milleniumsziele genügen. Was wäre, wenn jährlich genügend Menschen 187 Dollar weniger an den Fiskus zahlen und dafür 20 Dollar an einen UN-Fonds überweisen würden? Einen anderen Vorschlag macht der Publizist Christian Felber. Eine einprozentige globale Steuer auf das Vermögen aller Dollarmillionäre ergäbe jährlich eine Summe von 320 Milliarden Dollar, eine zweiprozentige 640 Milliarden, hat er ausgerechnet. »Damit ließen sich viele globale Krisenpakete finanzieren, ohne neue Schulden zu machen.«[115]

Auch bei der internationalen Klimapolitik müsste gleiches Recht für alle gelten. Die Forscher des Potsdam-Instituts für Klimafolgenforschung haben im Wissenschaftsjournal *Nature* berechnet, wie viel

Kohlendioxid noch in die Atmosphäre gelangen darf, damit die Erderwärmung nicht mehr als die gerade noch tolerierbaren zwei Grad beträgt. Sie kommen auf etwa 666 Milliarden Tonnen bis 2050. Umgerechnet wären das zwei Tonnen Kohlendioxid pro Kopf und pro Jahr.

In Wirklichkeit sind es aber viel mehr: Nicht in Afrika oder Lateinamerika, aber in Europa, Nordamerika, Japan und China. Und deshalb muss der Treibgas-Ausstoß bis zum Jahr 2050 um 80 Prozent reduziert werden. Der Durchschnittsamerikaner verbraucht heute 20 Tonnen, die Durchschnittsdeutsche zehn Tonnen, der Durchschnittschinese gut drei Tonnen. Wenn alle Erdbewohner so viel Treibhausgas emittieren würden wie wir hierzulande, wäre die gerade noch erlaubte Menge schon im Jahr 2019 und nicht erst 2050 erreicht, rechnet Journalist Christian Schwägerl vor. Und: Wenn alle Menschen so viel Fleisch essen würden wie die Deutschen, »müssten doppelt so viele Tiere herangefüttert« und Wälder für ihren Futterbedarf abgeholzt werden. Wenn alle Menschen so viele Autos hätten wie wir, »wären weltweit mehr als vier Milliarden Fahrzeuge unterwegs, nicht 750 Millionen wie heute«.[116] »Nunmehr geben die Armen den Reichen Kredit, die Nichtverbraucher den Verbrauchern«, schreibt Schwägerl. Und weiter: »Zehn Inder muss man zum rechnerischen Ausgleich für das Übermaß jedes Deutschen heranziehen. Aber es gibt nicht mehr genug Arme, um den Exzess aller Wohlstandsmenschen aufzuwiegen. Der große Teil des CO_2-Kredits kommt deshalb aus der Zukunft, von denen, die sich später mit noch viel weniger als zwei Tonnen pro Kopf begnügen müssen, bis hin zur Null-Emission, um der Klimakrise zu entgehen. Wir nutzen deren CO_2-Guthaben auf, um weit über unsere Verhältnisse zu leben.« Reiche verbrauchen also das Klimaguthaben von Armen. Und, um den Gedankengang zu Ende zu führen: Männer verbrauchen das Guthaben von Frauen, Weiße das von Schwarzen und Braunen, Geborene das von Ungeborenen.

Christian Schwägerl folgert: »Ein Klimavertrag, der seinen Namen verdient, müsste die globalen Marktmechanismen so umbauen, dass ganz automatisch massiv Kapital in grüne Technologien und

Lebensweisen fließt. (…) Er würde mit dem Satz beginnen: ›Jeder Mensch hat das Recht auf maximal zwei Tonnen CO_2 pro Jahr.‹« Nicht mehr. Punkt. Ende. Basta.

Orientiert an diesem Ziel, schlug der Wissenschaftliche Beirat der Bundesregierung Globale Umweltveränderungen im September 2009 einen »neuen Weltklimavertrag« vor: Stark klimaschädigende Staaten sollten Verschmutzungsrechte von emissionsschwachen Ländern kaufen und mit grünen Technologien bezahlen. Das Ganze soll durch eine weltweite »Klimazentralbank« verwaltet werden. Bei diesen »strategischen Partnerschaften« könnten alle gewinnen.[117]

Die grünen Technologien würden nicht nur das Klima schonen und den Weltfrieden sichern, sondern auch jede Menge neuer Jobs für Männer und Frauen schaffen. Heute schon existieren »intelligente« Energienetze, die Wind- oder Sonnenenergie speichern und umlenken können und das Potenzial haben, ganze Städte oder sogar Nationen zu versorgen. Es gibt dezentrale Passivhäuser, die Energie abgeben, statt zu verbrauchen; effiziente Vakuumdämmungen für Altbauten; Elektroautos, die an Tankstellen ihre solarstromgespeisten Batterien auswechseln können; Riesensegel an Lastschiffen, Billig-Solarkocher und vieles mehr. Und es gibt kluge Verordnungen wie das deutsche Energie-Effizienzgesetz aus der Feder des SPD-Parlamentariers und alternativen Nobelpreisträgers Hermann Scheer, das grüne Energie trotz des erheblichen Widerstands der großen »Fossilkonzerne« konkurrenzfähig gemacht hat.

Wenn westliche Länder weiterhin Technik und Wissen monopolisieren, wird der Kurswechsel jedoch nicht gelingen. Niemand kann den Menschen in China, Indien, Afrika oder anderswo die Teilhabe am Wohlstand ernsthaft verweigern. Diese Menschen haben ein Recht auf klimaschonende Technologien, die es ihnen ermöglichen, sparsame Leichtbauautos oder Sonnenstrom zu produzieren.

Und sie haben das Recht auf Entwicklung ihrer kleinbäuerlichen Landwirtschaft, die die große Masse der Weltbevölkerung ernährt. Diese aber wird seit Jahrzehnten im Zangengriff zerquetscht: Agroindustrien und Gentechnikkonzerne machen Kleinbauern Boden, Wasser und Saatgut streitig, subventionierte Agrarexporte aus den

USA oder der EU machen ihre Produkte konkurrenzunfähig. Die agroindustrielle Landwirtschaft aber ist eine Sackgasse. Kunstdünger und Pestizide sind teuer und vergiften den Boden, während Humus der billigste Dünger ist und obendrein in der Erde große Mengen Kohlendioxid bindet. Gerald Herrmann, Präsident des Internationalen Verbands für organische Landwirtschaft, ist daher überzeugt: Die wachsende Weltbevölkerung trotz Klimawandel zu ernähren, das ist nur mit Biolandwirtschaft möglich.[118]

Der im April 2008 veröffentlichte Weltagrarbericht, der im Auftrag der UNESCO erstellt und von 60 Ländern unterzeichnet wurde, kommt zu einem ähnlichen Ergebnis. 400 Wissenschaftler und Expertinnen fordern darin einen radikalen Wandel bei der weltweiten Nahrungsmittelproduktion. Die moderne Massenproduktion auf großflächigen Monokulturen habe keine Zukunft und verstärke die Ungleichheit. Die Gentechnik führe zu neuen Problemen, die Patentierung von Saatgut und Wissen sei genauso unvertretbar wie die Umwandlung von Anbauflächen für Lebensmittel in Treibstoffflächen. Stattdessen müssten verstärkt Kleinbäuerinnen und -bauern unterstützt werden, die auf lokaler Ebene ökologische Anbaumethoden mit ökonomischer Effektivität und nachhaltiger Nutzung verbinden. Sie seien die besten Garanten für die lokale, nationale und regionale Ernährungssicherheit. Klare Aussagen also, doch hatten sie zur Folge, dass die Regierungen von Deutschland, den USA, Kanada und Australien den Weltagrarbericht nicht unterzeichneten. Schon vorher hatten sich die Agrochemie- und Gentechnikfirmen BASF, Monsanto und Syngenta beleidigt aus der Mitarbeit zurückgezogen.

»Landwirtschaft ist eine Lebensart«, meint auch Wolfgang Sachs und verweist auf Frauen, die eine zentrale Rolle bei der Erhaltung der biologischen Vielfalt spielten. In Indien und Bangladesch haben arme Landfrauen Samenbanken gegründet, um dort ihre traditionellen Reis- oder Gemüsesorten für die Nachwelt zu retten. Denn allein in Bangladesch wurden in nur zwei Jahrzehnten mehr als 15 000 Reissorten auf acht bis zehn Sorten reduziert; diesen Trend konnten die Frauen mit den Samenbanken umkehren. Im indischen Bundesstaat Andhra Pradesch bauen rund 5000 in Kooperativen organisierte

Frauen dürrerobuste Getreidesorten, Ölsaaten und Hülsenfrüchte an, die dem Klimawandel trotzen und den Genossenschaftlerinnen ganz ohne Chemie und künstliche Bewässerung ein bescheidenes Einkommen sichern.[119]

Angesichts von Klima- und Wirtschaftskrise ist die Verschärfung von Verteilungskonflikten zu erwarten. Sie in zivile Bahnen zu lenken, ist ohne die aktive Einbeziehung von Frauen und progressiven Männern nicht möglich. Präventionspolitiker, Entwicklungsexpertinnen und Profis aus der zivilen Konfliktbearbeitung sollten daher mit ihnen strategische Bündnisse bilden, wo immer sie können. Nicht alle, aber viele Frauenorganisationen haben ein vitales Interesse daran, Militarismus und Fundamentalismus zu bekämpfen, weil sie genau wissen, dass sie meist die ersten Opfer von Gewalt und radikalen Ideologien sind – sei es in der islamischen Welt oder in Indien, in Afrika, Russland, Europa oder anderen Regionen. Traditionelle Außen- und Sicherheitspolitiker sind indes offenbar unfähig, das Potenzial dieser nur scheinbar machtlosen Gruppen zu erkennen.

So entgeht ihnen, welche gefährlichen Dynamiken heiß laufende Patriarchate und militarisierte Männerbünde auslösen, die sich im normenterroristischen Zirkelschluss verfangen haben, ihre Männlichkeit durch Kriege zu beweisen, weil nur der Krieg sie zu Männern mache. Sie haben nicht verstanden, welcher Bündnisanstrengungen es bedarf, um diese zu stoppen. Entwurzelte »hohle« Männer, die in ihren Traditionen keinen Halt mehr finden und von skrupellosen Politikern, Rüstungslobbyisten oder Warlords mit modernsten Waffen ausgestattet werden, sind in der Lage, alles zu zerstören – ihre eigenen Familien und Gesellschaften ebenso wie andere Ethnien und Nationen. Ihre Destruktionskraft kann ungeheuer sein, kann neue Konflikte und Gewaltwellen initiieren und Menschen über Jahrzehnte hinweg von innen zerstören. Dies war in Nazi-Deutschland der Fall, auf dem Balkan, in Ruanda, im Tschetschenienkrieg, in Afghanistan, in der Demokratischen Republik Kongo und an vielen anderen Orten.

Das alles ist bislang jedoch weder in den Außen- noch in den Verteidigungs-, Innen- und Gleichstellungsministerien angekommen.

Es bedürfte einer ganz neuen strategischen Ausrichtung der gesamten Politik, um zu verhindern, dass sich in Nachkriegsländern das Spektrum möglicher Männlichkeiten erneut auf eine verengt: die militarisierte. Ein ganzes Spektrum von politischen, ökonomischen, sozialen und kulturellen Aktivitäten wäre nötig, um das zu verhindern – an der Spitze eines Staates genauso wie auf der Graswurzelebene. Männliche Vorbilder sind extrem wichtig; zivile Politiker mit Ausstrahlung; überzeugende Aktivisten; Bildungsinitiativen und Kampagnen; durchdachte Entwaffnungsprogramme, die Männern zivile Arbeitsmöglichkeiten bieten; Männergruppen, in denen Gewalttäter lernen, ihre Emotionen zu kontrollieren; Journalisten und Filmemacher, die das Tabu aller Tabus behandeln: sexualisierte Gewalt gegen Männer. Sie alle könnten ihrem Geschlecht beibringen, dass es selbst genauso unter der hegemonialen Gewalt der Superpatriarchen leidet wie die Frauen.

Nichts kann auf dieser Erde gelingen, weder Klimawende noch Armutsbekämpfung noch Stabilisierung fragiler Staaten, wenn nicht das Potenzial beider Geschlechter einbezogen wird. Vergeudet ein Geschlecht seine Zeit und Energie damit, das andere zu kontrollieren und es mit Gewalt in seiner Bewegungsfreiheit zu hindern, dann kommt Entwicklung nicht in Gang. Und: Die Missachter der Frauenrechte von heute sind die Krieger von morgen. Diese Lektion sollte der Westen aus seiner Unterstützung für Öldiktatoren und Islamisten gelernt haben.

Zugegeben: Durch die Förderung von Gleichberechtigung können sich manche Konflikte kurzfristig verschärfen. Doch dem auszuweichen, indem man Frieden mit Superpatriarchen und Warlords schließt, bedeutet das Problem zu verschieben und es letztlich zu verschlimmern. Das »rasende Patriarchat« von Mudschaheddin und Taliban und der nicht enden wollende Krieg am Hindukusch zeigen das deutlich.

Aber warum nicht ein wenig mehr Fantasie entwickeln? In einigen deutschen Universitäten geht es mit der Frauenförderung steil aufwärts, seit Fachbereiche für die weibliche Besetzung von Professuren finanziell belohnt werden. Auch in der Entwicklungspolitik könnte das ein Modell sein. Wenn afghanische Provinzen heute schon mehr Geld bekommen, wenn sie mohnfrei bleiben, warum nicht das Gleiche probieren für Erfolge bei der Förderung von Mädchen und Frauen?

Auch in westlichen Ländern gibt es etliche unentdeckte Möglichkeiten. Warum gibt es in der EU keinen Wettbewerb um die beste Gleichberechtigungspolitik? Genau das schlägt die französische Bürgerrechtlerin Gisèle Halimi vor. Die 81-jährige Anwältin und Ex-Abgeordnete und ihre ehrenamtlichen Helferinnen haben alle 27 EU-Mitgliedsländer miteinander verglichen, um herauszufinden, wer die besten Gesetze und Programme in den Bereichen Arbeit, Sexualaufklärung, Gleichstellung, Familienförderung und Gewaltschutz hat. Diese sollten dann in einem »Pakt für die bestgestellte Europäerin« zum künftigen EU-Standard erhoben werden. Die Niederlande seien bei der Verteilung von Gratis-Verhütungsmitteln vorbildlich, die beste Sexualerziehung werde in dänischen Bildungseinrichtungen praktiziert, Frankreich habe das beste Arbeits- und Spanien das beste Scheidungsrecht. Jean-Luc Sauron, Experte für Europarecht an der Pariser Universität, ist begeistert von dem Vorhaben: »Hier muss nichts neu erfunden werden«, statt schlechter EU-Kompromisse in Brüssel »nehmen wir einfach das Beste«.[120]

Voneinander lernen, um das Optimum zu praktizieren – das ginge auch weltweit. Schwedens Gleichberechtigungspolitik, Ruandas durchgängige Frauenförderung, Österreichs Gewaltschutzgesetz, Costa Ricas Verzicht auf ein nationales Militär, Südafrikas Verfassung, Bhutans Festschreibung von Glück als Staatsziel Nummer eins – gute Beispiele finden sich überall, sie sind oft nur kaum bekannt. In einer möglichen Parlamentarischen Versammlung der UN könnten diese Beispiele eines Tages Furore machen und die Gründung eines Weltparlaments von Abgeordneten und Zivilgesellschaften beflügeln.

Zivile Helden

»Wir sind die größten Helden der Geschichte, wir müssten bei unserem Tod alle dekoriert werden. Keine Generation hat je so viel wissen, sehen, hören müssen, Leid ohne Katharsis, Scheiße, die man in den neuen Tag hineinschleppt«, sagt Victor, eine Romanfigur in *Allerseelen* von Cees Nooteboom. Victor meint damit jene, die über die Medien jeden Tag den Katastrophen dieser Welt ausgesetzt sind, und jene, die den Zweiten Weltkrieg erlebten und ihn weiter erleben – bis ans Ende ihrer Tage.

Solche Männer sind Anti-Helden. Sie wissen, dass nur Fantasielose Gewalt anwenden. Sie wissen, dass das größte Projekt der Menschheitsgeschichte die Zivilisierung der Gewalt und die Verwirklichung aller Menschenrechte für alle ist. Sie wissen, dass man nicht weiblich sein muss, um für Frauenrechte zu kämpfen, nicht schwarz, um gegen Rassismus, nicht jüdisch, um gegen Antisemitismus, nicht islamisch, um gegen Antimoslemismus aufzustehen. Sie können dazu Karl Kraus zitieren: »Man muss nicht Ochse sein, um Rindfleisch beurteilen zu können.« Sie wissen, dass es auf ziviles Heldentum ankommt, auf grenzüberschreitendes mutiges Handeln. Sie wissen, dass das Abenteuer überall ist, ob man als Friedensbrigadist in Guatemala Menschenrechtsverteidigerinnen begleitet oder als Vater mit seinen Söhnen Skiabfahrten herunterdonnert. Sie wissen, dass Männer Pflegearbeit leisten müssen, für die eigenen Söhne und für den ganzen Planeten, und dass sie offensiv und öffentlich mit Konkurrenz und Gewalt brechen und ihre bisherige Lebensweise demontieren müssen, um eine neue ökologische Solidarwirtschaft zu schaffen.

»Helden des Rückzugs«, nennt der Publizist Mathias Greffrath Männer mit diesen Tugenden.[121] Um auf die zu Anfang des Buches erwähnte Osterinsel zurückzukommen: Die Häuptlinge hatten offenbar geglaubt, ihre Ahnen würden für die Bodenfruchtbarkeit sorgen. Je mehr Wald sie für ihre Stelen abholzten, desto unfruchtbarer wurde die Erde, desto höher bauten sie ihre Männerstatuen, desto schlimmer wurde die Erosion. Am Ende warfen sie alle Stelen um, weil die Ahnen nicht mehr lieferten, was sie versprachen, und bekriegten sich untereinander. Sie hatten sich in einer tautologischen Spirale verfangen, die in Krieg und Tod mündete. Hätten hier genügend Helden des Rückzugs gelebt, sie hätten ihre Zivilisation retten können.

»Gleichheit bedeutet nicht, dass Frauen und Männer dieselben werden, sondern dass ihre Rechte, Verantwortlichkeiten und Möglichkeiten nicht davon abhängen, ob sie männlich oder weiblich geboren werden«, heißt es in einem UN-Bericht. »Gleichberechtigung zwischen Frauen und Männern ist sowohl ein Menschenrecht als auch Voraussetzung und Indikator für eine nachhaltige, menschenzentrierte Entwicklung.«[122] Geschlechterdemokratie bedeutet Pluralismus von Lebensstilen, bedeutet, dass Frauen und Männer in ihrer ganzen Vielfältigkeit glücklich werden können – und sollen. Sie erlaubt alles, solange es selbstbestimmt und frei gewählt ist. Nur eines nicht: die Inszenierung, dass ein Geschlecht wichtiger, mächtiger oder gewalttätiger sein darf als das andere. Echte zivile Helden arbeiten daran, dass es keine Täter und keine Opfer gibt, dass niemand mehr versinken muss im tragischen Bermuda-Dreieck zwischen Helden, Tätern und Opfern.

Die Yes Men, eine Gruppe satirischer Kommunikations-Guerilleros aus New York, sorgen immer wieder durch fantasievolle Aktionen für weltweites Aufsehen, etwa durch die gefälschten Websites von George W. Bush oder der Welthandelsorganisation WTO. Sie nähmen »Identitätskorrekturen« vor, sagen sie augenzwinkernd. Und so korrigierten sie auch Geschlechteridentitäten und manipulierten das Video-Actionspiel *Sim Copter*, sodass sich die darin herumwuselnden kleinen Männchen küssten, statt sich zu erschießen – Kuss-Guerilleros. Erbarmungslos schlugen die Yes Men als BLO, als Barbie Liberation Organization, auch in Spielwarenläden zu und tauschten die Puppenstimmen von Barbie und GI Joe aus. Kinder und Eltern an Weihnachten erlebten ein blaues Wunder: »Truppen, greift diesen Cobra Jet mit schwerer Feuerkraft an!«, kommandierte Barbie, während Soldat Joe mit sanfter Stimme flötete: »Ich liebe es, mit dir shoppen zu gehen!«

Anmerkungen

Kapitel 1

1 zitiert nach Hannes Stein, Kalt wie Hundeschnauze, Welt 15.7.2009
2 Obama verspricht Bruch mit Bushs Erbe, Spiegel Online 21.5.2009
3 Ezra Klein, The Most Unlikely President, http://www.prospect.org
4 Sebastian Moll, Obama-Puppen am Strick, taz 17.8.2009
5 http://urbanlegends.about.com
6 http://crooksandliars.com
7 zitiert nach Klaus Brinkbäumer, Gabor Steingart, Die Worte und die Welt, Spiegel 42/2009
8 »China ist eine freie Gesellschaft«, Interview mit Kishore Mahbubani, http://www.t-online, 21.2.2009
9 Harald Schumann, Christiane Grefe, Der globale Countdown, Köln 2008, S. 51, 60, 68
10 zitiert nach Tagesspiegel 25.5.2009
11 Russland staunt über Oben-ohne-Putin, Spiegel Online 14.8.2007
12 Putins Krawall-Dialog mit Sarkozy, Spiegel Online 14.11.2008; http://www.uebersetzerportal.de
13 Anselm Waldermann, Der Führerkult der Putin-Jugend, Spiegel Online 1.11.2007; Kerstin Holm, Der Putinkult erfasst ganz Russland, FAZ 16.10.2007; Kerstin Holm, Sommerlager der Präsidententreuen, FAZ 10.8.2009
14 Matthias Schepp, Ewige Sehnsucht nach Größe, Spiegel Online 9.5.2009
15 Barbara Kerneck, Ein Marinestützpunkt als Konzentrationslager, taz 11.5.1993
16 Johannes Voswinkel, Das Tier im Muttersöhnchen, Zeit 40/2007; Jagdausflüge der Rassisten, FAZ 20.11.2008; Simone Schlindwein, Schon Kinder heben die Hand zum Hitler-Gruß, Spiegel Online 4.11.2007
17 ap, dpa 20.10.2006
18 Charles A. Landsmann, Skelette im Schrank, Tagesspiegel 25.1.2007; Ex-Präsident Katzav muss nicht ins Gefängnis, Welt 26.2.2008
19 afp 22.6.2009; Danielle Mitterand, Le »Président bling bling«, un Président de pacotille?, http://www.betapolitique.fr/
20 dpa 9.5.2007; rpo 7.2.2008; http://www.rp-online.de
21 Hans-Hagen Bremer, Kleiner Mann ganz groß, Tagesspiegel 8.9.2009;

Hans-Hagen Bremer, »Ohne mich läge Europa am Boden«, Tagesspiegel 17.10.2008; Sarkozy zettelt Streit über Sitzordnung an, Spiegel Online 14.2.2009

22 Dorothea Hahn, Das ganze Land als Bühne, taz 20.11.2007; »Hyper«-Präsident im Sprint, Spiegel Online 22.8.2007

23 Stefan Simons, Still in der Ecke, Spiegel 35/2007

24 Unter Staatsmännern, taz 8.11.2008

25 Dominik Straub, »Der beliebteste Regierungschef der Welt bin ich«, Tagesspiegel 28.5.2009; http://silvioperilnobel.sitonline.it

26 Tagesspiegel 5.7.2009; Jan Koneffke, Nur gut, dass es Silvio gibt, Wespennest 155, Wien, Mai 2009

27 zitiert nach Perry Anderson, London Review of Books 26.2.2009

28 Hans-Jürgen Linke, Üben, FR-online 4.5.2009

29 »Berlusconi glaubt seine Lügen selbst«, Interview mit Alexander Stille, Tagesspiegel 5.7.2009

30 Ehefrau attackiert Berlusconi, Spiegel Online 29.4.2009; Annette Langer, »Jetzt ist Schluss«, Spiegel Online 4.5.2009; Michael Braun, 2000 Euro für eine Nacht mit Berlusconi, taz 19.6.2009

31 Interview mit Alexander Stille, a.a.O.

32 David Owen, In Sickness, and in Power: Illnesses in Heads of Government During the Last 100 Years, London 2008; »Bush und Blair haben die Demokratie beschädigt«, Interview mit Lord Owen, Welt 31.10.2008

33 Tagesspiegel 5.7.2009

34 Paul Kreiner, »Wir brauchen eine weibliche Revolution«, Tagesspiegel 15.6.2009; Furio Colombo, Gheddafi e la follia del governo italiano, MicroMega, http://temi.repubblica.it/micromega-online, 23.4.2009

35 Berlusconi lästert über Frauen in Zapateros Kabinett, Spiegel Online 16.4.2008

36 Helene Zuber, Neun Frauen für Zapatero, Spiegel Online 30.4.2008

37 zitiert nach Barbara Baumgartner, La Comandante, Zeit 19/2008

38 Timothy Garton Ash, Warme Brüder und EU-nuchen, Zeit 6/2003

39 zitiert nach Andrea Böhm, Mann, was sind wir hart!, Zeit 35/2007

40 Wer ist Avigdor Liebermann?, Tagesspiegel 5.4.2009

41 afp 8.5.2009

42 Gideon Alon, Lieberman blasted for suggesting drowning Palestinian prisoners, Haaretz 8.7.2003; Gideon Alon, Jack Khoury, Lily Galili, PM defends Arab MKs after Lieberman calls for execution, Haaretz 4.5.2006; Clemens Verenkotte, Wer ist Olmerts neuer Rechtsaußen? http://www.tagesschau.de 26.10.2006; Tagesspiegel, a.a.O.

43 Erich Follath, Das Duell der Auserwählten, Spiegel-Essay, 26/2009; Netanyahu's paranoia extends to »self-hating Jews« Emanuel and Aelrod, http://www.haaretz.com

44 Follath, a.a.O.

45 Ex-Ministerpräsident Münch verlässt die CDU, Spiegel Online 25.2.2009

46 Ute Scheub, Voller Körpereinsatz, taz 2.10.2007
47 Margreth Lünenborg et al.,»Merkels Dekolleté« als Mediendiskurs, in: Margreth Lünenborg (Hg.), Politik auf dem Boulevard? Die Neuordnung der Geschlechter in der Politik der Mediengesellschaft, Bielefeld 2009, S. 73ff.
48 http://www.forbes.com
49 Roger Boyes, Vanity Fair, 8.9.2008
50 Reinhard Kreissl, Die ewige Zweite – Warum die Macht den Frauen immer eine Nasenlänge voraus ist, München 2000, S. 10ff.
51 Schumann, a.a.O., S. 85
52 Tagesschau 31.7.2009
53 Alexandra Sillgitt, Weiblich und milliardenschwer, Spiegel Online 8.3.2008; http://www.forbes.com
54 zitiert nach Jeff Hearn, Homosozialität oder die realen Machtverhältnisse am Arbeitsplatz, Das Parlament 46/2004
55 Gesche Wüpper, Die Rüstungsindustrie kennt keine Krise, Welt 9.3.2009
56 René Lüchinger, Weltrangliste der Macht, Weltwoche 05/2009
57 Kreissl, a.a.O., S. 40f., 97, 162
58 Eva Kreisky, Männlichkeit regiert die Welt, Wien, ohne Jahresangabe, http://evakreisky.at
59 Hermann Droske, Hochmut kommt vor dem Phall, SZ-Magazin 11/2009
60 3sat *Kulturzeit*, 16.6.2009
61 Maren Peters, Wenn Frauen Männer schlagen, Tagesspiegel 25.6.2009; Michaela Schießl, Aufstieg im Labyrinth, Spiegel-Special Das starke Geschlecht, 1/2008
62 Droske, a.a.O.
63 Ilka Kopplin, Ein großes Gespür für Gier, SZ 3.3.2009
64 Alexander Gutzmer, Chef sein macht einsam, Spiegel Online 15.6.2008; Egomanen führen auch nicht besser, Spiegel Online 9.10.2008; Wolfgang Scholl, Die Psychologie der Macht, Tagesspiegel 11.8.2009
65 Birgit Rommelspacher, Globalisierung und Geschlechterverhältnis, Wien 2001
66 Manfred Ertel, Frauen greifen nach der Macht, Spiegel Online 22.4.2009
67 Robert W. Connell, Julian Wood, Globalization and Business Masculinities, Men and Masculinities 4/2005, S. 347ff.; Wutgeheul aus Männerseelen, Spiegel-Titelgeschichte 25.5.1992
68 Anonyma,»Mich macht ihr nicht fertig«, Managermagazin 5/2008
69 Ingrid Kurz-Scherf, Monopoly-Kapitalismus – Reservat der Männlichkeit, Blätter für deutsche und internationale Politik 5/2009
70 Thomas Tuma, Bernie Madoffs Schneeball-Mysterium, Spiegel Online 30.6.2009
71 Reinhard Wolff, Zeit der Heldin, taz 18.4.2009; Ertel, a.a.O.

72 Anne Seith, Braven Bankern droht neues Beben, Spiegel Online 15.7. 2009
73 Spiegel Online 14.7., 16.7., 15.7.2009
74 Anne Seith, »Ausgenommen wie eine Weihnachtsgans«, Spiegel Online 17.6.2009
75 Friedrich Krotz, Das Krisengespenst, taz 19.2.2009
76 Gorillas Spiel, Spiegel-Titelgeschichte 11/2009
77 Sabine Rückert, Analytiker der Businessclass, Zeit 21/2008; Ilja Trojanow, Aus dem Leben eines Habenichts, taz 10.12.2008
78 Mark Stevens, Truppenbewegungen, Kulturaustausch 1/2007, S. 47ff.
79 Rita Neubauer, Arme Spekulanten, Tagesspiegel 10.10.2008
80 Eva Kreisky, Neoliberale Körpergefühle, Wien, ohne Jahresangabe, http://evakreisky.at
81 Mary Kaldor, Rüstungsbarock, Berlin 1981, S. 101
82 Ertel, a.a.O.
83 Birte Rodenberg, Gender und Armutsbekämpfung, http://www.gender.hu-berlin.de/
84 Political and Social Economy of Care, UNRISD 2008, http://www.unrisd.org
85 Christa Wichterich, Die Abwärtsspirale, taz 20.2.2009
86 Silke Staab, http://www.unrisd.org/research/gd/care
87 http://www.focus.de, 14.11.2008
88 Zentrum für Gender Studies, Geschlecht und Globalisierung, Materialreihe Nr. 2, Philipps-Universität Marburg, 2003, S. 34; Pressemitteilung FS-Verlag, 2005
89 Jim Lobe, Big Gender, Ethnic Gaps in Wages Found, ips 12.10.2009
90 Gehaltsreport 2009 des Manager Magazins, Oktober 2009
91 Nick Reimer, Teurer als Weltrettung, taz 20.3.2009; Global Employment Trends for Women Report, 5.3.2009, S. 32, http://www.ilo.org
92 Susanne Amann, Krise wird zur Männer-Rezession, Spiegel Online 30.4.2009
93 Christa Wichterich, Krise, Karriere, Küche, ver.di Publik Ausgabe 04/2009
94 Anette Dowideit, Frauen sind die Verlierer der Finanzkrise, Welt 23.12. 2008
95 Christa Wichterich, Krieger-Männer, Ernährer-Frauen, Heinrich-Böll-Stiftung, Berlin 2007
96 Klaus Dörre, Männer im Prekariat, Vortrag im Forum Männer, Heinrich-Böll-Stiftung Berlin, 27.2.2009
97 Martin Riesebrodt, Die Rückkehr der Religionen, Fundamentalismus und der »Kampf der Kulturen«, München 2000, S. 13; ders., Rückkehr zur vermeintlich heilen Welt, Tagesspiegel 7.5.2002
98 Susan Faludi, Männer – das betrogene Geschlecht, Reinbek 2001, S. 97, 120, 123
99 Wichterich, Krieger-Männer, a.a.O.

100 Michael Kimmel, Global Masculinities, http://gender-policy.tripod. com

101 Peter Lock, Kleinwaffen – eine Herausforderung für den Weltfrieden, Policy Paper Nr. 17, Stiftung Entwicklung und Frieden, Mai 2001, S. 8

102 Chris Dolan, Fluch der Erniedrigung, Scheiternde Männlichkeit und schwache Staaten, IZ3W 2009

103 Rita Laura Segato, Die Handschrift der Täter, ILA 290, http://www.ila-web.de

104 Stefanie Kron, Konzeptuelle Blindstellen, http://www.iz3w.org/; Interview mit Marisela Ortiz, Ökumenisches Büro, Juni 2005

105 vgl. Natalija Basic, Kampfsoldaten in Ex-Jugoslawien, in: Ruth Seifert (Hg.), Gender, Identität und kriegerischer Konflikt, Münster 2004, S. 89

106 Marina Blagojevič, Conflict, Gender, and Identity, in: Seifert, a.a.O., S. 75ff.

107 zitiert nach Svetlana Slapšak, Im Krieg waren die Frauen die inneren Feinde, in: Heinrich-Böll-Stiftung (Hg.), Brauchen wir einen Weltfrauensicherheitsrat?, Berlin 2003

108 Ruth Seifert, Genderdynamiken bei der Entstehung, dem Austrag und der Bearbeitung von kriegerischen Konflikten, in: Peripherie. Zeitschrift für Politik und Ökonomie der Dritten Welt, Dezember 2001

109 Natalija Basic, a.a.O., S. 89ff.

110 Slapšak, a.a.O.

111 Bora Cosič, Die starken Frauen von Belgrad, NZZ 30.5.2009

112 http://www.zitzer.de

Kapitel 2

1 David D. Gilmore, Mythos Mann – Rollen, Rituale, Leitbilder, München 1991, S. 230ff.; http://www.peacefulsocieties.org; http://www.journal-ethnologie.inm.de; http://www.buffalo.edu; http://www.noogenesis.com; Robert K. Dentan, The Semai. A Nonviolent People of Malaysia, New York 1986

2 Dentan, a.a.O; ders., Overwhelming Terror: Love, Fear, Peace, and Violence Among the Semai of Malaysia, New York 2008

3 http://www.sciencemag.org/cgi/content/full/289/5479/586

4 vgl. »Göttinnen, Gräberinnen und gelehrte Frauen«, Tagung des Netzwerks archäologisch arbeitender Frauen am 16./17.6.2001 in Berlin, http://www.femarc.de

5 Sigrid Schmitz, Typisch Frau? Von wegen!, Spiegel Online 10.5.2007; Volkart Wildermuth, Verbotener Zirkelschluss, Deutschlandradio 30.4.2009

6 Schmitz, a.a.O.; Eva-Maria Schnurr, Frauen sind auch nur Männer, Zeit 35/2006; Sigrid Schmitz, »Niemand weiß, ob eine Frau oder ein

Mann das Werkzeug erfunden hat«, Zeit 35/2006

7 Rafaela von Bredow, Das gleiche Geschlecht, Spiegel 6/2007; Schnurr, a.a.O.

8 Schnurr, a.a.O.; Aussage von Hüther in der Sendung *Scobel*, 3sat, 26.3. 2009

9 Gerald Hüther, Männer – Das schwache Geschlecht und sein Gehirn, Göttingen 2009, S. 64, 105

10 ap 30.5.2008; Amory Burchard, Tilmann Warnecke, Was Kinder wissen, Tagesspiegel 10.12.2008

11 »Stereotype Geschlechterbilder schaden«, Interview mit Wassilios Fthenakis, Tagesspiegel 25.1.2008

12 Bredow, a.a.O.

13 http://www.vasa.abo.fi

14 Christian Pfeiffer, Machos, Feinde der Menschheit, Zeit 16/2001; The Role of Men and Boys in Achieving Gender Equality, Women 2000 and beyond, New York 2008; S. 30, http://www.un.org

15 Christiane Schmerl, Wann werden Weiber zu Hyänen?, http://www.uni-bielefeld.de/Universitaet/Einrichtungen/Pressestelle/dokumente/fomag/fomag23.pdf

16 Heinrich-Böll-Stiftung, »Geschlechterdialoge«, 8.12.2007

17 ap 5.10.2006

18 vgl. Jürgen Neffe, Risikofaktor Mann, taz 8.3.2003; Natalie Angier, Woman – An Intimate Geography, Boston 1999; Testosteron macht doch nicht aggressiv, dpa 8.12.2009

19 Natalie Angier, »Unser Faible für die Macht«, Spiegel 32/2000; http://www.unikoeln.de/philfak/paedsem/psych/medien/aggression/hormone/hormone/maenner.htm

20 Bas Kast, Die Liebe macht uns alle gleich, Tagesspiegel 14.5.2004; Jörg Blech, Stille Post vom Fötus, Spiegel Online 17.12.2007; Judith Rauch, Fürsorgliche Männer, Spiegel Online 17.12.2007

21 Anti-Gewalt-Training der Polizei Berlin

22 vgl. Simone Süskind, Die internationale Frauenkommission für einen gerechten und dauerhaften israelisch-palästinensischen Frieden, in: Gunda-Werner-Institut (Hg.), Hoffnungsträger 1325, Königstein 2008, S. 153ff.

23 Schmerl, a.a.O.

24 Faludi, a.a.O., S. 18

25 Robert Connell, Der gemachte Mann, Opladen 1999

26 Michael Kimmel, Towards a Pedagogy of the Oppressor, Tikkun Magazine Nov./Dez. 2002; http://www.fjaz.com/kimmel.html

27 Georg Simmel, Schriften zur Philosophie und Soziologie der Geschlechter, Frankfurt am Main 1985, S. 200ff.

28 Eva Kreisky, Arbeitspapier Männlichkeit in der Politik, http://eva-kreisky.at

29 Ute Scheub, Die Läuse auf dem Kopf von Freud, taz 18.2.1993

30 Astrid Albrecht-Heide, Über die Friedensunfähigkeit des »weißen«, disziplinierten, bürgerlichen Herrschaftssubjektes, undatiertes Papier im Besitz der Autorin

31 Constanze Stelzenmüller, »Was sucht denn das Fräulein da?«, Zeit 18/2005

32 Peter Döge, Welches Geschlecht hat Gewalt?, Berlin 2002; http://www.iaiz.de

33 Bahman Nirumand, Opposition: Vergewaltigung im Gefängnis, taz 11.8.2009; Martin Gehlen, Vergewaltigungsvorwürfe versetzen Regime in Rage, Zeit Online 17.8.2009

34 Rachel Jewkes et al., Understanding Men's Health And Use Of Violence: Interface Of Rape And HIV In South Afrika, Executive Summary, Medical Research Council, Pretoria, Juni 2009

35 Kirsten Campbell, Transitional Justice und die Kategorie Geschlecht, Mittelweg 36, Feb. 2009, S. 40; in einer neueren, noch unveröffentlichten Studie korrigiert Gabriela Mischkowski diese Zahl auf 27 Prozent.

36 Interview der Autorin mit Dubravka Zarkov, taz 26.5.2003; Interview der Autorin mit Yakin Ertürk im September 2008

37 Christian Pfeiffer, Zur Biografie von Gewalt und Zivilcourage, Vortrag vom 12.2.2003

38 http://www.genderjustice.org.za/onemancan/action-sheet

39 Stephanie Urdang, Enlisting Men for Women's Equality, Africa Renewal 1/2008, S. 6

40 amnesty international (Hg.), Southafrica, »I am the lowest end of all«, Rural women living with HIV face human rights abuses in South Africa, März 2008, AI Index AFR 53/001/08, S. 17

41 Birgitta Gahleitner, Sexuelle Gewalterfahrung und ihre Bewältigung bei Frauen und Männern, Berlin 2004

42 Michael Kaufman, The Seven P's of Men's Violence, http://www.whiteribbon.ca

43 vgl. Carol Hagemann-White, Weiblich – männlich?, Opladen 1984

44 David G. Gilmore, Misogyny – the Male Malady, Pennsylvania 2001, S. 1

45 a.a.O., S. 4

46 a.a.O., S. 40

47 a.a.O., S. 9

48 Rolf Pohl, Hinter allem steht die Angst, Das Parlament 46/2004

49 Michael Kimmel, Gender Equality: Not for women only, 8.3.2001; http://www.eurowrc.org

50 Adam Jones (Hg.), Gendercide and Genocide, Vanderbilt 2004, S. 3ff.

51 Jörg Blech, Im Bann der Steinzeit, Spiegel 6/2009

52 Matthias Bartsch et al., Junge Männer – die gefährlichste Spezies der Welt, Spiegel 2/2008

53 Gunnar Heinsohn, Finis Germaniae?, Kursbuch 162/2005

54 Marc Sommers, Fearing Africa's Young Men: The Case of Rwanda, So-

cial Development Papers, Conflict Prevention & Reconstruction, Paper N. 32/Jan. 2006; vgl. auch Young men and war: could we have predicted the distribution of violent conflicts at the end of the millenium?, http://www.wilsoncenter.org

55 Reiner Klingholz, Machen junge Männer Krieg?, Zeit 10/2004
56 Dieter Schnack, Rainer Netzling, Kleine Helden in Not, Reinbek 2006; Wolfgang Michal, Der unbewegte Mann, Tagesspiegel 16.9.2007
57 Björn Süfke, Das Dilemma der Männer, Tagesspiegel 6.7.2008
58 http://www.diabetespro
59 Barbara Ehrenreich, Blutrituale, Reinbek 1999, S. 47ff.
60 ap 3.1.2007; Der erste Krieg der Menschheit, Spiegel Online 17.1.2007
61 Bruni Kobbe, Das schräge Bild der alten Eva, Zeit 1/1997
62 afp 22.2.2007
63 Ernest Bornemann, Das Patriarchat, Frankfurt am Main 1975; Riane Eisler, Kelch und Schwert, München 1987, S. 94ff.
64 Gerhard Dilger, Todbringende Autobahn, taz vom 9.6.2008
65 zitiert nach Ehrenreich, a.a.O., S. 157
66 David D. Gilmore, Mythos Mann, München 1991, S. 238ff.
67 Gerhard Dilger, Die Kriegserklärung der Kayapó, taz 22.5.2008
68 Sagenhafte Völker: Das Amazonenrätsel, ZDF-Dokumentation, 6.6.2004
69 Ernst Jünger (Hg.), Aufmarsch des Nationalismus, Leipzig 1926, Vorwort, S. 1
70 Theodor W. Adorno, Max Horkheimer, Dialektik der Aufklärung, Frankfurt am Main 2002, S. 52, 62
71 zitiert nach Jörg Magenau, Willkommen bei Geistern, taz 29.1.2008
72 vgl. Ute Scheub, Vom Sinn des Opfers, Essay, Deutschlandfunk 6.4.2007
73 Sigrid Weigel (Hg.), Märtyrer-Porträts, München 2007, S. 18
74 Hilde Schmölzer, Der Krieg ist männlich. Ist der Friede weiblich?, Wien 1996, S. 149
75 Reinhold Mokrosch, Gerechter Krieg?, in: Gerechtigkeit und Frieden, Osnabrücker Jahrbuch Frieden und Wissenschaft, Osnabrück 2002, S. 205ff.
76 Ehrenreich, a.a.O., S. 207ff.
77 Ludgera Vogt, Arnold Zingerle (Hg.), Ehre, Archaische Momente in der Moderne, Frankfurt am Main 1994, S. 251ff.
78 Martin Winkelheide, Moctezumas wirkliche Rache, Deutschlandradio 15.1.2008
79 Jared Diamond, Arm und reich, Frankfurt am Main 2007, S. 70; Eduardo Galeano, Die offenen Adern Lateinamerikas, Bielefeld 1976, S. 26
80 Diamond, a.a.O., S. 83; Bundeszentrale für politische Bildung (Hg.), Spanische Kolonialherrschaft, Heft 226,; http://www.bpb.de
81 Vogt, a.a.O., S. 253; Galeano, a.a.O., S. 35ff.

82 Vittoria Borsó, Vera Elisabeth Gerling, Von Malinche zu Frida Kahlo, in: Michiko Mae, Britta Saal (Hg.), Transkulturelle Genderforschung, Wiesbaden 2007, S. 75ff.; La Malinche, Creadora o traidora?, http://www.tihof.org/honors/malinche-esp.htm

83 Gerhild Trübswasser, Verdrängte Wunden heilen nicht – Langzeitwirkung einer Invasion, in: Werkblatt 29/30, Zeitschrift für Psychoanalyse und Gesellschaftskritik, Salzburg 1992/93, S. 57ff.

84 vgl. medica mondiale (Hg.), Auf der Suche nach Gerechtigkeit, Dokumentation einer Tagung, Köln 2009

85 Toni Keppeler, Der Marlboro-Mann der Linken, taz 9.10.2007

86 Ralph Schulze, Duell auf Spanisch, Tagesspiegel 17.11.2007

87 Jennifer Terry, Jacqueline Urla (Hg.), Deviant Bodies: Critical Perspectives on Difference in Science and Popular Culture, Bloomington 1995, S. 32; Yvette Abrahams, Colonialism, disfunction and disjuncture, Sarah Baartmann's resistance (remix), in: Agenda 58, Kapstadt 2003

88 Yvette Abrahams, Science, Sexuality and the Khoisan in the 18th and early 19th Century, in: Agenda 32, Kapstadt 1997; Schäfer, a.a.O., S. 48; Terry, a.a.O. S. 27ff.

89 zitiert nach Christina von Braun, Bettina Mathes, Verschleierte Wirklichkeit, Berlin 2007, S. 272f.

90 Address of the president at the reburial of Sarah Baartmann, http://www.gov.za

91 vgl. Claudia Opitz-Belakhal, Das Universum des Jean Bodin, Frankfurt am Main 2006

92 Ute Scheub, Der Söldner und sein Weib auf Beutejagd, taz 11.11.1997

93 Karen Hagemann, Militär, Krieg und Geschlechterverhältnisse, in: Ralf Pröve (Hg.), Klio in Uniform?, Sonderdruck Köln 1997, S. 44ff.

94 Humberto Márquez, Lateinamerika: Vergessene Heldinnen, ips 1.9.2009

95 Matthias B. Krause, Das Leid der Soldatinnen, Tagesspiegel 3.6.2008; Karin Gabbert, Gleichstellung – zu Befehl!, Frankfurt am Main 2007, S. 233

96 Faludi, a.a.O., S. 154ff.

97 Ruth Seifert, Christine Eifler (Hg.), Gender und Militär, Königstein 2003

98 Seifert, a.a.O., S. 79ff.

99 Gabbert, a.a.O., S. 56, 226, 248, 194; Cordula Dittmer, Gender Trouble in der Bundeswehr, Bielefeld 2009

100 Gabbert, a.a.O., S. 194ff.

101 Karim El-Gawhary, Globale entwürdigende Botschaft; Heide Oestreich, Das Bildnis der Calamity Lynn, beide taz 11.5.2004

102 Heinrich-Böll-Stiftung (Hg.), Frieden und Sicherheit für alle, S. 34

103 Heinz Küpper, ABC-Komiker bis Zwitschergemüse. Das Bundessoldatendeutsch, Wiesbaden 1978

104 Brian Easlea, Väter der Vernichtung, Reinbek 1986; Carol Cohn, Sex

and Death in the Rational World of Defense Intellectuals, in: Signs 4/1987, S. 687ff.; Ute Scheub, Wargasm, Freitag 20.11.1998

105 Sexuelle Gewalt in kriegerischen Konflikten – ein Werkstattgespräch, Mittelweg 36, Feb./März 2009; Ruth Seifert, Krieg und Vergewaltigung, Ansätze zu einer Analyse, SOWI-Arbeitspapier Nr. 76, München 1993, S. 3; Susan Brownmiller, Gegen unseren Willen, Frankfurt am Main 1978, S. 105f.

Kapitel 3

1 Ulrich Kirsch, Auslandseinsätze wurden zu lange »schöngefärbt«, Interview, Deutschlandradio 2.2.2009

2 Christina Hebel, Lange Rede, kurzer Sinn, Spiegel Online 22.10.2008; Thomas Balzer, Posttraumatische Belastungsstörung, rbb-online 15.2. 2008

3 Sozialwissenschaftliches Institut der Bundeswehr, Bevölkerungsumfragen 2008 und 2007, http://www.bundeswehr.sowi.de

4 Hamburger Abendblatt 13.10.2008

5 Bernhard Gertz, »Wir haben unsere Verpflichtungen nicht erfüllt«, Interview, Tagesspiegel 10.11.2008

6 Hagemann, a.a.O., S. 54

7 vgl. Karin Hausen, Die Polarisierung der »Geschlechtercharaktere«, in: Werner Conze (Hg.): Sozialgeschichte der Familie in der Neuzeit Europas, Stuttgart 1976, S. 367ff.; vgl. Christoph Kucklick, Das unmoralische Geschlecht, Frankfurt am Main 2008

8 Ute Frevert, »Mann und Weib, und Weib und Mann«, München 1995, S. 41, 38, 67, 69, 39

9 zitiert nach Christina von Braun, Warum Gender-Studies?, Vortrag, Berlin 1997; Rafaela von Bredow, Das gleiche Geschlecht, Spiegel 6/2007

10 Sibylle Hamann, Eva Linsinger, Weißbuch Frauen, Schwarzbuch Männer, Wien 2008, S. 157

11 Ulrike Brunotte, Zwischen Eros und Krieg, Berlin 2004, S. 22, 65; George L. Mosse, Das Bild des Mannes, Frankfurt am Main 1996, S. 42ff.

12 Karen Hagemann, »Heran, heran, zu Sieg oder Tod!«, in: Thomas Kühne (Hg.), Männergeschichte, Geschlechtergeschichte, Frankfurt am Main 1996, S. 53

13 Daniel A. McMillan, »… die höchste und heiligste Pflicht«, in: Kühne, a.a.O., S. 89; Wolfgang Schmale, Geschichte der Männlichkeit in Europa (1450 – 2000), Wien 2003, S. 179

14 Ute Frevert, Die kasernierte Nation, München 2001, S. 100, 107; dies., Soldaten, Staatsbürger, in: Kühne, a.a.O., S. 82

15 Frevert, Die kasernierte Nation, a.a.O., S. 42

16 a.a.O., S. 113, 157

17 a.a.O., S. 236

18 Schmale, a.a.O., S. 22; Frevert, Die kasernierte Nation, a.a.O., S. 177, 183

19 Klaus Wiegrefe, Dietmar Pieper (Hg.), Die Erfindung der Deutschen, München 2007, S. 246

20 Jochen Bölsche, Die Peitsche des Bändigers, Spiegel 3/2004

21 Bölsche, a.a.O.; Michael Berger, Rückgabe der Schädel, taz 10.8.2008

22 Corinna Schneider, Die Anfänge des Frauenstudiums in Europa, ohne Jahresangabe, http://www.uni-tuebingen.de/frauenstudium

23 Philipp Blom, Der taumelnde Kontinent, München 2009

24 Brunotte, a.a.O., S. 26

25 zitiert nach Ute Kätzel, Der gefährliche Pazifismus, Freitag 2.5.2003

26 Brunotte, a.a.O., S. 47

27 Mosse, a.a.O., S. 203

28 Joachim Fest, Hitler, Berlin 2003, S. 661, 669

29 Carola von Bülow, Der Umgang der nationalsozialistischen Justiz mit Homosexuellen, Oldenburg 2000, S. 46, 33

30 Nicolaus Sombart, Antifeministisch, antisemitisch und elitär: das deutsch-konservative Syndrom, taz 30.6.1984; ders., Männerbund und Politische Kultur in Deutschland, in: Kühne, a.a.O., S. 136ff.

31 Frevert, Die kasernierte Nation, a.a.O., S. 284

32 Mosse, a.a.O., S. 94ff.

33 von Braun, a.a.O.

34 Mosse, a.a.O., S. 47; Brunotte, a.a.O., S. 67ff., 129

35 Gerhard Vinnai, Hitler – Scheitern und Vernichtungswut, Gießen 2004, S. 173ff.

36 Hitlers Hoden-Operateur vertraute sich Priester an, Spiegel Online 20.11.2008

37 Frank Werner, »Hart müssen wir hier draußen sein«, Soldatische Männlichkeit im Vernichtungskrieg 1941µ–1944, in: Geschichte und Gesellschaft Nr. 34, Göttingen 2008, S. 5ff.

38 a.a.O., S. 30

39 a.a.O., S. 27f.

40 Gisela Friedrichsen, »Ich bin zum Vergewaltigen geboren«, Spiegel Online 18.3.2009

41 Jürgen Müller-Hohagen, verleugnet verdrängt verschwiegen, München 2005, S. 110, 77, 69, 185

42 ap 19.5.2008

43 Hartmut Radebold (Hg.), Kindheiten im II. Weltkrieg und ihre Folgen, Gießen 2004, S. 111ff., 39

44 Statistisches Bundesamt, Pressemitteilung Nr. 242, 2008

45 Andrea Dernbach, Martin Gehlen, Der Mann macht's, Tagesspiegel, 28.4.2008

46 Ines Kappert, Das Männer-Quartett, taz 19.3.2009

47 Thomas Gesterkamp, Kind, Küche und Karriere, Deutschlandradio 16.3.2009

48 Bild 24.9.2008
49 Steve Biddulph, Männer auf der Suche, München 2003, S. 28
50 Barbara Vinken, Die deutsche Mutter, Reinbek 2007, S. 22
51 Hamann, a.a.O., S. 227
52 Merlind Theile, Die bessere Hälfte, Uni-Spiegel 2/2007
53 Susan Pinker, Das Geschlechter-Paradox, München 2008, S. 40f., 61
54 Theile, a.a.O.; Gehaltsreport 2009 des Manager Magazins, Oktober 2009
55 Frank Schirrmacher, Männerdämmerung, FAZ 1.7.2008
56 Bushido, mit Lars Amend, München 2008, S. 91, 425, 18, 179
57 a.a.O., S. 136, 212, 402
58 Jens Thomas, Ich bin nicht schwul, und das ist auch cool so, Telepolis 9.12.2007
59 a.a.O., S. 37, 283, 249ff., 193, 13, 193, 400, 397f., 394, 415
60 Julia Jüttner, »Sie war ihm überlegen«, Spiegel Online 7.8.2008
61 afp 8.11.2007
62 Sabine am Orde, Daniel Schulz, Die Schuld der schlagenden Väter, taz 21.1.2008; Ahmet Toprak, Das schwache Geschlecht, die türkischen Männer, Freiburg 2007, S. 174, 140
63 Seyran Ateş, Häusliche Gewalt in Migrantenfamilien – Was hat die »Ehre« damit zu tun?, Vortrag, http://www.präventionstag.de; taz 8.1. 2004
64 Sonja Fatma Bläser, »Ich bin kein stilles Opfer mehr«, Interview, taz 7.6.2008
65 Bundesministerium für Familie, Senioren, Frauen und Jugend (Hg.), Genderdatenreport, Berlin 2005; Christian Pfeiffer, Peter Wetzels, Türken als Täter und Opfer von Gewalt, Hannover 1998
66 Jürgen Krabbe, »Väter geben Männermythen weiter«, Interview, taz 30.11.2007
67 Reinhard Mohr et al., Die unverschleierte Würde des Westens, Spiegel 52/2001
68 Focus 48/2004, Spiegel 47/2004 und 52/2007
69 Navid Kermani, Gut, dass ihr mich erzieht, taz 20.11.2004
70 Stanislawa Paulus, Muslimische Frauen in Fernsehdokumentationen, in: Migration – Integration – Diversity: Dossier Medien & Diversity der Heinrich-Böll-Stiftung, Berlin 2007
71 afp 26.9.2008; Sabine am Orde, Schäuble findet eine Million Muslime, taz 24.6.2009
72 Bundesministerium des Innern (Hg.), Muslime in Deutschland, Berlin 2007, S. 140ff., 492
73 a.a.O., S. 201ff.
74 afp 7.5.2009
75 zitiert nach Heiner Bielefeldt, Das Islambild in Deutschland, Institut für Menschenrechte, September 2007
76 Interview mit Wilhelm Heitmeyer, http://www.wdr.de, 21.12.2007

77 Zitiert nach Johannes Boie, Korrekt, unkorrekt, daneben, SZ 4.12. 2009

78 dpa 11.10.2009

79 zitiert nach Peter Widmann, Der Feind kommt aus dem Morgenland, in: Wolfgang Benz (Hg.), Jahrbuch für Antisemitismus 17, Berlin 2008, S. 45ff.

80 Bielefeldt, a.a.O.

81 Andrea Dernbach et al., Opfer der Hetze, Tagesspiegel 9.7.2009; Sabine am Orde, Ein Deutscher, der nie ankam, taz 7.11.2009

82 Matthias Drobinski und Roland Preuß, Angst vor der Tagesordnung, SZ 17.8.2009

83 http://www.laut.de; http://www.hiphop.de; http://www.mzee.com; Andreas Hartmann, Hier spricht die Platte, taz 19.2.2008

84 Jana Simon, Stefan Willeke, Attacke aufs Kinderzimmer, Zeit 19/2008

85 Berlin-Institut für Bevölkerung und Entwicklung (Hg.), Not am Mann, Berlin 2007, S. 10; Not am Mann, Tagesspiegel 3.12.2007

86 Berlin-Institut, a.a.O., S. 35ff.

87 a.a.O., S. 69ff.

88 Arbeitslose Männer für Rechtsextremismus empfänglich, informationsdienst wissenschaft 18.9.2009, http://idw-online.de

89 http://www.npdfrankfurt.de

90 Vergewaltigung als Vorwand für Demo von Neonazis erfunden, taz 7.9.2009

91 Hamann, a.a.O., S. 62

92 Genderdatenreport, a.a.O., S. 611f.

93 Hans-Joachim Lenz, Mann oder Opfer, aus: Heinrich-Böll-Stiftung (Hg.), Mann oder Opfer, Dokumentation einer Fachtagung, Berlin 2002, S. 24ff.

94 Bundesministerium für Familie, Senioren, Frauen und Jugend, (Hg.), Gewalt gegen Männer, Berlin 2004; http://www.bmfsfj.de

95 Genderdatenreport, a.a.O., S. 610ff.

96 a.a.O., S. 650

97 a.a.O., S. 320 und 656; a.a.O., Kurzfassung, S. 12

98 Dienstvorschrift 2008, http://www.bundeswehr.de

99 http://www.sowi-bundeswehr.de, Bevölkerungsumfrage von 2007 und 2008

100 http://www.bundeswehr.de; Gabbert, a.a.O., S. 33, Seifert/Eifler, a.a.O., S. 24f.

101 Gerhard Kümmel, Truppenbild mit Dame, Strausberg 2008, S. 67ff., 97f., http://www.sowi-bundeswehr.de

102 Weißbuch, Bonn 2006, S. 70

103 Cordula Dittmer, Soldat, Kämpfer, Sozialarbeiter? Freiburger GeschlechterStudien 21, 2007; dies., Gender Trouble, a.a.O.

104 Eric Chauvistré, Wir Gutkrieger, Frankfurt am Main 2009

105 Das kostet uns die Bundeswehr im Ausland, WeltOnline 18.3.2009

106 Egon Ramms, »Zögerliche Aufstellung in Afghanistan rächt sich«, Interview, Deutschlandfunk 22.6.2008

107 Andreas Heinemann-Grüder, Auslandseinsätze der Bundeswehr, Anspruch und Wirklichkeit, in: Corinna Hauswedell (Hg.), Welche Sicherheit, für wen und mit welchen Mitteln?, Loccumer Protokolle Nr. 76, 2006, S. 139ff.

108 Aussage von Winfried Nachtwei, April 2008

109 Pressemitteilung des Bundes für Soziale Verteidigung, Juni 2009

110 Aktionsgemeinschaft Dienst für den Frieden e.V., Gewaltfrei streiten für einen gerechten Frieden, Oberursel 2008, S. 270

111 Gewaltkonflikten vorbeugen, Memorandum zur Bundestagswahl 2009, http://www.bicc.de

112 Statement auf der Europäischen Akademie zum Thema Zivile Konfliktbearbeitung in der EU, 24.4.2008

113 Friedrich Thelen, Die nukleare Selbstentmannung der Deutschen, Deutschlandradio 6.5.2009

Kapitel 4

1 Albrecht Metzger, Das Land der reinen Lehre, Zeit 40/2002

2 »Wie der Ku-Klux-Klan in Texas«, taz-Interview 15.12.2003

3 zitiert nach Monika Jung-Mounib, »Gott hat keine Partner«, http://www.qantara.de

4 Testament-Dokumentation in taz 1.10.2001

5 Marc Thörner, »Wir respektieren die Kultur«, Deutschlandfunk 6.2.2009

6 Theo Sommer, Pflicht, Mut und sehr viel Frust, Zeit 43/2008; Thörner, a.a.O.

7 Plausch mit Mohammed Atta, FAZ 6.4.2009

8 http://www.hrw.org/legacy/reports/2002/afghan2/afghan0402.pdf

9 Marc Thörner, Afghanischer Machthaber in Verruf, Deutschlandfunk 20.6.2009

10 Thörner, Wir respektieren …, a.a.O.

11 Thörner, a.a.O.

12 Jochen-Martin Gutsch, Ein tödlicher Text, Spiegel 21/2008

13 Kim Sengupta, Free at last: Student in hiding after Karzai's intervention, Independant 7.9.2009

14 Sayed Yakub Ibrahimi, Ein Neuanfang für Afghanistan, SZ 28.2.2009

15 epd 9.2.2009

16 Gemeinsame Umfragen von ARD, ABC und BBC, dpa 3.12.2007 und 9.2.2009

17 Tagesspiegel 17.8.2009

18 Schröder und Steinmeier verlangen klare Strategie für Afghanistan, Spiegel Online 7.2.2009

19 Michael Kimmel, Gender, Class, and Terrorism, The Chronicle Review, 8.2.2002

20 Attas Armee, Spiegel-Titelgeschichte 36/2002

21 vgl. Oliver Schröm, Al Qaida. Akteure, Strukturen, Attentate, Berlin 2003

22 Pentagon aktualisiert Nuklearziele, taz 22.7.1991

23 zitiert nach Andrea Böhm, Kein Held, nirgendwo, Zeit 27/2006

24 Hilary Charlesworth, Christine Chinkin, Sex, Gender and September 11, in: American journal of international law 3/2002, S. 600

25 zitiert nach Gerhard Spörl, Blutende Wunden, Essay, Spiegel 37/2009

26 Thomas Friedman, Because we could, New York Times 4.6.2003

27 Naomi Klein, Die Schock-Strategie, Der Aufstieg des Katastrophen-Kapitalismus, Frankfurt am Main 2007, 451ff.

28 Christian Wernicke, »Kreuzzügler mit dem Auftrag, Muslime zu töten«, SZ 6.8.2009

29 Nick Abbe, Gotteskrieger im US-Militär, Telepolis 22.11.2007

30 Heftige Debatte über Jihad und Märtyrertum, NZZ 11.10.2007

31 Mark Juergensmeyer, Die Welt der Cowboymönche, Frankfurter Rundschau 21.4.2004

32 Schröm, a.a.O., S. 142

33 Erich Wiedemann, Andreas Ulrich, Operation Große Hochzeit, Spiegel 22/2002

34 International Herald Tribune 4.8.2008; WeltOnline 4.2.2009

35 Wolfgang Schmidbauer, Psychologie des Terrors. Warum junge Männer zu Terroristen werden, Gütersloh 2009, S. 10; Marc Sageman, Wie gefährlich sind die Terroristen wirklich?, Cicero 11/2004

36 Wolf-Dieter Roth, Warum Terroristen töten, Telepolis 26.2.2006; Geläuterter Hassprediger ruft deutsche Islamisten zum Gewaltverzicht auf, Spiegel Online 24.10.2009

37 Yassin Musharbash, Bonner Islamisten rufen aus Afghanistan zum Dschihad, Spiegel Online 14.4.2009

38 Sigrid Weigel, Märtyrer – Schlüssel zum Verhältnis der Religionen und Kulturen, »Märtyrer«-Tagung, Zentrum für Literatur- und Kulturforschung Berlin, 25.10.2007

39 »Märtyrer«-Tagung, a.a.O.

40 Olivier Roy, Lasst uns aufhören, über Religion zu reden, Interview, FR-Online 23.6.2008

41 Schröm, a.a.O., S. 118

42 Carlos Wiedmann, Der Che des Propheten, Spiegel 43/2001

43 Andrea Nachtigall, Von Cowboys, Staatsmännern und Terroristen, in: Margreth Lünenborg (Hg.), Politik auf dem Boulevard, Bielefeld 2009, S. 217ff.

44 Adam Robinson, Bin Laden. Behind The Mask of a Terrorist, New York 2001

45 Lawrence Wright, Der Tod wird euch finden, München 2008, S. 93ff.

46 Andrew Lee Butters, Growing Up bin Laden, Time 27.10.2009

47 Marc Thörner, Der falsche Bart, Hamburg 2007, S. 140

48 Financial Times 25.3.2009

49 Susanne Koelbl, Olaf Ihlau, Geliebtes, dunkles Land, Hamburg 2007, S. 14

50 Thörner, a.a.O., S. 6

51 Ahmed Rashid, Taliban, München 2002, S. 223

52 Rashid, a.a.O., S. 225f.

53 Thörner, a.a.O., S. 141

54 Rashid, a.a.O., S. 229

55 Gilbert Achcar, Der Schock der Barbarei – der 11. September und die »neue Weltordnung«, Köln 2002, S. 61

56 Mark Juergensmeyer, Die Welt der Cowboy-Mönche, August 2005

57 Achcar, a.a.O., S. 61

58 Chris Zambelis, Is there a Nexus between Torture and Radicalization?, in: Terrorism Monitor, volume 6, number 13, 26.6.2008; http://www. jamestown.org

59 Zambelis, a.a.O.

60 Robert Fisk, The cult of the suicide bomber, Independent 14.3.2008

61 Matthias Gebauer, Shoib Najafizada, Taliban-Kämpfer blamieren Karzais machtlose Polizei, Spiegel Online 11.2.2009

62 Ian Pannell, Ex-detainees allege Bagram abuse, BBC 24.6.2009; Times Online 12.3.2009; Ex-Guantánamo-Häftling verübte Terroranschlag, Spiegel Online 8.5.2008

63 CIA folterte Top-Terrorist Scheich Mohammed fast 200-mal, Spiegel Online 20.4.2009; Peter Finn and Joby Warrick, Detainee's Harsh Treatment Foiled No Plots, Washington Post 29.3.2009; David Rose, Tortured Reasoning, Vanity Fair 16.12.2008

64 Lawrence Wright, Meuterei gegen Al-Qaida, Interview, Weltwoche 11.6.2008; Lawrence Wright, The Rebellion Within, The New Yorker 2.6.2008; Peter Bergen, Paul Cruickshank, The Unraveling, The New Republic 11.6.2008; Ian Black, Richard Norton-Taylor, Al-Qaida faces recruitment crisis, Guardian 10.9.2009

65 Teresa Schaur, Terrorismus: Der schwierige Alltag der Gotteskrieger, DiePresse.com 29.3.2009

66 Fawaz A. Gerges, Al-Qaida today: a movement at the crossroads, Open Democracy 14.5.2009; Newsweek 24.5.2008

67 Yassin Musharbash, Al-Qaida tötet achtmal mehr Muslime als Nicht-Muslime, Spiegel Online 3.12.2009

68 Jörn Schulz, Bedrängt, aber nicht besiegt, taz 11.9.2007

69 FR-online 28.2.2008

70 diePresse.com 3.2.2009; Gerges, a.a.O.

71 Public Opinion in the Islamic World on Terrorims, al Qaeda, and US Policies, http://www.worldpublicopinion.org; SZ-jetzt-Redaktion 28.2. 2008

72   Obama hilft, Bush zu vergessen, SZ 24.7.2009

73   vgl. Bernhard Chiari, Militärgeschichtliches Forschungsamt (Hg.), Wegweiser zur Geschichte – Afghanistan, Paderborn 2007

74   Bericht von Nooria Haqnegar, in: Ute Scheub (Hg.), Friedenstreiberinnen, Gießen 2004, S. 184

75   Rashid, a.a.O., S. 194f.

76   Rashid, a.a.O., S. 350ff.

77   Zeugenaussagen in Nimros

78   Michael Thumann, Der rosa Halbmond, Zeit 27/2008; Ute Scheub, Mariam Notten, Der tanzende Derwisch, Tagesspiegel 30.9.2007; Tagesspiegel 9.2.2008

79   Rashid, a.a.O., S. 200f.

80   Bob Woodward, Bush At War, Stuttgart/München 2002, S. 236, 349

81   zitiert nach Susanne Kassel, Krieg im Namen der Frauenrechte?, in: Björn Aust, Peter Schlotter, Christine Schweitzer (Hg.): Demokratien im Krieg, Baden-Baden 2004, S. 161ff.; Welt 23.6.2008

82   Christina von Braun, Bettina Mathes, Verschleierte Wirklichkeiten, Berlin 2007, S. 312

83   a.a.O., S. 23, 81, 269, 204

84   Borhan Younus, Die Rückkehr der Taliban, Zeit 26/2008

85   FAS 7.10.2001

86   Kassel, a.a.O; Gerhard Schröder, Heimkehr in zehn Jahren, Spiegel-Essay 7/2009

87   Joschka Fischer, »Meinen Sie, ich will in den Krieg ziehen?«, Interview, taz 29.9.2001

88   Ralf Beste et al., Schritt in die erste Reihe, Spiegel 42/2001

89   Neissl, Eckstein, Arzt, Anker (Hg.), Männerkrieg und Frauenfrieden, Wien 2003, S. 16

90   Thörner, Der falsche Bart, a.a.O., S. 50

91   Report of the High Commissioner of Human Right on the situation of human rights in Afghanistan, http://www.ohchr.org

92   UNAMA, OHCHR, Silence is Violence, End the Abuse of Women in Afghanistan, 8.7.2009, S. 10ff.

93   Cordula Dittmer, a.a.O., S. 224

94   Hillary Mann Leverett, The Real Winner of Afghanistan's Election, Foreign Policy 31.8.2009; Ann Jones, Remember the Women, The Nation 21.10.2009

95   Persönliches Gespräch der Autorin mit Monika Hauser

96   Gareth Porter, NATO forces turn to warlords, Asia Times 31.10.2009

97   Thomas Ruttig, Der Sack und der Esel, taz 13.8.2009

98   Ute Scheub, Frauen sind die ersten Opfer der Islamisten, Interview mit Sima Samar, taz 16.10.2001

99   Heinrich-Böll-Stiftung (Hg.), Brauchen wir einen Weltfrauensicherheitsrat?, Tagungsdokumentation, Berlin 2003

100 Weeda Ahmad, Die Burka ist nicht unser größtes Problem, Interview, taz 2.8.2008

101 Martin Gerner, Hilflose Helfer, Tagesspiegel 9.5.2009
102 Lina Abirafeh, Lessons from Gender-focused International Aid in Post-Conflict Afghanistan … Learned?, Friedrich-Ebert-Stiftung Kabul 2005
103 Turkish soap star sparks divorces in Arab world, http://www.arab-washingtonian.org/english/article.php?articleID=853
104 Andrea Fleschenberg, Afghanistan's parliament in the making, Heinrich Böll Stiftung Berlin 2009
105 UNAMA, OHCHR, a.a.O, S. 10ff.
106 Reinhard Erös, Baut neben jede Koranschule eine säkulare Schule, Interview, Deutschlandfunk 27.5.2009
107 Ann Jones, Why the U.S. has already lost in Afghanistan, http://www.salon.com
108 Lotte Suter, Otfried Nassauer, Eine Firma für die Drecksarbeit, Tagesspiegel 24.8.2009; Britta Sandberg, Personal der US-Botschaft inszenierte demütigende Sexspiele, Spiegel Online 3.9.2009
109 Malalai Joya, Frauen werden als Währung gehandelt, Freitag 5.10.2007; Terry Judd, Women's lives worse than ever, Independent 25.2.2008
110 Report of the High Commissioner for Human Rights on the situation of human rights in Afghanistan, http://www.ohchr.org
111 Die Interviews wurden 2007 in Nimros geführt und von Mariam Notten übersetzt.
112 Ute Scheub, Frauen sind die ersten Opfer der Islamisten, Interview mit Sima Samar, taz 16.10.2001
113 Fetrat Zerak, The Occasional Taleban, Institute for War and Peace Reporting, http://iwpr.net
114 CIA wirbt mit Viagra um neue Freunde, Spiegel Online 27.12.2008
115 dpa 29.6.2006; Klaus Reinhardt, Ex-General gegen Truppenaufstockung in Afghanistan, Interview, Deutschlandradio 8.7.2008
116 Chauvistré, a.a.O., S. 128, 57
117 a.a.O., S. 115
118 Hungerhilfe attackiert Afghanistan-Strategie der Regierung, Spiegel Online 16.8.2009; VENRO-Positionspapier Afghanistan, 2007 und 2008, http://www.venro.org
119 dpa 9.8.2007, 12.9.2007, 14.9.2007, 11.10.2007, 12.10.2007; ap 2.4.2009; Wähler wollen schnellen Afghanistan-Abzug, Spiegel Online 3.7.2009; ARD-Deutschlandtrend vom 3.12.2009

Kapitel 5

1 vgl. Sonke Gender Justice Network, Annual Report 2008, http://www.genderjustice.org.za
2 Enlisting Men for Women's Equality, http://www.genderjustice.org.za
3 OneManCan Fact Sheet, http://www.genderjustice.org.za; Enlisting Men for Women's Equality, a.a.O.

4   Rachel Jewkes et al., Understanding men's health and use of violence: interface of rape and HIV in South Afrika, Executive Summary, Medical Research Council, Pretoria, Juni 2009

5   David Smith, More than 25 % of SA men have raped, Guardian 17.6. 2009

6   http://www.genderjustice.org.za/onemancan

7   ips 3.4.2009

8   Declaration of Rio, http://www.engagingmen.worldpress.com

9   The Role of Men and Boys in Achieving Gender Equality, Women 2000 and beyond, New York 2008

10 http://www.michaelkaufman.com

11 Klas Hyllander, Gary Barker, The State of the Field in Engaging Men and Boys in Gender Equality, http://www.menengage.org; Claudia Heine, Schwach sein ist nicht erlaubt, Das Parlament 46/2004

12 Michael Kimmel, A Black woman took my job, New Internationalist Nov. 2006

13 Tagesspiegel 29.8.2007, 26.8.2009

14 Klaus Hurrelmann, Gesund bin ich, solange ich funktioniere, Das Parlament 46/2004

15 Parvin Sadigh, Männerprobleme, Zeit 45/2006; Tagesspiegel 26.8.2009

16 Holger Dambeck, Forscher machen Alkohol für jeden zehnten Todesfall verantwortlich, Spiegel Online 26.6.2009; afp 2.7.2007

17 Erick Savoye, Men's Health Advocacy, http://www.engagingmen2009. org

18 Swaziland: A culture that encourages HIV/AIDS, http://www.plus-news.org

19 D. Stanistreet, C. Bambra, A. Scott Samuel, Is patriarchy the source of men's higher mortality?, Journal of Epidemiology and Community Health 59/2005, S. 873ff.; Amy Norton, Opression of women may be killing men: study, reuters health 20.9.2005

20 vgl. Nana Gerritzen, Frauenrechte sind der beste Kinderschutz, taz 12.12.2006

21 Christian Pfeiffer, Machos, Feinde der Menschheit, Zeit 16/2001

22 Mary Caprioli, Mark A. Boyer, Gender, Violence, and International Crisis, in: Journal of Conflict Resolution, Vol. 45, 4/2000, S. 503ff.; Mary Caprioli, Gendered Conflict, in: Journal of Peace Research, Vol. 37, 1/2000, S. 51ff.; Mary Caprioli, Primed for Violence: The Role of Gender Inequality in Predicting Internal Conflict, in: International Studies Quarterly 49/2005, S. 161ff.

23 Simone Wisotzki, Referat .auf dem Kongress Roadmap to 1325, Berlin 2007

24 http://www.weforum.org/pdf/gendergap/rankings2009.pdf; Women in Parliaments: Inter-Parliamentary Union, 30.9.2009, http://www.ipu. org

25 http://hdr.undp.org/en/media/HDR_2009_EN_Table_K.pdf

26 a.a.O.
27 http://www.visionofhumanity.org
28 Kimmel, a.a.O.
29 Hamann, a.a.O., S. 247
30 Karin Alfredsson, At home with dad, http://www.sweden.se
31 Susanne Mayer, Im Land der weiblichen Männer, Zeit 21/2005; Björn Schwentker, Der Ernährer hat ausgedient, Zeit 27/2006
32 Beyond ..., a.a.O.; Hamann, a.a.O., S. 259
33 Dokumentation des Kongresses zu Gender Mainstreaming in Leipzig auf http://www.bpb.de, September 2002
34 Solveig Bergman, Frauenfreundliche skandinavische Gesellschaften?, eurotopics 31.3.2008; Kira Cochrane, Why Sweden's not perfect, after all, New Statesman 15.11.2007
35 Ricardo Coler, Das Paradies ist weiblich, Köln 2009; Interview mit Ricardo Coler, taz 30.6.2009
36 Global: Empower Women To Stem Global Hunger, Say Experts, http://www.irinnews.org, 15.10.2009
37 Isobel Coleman, The Payoff From Women's Rights, Foreign Affairs, Vol. 83, 3/2004, S. 80ff.
38 Peter Dhondt, It's Smart to Invest in Girls, ips 16.10.2009
39 »Lehman Sisters hätten uns die Krise erspart«, Spiegel Online 11.5.2009; siehe auch Nicholas D. Kristof, Sheryl WuDunn, The Women's Crusade, New York Times 23.8.2009
40 Catherina Hinz, Bevölkerungsentwicklung und Bildung, http://www.berlin-institut.org; UNRISD, a.a.O., S. 5
41 D. Suba Chandran, Violence against Women in Sat – Why blame only Taliban, Institute of Peace and Conflict Studies, New Delhi 2009; Helene Gayle, In Afghanistan, Education Under Attack, Washington Post 22.12.2008
42 Amartya Sen, More Than 100 Million Women Are Missing, New York Review of Books, Vol. 37, 20/1990
43 UNRISD, Gender Equality, Striving for Justice in an unequal world, Genf 2005, S. 6
44 Nicole Baute, How Did 100,000,000 Women Disappear?, The Toronto Star 6.6.2009
45 Jill Lawless, UN Links Poverty, Violence Against Women, ap 12.10.2005; presseinfo vom 12.10.2005, http://www.weltbevoelkerung.de
46 Kurzfassung Arab Development Report 2005, http://www.dgvn.de
47 Yakin Ertürk, Political economy of women's human rights, Report of the Special Rapporteur on violence against women, 18.5.2009
48 http://english.aljazeera.net, 6.3.2009; http://www.iol.col.za, 1.3.2009
49 Hintergrundinformation März 2009, http://www.unis.unvienna.org
50 Fact & Figures on Violence Against Women, New York 2008, http://www.unifem.org; ap und reuters 24.11.2005; ap 12.10.2005
51 ips 28.2.2008; UN-Secretary General, Ending violence against women: from word to action, executive summary, New York 9.10.2006

52 Ivica Dikic, We Shall Demand That Tudman be Tried in the Hague, Feral Tribune, Split, 8.11.1999, http://www.exyupress.com

53 Investigacion de las Naciones Unidas, Abuso sexual a menores por parte de los cascos azules, 13.12.1996, http://www.studiacroatica.org; L'hotel dell' orrore a Sarajevo aveva clienti dell' Unprofor, Corriere della Sera 20.6.1996; Sources on Serbia crisis, http://www.geocities.com/vasjp2/plsrbsmr.txt; Wiener Zeitung 12.10.2006

54 http://www.womensenews.org, 10.3.2009

55 Elisabeth Rehn, Ellen Johnson-Sirleaf, Women, War, and Peace, New York 2002, S. 70; Ruth Seifert, Genderdynamiken bei der Entstehung, dem Austrag und der Bearbeitung von kriegerischen Konflikten, in: Peripherie, Zeitschrift für Politik und Ökonomie der Dritten Welt, Dez. 2001; Joseph Loconte, The U.N. Sex Scandal, Vol. 10, Issue 16, 1.3.2005; Nicolas Richter, Vom Schutzengel missbraucht, SZ 30.7.2007; ai-Report 1999

56 »The Experience of Refugee Children in Guinea, Liberia and Sierra Leone based on Initial Findings and Recommandations from Assessment Mission«, Februar 2002, http://www.reliefweb.int; Loconte, a.a.O.

57 U.N. suspends peacekeepers amid sex abuse charges, Reuters 2007; afp 4.11.2007

58 Paul Higate, Peacekeeping and Gendered Relations, Special Report, University for Peace and Conflict, 14.7.2003, http://www.monitor.upeace.org

59 Monika Hauser, Rede vor der Überparteilichen Fraueninitiative Berlin, Feb. 2008; Bettina Stang, »Tausche Hilfsgüter gegen Sex«, Zeitschrift Entwicklungspolitik 18/2005

60 Rita Schäfer, Zerstörung der sozialen Ordnung, in: Zeitschrift Entwicklung und Zusammenarbeit, Sept. 2008

61 Sanam Anderlini, Die Bedeutung der Resolution 1325 für die Europäische Friedens- und Sicherheitspolitik – ein kleiner Schritt für den Sicherheitsrat, ein großer Schritt für die Menschheit, in: Gunda-Werner-Institut für Feminismus und Geschlechterdemokratie (Hg.), Hoffnungsträger 1325, Königstein 2008, S. 10ff.

62 Deutsche Übersetzung von Resolution 1325 auf http://www.frauensicherheitsrat.de; Statement by Ambassador Anwarul Karim Chowdhury, Security Council, 24.10.2000

63 Women, Peace, and Security, New York 2000, http://www.womenwatch.un.org; Rehn, a.a.O.; http://www.unifem.org

64 1325-Übersicht auf http://www.peacewomen.org; http://www.1000peacewomen.org

65 UNIFEM, Women's Participation in Peace Negotiations: Connections between Presence and Influence, April 2009, http://www.realizingrights.org; Cathrin Kahlweit, Missionarinnen in der Unterzahl, SZ 7.3.2009; Leslie Abdela, 1325: deeds not words, http://www.opendemocracy.net, 17.10.2005

66 Preventing Wartime Rape from Becoming a Peacetime Reality, UNI-FEM Presse Release, 24.6.2009; http://www.securitycouncilreport.org

67 Remarks by Stephen Lewis, UN Special Envoy for Aids in Africa, 6.7.2006, http://dawn.thot.net/stephen_lewis.html

68 Lydia Zemke, UN: Frauen für Friedensmissionen gesucht, ips 4.6.2009; UN-Generalsekretär: Noch immer gibt es zu wenig weibliche Blauhelme, Pressemitteilung Nr. 286, 25.5.2009, http://www.unric.org; DKPO-Genderstatistik 2009, http://www.un.org/Depts/dpko/dpko/contributors/gender/2009gender/aug09.pdf

69 Renate Wilke-Launer, Mit Frauen Staat machen, Der Überblick 1/2007; Johannes Dieterich, Frauen sollen Ordnung schaffen, Badische Zeitung 26.1.2007

70 Bericht von Isaksson und anderen auf der Konferenz »Roadmap to 1325«, Mai 2007 in Berlin

71 Erster und zweiter Bericht der Bundesregierung zur nationalen Umsetzung von Resolution 1325, Berlin 2004 bzw. 2007

72 Johanna Valenius, Gender mainstreaming in ESDP missions, Chaillot Paper No. 101, Institute for Security Studies Paris, Mai 2007

73 Abdela, a.a.O.

74 Persönliche Mitschrift von Rogovas Rede auf dem cfd-Frauenkongress in Zürich im Frühjahr 2003

75 Igballe Rogova, Impact of EU Peace Policy on Regions in Crisis and Conflict, Roadmap to 1325, Berlin 2007

76 http://www.nsb.com/speakers/view/stephen-lewis; Interview mit Stephen Lewis, vax, Informationsblatt zu Aids-Impfstoffen, Juni 2005, Bd. 3, Nr. 6

77 Beyond, a.a.O.; Remarks, a.a.O.

78 Stephen Lewis statement on Women, HIV/Aids and the Role of the United Nations, 1.12.2006, http://v1-dpi.org; Interview with Stephen Lewis, ips 6.3.2009

79 Stephen Lewis, The UN has let down the world's women, Independant 22.5.2009; vax, a.a.O.; Interview with Stephen Lewis, Mai 2006, http://www.awid.or

80 UNIFEM, Who answers to women? Gender and Accountability, Progress of the World's Women 2008/9, New York 2008, http://www.unifem.org

81 Grefe und Schumann, a.a.O., S. 370ff.

82 a.a.O., S. 374

83 a.a.O., S. 276

84 Pressemitteilung der DFG-VK vom 16.9.2009

85 Generation Kalaschnikow, BICC-Pressemitteilung vom 13.1.2004; BICC-Ausstellung »Kleinwaffen – eine weltweite Bedrohung« im Januar 2004 im Bundestag; BICC-Pressemitteilung zu Darfur, ips 4.3.2009

86 Die UN als Abrüstungsorgan, Deutsche Gesellschaft für die Vereinten Nationen, http://www.dgvn.de

87 Andreas Zumach, Die kommenden Kriege, Köln 2005, S. 166
88 Andreas Zumach, Militär bald weit abgeschafft, taz 30.5.2009
89 World Publics Favor New Power for the UN, Washington, 5.5.2007, http://www.worldpublicopinion.org
90 Zumach, a.a.O., S. 133; Schumann, a.a.O., S. 404
91 Grefe und Schumann, a.a.O., S. 405
92 a.a.O., S. 407
93 Weltweit hungert jeder sechste Mensch, Spiegel Online 19.6.2009
94 Ben Case, UN: Frauen in der Krise übergangen, ips 24.6.2009
95 Eileen Stiller, Das Gesicht der Krise ist weiblich, taz 30.6.2009
96 Dambisa Moyo, Entwicklungshilfe ist tödlich, Interview, Weltwoche 10.6.2009
97 Volker Mrasek, Forscher fürchten Klima-Kollaps, Spiegel Online 18.6.2009
98 Harald Welzer, Klimakriege, Frankfurt am Main 2008, S. 57ff.; Schumann, a.a.O., S. 220ff.
99 Mirela Xanthaki, UN.: Klimakatastrophen töten vor allem Frauen, ips 9.3.2009
100 More women die than men as a result of natural disasters, 1.9.2006, http://www.2.lse.ac.uk
101 Mirela Xanthaki, UN: Klimakatastrophen töten vor allem Frauen, ips 9.3.2009
102 http://www.foreignpolicy.com, 22.6.2009
103 Welzer, a.a.O., S. 99; afp 2.7.2004
104 Forscher warnen vor beispiellosen Flüchtlingswellen, Spiegel Online 10.6.2009; ips 5.8.2009
105 Welzer, a.a.O.. S. 190
106 vgl. den Bericht des Flüchtlings George N., »Irgendwann dachte ich, ich kann nicht mehr«, taz 2.7.2009
107 Carl Amery, Hitler als Vorläufer, München 2002
108 Welzer, a.a.O., S. 76ff.
109 Mugabes Frau verprügelt Fotografen, Tagblatt 19.1.2009
110 Schumann, a.a.O., S. 28, 188
111 Wolfgang Sachs (Hg.), Das Jo'burg Memo, Heinrich-Böll-Stiftung Berlin 2002, S. 20f.
112 Grefe und Schumann, a.a.O., S. 295; Johann Martens, Methangasanstieg gefährdet Klima, taz 4.11.2008
113 Leitstelle Geschlechtergerechtigkeit und Nachhaltigkeit, Kurzinformation zu Gender und Nachhaltigkeit, Nr. 5, Mobilität, Nr. 4, Ernährung, http://www.genanet.de
114 Grefe und Schumann, a.a.O., S. 23, 174
115 Grefe und Schumann, a.a.O., S. 200; Vortrag von Lothar Brock in der Urania Berlin, 29.5.2008; Christian Felber, Steuern statt Schulden, taz 13.7.2009
116 Christian Schwägerl, Die Klima-Kreditblase platzt, Spiegel Online 8.6.2009

117 Claus Leggewie, Von der Kohlenstoffinsolvenz zur Klimadividende, Sondergutachten des WBGU, 1.9.2009, http://www.wbgu.de

118 Grefe und Schumann, a.a.O., S. 300

119 Sachs, a.a.O., S. 28f.; ips 20.3.2009

120 Stefan Simons, Gleichberechtigung durch juristischen Kunstgriff, Spiegel Online 27.11.2009

121 Mathias Greffrath, Helden des Rückzugs, taz 3.6.2009

122 Beyond …, a.a.O.